Experimentelle Hypothesenprüfung in der Psychologie

Experimentelle Hypothesenprüfung in der Psychologie

von

Walter Hussy
und Anita Jain

 Hogrefe · Verlag für Psychologie
Göttingen · Bern · Toronto · Seattle

Prof. Dr. phil. Walter Hussy, geb. 1946. 1967-1972 Studium der Psychologie in Erlangen/ Nürnberg und Trier. 1973 Promotion. 1984 Habilitation. 1984-1990 Hochschulassistent in Trier. Seit 1990 Leiter der Arbeitseinheit Methodenlehre und Allgemeine Experimentelle Psychologie am Psychologischen Institut der Universität zu Köln. Arbeitsschwerpunkte: Hypothesenprüfung, Gedächtnis und Problemlösen, unbewusste Informationsverarbeitung und Planungsfähigkeit.

Dr. rer. nat. Anita Jain, geb. 1962. 1982-1988 Studium der Psychologie in Trier. 1994 Promotion. Anschließend Wissenschaftliche Mitarbeiterin am Psychologischen Institut der Universität Köln. Seit 1999 Mitarbeiterin in der Arbeitseinheit Methodenlehre und Allgemeine experimentelle Psychologie. Arbeitsschwerpunkte: Methodenlehre, ambulante Psychophysiologie, unbewusste Informationsverarbeitung.

Die Deutsche Bibliothek - CIP-Einheitsaufnahme

Ein Titeldatensatz für diese Publikation ist bei
Der Deutschen Bibliothek erhältlich

© by Hogrefe-Verlag, Göttingen • Bern • Toronto • Seattle 2002
Rohnsweg 25, D-37085 Göttingen

http://www.hogrefe.de
Aktuelle Informationen • Weitere Titel zum Thema • Ergänzende Materialien

Umschlaggestaltung: schmidt reitmann grafik, Göttingen
Druck: Kaestner GmbH & Co. KG, D-37124 Rosdorf/Göttingen
Printed in Germany
Auf säurefreiem Papier gedruckt

ISBN 3-8017-1627-9

Vorwort

Das vorliegende Buch zur „Experimentellen Hypothesenprüfung in der Psychologie"
beschäftigt sich mit der Planung, Durchführung, Auswertung und Interpretation
psychologischer Experimente zum Zweck der Hypothesenprüfung. Nachdem zu
dieser Thematik bereits andere Texte vorliegen, wollen wir kurz die Betrachtungs-
schwerpunkte skizzieren.

- Experimente sind aufwendig und werden nicht zum Selbstzweck geplant,
durchgeführt, ausgewertet und interpretiert, sondern mit dem Ziel der
Überprüfung einer (mehrerer) Hypothese(n). Deshalb steht der Begriff der
Hypothese durchgängig im Mittelpunkt der Betrachtung.

- Die Darstellung der versuchsplanerischen Maßnahmen (Operationalisierungen, Kontrolle von Störvariablen usw.) ist eingebunden in die Zielsetzung,
eine vorliegende Hypothese möglichst valide und präzise zu überprüfen.

- Interne Validität und Präzision erhalten im Zusammenhang mit dieser
Zielsetzung ein hohes Gewicht.

- Wesentlicher Bestandteil jeder experimentellen Hypothesenprüfung ist die
statistische Auswertung der erhobenen Daten. Aus diesem Grund werden
jene Richtlinien und Verfahren dargestellt, die für eine statistisch valide
Überprüfung besondere Bedeutung haben. Nachdem die Berechnung per
Hand immer mehr in den Hintergrund rücken muss, wird die Anwendung
der besprochenen Verfahren mit Hilfe des sehr verbreiteten Programmpa-
kets SPSS (Version 10.0) illustriert.

- Möglichkeiten und Grenzen der Varianten des klassischen Experiments
werden mit Blick auf die interne Validität und Präzision dargestellt und
diskutiert.

- Der Stellenwert sorgfältiger Überlegungen zur ethischen Problematik des
Experimentierens (bzw. des empirischen Arbeitens) wird hervorgehoben.

- Schließlich runden einige Überlegungen zur Integration der experimentellen Hypothesenprüfung in die Erstellung, Überprüfung und Veränderung
einer Theorie die Darstellung ab. Besondere Beachtung finden dabei erneut
die Begriffe der internen Validität und Präzision, ergänzt durch die Berücksichtigung des Kriteriums der externen Validität und der Methodik der
Replikation.

Der Text wendet sich in erster Linie an die Studierenden der Psychologie (und anderer Sozialwissenschaften) im Grundstudium. Aus diesem Grund ist der Bezug zu Methodenveranstaltungen wie das „Experimentalpsychologische Praktikum" durch Verwendung vieler einfacher Beispiele immer im Auge behalten worden. Selbstverständlich kann das Buch zu Vertiefungszwecken auch im Hauptstudium eingesetzt werden, wobei man diesbezüglich das Lehrbuch von Westermann (2000) als eine ideale Ergänzung betrachten kann.

Das Studium der einzelnen Kapitel in der vorgegebenen Reihenfolge erleichtert das Verständnis, da sie – zumindest in einem bestimmten Ausmaß – aufeinander aufbauen. Dennoch wurde darauf geachtet, dass es möglich bleibt, auch ausgewählte Passagen zu verstehen (z. B. durch das häufige Einfügen von Querverweisen). Durch das ausführliche Stichwortverzeichnis mit Angaben zu definierenden Textstellen ist auch ein Gebrauch des Buches als Nachschlagewerk möglich und sinnvoll.

Wir bedanken uns bei allen Kolleginnen und Kollegen sowie Studierenden für kritische Kommentare zur ersten Fassung des Buches. Den Studierenden, die im Sommersemester 2001 mit einer Vorform des Textes gearbeitet haben sowie Frau Kollegin Schreier und Herrn Kollegen Huber danken wir für zahlreiche wertvolle Hinweise und Diskussionsbeiträge inhaltlicher, formaler und didaktischer Art. Unser Dank gilt insbesondere aber auch Gabriele Führich, Bettina Maaßen und Manuel Tusch, die bei der rechtzeitigen Fertigstellung der Druckvorlage großes und anhaltendes, weit über das übliche hinausgehendes Engagement bewiesen.

Alle Informationen in diesem Buch wurden sorgfältig zusammengestellt und überprüft. Trotzdem haben wir sicherlich noch etliche Fehler übersehen. Für diesbezügliche Hinweise und Kommentare, am besten per email an hussy@uni-koeln.de oder anita.jain@uni-koeln.de, sind wir deshalb sehr dankbar.

Köln, im Dezember 2001   Walter Hussy und Anita Jain

Inhaltsverzeichnis

1   Grundlegende Überlegungen und Konzepte

1.1   Psychologie als eine empirische Wissenschaft

Die Psychologie ist den **empirischen** (erfahrungsbezogenen) Wissenschaften zuzuordnen. Diese sind dadurch gekennzeichnet, dass sie ihre **Hypothesen** (Vermutungen, vorläufige Antworten) und damit auch Theorien durch die **Konfrontation
mit der Realität** überprüfen und entscheiden. Dabei bedeutet Konfrontation die
zielgerichtete (auf die Fragestellung bezogene) **Beobachtung der Realität** und der
sich anschließende, auf die Beobachtungsergebnisse bezogene Vergleich mit der
Hypothese. Vermutet man z. B., dass Intelligenz beruflichen Erfolg mit sich bringt
(Hypothese), so konstruiert man eine Situation, in welcher man mehr oder weniger
intelligente Personen hinsichtlich ihres beruflichen Erfolgs beobachten kann (Realität). Dieser **Vergleich** ermöglicht – vereinfacht formuliert – eine Entscheidung darüber, ob die Hypothese beibehalten werden kann oder abgelehnt werden muss. Im
genannten Beispiel entscheiden wir also aufgrund des Vergleichs, ob die Hypothese
„Intelligenz bringt beruflichen Erfolg mit sich" beibehalten wird oder nicht. Mit
solchen Entscheidungen werden Erkenntnisse (Wissen) gewonnen. Jede Wissenschaft strebt nach Wissen. Die Qualität des Erkenntnisgewinns in einer empirischen
Wissenschaft ist somit einerseits stark determiniert durch die Formulierung und
Begründung der Hypothese(n) (vgl. Kapitel 1.4.2) sowie andererseits durch die
Adäquatheit der verwendeten Methode(n) zur Erfassung der Realität.

Methoden und empirische Wissenschaften sind auf das Engste miteinander verbunden. Von fundamentaler Bedeutung ist – wie aus obiger Kennzeichnung ersichtlich – die Methode der Beobachtung. Sie ist allen menschlichen Individuen aus dem
Alltag vertraut und wird von ihnen auch zum Zweck der Erkenntnisgewinnung genutzt; dennoch erfährt sie in der Wissenschaft Psychologie besondere Ausgestaltun-
gen, um zu Beobachtungsergebnissen zu gelangen, die den klassischen Gütekriterien
der Objektivität (intersubjektive Vergleichbarkeit), Reliabilität (Zuverlässigkeit) und
Validität (Gültigkeit) genügen (mehr Informationen zu den Gütekriterien enthält Box
1). Diese Spezifizierungen bestehen in der Unterscheidung zwischen Selbst- und
Fremdbeobachtung und Betonung der Beobachtungssystematik.

a) **Fremdbeobachtung** (Extraspektion) liegt dann vor, wenn der Gegenstand einer
    Frage von einer Person beobachtet wird, die nicht selbst in die Fragestellung in-
    volviert ist. Bei dieser Beobachtungsform können die genannten Gütekriterien in
    einem hohen Ausmaß eingelöst werden. Allerdings ist der Gegenstand der Wis-
    senschaft Psychologie (menschliches Erleben, Verhalten und Handeln) derartig
    komplex, dass sich weite Bereiche der Fremdbeobachtung entziehen. Deshalb
    wird immer wieder auch die Methode der **Selbstbeobachtung** (Introspektion) ein-

gesetzt. Hier liegt der Fall vor, dass der Gegenstand einer Frage von einer in die Fragestellung involvierten Person beobachtet wird.

Ein Beispiel soll diese beiden Varianten der Beobachtung verdeutlichen. Gegenstand der Fragestellung sind die beim Problemlösen intern ablaufenden kognitiven Prozesse. Extraspektion wäre gegeben, wenn ein geschulter Beobachter eine Person beobachtet, die gerade ein Problem löst. Introspektion läge vor, wenn die problemlösende Person die in ihr ablaufenden kognitiven Prozesse selbst beobachtet. Im Fall der Extraspektion wird es sehr schwer fallen, intern ablaufende Prozesse zu erfassen. Im Fall der Introspektion ist dieses prinzipiell möglich (z. B. mithilfe der Methode des lauten Denkens), aber die Beobachtungsergebnisse sind subjektiv gefärbt (Verstoß gegen die Objektivität) und verändern den Problemlöseprozess selbst (Verstoß gegen die Validität).

Diese Ausführungen machen klar, dass mit beiden Varianten Vor- und Nachteile hinsichtlich der Erfüllung der Gütekriterien verbunden sind. Hinsichtlich der Objektivität liegen die Vorteile bei der Fremdbeobachtung. Je nach Fragestellung bringt diese Methode aber auch Schwierigkeiten hinsichtlich der Validität ihrer Ergebnisse mit sich. Umgekehrt verhält es sich bei der Selbstbeobachtung. Allgemein kann man hiermit feststellen, dass es in einer empirischen Wissenschaft von zentraler Bedeutung ist, die Umwelt (Realität) in objektiver, reliabler und valider Weise zu erfassen, um daran die entsprechende Hypothese überprüfen zu können.

b)   Beobachtungen im Alltag sind in der Regel **punktuell** und besitzen von daher mehr oder weniger Zufallscharakter. Zufallsbeobachtungen können ersichtlich keinen objektiven, reliablen und validen Vergleichsmaßstab für die zu überprüfenden Hypothesen liefern, weshalb die Beobachtungen in systematischer Weise erhoben werden müssen. Eine **systematische Beobachtung** soll ein Ergebnis liefern, welches typisch für den Beobachtungsgegenstand ist. Dazu müssen Raum und Zeit der Beobachtung sorgfältig ausgewählt werden, darf die Beobachtungssituation den Gegenstand nicht bedeutsam verändern und muss der Beobachtungsgegenstand in seiner ganzen Breite erfasst werden. Letzteres geschieht häufig durch die Entwicklung und Anwendung sogenannter **Beobachtungsschemata**, die genau festlegen, welche Ereignisse beobachtet und registriert werden und welche ermöglichen sollen, dass verschiedene Beobachter beim gleichen Sachverhalt zu gleichen (vergleichbaren) Ergebnissen kommen (Objektivität = intersubjektive Vergleichbarkeit).

Diese kurzen Darlegungen zeigen, welchen hohen Stellenwert Methoden und deren adäquate Anwendung in empirischen Wissenschaften wie der Psychologie besitzen. Dabei versteht man unter **psychologischen Methoden** Vorgehensweisen, um Antworten auf Fragen aus dem Gegenstandsbereich der Psychologie zu erhalten (und damit Erkenntnisse zum Gegenstandsbereich zu gewinnen). Der Vollständigkeit halber ist schließlich noch der Begriff Wissenschaft zu präzisieren. Für das vorliegende Buch reicht es aus, wenn man unter **Wissenschaft** einen Problemlöseprozess mit dem Ziel der Generierung von Wissen (Erkenntnissen) versteht. Wissenschaft repräsentiert somit eine Forschungslogik, d. h. eine bestimmte Methode, die man befolgen muss, um Probleme zu lösen und auf diese Art Erkenntnisse zu sammeln.

Wissen und Erkenntnisse sind die Produkte wissenschaftlicher Tätigkeit. Man spricht in diesem Fall von wissenschaftlichen Erkenntnissen.

Box 1: Gütekriterien

Objektivität = intersubjektive Übereinstimmung
Zwei Personen, die unabhängig voneinander die Kommunikation in einer Klasse (mithilfe eines Beobachtungssystems) untersuchen, stimmen in ihren Beobachtungsergebnissen überein (hohe Objektivität) oder nicht (geringe Objektivität).

Reliabilität = Zuverlässigkeit (Messgenauigkeit)
Inwieweit ist die Zuordnung von Merkmalen (Zahlen, Eigenschaften) zu Sachverhalten beim Beobachten zufallsabhängig bzw. inwieweit findet man bei einer wiederholten Beobachtung die gleichen Ergebnisse.

Validität = Gültigkeit
Inwieweit erfasst die Beschreibung den interessierenden Sachverhalt. Beschreibt man die Intelligenz eines achtjährigen Kindes mithilfe eines Intelligenztests für Erwachsene, so macht man möglicherweise Angaben zu seiner Frustrationstoleranz und weniger zu seiner Intelligenz (die Beschreibung ist nicht valide = ungültig).

Beispiel: Prüfungssituation
In einer Prüfungssituation sollen das Wissen und Verständnis eines/einer Studierenden hinsichtlich eines Aspektes des Studiums erfasst (beschrieben) werden. Objektiv ist diese Beschreibung, wenn verschiedene Prüfer zur gleichen Beurteilung kommen würden. Von einer reliablen Beschreibung könnte man sprechen, wenn man davon ausgehen könnte, dass bei einer wiederholten Prüfung – ohne zwischenzeitliches Lernen – das gleiche Ergebnis erzielt würde. Valide wäre die Beschreibung, wenn das Wissen und Verständnis zu einem Aspekt des Studiums (und nicht die Ängstlichkeit oder sprachliche Eloquenz) erfasst würden.

Es gibt verschiedene Wege, um zu Erkenntnissen zu gelangen. Im vorliegenden Buch beschäftigen wir uns mit der **hypothetisch-deduktiven Vorgehensweise**. Wie bei der Kennzeichnung einer empirischen Wissenschaft angeklungen, versteht man darunter die Ableitung von Hypothesen aus einer Theorie und ihre sich daran anschließende Überprüfung mittels Konfrontation mit der Realität (daher auch der Begriff „**empirische Überprüfungsmethodik**", der gelegentlich verwendet wird, z. B. bei Wottawa, 1988, S. 14f.). Bewährt sich die Hypothese auf dem Hintergrund des Vergleichs von theoretischen Annahmen und empirischen Daten, so besteht auch die zugrunde liegende Theorie den wissenschaftlichen Test. Im anderen Fall muss sie angepasst oder aufgegeben werden (vgl. Kapitel 7).

Diese Darstellung der Entscheidungslogik ist stark vereinfacht und erfährt an mehreren Stellen im Verlauf des Textes eine fortwährende Differenzierung (z. B. in den Kapiteln 3, 4 und 7). Die Diskussion betrifft dabei die Frage, ob im Rahmen des skizzierten Erkenntnis- und Überprüfungsansatzes Hypothesen (und Theorien) **veri-**

fiziert und/oder **falsifiziert** werden können (Falsifikation: Popper, 1994). Eine aktuelle ausführliche Diskussion dieses Themas wird z. B. von Westermann (2000) gegeben.

Die Empirie ist somit der Prüfstein für eine Theorie. Im abschließenden Kapitel 7 werden Einzelheiten zur Theorieerstellung, -bewertung und -überprüfung zu diskutieren sein. Allerdings wird an dieser Stelle schon klar, dass das **Prüfen von Hypothesen** von zentraler Bedeutung für das Gewinnen von Erkenntnissen auf dem hypothetisch-deduktiven Weg ist.

Der Titel des Buches enthält neben dem Begriff „Hypothesenprüfung" noch die spezifizierende Ergänzung „experimentell". Damit wird ein spezielles Erkenntnisinteresse zum Ausdruck gebracht (vgl. Eberhard, 1987, S. 17). Kristallisationspunkt ist die Frage nach den Ursache-Wirkung-Beziehungen – mit anderen Worten den Kausalrelationen – zwischen Ereignissen bzw. Sachverhalten. Das Erkenntnisinteresse richtet sich somit nicht nur auf die Frage, ob es beispielsweise einen Zusammenhang zwischen Behaltensfähigkeit und Prüfungsleistung gibt, sondern zusätzlich auf die Frage, ob die Behaltensfähigkeit ursächlich für die Prüfungsleistung ist. Die zu prüfende Kausalhypothese lautet im gegebenen Beispielsfall also: „Wenn Personen eine hohe Behaltensfähigkeit aufweisen, dann zeigen sie eine bessere Prüfungsleistung als Personen mit niedriger Behaltensfähigkeit."

Da in der Psychologie Kausalhypothesen in der überwiegenden Zahl der Fälle mithilfe des Experiments überprüft werden (vgl. Bortz, 1995, S. 12), steht der Titel „Experimentelle Hypothesenprüfung" also für die *Prüfung von Kausalhypothesen auf dem hypothetisch-deduktiven Weg in einer als empirische Wissenschaft aufgefassten, quantitativen Psychologie.* In Kapitel 1.4.1 greifen wir das Thema der Kausalität erneut auf und präzisieren den Kausalitätsbegriff weiter.

In der Geschichte der Psychologie haben sich zwei Haupttraditionen herausgebildet. Der bisher beschriebene naturwissenschaftliche (quantitative) Ansatz hat das Ziel, allgemeingültige Gesetzmäßigkeiten aufzustellen (nomothetische Vorgehensweise). Ursprünglich etablierte sich Mitte bis Ende des 19. Jahrhunderts – in Loslösung von der Philosophie – die geisteswissenschaftliche (qualitative) Psychologie. In ihrem Erkenntnisinteresse und –weg unterscheiden sich die beiden Ansätze grundsätzlich (und ergänzen sich deshalb gleichzeitig in idealer Weise). Die qualitativ ausgerichtete psychologische Forschung beschreitet in der Regel den induktiven Erkenntnisweg. Kennzeichen dieser Vorgehensweise ist die intensive Beschäftigung mit Einzelfällen (idiographisches Verfahren), von denen aus der Versuch zur Verallgemeinerung unternommen werden kann. Es resultieren aus solchen Induktionen somit Hypothesen und keine geprüften Aussagen. Das Erkenntnisinteresse richtet sich in der Regel auf Beschreibungen und weniger auf Erklärungen. In Tabelle 1.1 sind die beiden Traditionen in drei als wesentlich erachteten Dimensionen gekennzeichnet. Dabei ist zu beachten, dass es sich hierbei nicht um strikte Gegensätze handelt, sondern um relevante Unterscheidungskriterien. In der gegenwärtigen Forschungspraxis werden die beiden Ansätze zunehmend gemeinsam und sich ergänzend eingesetzt.

Tabelle 1.1: Vergleich der beiden Forschungstraditionen anhand einiger relevanter Unterscheidungskriterien

qualitative Tradition	quantitative Tradition
geisteswissenschaftlich	naturwissenschaftlich
idiographisch	nomothetisch
induktiv	deduktiv
verstehen (beschreiben)	erklären

Näher mit diesem Thema beschäftigen sich z. B. Bortz (1995, S. 271ff.), Lamnek (1993a, b, S. 201) und Mayring (1999, S. 9ff.).

1.2   Basisziele wissenschaftlicher Tätigkeit in der Psychologie

Nach dieser ersten groben Orientierung zum Stellenwert von Methoden innerhalb der empirischen Wissenschaft Psychologie und der Skizzierung des hier interessierenden hypothetisch-deduktiven Erkenntniswegs, sollen nun einige **grundlegende Ziele** einer empirisch orientierten Wissenschaft Psychologie abgehandelt werden. *Dazu zählen das Beschreiben, Erklären und Vorhersagen des Gegenstandsbereichs der Psychologie, den wir als das menschliche Erleben, Verhalten und Handeln definieren.*

1.2.1   Beschreiben

Die Voraussetzung für jedes weiterreichende wissenschaftliche Ziel ist zunächst die genaue **Beschreibung** des Gegenstands einer Fragestellung.

Definition: Beschreiben

Beim Beschreiben werden Angaben über die Erscheinungsformen und Merkmale eines Sachverhalts gemacht (vgl. Nolting & Paulus, 1990, S. 165ff.). Dies geschieht durch
a) Benennung,
b) Ordnen und Klassifizieren,
c) Definition und
d) Angaben zu Häufigkeit bzw. Ausprägungsgrad.

Wenn wir uns beispielsweise mit dem Begriff „Methoden" befassen, so können wir diesen Sachverhalt benennen (Experiment, t-Test usw.), ordnen und klassifizieren (qualitative vs. quantitative Methoden oder Forschungs-, Erhebungs- und Auswertungsmethoden) oder auch definieren (Vorgehensweisen zur Erreichung eines gesteckten Ziels) und schließlich gegebenenfalls quantifizieren (es gibt fünf grundlegende Methoden zur Bestimmung eines Mittelwerts).

Beim Definieren, als Möglichkeit zur Beschreibung eines Sachverhalts, trifft man in der experimentellen Psychologie häufig auf die Sonderform der **operationalen Definition**. Dabei handelt es sich um konkrete Angaben zur Erfassung eines Sachverhalts. Will man etwa Planungsfähigkeit beschreiben, so reicht es in einem Experiment noch nicht aus zu definieren, dass man darunter die Planerstellung, -durchführung, -kontrolle und gegebenenfalls -korrektur zum Zweck der Lösung eines Problems versteht (vgl. Fritz & Hussy, 2000), sondern man benötigt eine Operationalisierung der Form: „Person X besitzt eine Planungsfähigkeit von Y, gemessen mit dem Test Z", also konkrete Angaben im Sinne von Handlungs- und/oder Messanweisungen (vgl. Sarris, 1990, S. 142ff.). Im Zusammenhang mit dem Operationalisieren der experimentellen Variablen (vgl. die Kapitel 1.5.3 und 3.3) wird darauf ausführlicher einzugehen sein.

Beschreiben kann man mithilfe der – bereits erwähnten – Methode der Beobachtung und der Methode der subjektiven Einschätzung (Beurteilung). Wenn man durch Beobachtungen zu Beschreibungen kommt, so beruhen diese primär auf dem menschlichen Wahrnehmungsapparat (z. B. Kebeck, 1994). Versucht man dagegen durch subjektives Einschätzen zu beschreiben, so wird das menschliche Urteilsvermögen in Anspruch genommen (z. B. Hussy, 1998, S. 132ff.).

Beurteilungen sind zusammenfassende Kurzbeschreibungen (z. B. „Person X ist sehr temperamentvoll"), die wertneutral sein sollen, also keine Bewertungen darstellen (z. B. „Person Y ist faul."). Beschreibungen durch Eigenschaftswörter sind keine Beobachtungen, sondern Einschätzungen. Auch subjektive Einschätzungen können – analog zu Beobachtungen – Fremd- und Selbsturteile sein. Die bekannten **Schätzskalen** (rating-Skalen) stellen den Versuch dar, Einschätzungen durch Quantifizierung (intersubjektiv) vergleichbar zu machen (weitere Informationen zum methodischen Aspekt des Urteilens finden sich z. B. bei Bortz & Döring, 1995, S. 143ff.).

Um Beschreibungen handelt es sich auch dann, wenn mehrere Sachverhalte und ihre Relationen zueinander beleuchtet werden. Dabei wird jeder Sachverhalt – wie besprochen – zunächst für sich beschrieben. Danach erfolgt eine Analyse der Beziehung zwischen den Sachverhalten. Sie erbringt Angaben über den Zusammenhang der Sachverhalte. So kann man beispielsweise die Begriffe Frustration und Aggression beschreiben und ergänzend angeben, dass sie zusammenhängen (kovariieren). Das bedeutet, dass die Konstellation „hohe Aggression – hohe Frustration" bzw. „niedrige Frustration – niedrige Aggression" häufig auftritt. Korrelationskoeffizienten geben die Art und Stärke solcher Zusammenhänge an. Sie variieren zwischen $r = + 1{,}0$ (starker positiver Zusammenhang: z. B. Körpergröße und Körpergewicht), $r = 0{,}0$ (kein Zusammenhang: z. B. Augenfarbe und Herzinfarkthäufigkeit) und $r = - 1{,}0$ (starker negativer Zusammenhang: z. B. Prüfungsangst und Leistung: Prüfungsangst hoch $\leftrightarrow$ Leistung niedrig). Ein Zusammenhang kann also positiv oder negativ und hoch oder niedrig sein. Die Zusammenhangsrelation ist bei der Beschreibung aber immer ungerichtet, d. h., der eine Sachverhalt wird nicht als ursächlich für den anderen Sachverhalt angesehen.

1.2.2   Erklären

Nicht immer gibt sich ein Wissenschaftler damit zufrieden, einen Ausschnitt aus dem Gegenstandsbereich seiner Wissenschaft zu beschreiben. Vielmehr ist es das Bestreben vieler Wissenschaftler zu erklären. **Erklärungen** gehen insofern über Beschreibungen hinaus, als sie den beobachteten **Zusammenhängen** zwischen zwei oder mehreren Sachverhalten **eine Richtung geben**. Damit wird ein Sachverhalt als ursächlich für einen anderen Sachverhalt angesehen (vgl. Nolting & Paulus, 1990, S. 175ff.). Die Aussage „Frustration erzeugt Aggression" ist also keine Beschreibung (Frustration und Aggression hängen zusammen), sondern eine Erklärung.

Definition: Erklärungen

In diesem Sinne sind **Erklärungen** Angaben über Bedingungsverhältnisse von Sachverhalten bzw. Angaben über Abhängigkeiten zwischen Sachverhalten. Erklärungen setzen die Beschreibung von mindestens zwei Sachverhalten voraus. Jeder Sachverhalt kann für sich alleine keine Erklärung sein, sondern nur in Bezug auf einen anderen Sachverhalt.

Man unterscheidet **zwei Arten von Erklärungen**, die sich im Grad der Begründung der Ursache-Wirkung-Beziehung unterscheiden:
Erklärungen erster Ordnung und Erklärungen zweiter Ordnung.

a)   **Erklärungen erster Ordnung**: Hier gibt es ein einfaches Bedingungsverhältnis zwischen zwei Sachverhalten: Der zeitlich voranstehende Sachverhalt A (unabhängige Variable) bedingt den zeitlich nachstehenden Sachverhalt B (abhängige Variable).
Die Aussage „Frustration erzeugt Aggression" stellt eine solche Erklärung erster Ordnung dar. Frustration ist hierbei die unabhängige Variable und Aggression die abhängige Variable. Allerdings müssen die beiden Sachverhalte zunächst ihrerseits beschrieben werden, wie beispielsweise durch folgende Definitionen:

- Frustration entsteht, wenn die Befriedigung eines Bedürfnisses behindert wird.
- Aggression ist psychisch und/oder physisch verletzendes Verhalten gegenüber Personen und/oder Dingen.

Abbildung 1.1 verdeutlicht das Konzept der Erklärung erster Ordnung.

b)   **Erklärungen zweiter Ordnung**: Bei dieser Art der Erklärung versucht man zusätzlich die Frage zu beantworten, warum der Sachverhalt A den Sachverhalt B bedingt (vgl. Abbildung 1.1). Es werden zusätzliche Angaben zu den vermuteten vermittelnden Prozessen, die sich im Individuum abspielen (black box), gemacht (z. B. weil es ein Motiv zur Bedürfnisbefriedigung gibt).
Bei diesen vermuteten vermittelnden Prozessen, die intern ablaufen und deshalb nicht direkt beobachtbar sind, handelt es sich um gedankliche Konstruktionen.

Sie werden deshalb **hypothetische Konstrukte** genannt. Es ist ein typisches Ziel psychologischer Forschung, solche hypothetischen Konstrukte (im Rahmen von Erklärungen zweiter Ordnung) durch Untersuchungen zu überprüfen und gegebenenfalls so lange zu modifizieren, bis sie mit den beobachtbaren Sachverhalten möglichst gut übereinstimmen.

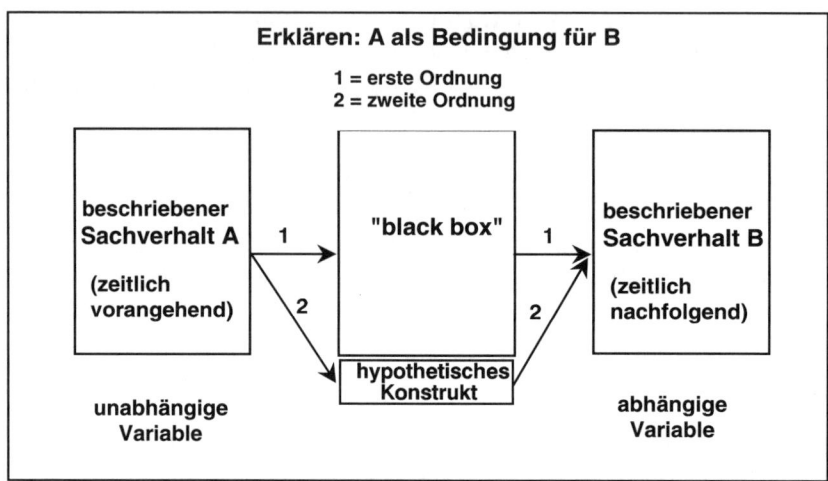

Abbildung 1.1: Erklärung erster und zweiter Ordnung, mit dem Sachverhalt A als der zeitlich vorangehenden, unabhängigen Variablen und dem Sachverhalt B als der zeitlich nachfolgenden, abhängigen Variablen (modifiziert nach Nolting & Paulus, 1990, S. 176).

Ein Zusammenhang (eine Korrelation) macht – wie oben festgestellt – keine Angaben über die Verursachung der Kovariation von zwei Sachverhalten. Der Schluss, dass ein Sachverhalt den anderen bedingt, ist aufgrund eines beobachteten Zusammenhangs nicht möglich. Der Grund dafür liegt an den vielen Konstellationen, die einer Korrelation zwischen zwei Variablen X und Y zugrunde liegen können. Die nachstehende Systematik erläutert diese Problematik.

 a) Der Zusammenhang kommt durch den Einfluss von X auf Y zustande. „Die Körpergröße (X) bedingt das Körpergewicht (Y).“

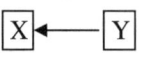 b) Die Situation ist umgekehrt; der Einfluss von Y auf X bewirkt den Zusammenhang. „Schulerfolg (X) wird durch Leistungsbereitschaft (Y) bewirkt.“

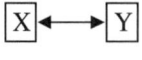 c) Der Zusammenhang besteht, weil X auf Y wirkt und Y auf X zurück wirkt. „Schulerfolg (X) bewirkt Leistungsbereitschaft (Y) und umgekehrt.“

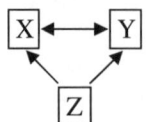 d) Ein dritter Faktor Z beeinflusst sowohl X als auch Y und führt zu der zwischen X und Y festgestellten Beziehung. Weiterhin ist denkbar, dass die Kovarianz von X und Y nicht nur auf diesen 3. Faktor zu-

rückgeht, sondern dass die Fälle (a), (b) und (c) zusätzlich zutreffen. „Lob (Z) nimmt Einfluss auf Schulerfolg (X) und Leistungsbereitschaft (Y)." Außerdem gilt Fall c).

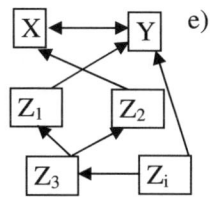

e) Ein Bündel von miteinander in Beziehung stehender Variablen (Z_1 ... Z_i) beeinflusst sowohl X als auch Y und führt zu dem beobachteten Zusammenhang von X und Y. Auch hier kann zusätzlich noch X Einfluss haben auf Y und umgekehrt (Doppelpfeil).

Fall e) repräsentiert ein sogenanntes Bedingungsgefüge. Im menschlichen Erleben, Verhalten und Handeln bedingt immer eine Reihe von Sachverhalten das Auftreten eines weiteren Sachverhalts. Beobachtetes aktuelles Verhalten lässt sich – mit anderen Worten – immer auf eine Reihe von Einflussgrößen zurückführen. Es ist deshalb in der wissenschaftlichen Psychologie kaum angemessen, eine Variable B allein aus einer Variablen A erklären zu wollen (z. B. die Fälle a) und b)). Man kann allenfalls feststellen, dass z. B. Variable A ein hohes Gewicht im Rahmen eines Bedingungsgefüges besitzt.

Obwohl Korrelationen somit „nur" beschreibenden Charakter besitzen, werden sie dennoch immer wieder kausal interpretiert. Box 2 enthält eine Zeitungsmeldung über eine psychologische Untersuchung, die über den Zusammenhang von Fernsehen (X) und Aggressivität (Y) berichtet. Die Überschrift dagegen interpretiert diesen Zusammenhang fälschlicherweise im Sinne einer Kausalrelation: „Fernsehen macht aggressiv." Dabei enthält die Nachricht selbst schon Hinweise dafür, dass andere Variablen – wie die fehlende Betreuung durch die Eltern (Z) – den Zusammenhang stiften könnten. Während also der Journalist die Meldung nach Fall a) interpretiert, wären Interpretationen nach den Fällen d) und e) ebenso möglich.

Box 2: Fernsehen macht aggressiv

HOUSTON, 7. Januar (Reuter). Kinder, die viel fernsehen, neigen zu größerer Aggressivität als gleichaltrige, die weniger Zeit vor dem Bildschirm zubringen. Zu diesem Schluss kam das amerikanische Psychologen-Ehepaar Jerome und Dorothy Singer in einer am Samstag veröffentlichten Studie. Die beiden an der Yale-Universität in New Haven tätigen Wissenschaftler haben bei einem einjährigen Versuch mit 140 drei- und vierjährigen Kindern festgestellt, dass auch Situationskomik und Sendungen, die Wettbewerbe enthalten, aggressives Verhalten bei viel Fernsehen konsumierenden Junioren auslöst.

In dem auf dem Jahreskongress der amerikanischen Gesellschaft für die Förderung der Wissenschaft in Houston (Texas) vorgelegten Untersuchungsbericht heißt es unter anderem, dass die aggressiveren Versuchskinder in der Überzahl aus Familien stammten, in denen die Eltern sich kaum darum kümmern, welche Programme ihre Sprösslinge sehen, und aus solchen Heimen, in denen ständig ferngesehen werde.

1.2.3   Vorhersagen

Wenngleich das Auffinden von Erklärungen bereits ein hochgestecktes wissenschaftliches Ziel ist, gibt es dennoch Fragestellungen, für die Erklärungen zwar notwendige Voraussetzungen sind, die aber noch einen Schritt weitergehen. So ist es wertvoll, den Schulerfolg erklären zu können, also Variablen zu kennen, die als ursächlich für den Schulerfolg anzusehen sind. Um ein darauf aufbauendes, aber auch darüber noch hinausreichendes Ziel handelt es sich, wenn man den Schulerfolg vorhersagen will.

Definition: Vorhersagen

Vorhersagen (Prognosen) sind **vorwärts gerichtete Erklärungen**. Derselbe Bedingungszusammenhang, den man annimmt, um einen Sachverhalt zu erklären, dient dazu, das Eintreten eines zukünftigen Sachverhalts zu prognostizieren (vgl. Nolting & Paulus, 1990, S. 184ff.).

Wenn beispielsweise herausgefunden wurde, dass Auffassungsgabe und Leistungsbereitschaft (unabhängige Variablen) den Schulerfolg (abhängige Variable) erklären, so nutzt man diese Erkenntnis für die Prognose, indem man Auffassungsgabe und Leistungsbereitschaft zu Prädiktoren für den Schulerfolg (Kriterium) macht. Aus den unabhängigen Variablen (Sachverhalt A) werden somit Prädiktoren und aus den abhängigen Variablen (Sachverhalt B) wird das Kriterium (vgl. Abbildung 1.2).

Für die Beschreibung aller an der Prognose beteiligten Sachverhalte gelten die bekannten Gütekriterien der Objektivität, Reliabilität und Validität. Je präziser die Beschreibungen, desto größer die Erfolgsaussichten für die Prognose.

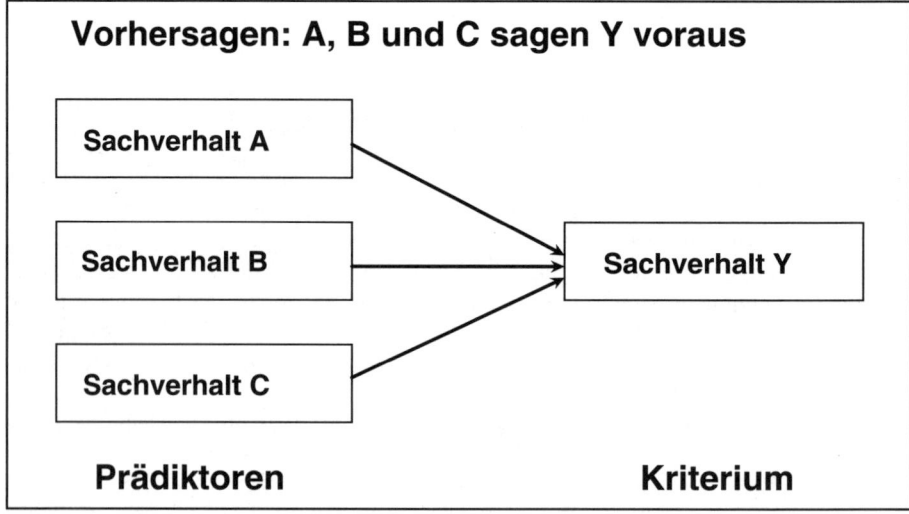

Abbildung 1.2: Die Vorhersage des Kriteriums Y aus den Prädiktoren A, B und C.

Weitere Bedingungen für die Vorhersagegenauigkeit sind:

1. die **Auswahl** der relevanten Prädiktoren (welche unabhängigen Variablen haben einen hohen Erklärungswert),
2. die **Gewichtung** der Prädiktoren gemäß ihrer empirischen Bedeutung (welche Prädiktoren haben im vorliegenden Datensatz einen hohen Prognosewert) und
3. der **Zeitraum** der Prognose (je länger, desto ungenauer).

In Box 3 wird das Beispiel der Vorhersage des Schulerfolgs aufgegriffen und hinsichtlich der Optimierung des Prognoseerfolgs ausgeführt.

Box 3: Zur Prognose des Schulerfolgs

1000 Grundschüler werden am Ende des vierten Schuljahres hinsichtlich ihrer Eignung für weiterführende Schulen mithilfe folgender Variablen (Prädiktoren) untersucht:
Intelligenz, Auffassungsgabe, Leistungsbereitschaft, Leistungsmotivation, häusliches Milieu, soziale Fertigkeiten, Konzentrationsfähigkeit und Anpassungsfähigkeit.
Die Prädiktoren sollten aufgrund entsprechender, empirisch überprüfter Erklärungen in die Prognose aufgenommen werden. Es können aber auch hypothetische Prädiktoren einbezogen werden.

Das Kriterium ist der Schulerfolg (Schulnoten). Es werden folgende Empfehlungen für die Anschlussschulform ausgesprochen:
Hauptschule: 450 Schüler,
Realschule: 350 Schüler,
Gymnasium: 200 Schüler.

Im Sinne einer empirischen Überprüfung der Prognose werden die 200 Gymnasiasten weiter beobachtet. Nach dem 13. Schuljahr wird der Schulerfolg festgestellt (z. B. Schulabschluss mit guten Durchschnittsnoten, ohne Nachhilfeunterricht und ohne Klassenwiederholung).
Es zeigt sich eine Prognosegenauigkeit von 50 % (*statistische Prognose*), wenn alle Prädiktoren mit dem gleichen Gewicht eingehen. Durch die Feststellung des Prognosewertes der einzelnen Prädiktoren und der Festlegung ihrer Gewichtung (evtl. Modifikation im Bedingungsgefüge) lässt sich die Prognosegenauigkeit steigern.
Nach diesen Schritten steigt der statistische Prognosewert im Beispielsfall auf 85 %. Dennoch können wir im Einzelfall (*individuelle Prognose*) nicht sicher sein, ob die Prognose zutrifft oder nicht, da nicht alle möglichen Einflussgrößen berücksichtigt werden können, schon gar nicht, wenn sich die Prognose auf einen derart langen Zeitraum bezieht. Das optimierte Prognosemodell muss sich in einer weiteren empirischen Untersuchung bewähren, da es stichprobenspezifisch, d. h. auf die vorliegende Datenbasis bezogen ist.

Ein Prädiktor muss also hinsichtlich seines Prognosewerts (Vorhersagewerts) empirisch überprüft werden, und zwar nicht im Einzelfall, sondern anhand einer größeren Gruppe von Personen (Stichprobe). Man muss deshalb zwischen dem **statistischen und dem individuellen Prognosewert** eines Prädiktors unterscheiden.

Der individuelle Prognosewert kann niemals bei 100 % liegen, da das menschliche Erleben, Verhalten und Handeln immer von einem komplexen Bedingungsgefüge bestimmt wird. Ziel psychologischer Forschung muss es aber sein, den statistischen Prognosewert eines Prädiktors (besser einer Reihe von Prädiktoren) auf einem hohen Niveau zu stabilisieren. Daraus folgt dann, dass auch immer mehr individuelle Prognosen zutreffen, wenngleich man – ohne weitere Informationen – nicht weiß, für welche einzelnen Personen.

Besteht das Ziel der wissenschaftlichen Tätigkeit im Auffinden von Erklärungen, dann ist die experimentelle Hypothesenprüfung im Sinne des hypothetisch-deduktiven Erkenntniswegs das angemessene methodologische Vorgehen. Erklärungen setzen präzise Beschreibungen voraus und bilden ihrerseits die Grundlage für Prognosen. Alle drei behandelten Ziele wissenschaftlicher Tätigkeit leisten damit einen eigenständigen und integrierten Beitrag zum wissenschaftlichen Erkenntnisfortschritt.

1.3 Das Experiment als Forschungsmethode zum Auffinden von Erklärungen

In diesem Kapitel wollen wir uns einen ersten Einblick in jene Methode verschaffen, mit welcher Kausalhypothesen überprüft werden, also in das Experiment. Zu diesem Zweck wird das Experiment zunächst in eine Methodensystematik eingeordnet, dann werden seine Merkmale erläutert, danach wird der Unterschied zwischen experimenteller und nichtexperimenteller Forschung verdeutlicht und schließlich rundet ein Blick auf Varianten des Experiments das Bild ab.

1.3.1 Forschungsmethoden, Erhebungsmethoden und Analysemethoden

Es gibt unterschiedliche Systematisierungsmöglichkeiten für die Vielzahl an Methoden, die in der Wissenschaft Psychologie angewendet werden. Die hier unterbreitete Systematik orientiert sich am Ablauf des Forschungsprozesses und unterscheidet demgemäß zwischen den übergeordneten Forschungsmethoden (-strategien), den Erhebungsmethoden, die zur Datensammlung dienen, und den Analysemethoden, die zur Auswertung der gesammelten Daten herangezogen werden. Box 4 vermittelt einen Überblick.

Die Unterscheidung zwischen qualitativer und quantitativer Forschung wurde bereits in Kapitel 1.1 angesprochen und soll hier nicht weiter vertieft werden. In beiden Bereichen vollzieht sich die weitere Klassifikation nach den gleichen Kategorien. Die **Forschungsmethoden**, zu denen das Experiment gehört, bestimmen die Herangehensweise an eine wissenschaftliche Untersuchung (vgl. Kapitel 1.3.2). Ihre Auswahl erfolgt anhand der Fragestellung. So wählt man ein Experiment als Forschungsstrategie – wie besprochen – dann aus, wenn eine Kausalhypothese geprüft werden soll.

Box 4: Systematik der Methoden	
quantitative Ausrichtung	**qualitative Ausrichtung**
Forschungsmethoden	
Experiment	Einzelfallanalyse
Quasiexperiment	Handlungsforschung
Zusammenhangsstudie	deskriptive Feldforschung
....	......
Erhebungsmethoden	
Zählen	problemzentriertes Interview
Urteilen	narratives Interview
Testen	Gruppendiskussion
Beobachten	teilnehmende Beobachtung
....	......
Analysemethoden	
deskriptive Statistik	gegenstandsbezogene Theoriebildung
Inferenzstatistik	phänomenologische Analyse
multivariate Datenanalyse	qualitative Inhaltsanalyse
....	......

Die neben dem Experiment aufgeführten Methoden (Quasiexperiment, Zusammenhangsstudie) sind in Kapitel 5 näherer Betrachtungsgegenstand. Die Punkte (....) deuten darauf hin, dass die Aufzählung der Methoden nur exemplarisch und keinesfalls erschöpfend ist.

Die **Erhebungsmethoden** dienen der Erfassung des jeweils interessierenden Aspekts menschlichen Erlebens, Verhaltens und Handelns. Das Beobachten und Einschätzen sind bereits bekannt (Kapitel 1.1). Das Messen und Zählen gehören ebenfalls dazu. Im Rahmen des Experiments können alle Erhebungsmethoden zur Anwendung kommen. Die entscheidende Weichenstellung für die Auswahl der Erhebungsmethode(n) erfolgt bei der Operationalisierung der abhängigen Variablen (vgl. Kapitel 1.5.3 und 3.3.1.2). Nähere Ausführungen zu den quantitativen Erhebungsmethoden finden sich z. B. bei Bortz (1995, S. 127ff.).

Die erhobenen Daten bieten die Grundlage für die Entscheidung darüber, ob die Hypothese beizubehalten oder zurückzuweisen ist. Dazu werden die **Analysemethoden** herangezogen, mithilfe derer die Daten dahingehend aufzubereiten und auszuwerten sind, dass eine mit einer bestimmten Fehlerwahrscheinlichkeit behaftete Entscheidung getroffen werden kann (vgl. Kapitel 4.1).

1.3.2 Merkmale eines Experiments

Im Rahmen einer experimentellen Untersuchung können demzufolge – je nach Fragestellung – die unterschiedlichen Erhebungs- und Auswertungsmethoden zum Einsatz kommen. Im nächsten Abschnitt erfolgt nun die erste nähere Kennzeichnung des Experiments im Sinne einer Forschungsstrategie.

Definition: Experiment

Ein **Experiment** ist durch zwei Merkmale gekennzeichnet. Dabei handelt es sich um die beiden Merkmale „**Variation der unabhängigen Variablen**" und „**Kontrolle der Störvariablen**". Die Ausgangssituation ist in Abbildung 1.1 dargestellt. Die zu prüfende Hypothese enthält eine Vermutung über die Beziehung von (mindestens) zwei Variablen. Die Art der Beziehung ist kausal. Das bedeutet, dass die Veränderung der einen Variablen als ursächlich für die Veränderung der zweiten Variablen angesehen wird: Die unabhängige Variable (UV) wirkt auf die abhängige Variable (AV).

Beleuchten wir das Beispiel „Frustration erzeugt Aggression": Eine Veränderung in der Variablen Frustration (UV) bewirkt eine Veränderung in der Variablen Aggression (AV). Noch präziser formuliert: Eine Erhöhung der Frustration bewirkt eine Erhöhung der Aggression und umgekehrt. Dabei geht die Veränderung der UV der Veränderung der AV voraus.

1.3.2.1 Variation der unabhängigen Variablen

Um also die Hypothese zu prüfen, muss der Experimentator (Versuchsleiter: Vl) die unabhängige Variable **manipulieren** (verändern), um feststellen zu können, ob die postulierte Veränderung in der abhängigen Variablen auch eintritt. *Dieses aktive Eingreifen des Vl im Sinne der Erstellung unterschiedlicher Ausprägungsgrade der UV ist das erste Kennzeichen des Experiments.*

Bleiben wir bei dem gewählten Beispiel, so müsste der Experimentator mindestens zwei unterschiedliche Frustrationsbedingungen schaffen, um beobachten zu können, ob sich das aggressive Verhalten gemäß der Hypothese verändert. Er könnte eine Bedingung konstruieren, die hohe Frustration hervorruft, und eine weitere, die keine Frustration auslöst. Die Versuchspersonen (Vpn), die nun in der Versuchsbedingung mit hoher Frustration getestet werden, sollten nach der Hypothese mit hoher Aggression reagieren und diejenigen, die in der Bedingung ohne Frustration arbeiten, sollten niedrige (keine) Aggression zeigen. Der Vl konstruiert also eine Situation, die es ihm gestattet, die Kausalhypothese zu prüfen. Genauer wird unter dem Begriff „**Operationalisierung**" in den Kapiteln 1.5.3 und 3.3.1 auf die Festlegung der Untersuchungsbedingungen eingegangen.

1.3.2.2 Kontrolle der Störvariablen

Nun ist es denkbar, dass sich bei der Durchführung und Auswertung des Experiments tatsächlich der erwartete Effekt der UV auf die AV zeigt. Allerdings könnte man nun eine Reihe von Bedenken vorbringen, die die Kausalitätsbeziehung in Frage stellen. So wäre es durchaus möglich, dass die Vpn in der Bedingung mit hoher Frustration von vornherein aggressiver sind als die andere Gruppe von Vpn und der Effekt auf die AV gar nicht durch die UV, sondern durch eine sogenannte Störvariable bewirkt wird. Um also die Ergebnisse eines Experiments eindeutig kausal interpretieren zu können, müssen alle denkbaren Störvariablen kontrolliert werden. *Diese Kontrolle der Störvariablen ist das zweite Merkmal eines Experiments.*

Ausführlich kommen wir in Kapitel 3.3.2.1 auf die Störvariablenproblematik zu sprechen. Dort wird auch zu diskutieren sein, ob und inwiefern die abweichende Auffassung einiger Autoren (z. B. Hager, 1987, S. 71), die das zweite Merkmal mit **der zufälligen Zuweisung der Vpn zu den Versuchsbedingungen** festlegen (Randomisierung), mit der hier präferierten Auffassung konfligiert.

Der Experimentator schafft ersichtlich nicht nur eine Situation, die es erlaubt, die UV zu variieren und die AV zu beobachten, sondern spezifiziert diese Situation weiter, indem er dafür sorgt, dass Störvariablen keinen Einfluss gewinnen können. So muss er z. B. auch dafür sorgen, dass die beiden Untersuchungsgruppen gleichen Geräusch- und Temperaturbedingungen ausgesetzt sind. Zu realisieren sind solche Kontrollmöglichkeiten im gewünschten Maß nur im Labor, weshalb in diesen Fällen häufig auch der Begriff **Laborexperiment** verwendet wird. Es liegt auf der Hand, dass die Untersuchungssituation umso künstlicher wird, je weiter diese Kontrollbemühungen getrieben werden. Diese Gegenläufigkeit von Natürlichkeit der Untersuchungssituation und Kontrollbemühungen ist die Ursache für den Konflikt zwischen den Gütekriterien der internen und externen Validität, auf den wir im Detail in Kapitel 3.9 zu sprechen kommen. Vorläufig genügt es, wenn wir unter **interner Validität** die Gültigkeit der postulierten Kausalrelation und unter **externer Validität** die Gültigkeit der Hypothese auch unter anderen als den getesteten Bedingungen verstehen.

1.3.3 Experimentelle und nichtexperimentelle Forschung

Das Experiment ist – wie aus Box 4 erkennbar – im Rahmen der quantitativen Tradition nicht die einzige Forschungsmethode. Um die experimentelle Vorgehensweise zur Hypothesenprüfung noch besser verstehen zu lernen, wenden wir uns deshalb vergleichend der nichtexperimentellen Vorgehensweise zu. Der wesentliche Unterschied zwischen der **experimentellen** und der **nichtexperimentellen Forschung** ist der, dass – wie erläutert – der Experimentator beim Experiment aktiv und gezielt in das Geschehen eingreift, bei einer der nichtexperimentellen Forschungsmethoden dagegen nicht (vgl. Huber, 1987, S. 62).

Anhand eines Beispiels soll dieser Unterschied veranschaulicht werden. Ein Lehrer hat im Laufe seiner langjährigen Unterrichts- und Prüfungstätigkeit festgestellt, dass Schüler, die sich bis zur letzten Minute auf eine Klassenarbeit vorbereiten, schlechter abschneiden als diejenigen, die sich schon einen Tag vor der Klassenarbeit nicht mehr mit dem Unterrichtsfach beschäftigen. Im Sinne der experimentellen

Hypothesenprüfung bildete er zwei Schülergruppen (Variation der unabhängigen Variablen UV): Die erste Gruppe (Experimentalgruppe: EG) soll in gewohnter Weise für die Klassenarbeit lernen, die zweite Gruppe (Kontrollgruppe: KG) dagegen am Tag vor der Prüfung ihre Vorbereitungen abgeschlossen haben. Der Vergleich der beiden Gruppen hinsichtlich der Leistungen in der Klassenarbeit (abhängige Variable AV) ermöglicht die Entscheidung der Hypothese. Für den Fall, dass es ihm gelingt, die möglichen Störvariablen zu kontrollieren, kann er gegebenenfalls feststellen, dass eine eintägige Vorbereitungspause unmittelbar vor der Klassenarbeit sich leistungsfördernd auswirkt. Zusätzlich ist es möglich, insofern kausal zu interpretieren, als die EG aufgrund der Vorbereitungspause eine bessere Leistung zeigt als die KG.

Das Vorgehen bei der **nichtexperimentellen Hypothesenprüfung** könnte dagegen folgendermaßen aussehen: Der Wissenschaftler prüft die Hypothese dadurch, dass er für jeden Schüler die Klassenarbeitsnote und die nachträglich erfragte Vorbereitungsart notiert. Mithilfe eines punkt-biserialen Korrelationskoeffizienten könnte er feststellen, ob es einen Zusammenhang zwischen den beiden (gleichberechtigten) Variablen gibt. Eine Kausalinterpretation ist dann aber nicht möglich (vgl. Kapitel 1.2.2). In Box 5 findet sich eine numerische Ausgestaltung des besprochenen Beispiels.

Zusammenfassend kann man mit Huber feststellen: „Obwohl das Experiment für die Erforschung von Ursache-Wirkung-Beziehungen die effektivste Methode ist, hat die nichtexperimentelle Forschung große Bedeutung in der Psychologie. Dies deswegen, weil der Forscher bei vielen Fragestellungen gar nicht in der Lage ist, *aktiv* im Sinne des Experimentes Variablen zu verändern. ... Experimentelle und nichtexperimentelle Forschung sind also nicht unbedingt Rivalen, sondern Partner, die für unterschiedliche Aufgabenbereiche geeignet sind und sich so gegenseitig ergänzen" (1987, S. 63f.). Der Hauptunterschied in der Aussagemöglichkeit besteht darin, dass experimentelle Ergebnisse kausal interpretiert werden können, also Erklärungen ermöglichen, und nichtexperimentelle Ergebnisse Zusammenhänge repräsentieren, also Beschreibungen darstellen.

Um Missverständnissen vorzubeugen sei noch einmal auf Box 4 verwiesen. Nichtexperimentelle Forschungsmethoden (wie Korrelationsforschung) zählen zum quantitativen Ansatz. Nichtexperimentell ist folglich nicht gleichbedeutend mit qualitativ. Die qualitativen Forschungsmethoden (wie die deskriptive Feldforschung) sind zwar ebenfalls nichtexperimentell, unterscheiden sich aber von der Korrelationsforschung prinzipiell noch in vielen weiteren Punkten (vgl. Tabelle 1.1).

1.3.4   Arten von Experimenten

Es gibt nicht nur das bis hierhin beschriebene klassische Experiment. Vielmehr existiert eine Reihe von experimentellen Varianten, die wir in Kapitel 5 detaillierter besprechen. Deshalb soll an dieser Stelle ein erster Überblick genügen.

Box 5: Beispiel Klassenarbeit

Zeitabstand zwischen Lernen und Wiedergabe

Experimentelle Hypothesenprüfung:
1. Hypothese: „Wenn Personen mit Zeitabstand zur Prüfung lernen, dann erzielen sie in der Klassenarbeit ein besseres Ergebnis."
2. Unterscheidung zwischen unabhängiger Variable (UV: Zeitabstand zwischen Lernen und Wiedergabe) und abhängiger Variable (AV: Leistung in der Klassenarbeit).
3. Zufällige Zuteilung von Schülern auf die beiden Stufen der UV (mit und ohne Zeitabstand von einem Tag zwischen Lernen und Wiedergabe).
4. Kontrolle von Störvariablen.
5. Auswertung mit t-Test: Experimentalgruppe zeigt überzufällig bessere Leistungen als die Kontrollgruppe.
6. Interpretation: Aufgrund des Zeitabstands zeigt die EG bessere Leistungen als die KG (Kausalinterpretation: Erklärung).

unabhängige Variable **Zeitabstand**	Vpn-Nr.	abhängige Variable **Leistung in der Klassenarbeit (Punkte)**
	1	12
	2	10
	3	8
	4	11
	5	9
mit Zeitabstand (Experimentalgruppe: EG)	6	10
	7	10
	8	7
	9	9
	10	11
	11	9
	12	10
	13	7
	14	10
	15	8
	16	6
	17	9
ohne Zeitabstand (Kontrollgruppe: KG)	18	7
	19	6
	20	8
	21	5
	22	7
	23	8
	24	9

Box 5 (Fortsetzung)

Nichtexperimentelle Hypothesenprüfung:

1. Hypothese: „Es gibt einen Zusammenhang zwischen dem Zeitabstand (von Lernen und Prüfungssituation) und der Prüfungsleistung."
2. Keine Unterscheidung zwischen den beiden Variablen Zeitabstand und Prüfungsleistung (im Sinne einer Einteilung von UV und AV). Beide Variablen sind gleichberechtigt.
3. Erhebung der Prüfungsleistung und Erfragen des Zeitabstands.
4. Auswertung mittels des punkt-biserialen Korrelationskoeffizienten: Es gibt einen überzufälligen Zusammenhang zwischen den beiden Variablen.
5. Interpretation: Es gibt einen Zusammenhang zwischen der Prüfungsleistung und dem Zeitabstand (Zusammenhangsinterpretation: Beschreibung).

Vpn-Nr.	Zeitabstand (erfragt: ja = 1; nein = 2)	Leistung (Klassenarbeit Punkte)
1	1	11
2	2	5
3	1	8
4	2	9
5	2	7
6	2	10
7	1	10
8	1	12
9	2	8
10	2	7
11	2	6
12	2	9
13	1	8
14	1	12
15	1	10
16	2	7
17	2	6
18	1	9
19	1	10
20	2	8
21	2	6
22	2	9
23	1	9
24	1	11

1.3.4.1   Labor- vs. Feldexperiment

Wenn von einem Experiment die Rede ist, dann ist in der Regel damit ein **Laborexperiment** gemeint. Das Experiment wird dann in einem Labor unter hochkontrollierten Bedingungen durchgeführt. Die Hypothesenprüfung mittels eines solchen Experiments sichert die interne Validität und ermöglicht damit die eindeutige Kausalinterpretation der Ergebnisse (vgl. die Kapitel 1.3.2.2 und 3.3.2).

Andererseits ist gelegentlich auch von einem **Feldexperiment** zu lesen. Damit ist gemeint, dass das Experiment in einer natürlichen Umgebung (im Feld) durchgeführt wird. Die Kontrolle der Störvariablen ist offensichtlich nicht im gleichen Maße möglich wie im Labor (z. B. Geräusch- oder Temperaturkontrolle). Deshalb muss bei Feldexperimenten mit Störungen der internen Validität gerechnet werden. Die Hypothesenprüfung mittels eines solchen Experiments ermöglicht nur vorläufige bzw. vorsichtige Kausalaussagen. Feldexperimente betonen die externe Validität und ermöglichen damit eher Verallgemeinerungen über verschiedene Situationen.

1.3.4.2   Prüf-, Erkundungs- und Vorexperiment

Wenn von einem Experiment die Rede ist, dann ist damit in der Regel nicht nur ein Laborexperiment gemeint, sondern auch ein **Prüfexperiment**. Der Inhalt des Buches beschäftigt sich zu mehr als 90 % mit dem Prüfexperiment, denn der Begriff „experimentelle Hypothesenprüfung" ist von der Zielsetzung her vergleichbar mit dem Begriff „Prüfexperiment". Das Prüfexperiment hat zum Ziel, über eine Kausalhypothese mithilfe der experimentellen Methodik valide zu entscheiden.

Das **Erkundungsexperiment** (manchmal auch **Pilotstudie** genannt) ist davon grundsätzlich zu unterscheiden. Im Mittelpunkt des Interesses steht erneut die Hypothese. Während sie im Prüfexperiment – wie der Name sagt – entschieden werden soll, gilt es im Erkundungsexperiment eine Hypothese zu finden (zu generieren). Vornehmlich in Themenbereichen, die noch nicht ausgiebig beforscht sind, fällt es zuweilen schwer, begründbare Hypothesen zu formulieren. Das Erkundungsexperiment liefert in diesem Kontext die erforderliche empirische Datenbasis, um eine präzise Hypothese zu formulieren. Das Ergebnis eines Erkundungsexperiments ist folglich keine geprüfte Aussage, sondern eine Hypothese, die in einem weiteren Experiment getestet werden muss.

Das Generieren einer Hypothese mithilfe eines Experiments ist zweifellos ein recht aufwendiges, wenngleich nicht immer vermeidbares Unterfangen. Deshalb sollte man es sich überlegen, die empirische Datenbasis mittels anderer, auch qualitativer Verfahren zu erstellen. Qualitative Erhebungsverfahren, wie problemzentriertes Interview und Gruppendiskussion, eignen sich dafür – natürlich immer in Abhängigkeit von der Fragestellung – in hervorragender Weise (vgl. Box 4). Generell ist die qualitative Methodik aufgrund ihres beschreibenden Charakters – wie gezeigt (vgl. Tabelle 1.1, Kapitel 1.1) – prädestiniert, die Grundlage für eine präzise Hypothesenbildung und Hypothesenbegründung zu liefern.

Ein **Vorexperiment** (besser eine „**Voruntersuchung**" oder „**vorexperimentelle Anordnung**") hat zum Ziel, ein Experiment vor dessen eigentlicher Durchführung zu optimieren. Zu überprüfen sind z. B. die Verständlichkeit der Instruktionen, die Gewöhnungsbedürftigkeit der Materialien, die Brauchbarkeit der Operationalisierung der UV und AV, (Decken- und Bodeneffekte, vgl. Kapitel 3.3.1 und Abbildung 3.2) usw. Häufig wird zu diesem Zweck nur **eine** experimentelle Bedingung herausgegriffen und mit wenigen Vpn getestet. In diesen Fällen ist es nicht gerechtfertigt, von einem Experiment zu sprechen, da die Variation der UV fehlt. Die Ergebnisse dieser

Voruntersuchungen werden bei der eigentlichen Versuchsplanung und -durchführung berücksichtigt. Erste tendenzielle Hypothesenprüfungen und sich daraus ergebende Hypothesenveränderungen können natürlich nicht das Ziel bzw. Ergebnis von Voruntersuchungen sein. Einzelheiten dazu werden in den Kapiteln 3.3.3.4 und 5.6.2 besprochen.

1.3.4.3   Experiment und Quasiexperiment

Das **Quasiexperiment** unterscheidet sich vom Experiment im Merkmal der Störvariablenkontrolle. Im Quasiexperiment gelingt die Randomisierung – also die zufällige Zuordnung der Vpn zu den Versuchsbedingungen – nicht. Dafür können zwei Ursachen verantwortlich sein:

1. Die UV repräsentiert ein Merkmal, welches die Vpn in die Untersuchung mitbringen. Wenn die beiden Stufen einer UV in männlich und weiblich eingeteilt sind, dann kann man die Vpn diesen beiden Bedingungen nichtzufällig zuteilen, da sie dieses Merkmal mitbringen. Folglich werden die Frauen der Bedingung „weiblich" und die Männer der Bedingung „männlich" zugeordnet. Man spricht in diesem Fall von einer „**organismischen**" UV. Vergleichbar verhält es sich in dem Fall, dass homogene Gruppen den Stufen der UV zugewiesen werden. Wenn etwa eine Untersuchung zum Lesen- und Schreibenlernen die traditionelle Methode mit der Ganzwortmethode vergleicht, dann werden z. B. die Klasse 1a in der Ganzwortmethode und die Klasse 1b in der traditionellen Methode unterrichtet. Die Schüler der 1a werden somit der ersten Stufe der UV und die Schüler der 1b der zweiten Stufe der UV **systematisch** zugeordnet (oder umgekehrt).
2. Das Experiment ist so angelegt, dass jede Vp unter mehreren Bedingungen des Experiments beobachtet wird. In diesem Fall spricht man von **Messwiederholung**. Beispielsweise wird in einem Betrieb zur Weiterbildung der Mitarbeiter ein Zeitmanagementtraining durchgeführt. Die AV (Einteilung der Arbeitszeit) wird vor und nach diesem Training erhoben. Die gleichen Vpn (Betriebsmitarbeiter) werden also vor und nach dem Training beobachtet. Auch hier ist es nicht möglich, die Vpn den beiden Stufen der UV (vor dem Training, nach dem Training) zufällig zuzuordnen.

Damit liegt auch bei Quasiexperimenten eine Störung der internen Validität vor, denn die Randomisierung ist eine sehr wichtige Technik zur Kontrolle von Störvariablen, die die Merkmale der Vpn betreffen (Einzelheiten dazu in Kapitel 3.3.2.2). Die Konsequenz daraus ist der uns bereits bekannte **vorläufige Charakter der Kausalinterpretation** der Ergebnisse (vgl. Feldexperiment).

1.3.4.4   Uni- und multifaktorielles Experiment

Die Anzahl der unabhängigen Variablen, die in einem Experiment eingesetzt werden, bildet ein weiteres Einteilungskriterium. In den bisherigen Beispielen war immer nur von einer UV die Rede. Solche Experimente nennt man **unifaktoriell oder einfaktoriell**. Allerdings können in einem Experiment – in Abhängigkeit von der/den Hypothese(n) – auch zwei und mehr UVn zum Einsatz kommen. Entsprechend nennt man diese Experimente multifaktoriell oder mehrfaktoriell. Bei der Erörterung der Versuchspläne (Kapitel 2.3) werden wir ausführlich auf diesen Aspekt zurückkommen.

1.3.4.5   Uni- und multivariates Experiment

Schließlich spricht man von einem **univariaten bzw. multivariaten Experiment** dann, wenn eine AV bzw. mehrere AVn beobachtet werden. Entscheidend ist hier die Frage, ob die abhängige Variable mit **einer** Operationalisierung erfasst werden kann, oder ob sie **mehrere**, relativ unabhängige Aspekte aufweist, die eine je gesonderte Messung notwendig machen. Kapitel 1.5.3 gibt weitere Informationen zu dieser wichtigen Frage.

Greifen wir das Beispiel zur Planungsfähigkeit aus Kapitel 1.2.1 wieder auf, um ein multivariates Experiment zu illustrieren. Stellte man beispielsweise die Frage, ob Mädchen und Jungen der 2. Klasse der Grundschule sich hinsichtlich der Planungsfähigkeit unterscheiden, so wäre zu entscheiden, welchen Aspekt der Planungsfähigkeit man meint (univariat: z. B. Planungstiefe) oder ob man alle Aspekte simultan berücksichtigt (multivariat: Planungstiefe + Plankorrektur + Plankontrolle + Planveränderung). Im ersten Fall könnte man eine Aussage zum Teilaspekt der Planungstiefe machen, im zweiten Fall zum Gesamtkonzept der Planungsfähigkeit (vgl. Fritz & Hussy, 2000).

1.4   Hypothesen

Die Hypothese und ihre Überprüfung sind der zentrale Gegenstand des vorliegenden Buches. Obwohl natürlich schon einige Male angesprochen, wird im folgenden Kapitel noch einmal näher auf den konzeptionellen und funktionalen Aspekt des Begriffes eingegangen.

1.4.1   Was ist eine (Kausal-)Hypothese?

Die psychologische Forschung stellt Fragen zu ihrem Gegenstandsbereich, also zum menschlichen Erleben, Verhalten und Handeln. Ziel der Forschung ist es, Antworten auf diese Fragen zu erhalten.

Definition: Hypothesen

Vorläufige (vermutete) Antworten, die Forscher auf ihre Fragen geben, nennt man **Hypothesen**. Die Überprüfung eines spezifischen Teils dieser Hypothesen, nämlich kausaler Hypothesen, ist Gegenstand des Experiments.

Interessiert sich beispielsweise ein Forscher dafür, ob es einen Zusammenhang oder eine Kausalbeziehung zwischen Aggression und Frustration gibt, so könnte seine **Zusammenhangshypothese** lauten:

„Es gibt einen Zusammenhang zwischen Frustration und Aggression."
Die entsprechende **Kausalhypothese** könnte lauten:
„Frustration erzeugt Aggression."

In Kapitel 1.3.3 wurde gezeigt, dass Zusammenhangshypothesen mit dem nichtexperimentellen und Kausalhypothesen mit dem experimentellen Forschungsansatz überprüft werden. Was aber bedeutet „kausal" (ursächlich) bzw. was ist mit dem „Kausalitätsbegriff" (Beziehung zwischen Ursache und Wirkung) im wissenschaftlichen Verständnis verbunden?

Aus psychologischer Sicht ist das Ursache-Wirkung-Prinzip ein fundamentales organisierendes und ordnungsstiftendes Prinzip in der menschlichen Wahrnehmung und im menschlichen Denken. Eine Reihe von Untersuchungen aus den Bereichen der personalen und sozialen Wahrnehmung zeigt, dass menschliche Individuen stark dazu tendieren, kausal wahrzunehmen und zu interpretieren, also die Welt in Kausalstrukturen intern zu repräsentieren und zu verstehen (z. B. Jones & Nisbett, 1971; Michotte, 1966). Man nennt diese Erscheinung „**phänomenale Kausalität**".

So erscheint es nicht verwunderlich, dass diese Verarbeitungsform auch – schon von alters her – das wissenschaftliche Denken prägt. Bereits der „alte Grieche" Demokrit (geb. 460 v. Chr.) soll gesagt haben: „Lieber möchte ich eine einzige Kausalerklärung finden, als das Perserreich besitzen" (Diehls, 1957, zitiert nach Sarris, 1990, S. 76). Schon 130 Jahre später hatte übrigens ein anderer berühmter „alter Grieche", Alexander der Große, eine erkennbar andere Motivation in dieser Angelegenheit. Auch in den letzten Jahrhunderten und Jahren war und ist das allgemeine Kausalitätsprinzip, wonach alle natürlichen Abläufe verursacht sind, noch – wenn auch nicht unumstritten – dominierend. Und nur auf diesem Hintergrund machen natürlich auch die Bestrebungen Sinn, nach allgemeingültigen Gesetzen suchen zu wollen, denn man kann nur etwas finden, was auch vorhanden ist.

Nach Sarris folgt aus diesen und vielen weiteren zwischenzeitlichen Diskussionen für die Bestimmung des Kausalitätsbegriffs: „Kausalität (wird) als gegeben angenommen, wenn eine unveränderliche Beziehung zwischen zwei oder mehreren Prozessen besteht, welche in einem Bedingungsverhältnis zueinander stehen. Der eine Prozeß wird dann als Ursache des anderen angesehen, wenn dieser ihm zeitlich vorangeht und eine notwendige (und hinreichende) Bedingung für das Eintreten des zweiten darstellt" (1990, S. 76).

Czienskowski versucht demgegenüber Kausalität auf kognitionspsychologische Gesetzmäßigkeiten zurückzuführen, wenn er definiert: „Das soll bedeuten, dass Kausalität tatsächlich nicht eine Eigenschaft von Prozessen darstellt, sondern einen mentalen Informationsverarbeitungsmechanismus, also einen Prozess, der die Wahrnehmung und Interpretation von zeitlich und räumlich verbundenen Ereignissen steuert. Dieser verknüpft bestimmte phänomenale Eigenschaften zweier Ereignisse und führt auf der Grundlage bestimmter Unterschiede (vor allem der zeitlichen Sukzession) zu der Schlussfolgerung, das eine Ereignis *verursache* das andere Ereignis" (1996, S. 26). Wir schließen uns für die experimentelle Hypothesenprüfung in der Psychologie dieser Auffassung an, da wir besonders im psychologischen Gegenstandsbereich weit davon entfernt sind, einen metaphysischen Kausalitätsbegriff begründen zu können. Interessanterweise steht diese Auffassung auch in der Tradition von David Hume (1711–1776), der schon vor mehr als 200 Jahren definierte: „Kausalität ist eine gewohnheitsmäßige Verknüpfung im Denken oder in der Vorstellung zwischen einem Gegenstand und einem ihn begleitenden anderen Gegenstand" (zitiert nach Sarris, 1990, S. 77).

1.4.2   Merkmale einer wissenschaftlichen Hypothese

Wir alle formulieren (in Gedanken) täglich eine Vielzahl von Hypothesen. Worin unterscheiden sich diese eigentlich von wissenschaftlichen Hypothesen? Welches sind – anders gefragt – die Merkmale einer wissenschaftlichen Hypothese? Bevor man sich dem in der Regel nicht unerheblichen Aufwand unterzieht, eine Hypothese empirisch zu überprüfen, sollte man sich vergewissern, dass einige Vorbedingungen eingehalten sind, deren Verletzung die Ergebnisse einer Untersuchung wertlos macht bzw. eine sinnvolle Untersuchung erst überhaupt nicht ermöglicht. Es zählen dazu Prinzipien zur **Formulierung** von Hypothesen, Gedanken zur prinzipiellen **Widerlegbarkeit** einer Hypothese, zur **Operationalisierbarkeit** der darin enthaltenen Konzepte und zur **Hypothesenbegründung**.

Die Art der Formulierung ist nicht notwendigerweise ein Merkmal für eine wissenschaftliche Hypothese. Im Fall der Kausalhypothese hat sich allerdings eine spezielle, häufig verwendete Form entwickelt: Für „Frustration erzeugt Aggression" schreibt man meistens „Wenn Personen frustriert sind, dann reagieren sie aggressiv" oder „Je stärker Personen frustriert sind, desto aggressiver reagieren sie". In diesen Formulierungen ist der kausale Charakter der Hypothese besonders eindeutig zu erkennen, da die unabhängige (Wenn-Teil) und abhängige Variable (Dann-Teil) bereits klar getrennt sind. Ansonsten besteht eine relativ große Formulierungsfreiheit für wissenschaftliche Hypothesen (WHn), die auch genutzt wird und manchmal dazu führt, dass Hypothesen zum besseren Verständnis erst rekonstruiert werden müssen. Da dabei jedoch Fehler auftreten können, ist eine möglichst präzise Hypothesenformulierung immer von Vorteil.

Wichtiger als diese sprachlichen Aspekte ist die Gefahr der **widersprüchlichen Formulierung**, wenngleich diesem Problem selten viel Platz eingeräumt wird. Dieses mag damit zusammenhängen, dass bei einfachen Hypothesen ein Widerspruch in sich sofort auffällt (z. B. „Wenn der Hahn kräht auf dem Mist, ändert sich das Wetter oder es bleibt wie es ist"). Allerdings muss bereits in solchen einfachen Fällen darauf geachtet werden, dass Widerspruchsfreiheit auch bzgl. der Zusatzannahmen (Hintergrundwissen) besteht, welche bei der Operationalisierung der WHn benötigt werden. Einen schwierigen Schritt stellt die Überprüfung der Widerspruchsfreiheit vor allem bei komplexen Hypothesen oder Hypothesengeflechten dar. Die in jüngerer Zeit erfolgte Entwicklung von Strukturgleichungsmodellen (z. B. EQS: Bentler, 1989; LISREL: Jöreskog & Sörbom, 1993) ermöglicht eine simultane Überprüfung mehrerer komplexer statistischer Hypothesen, abgeleitet aus sogenannten Kausalmodellen.

Einige Überlegungen sollten auch zur **prinzipiellen Widerlegbarkeit** von Hypothesen angestellt werden. Dass die These „Wenn der Hahn kräht auf dem Mist, ändert sich das Wetter, oder es bleibt wie es ist" nicht widerlegbar ist, liegt auf der Hand (vgl. Huber, 1987, S. 53). Trifft eine solche Hypothese durch die Art ihrer

Formulierung praktisch immer zu, so gibt es keinerlei empirische Sachverhalte, die zu den in der Hypothese behaupteten Sachverhalten in Widerspruch stehen können. Man sagt auch, dass die betreffende Hypothese keinen **empirischen Gehalt** hat. Der empirische Gehalt einer Hypothese wird häufig über die Anzahl von Falsifikatoren einer Hypothese erfasst; je mehr mögliche Falsifikatoren eine Hypothese hat, desto höher ist ihr empirischer Gehalt. Ein Falsifikator ist also jeder empirische Sachverhalt, der im Widerspruch zu einer Hypothese steht. (In Kapitel 7.3.2 sind entsprechende Überlegungen für die Bewertung von Theorien angestellt). Box 6 illustriert diese Überlegungen am Beispiel des Alkoholkonsums und dessen Wirkung auf die Reaktionszeit.

Die prinzipielle Widerlegbarkeit ist auch dann gefährdet, wenn die in der Hypothese enthaltenen Begriffe nicht bzw. nicht eindeutig operationalisierbar sind. Die Hypothese „Erweitertes Bewusstsein erhöht die Fähigkeit zur Defokussierung der Aufmerksamkeit und mindert die Fähigkeit zur Fokussierung der Aufmerksamkeit." ist solange prinzipiell nicht widerlegbar (und bedarf von daher keiner weiteren empirischen Überprüfung), als nicht eindeutig angegeben werden kann, was unter Bewusstsein verstanden und wie es erfasst wird. Man spricht in diesem Fall auch davon, dass die Hypothese nicht mit empirischen Daten konfrontiert werden kann.

Die bisher genannten Merkmale einer wissenschaftlichen Hypothese beziehen sich primär auf ihre empirische Überprüfbarkeit. Abschließend soll noch ein Blick auf die Begründbarkeit gerichtet werden. Ganz allgemein kann zunächst festgestellt werden, dass eine wissenschaftliche Hypothese zwar eine Vermutung darstellt, diese aber gut begründbar sein sollte (im Gegensatz zu einer Alltagshypothese). Dennoch gilt nicht immer die Aussage: „Je besser die Begründung einer Hypothese, desto höher ihre Wissenschaftlichkeit", denn die Begründbarkeit hängt stark mit dem Forschungsstand im jeweils fraglichen Gegenstandsbereich zusammen. Liegen viele empirische Befunde und Theorien zu einer Fragestellung vor, dann muss man von einer Hypothese aus diesem Inhaltsbereich verlangen, dass sie gut begründet ist. Befindet sich der Forschungsprozess dagegen im Anfangsstadium, so kann die Begründung in der Regel nicht sofort sehr differenziert ausfallen. In diesem Fall kann und muss der Intuition und Spekulation mehr Platz eingeräumt werden, wenngleich das Kriterium der Überprüfbarkeit nicht angetastet werden darf. Allerdings führt man in diesen Fällen zumeist nicht direkt Experimente durch, sondern versucht, die empirische Basis zunächst mittels anderer, weniger aufwendiger Methoden zu legen.

Box 6: Alkohol und Reaktionszeit (modifiziert nach Huber, 1987, S. 58)

Die Hypothesen H1 bis H5 behaupten eine gesetzmäßige Beziehung zwischen der Einnahme von Alkohol und der Reaktionszeit. Die Reaktionszeit RZ ist die Zeit, die vom Einsetzen eines Signals (z. B. Aufleuchten des Bremslichtes des vorausfahrenden Wagens) bis zur Ausführung einer vorher bestimmten Reaktion (z. B. Betätigen des Bremspedals) vergeht.

RZ(A) bedeutet Reaktionszeit bei Einnahme von Alkohol und RZ(O) bedeutet Reaktionszeit ohne Einnahme von Alkohol.

Box 6 (Fortsetzung)

H1: Bei Einnahme von acht Gramm Alkohol pro zehn Kilogramm Körpergewicht beträgt die RZ(A) das 2,7- bis 2,8-fache der RZ(O).

H2: Bei Einnahme von acht Gramm Alkohol pro zehn Kilogramm Körpergewicht beträgt die RZ(A) das 2- bis 3-fache der RZ(O).

H3: Bei Einnahme von acht Gramm Alkohol pro zehn Kilogramm Körpergewicht verlängert sich die RZ(A) gegenüber der RZ(O).

H4: Bei Einnahme von acht Gramm Alkohol pro zehn Kilogramm Körpergewicht verändert sich die RZ(A) gegenüber der RZ(O).

H5: Bei Einnahme von acht Gramm Alkohol pro zehn Kilogramm Körpergewicht verlängert sich die RZ(A) gegenüber der RZ(O), oder sie verkürzt sich oder sie bleibt gleich.

Wir nehmen an, dass RZ(O) = 0,5 Sekunden sei und betrachten einige mögliche Messergebnisse (empirische Sachverhalte):

Ergebnis 1: RZ(A) = 1,36 Sekunden, d.h. RZ(A)/RZ(O) = 2,72.
Ergebnis 2: RZ(A) = 1,1 Sekunden, d.h. RZ(A)/RZ(O) = 2,2.
Ergebnis 3: RZ(A) = 1,8 Sekunden, d.h. RZ(A)/RZ(O) = 3,5.
Ergebnis 4: RZ(A) = 0,3 Sekunden, d.h. RZ(A)/RZ(O) = 0,6.
Ergebnis 5: RZ(A) = 0,5 Sekunden, d.h. RZ(A)/RZ(O) = 1.

Gegen H1 sprechen die Ergebnisse 2 bis 5.
Gegen H2 sprechen die Ergebnisse 3 bis 5.
Gegen H3 sprechen die Ergebnisse 4 und 5.
Gegen H4 spricht Ergebnis 4.
Gegen H5 spricht kein Ergebnis.

H1 hat den höchsten empirischen Gehalt der Hypothesen. Alle Ergebnisse mit RZ(A)/RZ(O) > 2,8 und RZ(A)/RZ(O) < 2,7 sprechen gegen die Hypothese 1. Der H2 widersprechen bereits weniger empirische Sachverhalte (2,0 < RZ(A)/RZ(O) > 3,0) usw. Von H1 bis H5 nimmt der empirische Gehalt ab. H5 ist immer wahr und hat daher überhaupt keinen empirischen Gehalt.

Bewährt sich somit eine Hypothese mit einem hohen empirischen Gehalt (H1; die Ergebnisse müssten zwischen RZ(A)/RZ(O) = 2,7 und 2,8 liegen), so ist sie für die Wissenschaft wertvoller – weil präziser – als eine Hypothese mit geringem empirischen Gehalt (H4), die sich ebenfalls bewährt (die Ergebnisse müssten RZ(A)/RZ(O) ≠ 0 erfüllen).

1.4.3   Arten von Hypothesen und ihre Überprüfung

Wir haben mit den Zusammenhangs- und Kausalhypothesen einen sehr wesentlichen Einteilungsgesichtspunkt von Hypothesen kennen gelernt. Wissenschaftliche Hypothesen lassen sich aber noch nach zahlreichen weiteren Gesichtspunkten unter-

scheiden, mit denen wir uns kurz beschäftigen wollen (vgl. Hussy & Möller, 1994).
Zur Illustration zunächst einige Beispiele:

H1: „Kurt hat heute die dritte Aufgabe der vorliegenden Klausur intelligent ge-
      löst."
H2: „In diesem Hörsaal gibt es männliche Personen, die einen HAWIE-IQ von
      mehr als 130 Punkten erreichen."
H3: „Alle Teilnehmer dieser Vorlesung Varianzanalyse haben einen HAWIE-IQ
      von mehr als 150 Punkten."
H4: „Frustrierte Personen reagieren zumeist aggressiv."
H5: „Die Mittelwerte der beiden Gruppen A und B unterscheiden sich."
H6: „Frustration erzeugt Aggression."

Ein nützliches und sinnvolles Kriterium zur Differenzierung ist **die Art der Einschränkungen**, die den in Hypothesen angeführten Personenkreisen, Situationen,
Aktivitäten, Zeiten etc. auferlegt werden. So wird z. B. in Hypothese (H3) für alle
Personen einer spezifischen Lehrveranstaltung zu einer spezifischen Zeit eine Aussage getroffen (man könte auch sagen, dass der Anwendungsbereich der Hypothese
eine raum-zeitliche Beschränkung aufweist: Diese Art der Hypothese wird deshalb
mit **beschränkt universell** bezeichnet), während in Hypothese (H6) weder Personen
noch Orte oder Zeiten eingeschränkt werden. Hypothese (H6) soll immer und für alle
Personen in allen Situationen gelten (**Universalhypothese oder unbeschränkte,
universelle Hypothese**). Groeben und Westmeyer (1981) haben danach acht verschiedene Hypothesenarten differenziert, auf die wir kurz eingehen wollen.
    Singuläre Hypothesen haben sowohl hinsichtlich des Personenkreises, auf den
sie sich beziehen, wie auch hinsichtlich der möglichen Situationen und den dort
ausgeführten Aktivitäten Einschränkungen (Hypothese (H1)).
    Pseudosinguläre (idiographische) Hypothesen haben entgegen den singulären
Hypothesen keine Einschränkungen in Raum und/oder Zeit: „Kurt ist intelligent."
Diese beiden Hypothesenarten spielen eine untergeordnete Rolle, da es sich dabei
eher um mehr oder weniger gut begründete Einzelfallbeschreibungen handelt. Sie
werden hier eigentlich nur der Vollständigkeit halber erwähnt. Deshalb wird auch
nicht näher auf die Möglichkeit der Überprüfung eingegangen.
    Unbestimmte Existenzhypothesen enthalten mindestens einen Existenzquantor
ohne weitere Einschränkungen: „Es gibt ein psycho-physiologisches Korrelat der
menschlichen Emotionen." Die Überprüfung einer unbestimmten Existenzhypothese
ist einfach: Findet man den gesuchten Fall, so hat sich die Hypothese bewährt; andererseits kann man sie nicht widerlegen, denn es ist entweder unmöglich, alle denkbaren Fälle zu überprüfen, und/oder man kann nicht ausschließen, dass sie sich in
Zukunft bewährt.
    Lokalisierende (bestimmte) Existenzhypothesen schränken ihre Existenzaussa-
gen auf bestimmte Räume und/oder Zeiten (Hypothese (H2)) ein.
Bei bestimmten Existenzhypothesen hängt es vom Ausmaß der Einschränkungen ab,
ob eine vollständige Überprüfung aller Fälle möglich erscheint und somit zumindest
eine zeitbegrenzte Zurückweisung möglich wird.

Quasiuniverselle Hypothesen sind ähnlich wie (echt) universelle Hypothesen formuliert, beinhalten jedoch Einschränkungen, durch die die generellen Aussagen eher vage werden. Die quasiuniverselle Hypothese soll nur mit einer (zumeist unbestimmten) Wahrscheinlichkeit gültig sein; Ausnahmen von den in der Hypothese aufgestellten Regeln sprechen nicht unbedingt gegen die Hypothese (Hypothese (H4)). Präzise formuliert wird aus der universellen Kausalhypothese „Wenn Personen frustriert sind, dann reagieren sie aggressiv" die quasiuniverselle Kausalhypothese „Wenn Personen frustriert sind, dann reagieren sie **zumeist** aggressiv." Dieser Hypothesentyp ist in der Psychologie sehr häufig anzutreffen. Groeben und Westmeyer vermuten, dass Psychologen zwar einerseits generelle Aussagen von unbedingter Gültigkeit aufstellen möchten, sie andererseits jedoch die Generalität angesichts der großen Variabilität menschlicher Individuen bzw. menschlichen Erlebens und Verhaltens nicht einlösen können.

Die Art der Überprüfung dieser Hypothesenart ist zentraler Gegenstand der weiteren Erörterungen des vorliegenden Buches. Durch die vage Formulierung der eigentlich generellen Hypothese ist eine strikte Prüfung **nicht** möglich. Man ist auf Hilfskonstruktionen und Zusatzannahmen angewiesen, die in Kapitel 4 näher abgehandelt werden.

Beschränkte, universelle Hypothesen beziehen sich einerseits auf alle Fälle einer Population von Individuen, führen aber Beschränkungen in Raum und Zeit ein (Hypothese (H3)). Groeben und Westmeyer versuchen, die Generalisierungen der Sozialwissenschaften durch diese Hypothesenart zu rekonstruieren, die offenkundig eine universelle Gültigkeit beansprucht, sich jedoch auf bestimmte „historisch-gesellschaftliche Rahmenbedingungen" beschränkt.

Beschränkte universelle Hypothesen lassen sich ähnlich den bestimmten Existenzhypothesen prinzipiell untersuchen, da Einschränkungen im Raum-Zeit-Bereich gemacht werden. Beispiele für solche Überprüfungen sind Meinungsumfragen, Einstellungsuntersuchungen etc., in denen die gesamte (endliche und abgeschlossene) Menge von Objekten untersucht wird.

Unbeschränkte universelle Hypothesen beziehen sich auf alle Fälle einer bestimmten Art; sie haben keinerlei weiteren Einschränkungen (Hypothese (H6)).
Die unbeschränkten universellen Hypothesen (die All-Aussagen formuliert haben) sind (streng genommen) nicht zu belegen, sondern nur zu widerlegen. Da sie keinerlei Einschränkungen kennen, ist der Überprüfungsprozess eigentlich nie abgeschlossen. Selbst wenn sich die Hypothese bislang bei allen Untersuchungen bewähren konnte, so ist prinzipiell nicht auszuschließen, dass nicht doch irgendwann eine negative Instanz auftritt. Das Auftreten einer solchen negativen Instanz reicht dann zur Widerlegung der Hypothese aus. Hier liegt insofern eine Umkehrung der unbestimmten Existenzhypothese vor.

Statistische Hypothesen schließlich sind Hypothesen über Verteilungen von Werten beziehungsweise über Indizes von Werten wie z. B. Mittelwerte, Varianzen, Korrelationen von Datenreihen (eventuell auch ohne Verteilungsannahmen; Hypothese (H5)).

Wie man für gewöhnlich im Alltag Hypothesen überprüft, wird – in enger Anlehnung an Huber (1987, S. 35ff.) – in Box 7 dargestellt.

1.4.4   Zeitpunkt der Formulierung von Hypothesen

Selbstverständlich sind Hypothesen in einem Prüfexperiment vor – und nicht nach – der Durchführung und Auswertung aufzustellen, wenngleich es in der wissenschaftlichen Praxis dafür genügend Gegenbeispiele gibt.

Box 7: Überprüfung von Hypothesen im Alltag (nach Huber, 1987, S. 35ff.)

Wir haben gesehen, dass in der Wissenschaft die Hypothesenüberprüfung über die Konfrontation mit der Empirie stattfindet. Wie gehen menschliche Individuen eigentlich im Alltag vor, wenn sie versuchen, ihre Vermutungen, Meinungen und Behauptungen zu belegen?

Ein Kriterium ist offenbar die Stärke der subjektiven Überzeugung. Wenn ein Redner sich in folgender, oft gehörter Weise äußert: „Ich bin zutiefst davon überzeugt, dass ... !", so benutzt er diese Überzeugungsstrategie. Natürlich ist dies noch „kein Hinweis auf die Richtigkeit oder Falschheit einer Hypothese, auch wenn diese subjektive Überzeugung noch so ehrlich empfunden wird. In der Zeit der Erfindung der Dampfeisenbahn waren Gutachter der Überzeugung, dass die horrende Geschwindigkeit (von maximal ca. 30 km/h) den Passagieren physische und psychische Schäden zufügen würde" (Huber, 1987, S. 35).

Ein zweites Kriterium ist die Berufung auf (anerkannte) Autoritäten. Vorgetragen wird sie häufig in der Form: „Das kann man doch schon bei Aristoteles nachlesen" und hinterlässt nicht selten bei den Zuhörern bzw. Diskussionspartnern den gewünschten Überzeugungseffekt. Offensichtlich ist auch dieses Vorgehen zwar „eine im Alltag häufig praktizierte, nichtsdestoweniger aber völlig untaugliche Methode zur Begründung. Aus der Tatsache, dass ein noch so berühmter Wissenschaftler eine bestimmte Hypothese vertreten hat, folgt natürlich nicht schon, dass diese Hypothese auch wahr ist" (Huber, 1987, S. 36).

Ein drittes Kriterium ist der Versuch des Belegs durch Beispiele. Wenn man seine Zuhörer von der großen Gefahr, die von den Atomkraftwerken ausgeht, überzeugen möchte, zitiert man beispielsweise die bekannte Katastrophe von Tschernobyl. Zwei Überlegungen – eine methodische und eine psychologisch-inhaltliche – müssen dazu angestellt werden.

1. Wie wir eingangs festgestellt haben (Kapitel 1.1), müssen Beobachtungen systematisch angestellt werden, um zu reliablen und validen Aussagen kommen zu können. In dem zitierten Beispiel handelt es sich dagegen um eine punktuelle Beobachtung, in die andere Atomkraftwerke und andere kontextuelle Bedingungen nicht systematisch einbezogen wurden. Folglich sind solche Beispiele für den Nachweis einer Hypothese untauglich.

2. Aus der Erforschung des menschlichen Urteilsprozesses ist bekannt, dass sich menschliche Individuen in ihrer Urteilsbildung durch anschauliche Ereignisse stark beeinflussen lassen (Verfügbarkeitsheuristik und Ankereffekte, vgl. Hussy, 1998, S. 132ff.). Die Beobachtung eines Verkehrsunfalls beispielsweise führt zu einer starken Erhöhung des Wahrscheinlichkeitsurteils, selbst in einen Unfall verwickelt zu werden, obwohl sich diese Wahrscheinlichkeit objektiv nicht verändert hat. Entsprechend führt die eindringliche Darstellung

---

Box 7 (Fortsetzung)

des Unglücks von Tschernobyl im Fernsehen zu einer Veränderung in der subjektiven Einschätzung der Gefährlichkeit der Atomkraft.

Dazu noch einmal Huber: „Für gefährlich halte ich die Methode, Hypothesen durch Beispiele zu beweisen versuchen, deswegen, weil besonders die Aneinanderreihung von Beispielen bei Menschen ohne methodische Vorkenntnisse eindringlich und höchst überzeugend wirkt. Diese Technik wurde und wird daher von Propagandisten verschiedenster Richtungen eingesetzt. So versuchten die Nationalsozialisten, die Leser ihrer Blätter von der moralischen Verworfenheit ihrer Gegner und natürlich insbesondere der Juden dadurch zu überzeugen, dass sie Beispielsfälle in konzentrierter Form berichteten. Da es natürlich in der jüdischen Bevölkerung ebenso Betrüger, Vergewaltiger, Mörder, etc. gab, wie bei der nichtjüdischen, brauchte man diese Fälle nicht einmal zu erfinden. Es genügte die suggestive Wirkung der Aneinanderreihung von Einzelbeispielen" (1987, S. 37f.).

Sichtet man dagegen zunächst die Ergebnisse und stellt demgemäß die Hypothesen auf, so verfährt man analog zu einem Erkundungsexperiment (vgl. Kapitel 1.3.4). Das bedeutet, dass man sich zunächst eine empirische Datenbasis schafft, die zur Grundlage der Hypothesenbildung wird.

Prinzipiell ist natürlich gegen dieses Vorgehen nichts einzuwenden. Wir hatten in Kapitel 1.4.2 sogar gefordert, dass wissenschaftliche Hypothesen möglichst gut theoretisch und empirisch begründet sein sollen. Das Problem besteht aber darin, dass bei diesen beiden unterschiedlichen Vorgehensweisen der Status der Ergebnisse differiert. Wird die Hypothese vor dem Experiment aufgestellt, so erfolgt mittels des Experiments ihre Überprüfung. Das Ergebnis ist somit eine **überprüfte Aussage**. Formuliert man die Hypothese dagegen erst auf der Grundlage der Ergebnisse, so resultiert eine **ungeprüfte Aussage**. Die Aussage behält also ihren hypothetischen Status und muss in einer neuen Untersuchung noch überprüft werden.

Publiziert man folglich ein Prüfexperiment, in welchem man die Hypothesen nachträglich, d. h. ergebnisorientiert erstellt hat, so impliziert dieses Vorgehen nicht nur eine Täuschung der Wissenschaftsgemeinde, sondern schadet der Wissenschaft insofern erheblich, als die Wissenschaftskollegen in ihren eigenen theoretischen Bemühungen diesbezüglich von geprüften Aussagen ausgehen, während es sich in Wirklichkeit um ungeprüfte Hypothesen handelt.

1.4.5 Generierung von Hypothesen

Wie kommt ein Wissenschaftler eigentlich zu seinen Hypothesen? In den vorausgegangenen Kapiteln haben wir diese Frage mehrfach berührt. Das folgende Kapitel widmet sich dem Thema etwas ausführlicher und systematischer.

Eine allgemein gültige Anweisung zur Auffindung von Hypothesen existiert nicht. Vielmehr muss man die wissenschaftliche Tätigkeit als Problemlösevorgang verstehen. Der wissenschaftlich tätige Psychologe interessiert sich für das **Wie** und **Warum** menschlichen Verhaltens und Erlebens. Er stellt Fragen und sucht nach Antworten. Hypothesen sind – wie gesehen – vorläufige Antworten auf solche Fragen. Sie sind Ergebnisse des Problemlösevorgangs (Lösungsmöglichkeiten), die überprüft werden müssen.

So kann man sich fragen, wie es kommt, dass kurzfristig nur eine begrenzte Zahl an Informationen behalten werden kann. Legt man einer Person eine siebenstellige Telefonnummer vor, so kann sie diese in der Regel für eine kurze Zeit behalten, etwa so lange, bis sie die Ziffern gewählt hat. Ist die Nummer deutlich länger, wird es zu Fehlern kommen. Ähnliche Schwierigkeiten wird die Person haben, wenn die Telefonnummer nicht unmittelbar nach der Präsentation, sondern erst nach einer Viertelminute gewählt wird. Ein Wissenschaftler, der eine Vielzahl solcher und weiterer Beobachtungen angestellt hat, wird auf dieser empirischen Basis zu allgemeineren Vermutungen über das kurzfristige Behalten kommen, z. B. in Form der Hypothese: „Wenn mehr als ca. sieben Informationseinheiten in unmittelbarer Abfolge präsentiert werden, dann kommt es bei der sich unmittelbar anschließenden Wiedergabe des Materials zu Fehlern." Der eigentliche Problemlösevorgang besteht hierbei in der Abstraktion – dem Auffinden der Gemeinsamkeiten – der beobachteten Ereignisse. Demnach bezeichnet man diese Art der Hypothesenfindung als induktives Vorgehen, weil von speziellen Einzelereignissen zu allgemeineren Vermutungen übergegangen wird.

Umgekehrt verhält es sich beim deduktiven Vorgehen. Hierbei werden aus einer vorliegenden allgemeinen Theorie spezielle (neue) Vermutungen abgeleitet. Ein gutes Beispiel dafür ist die Untersuchung von Lepper, Greene und Nisbett (1973), die die Selbstwahrnehmung (kognitive Dissonanztheorie, Festinger (1978)) betrifft. Gemäß der Theorie wird zwischen zwei (oder mehreren) Gedanken, Erlebnissen etc. (sogenannten „kognitiven Elementen") dann eine Dissonanz entstehen, wenn diese zueinander im Widerspruch stehen. Zentraler Gedanke der Theorie ist, dass der Mensch in solchen Fällen eine Tendenz verspürt, Dissonanz zu reduzieren. Er wird Maßnahmen ergreifen, die ihm diese Dissonanzreduktion ermöglichen, er wird Handlungen oder möglicherweise Umbewertungen seiner kognitiven Elemente vollführen.

In einer typischen Untersuchung zu dieser Theorie nehmen Personen an einem Experiment teil, in welchem recht stupide Aufgaben zu erledigen sind. Ein Teil von ihnen wird dafür gut, der andere Teil schlecht bezahlt. Die schlecht bezahlten Personen berichten hinterher, dass ihnen das Experiment gefallen hat, die gut bezahlten dagegen finden es langweilig. Gemäß der Theorie würde man vermuten, dass bei den schlechtbezahlten Personen eine kognitive Dissonanz besteht – so wenig Geld für eine so langweilige Tätigkeit –, die dadurch beseitigt wird, dass man die Situation nachträglich als doch ganz interessant erlebt. Lepper, Greene und Nisbett (1973) fragten sich nun, ob auch das Gegenteil zutrifft. Sie leiteten aus der Theorie die Hypothese ab, dass das (gute) Bezahlen einer kurzweiligen Tätigkeit dazu führt, dass diese Tätigkeit im Nachhinein als weniger kurzweilig erlebt wird. Tatsächlich bestätigten die Ergebnisse der Untersuchung diese Vermutung.

Gleichgültig ob man den induktiven oder deduktiven Weg beschreitet (in den meisten Fällen wird es ohnehin eine Mischform sein), profitiert der Vorgang der intentionalen Hypothesengenerierung – wie jeder Problemlöseprozess – von einem umfangreichen, wohl strukturierten, problembezogenen Faktenwissen auf Seiten des Wissenschaftlers. Allerdings kann auch der **Zufall** eine entscheidende Rolle spielen, wenngleich in der Literatur solche Fälle selten berichtet werden. So geht die Theorie des klassischen Konditionierens von Ivan Pawlow auf eine Zufallsentdeckung zurück. Er war ursprünglich – als Physiologe – an der Verdauung, speziell der Sekretion der Speicheldrüsen, interessiert, etwa an der Frage, wie lange es bis zur Speichelsekretion dauert, wenn ein Hund gefüttert wird. Im Zuge seiner Untersuchungen fand er, dass die Tiere mit zunehmender Vertrautheit mit der Fütterungssituation (das gleiche Fressen, der gleiche Napf, der gleiche Pfleger) sogar schon Speichel produzierten, bevor sie das Fressen im Maul hatten. Das ging so weit, dass die Speichelproduktion schon beim Sehen des Pflegers begann. Pawlow interessierte sich weiter für dieses überraschende Phänomen, das er psychische Sekretion nannte, da er vermutete, dass es auf die mentalen Aktivitäten der Tiere zurückzuführen sei, und leistete mit seiner daraus entwickelten Theorie der klassischen Konditionierung einen wesentlichen, ursprünglich nicht geplanten Beitrag zur Psychologie des Lernens (vgl. Hussy & Möller, 1994, S. 475).

1.4.6   Die Hypothese im Forschungsprozess

Nicht nur das Generieren von Hypothesen ist als ein Vorgang des Problemlösens verstehbar. Auch die Entwicklung von Theorien und die Aufstellung und Abarbeitung von Forschungsprogrammen stellen Problemlöseprozesse dar. Sie repräsentieren die übergeordneten Ziele, zu deren Erreichung wissenschaftliche Hypothesen einen zentralen Beitrag leisten. Letztere bestimmen die Richtung der Forschungsarbeit und leiten das wissenschaftliche Arbeiten jeden Forschers.

Wie bereits besprochen und in Abbildung 1.3 veranschaulicht, können WHn aus mehr oder minder elaborierten Theorien oder gar Theorienetzen abgeleitet sein (deduktives Vorgehen). In diesem Falle wird die Bewertung der WHn auch von Bedeutung für die Bewertung der Theorien sein, aus denen sie abgeleitet wurden. Wenn WHn in größere Konzeptionen eingebettet sind, wie dieses bei Theorien und verstärkt bei Theorienetzen der Fall ist, können die Einzelerkenntnisse, die sich im Laufe des Überprüfungsprozesses der WHn ergeben, zu einem umfassenderen Erkenntnisfortschritt auf Theorieebene führen. Die besprochene Arbeit von Lepper et al. (1973) verdeutlicht diese Überlegung. In Kapitel 7 kommen wir speziell auf diese Thematik zurück.

Gemäß Abbildung 1.3 führt der zweite Weg direkt von den Beobachtungen im Interessen- bzw. Problembereich zu den Hypothesen, etwa deshalb, weil noch keine theoretischen Vorstellungen zur Fragestellung vorliegen (induktives Vorgehen). In diesem Fall trägt die Hypothesenprüfung mit ihren Ergebnissen zur Schaffung einer soliden empirischen Datenbasis bei und bildet somit die Grundlage für die Entwicklung von Theorien. Vergegenwärtigen wir uns das oben genannte Beispiel zum kurzfristigen Behalten. Aus einer Vielzahl von Einzelbeobachtungen zum fraglichen Gegenstandsbereich wurde eine WH gebildet und überprüft. Weitere diesbezügliche Untersuchungen (etwa zur Hypothese: „Wenn der Abruf von einmal präsentierten Informationen mehr als 15 Sekunden verzögert wird, dann kommt es zu Fehlern bei der

Wiedergabe") verbreitern die Ergebnisbasis und helfen beim Formulieren von Theorien. In diesem Beispiel führen Untersuchungen, die die Beibehaltung der Hypothesen stützen, zur Entwicklung des Konzepts des Kurzzeitgedächtnisses mit begrenzter
Kapazität bezüglich des Informationsumfangs und der Behaltensdauer.

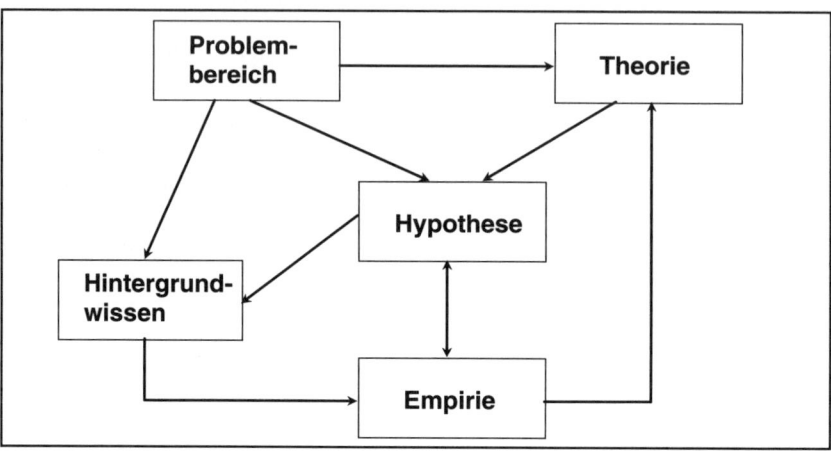

Abbildung 1.3: Die Hypothese im Forschungsprozess.

Hypothesen haben eine weitere wichtige Funktion im Wissenschaftsprozess: Sie
stellen die „theoretische Brille" dar, durch die der Forscher seine empirische Arbeit
sieht. Man kann die Auffassung vertreten, dass jede Beobachtung und Datenerhebung im Grunde genommen hypothesengeleitet erfolgt, wenngleich mit unterschiedlichem Explikationsgrad. Die Entscheidung des Forschers, einer bestimmten Stichprobe von Versuchspersonen ein spezifisches Treatment zu applizieren und genau
definierte Maße empirisch zu erheben, gründet sich immer auf mehr oder weniger
klare Vorstellungen und Erwartungen, auf Vermutungen über Zusammenhänge der
interessierenden Phänomene, die einerseits nichts anderes als Hypothesen sind,
andererseits aber auch das Hintergrundwissen repräsentieren, welches durch die
Fragestellung und die Hypothese (gegebenenfalls auch durch die Theorie) aktiviert
wird und auf die Gestaltung der empirischen Untersuchung zur Hypothesenprüfung –
wie wir noch sehen werden – erheblichen Einfluss nimmt. Generell kann man feststellen, dass Hypothesen im Rahmen des hypothetisch-deduktiven Vorgehens das
Bindeglied zwischen den Theorien und den empirischen Daten darstellen. Sie bilden
die Grundlage für die Präzisierung der Fragestellung und führen zur Planung der
Anlage der Untersuchung ebenso wie sie den Rückschluss von den statistischen
Untersuchungsergebnissen auf die Ausgangstheorie (oder zu erstellende Theorie)
bestimmen. Im abschließenden Kapitel 7 werden wir u. a. auch auf diesen Sachverhalt ausführlicher zu sprechen kommen.

1.5   Variable

Die bereits oft bemühte Hypothese „Frustration erzeugt zumeist Aggression" enthält zwei abstrakte Begriffe, die in der Psychologie auch als Variable bezeichnet werden. Das folgende Kapitel beschäftigt sich mit diesem Begriff sowie seinen Verbindungen zur Hypothese und zum Experiment.

1.5.1   Was ist eine Variable?

Ziel psychologischer Forschung ist stets die Beschreibung und Erklärung menschlichen Erlebens, Verhaltens und Handelns. Beim Beschreiben werden Angaben zu Merkmalen und Erscheinungsformen eines Sachverhalts gemacht. Erklärungen sind Angaben über Bedingungen von bzw. Abhängigkeiten zwischen Sachverhalten (vgl. Kapitel 1.2). Sachverhalte in diesem Sinne sind veränderliche (variable) Größen, also Variablen. Die Bezeichnung **Variable** steht in der Psychologie für Merkmale oder Eigenschaften eines menschlichen Individuums, eines Tieres usw.

Jede Variable hat somit mehrere (mindestens zwei) Ausprägungsgrade. Die Person X ist männlich, die Person Y ist weiblich. Männlich und weiblich sind Ausprägungsgrade (Abstufungen) der Variable Geschlecht. Andere Variablen wie Intelligenz haben sehr viele Ausprägungsgrade, so dass eine sehr starke Differenzierung zwischen verschiedenen menschlichen Individuen möglich wird.

Während es keinerlei Schwierigkeiten macht, Variablen zu benennen, ist es dagegen nicht so einfach, Beispiele für **Konstanten**, also unveränderliche Größen, zu finden. Mag es im Bereich der Physik noch einige zutreffende Beispiele geben (absoluter Nullpunkt, Gefrier- und Siedepunkt von Wasser), so fällt die Suche für den Bereich der Psychologie schwer. Von Konstanten ist etwa in der Psychophysik die Rede, wenn es heißt: Die relative Unterschiedsschwelle ist konstant (Webersches Gesetz: $\Delta s/s$ = konstant, vgl. Kebeck, 1994, S. 254f.). Gelegentlich wird auch von intraindividueller Konstanz gesprochen (im Gegensatz zur interindividuellen Variabilität). Doch selbst die allermeisten Merkmalsausprägungen eines Individuums sind (über die Zeit) variabel. Nicht einmal das Geschlecht ist zwangsläufig konstant!

Zusammenfassende Definition: Variablen, Konstanten

Variablen sind veränderliche Beobachtungsgrößen. Psychologische Variablen sind veränderliche Beobachtungsgrößen aus dem Bereich des menschlichen Erlebens, Verhaltens und Handelns. Jede Variable hat mindestens zwei (in der Regel viele) Ausprägungen, sonst wäre sie eine **Konstante**. Konstanten sind im Gegenstandsbereich der Psychologie nur sehr schwer zu finden.

1.5.2   Arten von Variablen

So wie wir bei den Hypothesen zwischen verschiedenen Arten unterschieden haben, ist dieses auch bei den Variablen möglich. Wir beschränken uns dabei auf die im vorliegenden Kontext relevanten Klassifizierungen.

Qualitative vs. quantitative Variablen: Bei quantitativen Variablen ist es möglich, den Merkmalsausprägungen gemäß einer Abbildungsvorschrift (Skala) Zahlenwerte zuzuordnen (z. B. Alter: 15 Jahre, 39 Jahre, 74 Jahre usw.). Bei qualitativen Variablen unterscheiden sich die Ausprägungen nicht nach Zahlenwerten, sondern nach ihrer Beschaffenheit (Qualität; z. B. Augenfarbe: blau, grau, braun, grün usw.). Selbstverständlich kann man den Merkmalsausprägungen auch in diesem Fall Zahlenwerte zuordnen (z. B. weiblich = 0, männlich = 1), aber diese verlieren dann ihre metrischen Eigenschaften und behalten nur noch den Status von Namen.

Konkrete vs. abstrakte Variablen (einfache vs. komplexe Variablen): Variablen können vergleichsweise einfache Merkmale sein, wie z. B. die Reaktionszeit, die Behaltensleistung usw. Dagegen sind Variablen wie Planungsfähigkeit und Intelligenz sehr vielschichtig oder komplex; sie umschließen unterschiedliche Bedeutungsaspekte.

Eng damit verwandt ist die Einteilung in konkrete bzw. abstrakte Variablen. Diese Klassifikation bezieht sich auf die mehr oder weniger leichte (direkte) Beobachtbarkeit von Variablen. So stellt es keine besondere Schwierigkeit dar, die Reaktionszeit (konkrete und einfache Variable) zu messen. Dagegen erfordert eine Messung der Intelligenz oder Planungsfähigkeit (abstrakte und komplexe Variablen) deutlich differenziertere Erhebungsinstrumente.

Experimentelle Variablen: Im Verlauf der bisherigen Überlegungen haben wir schon eine Reihe experimenteller Variablen kennen gelernt. Sie sollen im folgenden Abschnitt systematisiert und ergänzt werden.

Der **Versuchsleiter** (Vl) führt das Experiment durch. Man bezeichnet ihn auch als Experimentator. Der Vl muss (und sollte) nicht identisch sein mit jenem Wissenschaftler, der das Experiment geplant hat.

Die **Versuchsperson** (Vp, englisch: subject) nimmt am Experiment teil und ermöglicht damit die Erhebung von Daten, die die Konfrontation der Hypothese mit der Empirie ermöglichen.

Die **unabhängige Variable** (UV, englisch: independent variable) ist jene Größe, die vom Experimentator aktiv verändert wird. Diese Variation soll als ursächlich für die Veränderungen in der abhängigen Variablen gelten. Die erstellten Varianten der UV nennt man ihre Stufen oder die experimentellen Bedingungen. Eine UV wird auch Faktor (mit Faktorstufen) genannt.

Die **abhängige Variable** (AV, englisch: dependent variable) ist jene Größe, an der sich die Wirkung der UV zeigen soll.

Die **Störvariable** ist jene Größe, die die AV ebenfalls – zusammen mit der UV – beeinflusst. Sie verhindert, dass eine eindeutige Kausalinterpretation des Zusammenhangs von UV und AV gegeben werden kann. Deshalb muss sie kontrolliert werden. Der Begriff Störvariable bezieht sich auf die durch sie ausgelöste Störung der internen Validität; er impliziert also keine Wertung. Eine Störvariable im Experiment X kann im Experiment Y die AV oder UV sein.

Schließlich ist es sinnvoll, einige wesentliche Varianten von unabhängigen Variablen einzuführen, da im weiteren Verlauf des Texts häufiger darauf Bezug genommen wird.

Aktive UV (treatment factor, Behandlungsfaktor): Diese Variable ist unabhängig von den Vpn, d. h. die Variation bezieht sich auf ein Merkmal, das nicht fest an die Vpn gebunden ist. Wird z. B. der Lärmpegel variiert, so können die Vpn frei den verschiedenen Pegeln zugeordnet werden. Wird dagegen das Geschlecht variiert, so bringen die Vpn dieses Merkmal mit in die Untersuchung und sind von daher den verschiedenen Ausprägungen (männlich, weiblich, sächlich) von vornherein fest zugeordnet.

Organismische UV (zugewiesene oder Messvariable): Das soeben verwendete Merkmal „Geschlecht" ist ein Beispiel für eine organismische UV, die fest mit den Vpn verbunden ist. Weitere Beispiele sind „Intelligenz", „Art des Schulabschlusses", „sozialer Status", „Konfessionsangehörigkeit", „Nationalität" usw. Bei dieser Art der UV ist die zufällige Zuteilung der Vpn zu den Versuchsbedingungen nicht möglich.

Hypothesenrelevante UV (hypothesenrelevanter Faktor): Die Variation dieser UV dient der Überprüfung der Hypothese: „Wenn Personen frustriert sind, dann reagieren sie aggressiv." Diese Hypothese wird durch Variation der „Frustration" und der Messung der „Aggression" getestet.

Kontrollfaktor: Die Variation dieser UV dient der Verbesserung der Validität der Hypothesenprüfung. Es könnte sein, dass die Frustrations-Aggressions-Hypothese für Männer, nicht aber für Frauen gilt. Insofern wäre die Hinzunahme einer zweiten UV „Geschlecht" eine Maßnahme, durch welche die Untersuchung an Gültigkeit gewinnt (statistische Kontrolle einer möglichen Einflussgröße), denn man erhält differenzierende Hinweise auf den Anwendungsbereich der Hypothese.

Fixierter Faktor: Es erfolgt eine systematische Auswahl aus allen möglichen Stufen einer UV, mit dem Ziel, den ganzen Bereich möglicher bzw. realistischer Werte abzudecken. Interessiert man sich z. B. für die Auswirkung von Lärm auf die Reaktionszeit, so liegt ein fixierter (fester) Faktor Lärm dann vor, wenn der hörbare Bereich gleichabständig erfasst ist (0, 25, 50, 75, 100, 125 dB; vgl. Abbildung 1.4).

Zufälliger Faktor: Stellen die in der Untersuchung realisierten Stufen der UV eine Zufallsauswahl aus allen möglichen Stufen dar, so spricht man von einem zufälligen Faktor (8 und 67 dB in Abbildung 1.4). Dieses Vorgehen ist zwar ökonomisch, birgt aber – wie die Abbildung verdeutlicht – die Gefahr, dass Effektverläufe nicht adäquat abgebildet werden: Scheinbar wirkt sich die Lautstärke nicht auf die Reaktionszeit aus.

1.5.3 Variablenselektion

Ein wesentlicher, wenngleich von manchem Forscher zu wenig reflektierter Schritt im Forschungsprozess stellt die Selektion jener Variablen dar, anhand derer die Fragestellung behandelt werden soll. Damit ist nicht gemeint, wie eine abstrakte Variable der Beobachtung zugänglich gemacht werden soll. Zwar ist auch dieser Vorgang ein Selektionsschritt; er bezieht sich jedoch auf den Operationalisierungsaspekt, der im nächsten Abschnitt besprochen wird.
Hier ist die prinzipielle Auswahl jener Variablen gemeint, mit welchen ein Phänomen beschrieben und erklärt werden soll.

Huber (1987, S. 24f.) illustriert die Problematik anhand der Depressionsforschung: Hippokrates (406-377 v. Chr.) führt die Depression auf das Überwiegen einer der vier Körpersäfte zurück, nämlich der schwarzen Galle. Er selektiert somit die Körpersäfte als relevante Variablen. Im Mittelalter galten Depressive als von Dämonen oder vom Teufel besessen. Hier galt die Besessenheit als hilfreiches Konstrukt. Später wurden charakteristische Handlinien oder Konstellationen von Gestirnen mit Depression in Verbindung gebracht.

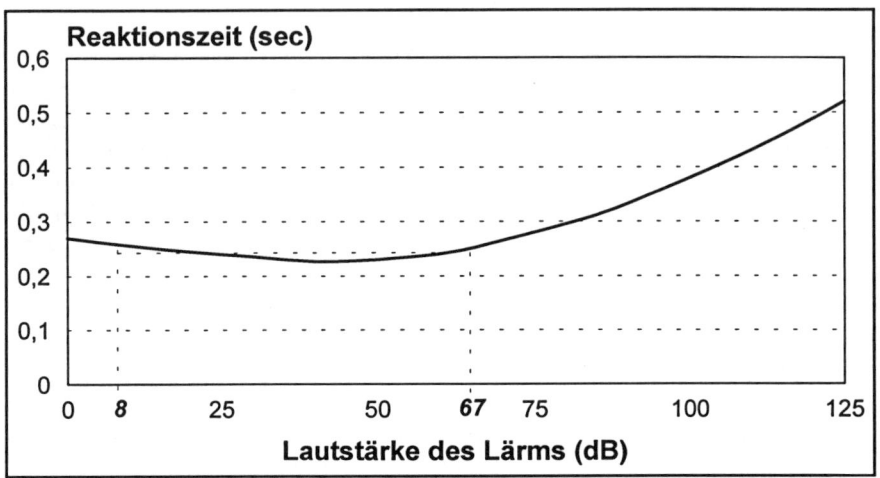

Abbildung 1.4: Veranschaulichung des Unterschieds zwischen einem fixierten und zufälligen Faktor. Beim fixierten Faktor sind die Stufen systematisch (z. B. gleichabständig: 0, 25, 50 usw.) festgelegt, beim zufälligen Faktor mithilfe des Zufalls (8, 67) ausgewählt. Die beiden zufällig ausgewählten Faktorstufen repräsentieren die Relation zwischen den Variablen **Reaktionszeit** und **Lautstärke des Lärms** invalide.

Heute wählt man andere Variablen zur Beschreibung und Erklärung von Depression aus. Aber auch diese unterscheiden sich noch erheblich. Inadäquate Bedürfnisbefriedigung in der oralen Phase wird von der psychoanalytischen Theorie als auslösend für Depression angesehen. Weitere Theorien gehen von krank machenden Denk- bzw. Attribuierungsmustern, von Kontrollverlust oder von einem Mangel an bestimmten Neurotransmittersubstanzen aus.

Das Beispiel zeigt eindrucksvoll die Relevanz des Selektionsschrittes. Unterschiedlichste Variablen werden zur Erklärung des gleichen Phänomens ausgewählt und erforscht. Natürlich stellt die Auswahl der untersuchungsrelevanten Variablen bereits eine Annahme dar, über die nachgedacht werden muss, denn sie ist bereits eine entscheidende Weichenstellung für den weiteren Forschungsprozess. Bei der experimentellen Prüfung darauf aufbauender Hypothesen wird dieser Schritt in der Regel nicht mehr explizit mitreflektiert.

1.5.4 Operationalisierung von Variablen

Variablen, die in wissenschaftlichen Hypothesen (Modellen, Theorien) auftreten, sind meist abstrakt (komplex) und damit beobachtungsfern. Damit ist ihre Messbarmachung ein wesentlicher Forschungsschritt.

Da die theoretischen Konzepte sich einer direkten Beobachtung entziehen, müssen wir ihnen empirische Konzepte zuordnen. Diese Zuordnung von empirischen zu theoretischen Konzepten ist nicht möglich ohne (teils erhebliche) **Reduktion des semantischen Gehaltes** der theoretischen Konzepte, in einigen Fällen werden die vorgeschlagenen oder durchgeführten Operationalisierungen bei keinem zweiten Forscher Zustimmung finden.

Definition: Operationalisierung

Zunächst sind die unabhängigen und abhängigen Variablen, die als theoretische Begriffe in der Hypothese enthalten sind, auf der Basis des vorliegenden Hintergrundwissens so festzulegen, dass sie einer Beobachtung, Messung und Erfassung zugänglich werden. Dieses Vorgehen wird als **Operationalisierung** bezeichnet (vgl. Hager, 1987, S. 53) und stellt einen der wichtigsten, aber auch schwierigsten Schritte in der psychologischen Forschung dar.

Dieses kann u. a. schon daraus resultieren, dass viele theoretische Konzepte einen nur sehr schwer zu definierenden semantischen Gehalt haben. Es scheint zwar in den meisten Fällen eine Art stiller Übereinkunft zwischen verschiedenen Forschern zu existieren, was sich theoretisch z. B. unter „Aggression" verstehen lässt, wenn es dann jedoch darum geht, für ein konkretes Experiment Maßnahmen zu planen, die zu einer „Aggression" der Vpn führen sollen, findet man häufig keinen Konsens. Wünschenswert sind Operationalisierungen, die den Bedeutungskern einer abstrakten Variablen treffen, weil damit die Verallgemeinerbarkeit der Ergebnisse erleichtert wird. Wählt man dagegen einen eher randständigen Bedeutungsaspekt aus – was gelegentlich durchaus sinnvoll sein kann –, so gelten die Ergebnisse eben auch nur für diesen Bedeutungsaspekt.

Die Operationalisierung erfolgt unter Bezugnahme auf das sogenannte Hintergrundwissen, einen Wissensfundus, der dem Forscher zur Verfügung steht (oder zumindest stehen sollte). Dieses Hintergrundwissen enthält die zur Zeit in einem spezifischen Wissenschaftsbereich bekannten Gesetzmäßigkeiten, die zur Verfügung stehenden technischen Voraussetzungen, weitere Vorannahmen, experimentelle Techniken, empirische Resultate etc., die in den Prozess der Operationalisierung der theoretischen Variablen einmünden. Dieses Wissen ist selbst nicht Gegenstand der Überprüfung, es wird praktisch (ungeprüft) als zutreffend vorausgesetzt.

Damit ist einerseits ein praktischer Vorteil für jeden Forscher verbunden: Er muss nicht jedes Mal erneut nachweisen, dass z. B. die Technik des „Freien Reproduzierens" zur Operationalisierung der Behaltensleistung einer Vp tauglich ist, sondern kann dieses Wissen, welches er aus anderen Studien, Untersuchungen etc. erworben hat, ungeprüft auf seine Forschung anwenden. Andererseits ist es durchaus möglich, dass sich in dem Hintergrundwissen fehlerhafte Annahmen befinden, die von dem Forscher jedoch ungeprüft übernommen werden und so potentiell zu falschen Bewertungen seiner im engeren Sinne korrekten Hypothesen führen können.

Definition: theoretisch-inhaltliche und empirisch-inhaltliche Hypothese

Eine Hypothese, bei welcher noch keine Operationalisierung ihrer abstrakten Variablen vorgenommen wurde, nennen wir mit Hager (1984) **theoretisch-inhaltliche Hypothese** (TIH). Durch die Operationalisierung wird aus der TIH eine sogenannte **empirisch-inhaltliche Hypothese** (EIH).

Am Beispiel der Frustrations-Aggressions-Hypothese soll dieser Wechsel von der TIH zur EIH veranschaulicht werden (Box 8). Gleichzeitig wird die unbeschränkte Universalhypothese „Frustration erzeugt Aggression" in die quasiuniverselle Hypothese „Frustration erzeugt **zumeist** Aggression" umgewandelt, da – wie besprochen – in der Psychologie keine für alle Personen gültigen Gesetzmäßigkeiten zu erwarten sind. Ersichtlich wird im Beispiel vorgeschlagen, die Frustration über das „Ausmaß an Misserfolg bei der Bearbeitung von Intelligenztestaufgaben" und die Aggression über die „Anzahl an Missfallensäußerungen" einer Beobachtung, Erfassung und Messung zugänglich zu machen.

Die dem Experiment und den dort realisierten empirischen Sachverhalten zugeordneten Hypothesen haben wir oben als empirisch-inhaltliche Hypothesen gekennzeichnet. Es sei hier wiederholt, dass für ein theoretisches Konzept durchaus verschiedene Operationalisierungen möglich sind und in der Praxis auch angewendet werden. So kennt man z. B. für die Behaltensleistung u. a. die experimentellen Erhebungsmethoden des freien Reproduzierens, des Wiedererkennens oder des Wiedererlernens. Daher ist es durchaus möglich, dass einer TIH in verschiedenen Experimenten unterschiedliche empirisch-inhaltliche Hypothesen zugeordnet werden, die sich auf die unterschiedlichen Operationalisierungen beziehen.

Box 8: Umwandlung der TIH in die EIH durch Operationalisierung

Theoretisch-inhaltliche Hypothese (TIH):
- „Frustration erzeugt zumeist Aggression" oder
- „Wenn Menschen frustriert sind, dann verhalten sie sich zumeist aggressiv."

Empirisch-inhaltliche Hypothese (EIH):
- „Personen mit hohem Misserfolg zeigen bei der Bearbeitung von Intelligenztestaufgaben mehr Missfallensäußerungen (gegen sich selbst, gegen den Testleiter, gegen die Untersuchungssituation) als Personen mit geringem Misserfolg."
- „Wenn Personen bei der Bearbeitung von Intelligenztestaufgaben keinen Erfolg haben, dann reagieren sie verstärkt mit Missfallensäußerungen."

Die TIH kann so über verschiedene EIHn durchaus unterschiedliche Bewertungen erfahren (vgl. Kapitel 7.3.2). Es folgt hieraus unmittelbar die Aufforderung an den Forscher, sowohl seine TIHn wie auch die gewählten EIHn im Rahmen des Forschungsberichts explizit zu machen, damit dem Rezipienten des Berichts ein kritisches Nachvollziehen ermöglicht wird.

In der TIH „Frustrierte Personen reagieren zumeist aggressiv" taucht der uns bereits bekannte Begriff „zumeist" auf. Diesen müssen wir bei der Ableitung der EIH ebenso konkretisieren wie die Begriffe „Frustration" und „Aggression." Es sind nicht nur die Konzepte oder Variablen der TIH zu operationalisieren, um eine EIH abzuleiten: Die zwischen den theoretischen Begriffen bestehenden Relationen müssen ebenso korrekt auf die EIH übertragen werden. Das bedeutet an dieser Stelle, dass eine Umschreibung und Klärung des Begriffs „zumeist" erforderlich ist. Im gegebenen Beispiel geschieht dieses durch die Begriffe „mehr" bzw. „verstärkt".

2 Versuchsplananlage und Versuchsplan

Bisher haben wir uns in der Hauptsache damit beschäftigt, den methodologischen und wissenschaftstheoretischen Hintergrund für das experimentelle Hypothesentesten in der Psychologie zu legen. Im Mittelpunkt standen dabei die Begriffe der Kausalhypothese und des Experiments sowie die Beziehung zwischen ihnen. Im folgenden Kapitel lernen wir verschiedene Versuchsplananlagen und Versuchspläne kennen, die es gestatten, Kausalhypothesen unterschiedlich valide und/oder präzise zu prüfen.

2.1 Grundlegende Begriffe

In den bisherigen Ausführungen wurden die Begriffe Untersuchung, Versuch, Experiment und Studie nicht streng voneinander unterschieden. Bevor wir uns näher mit den Versuchsplänen beschäftigen, sollen diese Begriffe zur Herstellung eines gemeinsamen Verständnisses zunächst definiert werden.

Definitionen: Untersuchung, Versuch

Unter einer **Untersuchung** (einem **Versuch**) versteht man Beobachtungen, die **systematisch** angestellt werden (vgl. Kapitel 1.1), um eine Entscheidung über die Beibehaltung bzw. Ablehnung von Hypothesen treffen zu können und die zu ihrer Erhebung notwendigen Handlungen und Maßnahmen.

Der Begriff Untersuchung (Versuch) ist somit recht allgemein gefasst: Alle empirischen Beiträge, die die Definition erfüllen, gelten in der (quantitativen) Psychologie als wissenschaftliche Untersuchungen (Versuche). Somit ist auch ein Experiment eine Untersuchung. Die folgende Definition von Hager verdeutlicht jedoch den Unterschied.

Experiment: „Eine Untersuchung ... ist bezüglich einer unabhängigen Variablen X ein *Experiment,* wenn die gleichen Sachverhalte unter verschiedenen Bedingungen von X (X_1, X_2, ... X_k) systematisch beobachtet werden und wenn Probanden (Pbn) und Bedingungen einander zufällig zugeordnet werden ..." (1987, S. 71).

Damit wird klar, dass ein Experiment einen Spezialfall einer wissenschaftlichen Untersuchung darstellt. Zur systematischen Beobachtung treten die Manipulation der UV (vgl. Kapitel 1.3.2.1) und die Kontrolle der Störvariablen (vgl. Kapitel 1.3.2.2) hinzu. Allerdings wird die Kontrolle der Störvariablen in dieser Definition reduziert auf die zufällige Zuordnung von Bedingungen und Probanden. Natürlich ist damit nicht gemeint, dass alle anderen Störvariablen nicht kontrolliert werden müssten, sondern dass die Kontrolle durch Randomisierung einen besonderen Stellenwert für die Definition eines Experiments besitzt. Deshalb werden zur Vermeidung von Missverständnissen im weiteren Text folgende Definitionen zugrunde gelegt:

Definition: Experiment

Unter einem **Experiment** versteht man die systematische Beobachtung einer abhängigen Variablen a) unter verschiedenen Bedingungen einer unabhängigen Variablen bei b) gleichzeitiger Kontrolle der Störvariablen, wobei die zufällige Zuordnung von Probanden und experimentellen Bedingungen **gewährleistet sein muss**.

Ein Quasiexperiment unterscheidet sich davon nur durch die fehlende Randomisierung:

Definition: Quasiexperiment

Unter einem **Quasiexperiment** versteht man die systematische Beobachtung einer abhängigen Variablen a) unter verschiedenen Bedingungen einer unabhängigen Variablen bei b) gleichzeitiger Kontrolle der Störvariablen, wobei die zufällige Zuordnung von Probanden und experimentellen Bedingungen **nicht realisiert ist**.

Bei der Besprechung der Störvariablen (Kapitel 3.3.2) wird die definitorische Bedeutung der Randomisierungstechnik – im Vergleich zu den übrigen Kontrolltechniken – weiter herausgearbeitet und begründet.

Wenn im weiteren Verlauf des Textes von **experimenteller Forschung** die Rede ist, so umfasst dieser Begriff experimentelle **und** quasiexperimentelle Versuchspläne. Damit sind wir beim Begriff der Versuchsplanung angelangt. Er bringt zum Ausdruck, dass eine Situation zu konstruieren ist, in welcher es möglich wird, eine Hypothese mit der Empirie zu konfrontieren. Dieser Vorgang erfordert eine Serie von Entscheidungen, die Gegenstand von Kapitel 3 sind und in erster Linie der Optimierung der unterschiedlichen Validitätsaspekte und der Präzision der Untersuchung dienen. Der Begriff der Versuchsplanung umfasst sowohl die experimentelle als auch die nichtexperimentelle Forschung. Die experimentelle Versuchsplanung hat die Prüfung einer Kausalhypothese zum Ziel und berücksichtigt damit zusätzlich den Aspekt der internen Validität.

Definition: Versuchsplanung

Unter **Versuchsplanung** versteht man den Vorgang der Vorbereitung, Durchführung und Auswertung einer Untersuchung (eines Versuchs) derart, dass eine möglichst valide und ökonomische Prüfung einer (vorgegebenen) Hypothese resultiert (vgl. auch Hager, 1987, S. 44). Mit Blick auf die **experimentelle Versuchsplanung** ändert sich an dieser Definition alleine der Begriff der Hypothese, der durch den der **Kausalhypothese** ersetzt wird.

2.2 Versuchsplananlage

Aus den Überlegungen zur Versuchsplanung ergibt sich, dass als Resultat der vielfältigen Entscheidungen sehr verschiedene Versuchspläne resultieren können. Diese werden in Kapitel 2.3 klassifiziert und näher betrachtet. Neben Unterschieden weisen sie jedoch auch Gemeinsamkeiten auf. Diese Abstraktionen aus den unterschiedlichen Versuchsplänen nennen wir mit Hager Versuchsplananlagen.

Definition: Versuchsplananlage

„Unter einer **Versuchsplananlage** (VPL-A) wollen wir eine Menge von bewährten Schemata zur Anordnung von unabhängigen Variablen (Faktoren) und ihren Ausprägungen (Stufen) verstehen, mit deren Hilfe eine möglichst informationshaltige und gleichzeitig ökonomische symbolische Repräsentation der Variablenausprägungen (Faktorstufen) erreicht werden kann" (Hager, 1987, S. 56).

Aus dieser Definition ist zu entnehmen, dass eine VPL-A nur im Rahmen der experimentellen Forschung Bedeutung hat, denn nur hier besteht die Möglichkeit, unabhängige Variablen mit ihren Stufen symbolisch zu repräsentieren. Anhand eines konkreten Beispiels, welches in Box 9 dargestellt ist, sollen die beiden elementaren Versuchsplananlagen VPL-A1 (einfaktoriell) und VPL-A2 (mehrfaktoriell) erläutert werden.

Box 9: Lernexperiment

In einem Lernexperiment ist eine Liste von zwanzig zweisilbigen Hauptwörtern zu lernen und wiederzugeben. Zwei Gruppen von Vpn nehmen am Experiment teil. Für die erste Gruppe präsentiert der Vl die Liste in geordneter Folge (kategorial), die zweite Gruppe erhält die Wortliste in ungeordneter Reihenfolge (nichtkategorial).

kategoriale Präsentation (Gruppe 1):
- Polen, England, Chile, Spanien, Ungarn,
- Lampe, Sofa, Vorhang, Sessel, Tisch,
- Tiger, Löwe, Katze, Puma, Luchs,
- Laufen, Stoßen, Werfen, Springen, Schwimmen.

nichtkategoriale Präsentation (Gruppe 2):
- Sofa, England, Schwimmen, Katze, Lampe,
- Werfen, Tiger, Polen, Tisch, Springen,
- Luchs, Sessel, Spanien, Laufen, Löwe,
- Chile, Stoßen, Puma, Vorhang, Ungarn.

Box 9 (Fortsetzung)

Die Präsentation der Wörter erfolgt über Overhead-Projektor (für 45 Sekunden) und die Reproduktion direkt im Anschluss durch freies Reproduzieren (für 75 Sekunden). Daraus ergibt sich folgende einfaktorielle Versuchsplananlage VPL-A1.

Versuchsplananlage VPL-A1	**UV B** Präsentationsart	
	Stufe B₁ kategorial	**Stufe B₂** nichtkategorial
	B_1	B_2

Unmittelbar danach wurden die Wortlisten ein zweites Mal präsentiert und abgefragt. Die Wörter blieben die gleichen, die Reihenfolge jedoch war verändert. Die kategoriale bzw. nichtkategoriale Präsentationsart blieb dabei erhalten. Daraus ergibt sich folgende zweifaktorielle Versuchsplananlage VPL-A2:

Versuchsplananlage VPL-A2		**UV B** Präsentationsart	
		Stufe B₁ kategorial	**Stufe B₂** nichtkategorial
UV A Präsentationshäufigkeit	**Stufe A₁** Durchgang 1	A_1B_1	A_1B_2
	Stufe A₂ Durchgang 2	A_2B_1	A_2B_2

2.2.1   Einfaktorielle Versuchsplananlage (VPL-A1)

Eine **einfaktorielle** Versuchsplananlage (VPL-A1) repräsentiert ein Experiment oder Quasiexperiment mit **einer unabhängigen Variablen**. Im Beispiel des Lernexperiments (vgl. Box 9, VPL-A1) handelt es sich um die UV „Präsentationsart" mit den beiden Ausprägungen „kategorial" und „nichtkategorial". Diese Ausprägungen werden auch „Stufen", „experimentelle Bedingungen" oder „Zellen" genannt und sind durch Rechtecke symbolisiert. Die Anzahl der Stufen kann theoretisch beliebig groß werden, überschreitet aber in der Forschungspraxis selten den Wert 4. Ob die UV mit A oder B bezeichnet wird, hängt von der Darstellung der Anlage ab. Ist die UV – wie in Box 9, VPL-A1 – als **Spaltenfaktor** symbolisiert, so spricht man von der **UV B mit den Stufen B₁ bis B$_k$**. Entsprechend handelt es sich bei der zeilenweisen Darstellung einer einfaktoriellen Versuchsplananlage um die **UV A mit den Stufen A₁ bis A$_j$** (**Zeilenfaktor**). In Tabelle 2.1 können diese Festlegungen nachvollzogen werden.

In beiden Fällen stellt im Lernexperimentbeispiel also die „Präsentationsart" die UV dar. Im weiteren Verlauf des Buches wird der hypothesenrelevante Faktor als UV B (Spaltenfaktor) dargestellt.

Tabelle 2.1: Einfaktorielle Versuchsplananlage VPL-A1 in der zeilen- (2.1a) bzw. spaltenweisen (2.1b) Darstellungsform

2.1a) UV A	Stufe A_1	Zelle A_1 oder experimentelle Bedingung A_1
	Stufe A_2	Zelle A_2 oder experimentelle Bedingung A_2
	....	....
	Stufe A_j	Zelle A_j oder experimentelle Bedingung A_j

2.1b)	UV B		
Stufe B_1	Stufe B_2	....	Stufe B_k
Zelle B_1 oder experimentelle Bedingung B_1	Zelle B_2 oder experimentelle Bedingung B_2	....	Zelle B_k oder experimentelle Bedingung B_k

Welche Hypothesen sind mit dieser VPL-A1 überprüfbar? Die im Lernexperiment zu prüfende Kausalhypothese lautet: *Wenn das Lernmaterial kategorial präsentiert wird, dann steigt zumeist die Behaltensleistung.* Der Grund für den Leistungsvorteil der Personen mit kategorialer Präsentation der Wortlisten wird in der Möglichkeit der Klassifikation des Materials gesehen (Länder, Katzen, Möbel, Bewegungsarten), so dass das Abrufen der Überbegriffe aus dem Gedächtnis das Erinnern erleichtert. Der Vergleich von Personen, die unter der experimentellen Bedingung B_1 arbeiten (Gruppe 1, kategoriale Präsentation), mit Personen, die unter der experimentellen Bedingung B_2 arbeiten (Gruppe 2, nichtkategoriale Präsentation), prüft diese Hypothese, wobei die Gruppe 1 der Gruppe 2 hinsichtlich der Behaltensleistung – gemäß der Hypothese – überlegen sein sollte (vgl. Box 9, VPL-A1).

Definition: Haupteffekthypothese

Diese Hypothese nennt man **Haupteffekthypothese**, da sie den isolierten Effekt einer UV auf eine AV postuliert. Sie ist außerdem **gerichtet**, da ein Leistungsvorteil für die Gruppe 1 durch die kategoriale Präsentation vorhergesagt wird: $B_1 > B_2$. Um eine **ungerichtete** Haupteffekthypothese würde es sich dann handeln, wenn ein Unterschied zwischen den Gruppen 1 und 2 aufgrund der unterschiedlichen Präsentationsart vorhergesagt würde, aber die Richtung des Unterschieds offen bliebe: $B_1 \neq B_2$. Dabei ist zu beachten, dass noch immer eine Kausalhypothese vorliegt, die dann lautet: *Wenn Lernmaterial kategorial präsentiert wird, dann verändert sich zumeist die Behaltensleistung.*

Hat eine UV mehr als zwei Stufen (z. B. B_3: gemischte Präsentation; Katzen und Möbel geordnet, aber Länder und Bewegungsarten zufällig), so kann es (zusätzlich) zu **Einzelvergleichshypothesen** kommen, bei denen die Stufen eines Faktors miteinander verglichen werden. Bezogen auf das Beispiel könnte das bedeuten, dass folgende Hypothesen geprüft werden: $B_1 > B_2$, $B_1 = B_3$ und $B_2 = B_3$. Einzelheiten dazu sind Kapitel 4.3 zu entnehmen.

2.2.2 Zweifaktorielle Versuchsplananlage (VPL-A2)

Eine **zweifaktorielle** Versuchsplananlage (VPL-A2) repräsentiert ein Experiment oder Quasiexperiment mit **zwei unabhängigen Variablen**. Im Beispiel des Lernexperiments (vgl. Box 9) handelt es sich um die UV „Präsentationsart" mit den beiden Stufen „kategorial" und „nichtkategorial" sowie um die **zweite** UV „Präsentationshäufigkeit" mit den beiden Stufen „Durchgang 1" und „Durchgang 2". Tabelle 2.2 illustriert die Darstellung dieser Versuchsplananlage.

Ersichtlich handelt es sich dabei um die Kombination von zwei einfaktoriellen Versuchsplananlagen: Für den Zeilenfaktor könnte beispielsweise die UV A Präsentationshäufigkeit stehen und für den Spaltenfaktor die UV B Präsentationsart (vgl. Box 9, VPL-A2). Die kleinsten Untersuchungseinheiten sind erneut die Zellen, die hier aber eine Kombination aus den Stufen der beiden UVn symbolisieren: Die Vpn arbeiten in zwei- und mehrfaktoriellen Versuchsplananlagen somit immer unter experimentellen Bedingungskombinationen. Die Bezeichnung der Zellen mit A_jB_k macht diesen Sachverhalt kenntlich. „Reine" experimentelle Bedingungen existieren nur in einfaktoriellen Anlagen (A_j bzw. B_k). Aus den $j + k$ Bedingungen der beiden einfaktoriellen Versuchsplananlagen sind im zweifaktoriellen Fall $j \times k$ Bedingungskombinationen geworden.

Tabelle 2.2: Darstellung einer zweifaktoriellen Versuchsplananlage VLP-A2

		UV B			
		Stufe B_1	**Stufe B_2**	....	**Stufe B_k**
UV A	**Stufe A_1**	Zelle A_1B_1*	Zelle A_1B_2	....	Zelle A_1B_k
	Stufe A_2	Zelle A_2B_1	Zelle A_2B_2	....	Zelle A_2B_k
	....	....	....	....	....
	Stufe A_j	Zelle A_jB_1	Zelle A_jB_2	....	Zelle A_jB_k

* Für „Zelle A_1B_1" kann auch „experimentelle Bedingungskombination A_1B_1" stehen.

Welche Vorteile bringt die zweifaktorielle Versuchsplananlage im Vergleich zu zwei einfaktoriellen Versuchsplananlagen mit sich? Sie enthält zunächst einmal sämtliche Kombinationsmöglichkeiten der beiden einfaktoriellen Anlagen und ist damit optimal informationshaltig. Außerdem ermöglicht sie zusätzlich zur Analyse des **Haupteffekts** der ersten UV auch den der **zweiten UV**. Schließlich erschließt die zweifaktorielle Versuchsplananlage die Analyse der **kombinierten Wirkung der beiden UVn auf die AV (Interaktion bzw. Wechselwirkung**, vgl. Kapitel 4.2.2). Dazu zählen als Teilaspekte auch die **einfachen Haupteffekte** (EHE).

Wie aus Tabelle 2.3 hervorgeht, bilden die Zeilensummen den Haupteffekt der UV A (HE A) und die Spaltensummen den Haupteffekt der UV B (HE B). Das bedeutet, dass zur Ermittlung eines möglichen Haupteffekts der UV A auf die AV die Zeilensummen $A_1B.$, $A_2B.$ bis $A_jB.$ verglichen werden. Entsprechend resultiert aus dem Vergleich der Spaltensummen $A.B_1$, $A.B_2$ bis $A.B_k$ der Haupteffekt der UV B auf die AV. Der Punkt (.) als Laufindex steht für die Summe über alle Stufen der jeweiligen UV.

Zur Ermittlung der einfachen Haupteffekte erfolgt der Vergleich auf der Zellebene. So ergibt sich der einfache Haupteffekt der UV B in der Stufe A_1 (EHE B in A_1) aus dem Vergleich der Werte der Zellen A_1B_1, A_1B_2 bis A_1B_k (Tabelle 2.3a). Entsprechend erbringt der Vergleich der Zellen A_1B_1, A_2B_1 bis A_jB_1 den einfachen Haupteffekt der UV A in der Stufe B_1 (EHE A in B_1) auf die AV (Tabelle 2.3b).

Anhand des Lernexperiments (vgl. Box 9) soll das Verständnis für die Untersuchung von Haupteffekten und einfachen Haupteffekten vertieft werden. Dabei begeben wir uns bezüglich der Benennung der Stufen der UVn – im Vorgriff – schon auf die **Ebene des Versuchsplans**, der im nächsten Kapitel besprochen wird. Der **Haupteffekt der Präsentationsart auf die Behaltensleistung** (HE B) zeigt sich im Vergleich der Ergebnisse der Vpn, die mit der kategorialen Präsentation (A_1B_1 sowie A_2B_1) und denjenigen Vpn, die mit der ungeordneten Präsentation (A_1B_2 sowie A_2B_2) gearbeitet haben. Analog dazu vergleicht man alle Vpn im Hinblick auf die Behaltensleistung aus dem Durchgang 1 (A_1B_1 sowie A_1B_2) mit jenen aus dem Durchgang 2 (A_2B_1 sowie A_2B_2), um den **Haupteffekt der Präsentationshäufigkeit auf die Behaltensleistung** (HE A) zu ermitteln.

Tabelle 2.3: Haupteffekte (HE) und einfache Haupteffekte (EHE) in einer zweifaktoriellen Versuchsplananlage **VPL-A2**: Teil 2.3a) mit den einfachen Haupteffekten von UV B in den Stufen von A und Teil 2.3b) mit den einfachen Haupteffekten von UV A in den Stufen von B

2.3a)		UV B			Haupteffekt UV A (HE A)
		B_1	B_2	.....	B_k	
UV A	A_1	einfacher Haupteffekt von UV B (EHE B) in A_1			$A_1B.$
	A_2	einfacher Haupteffekt von UV B (EHE B) in A_2			$A_2B.$
	.....	.....			......
	A_j	einfacher Haupteffekt von UV B (EHE B) in A_j			$A_jB.$
Haupteffekt UV B (HE B)		$A.B_1^*$	$A.B_2$	.....	$A.B_k$	

2.3b)		UV B			Haupteffekt UV A (HE A)
		B_1	B_2	..... B_k	
UV A	A_1	einfacher Haupteffekt von A (EHE A) in B_1	einfacher Haupteffekt von A (EHE A) in B_2	..... einfacher Haupteffekt von A (EHE A) in B_k	$A_1B.$
	A_2				$A_2B.$
	.....				.....
	A_j				$A_jB.$
Haupteffekt UV B (HE B)		$A.B_1$ *	$A.B_2$	..... $A.B_k$	

* Der Punkt „." in $A.B_1$, $A_2B.$ usw. symbolisiert, dass in den entsprechenden Zeilen- bzw. Spaltensummen die zugehörige UV über ihre Stufen hinweg repräsentiert ist. $A.B_1$ bedeutet also den Effekt der Stufe 1 der UV B (B_1) auf die AV, wobei die Stufen der UV A nicht differenziert berücksichtigt, sondern zusammengefasst werden.

Den **einfachen Haupteffekt der Präsentationshäufigkeit** bei kategorialer Präsentation (Stufe B_1; EHE A bei B_1) erbringt der Vergleich der Zellen A_1B_1 (geordnet) mit A_1B_2 (ungeordnet). Interessiert man sich für den **einfachen Haupteffekt der Präsentationsart** in der Stufe A_1 (Durchgang 1) auf die Behaltensleistung (EHE B in A_1), so vergleicht man die Zellen A_1B_1 mit A_2B_1.

Bezogen auf die zu prüfenden Hypothesen besteht der Vorteil der zweifaktoriellen Versuchsplananlage VPL-A2 darin, dass neben den Haupteffekthypothesen auch die einfachen Haupteffekthypothesen und darüber hinaus weitere Interaktionshypothesen prüfbar sind. So könnten in unserem Beispiel folgende Hypothesen zur Diskussion stehen:

Hypothese 1:   Wenn Lernmaterial geordnet präsentiert wird, dann steigt zumeist die Behaltensleistung. Diese Hypothese ist uns aus der Besprechung der einfaktoriellen Versuchsplananlage bereits bekannt. Formal ist sie darstellbar in der Form: $A.B_1 > A.B_2$ (vgl. Tabelle 2.3).

Hypothese 2:   Wenn Lernmaterial geordnet präsentiert wird, dann steigt **nur** bei einmaliger Präsentation zumeist die Behaltensleistung. Diese Hypothese ist nur mit der zwei- bzw. mehrfaktoriellen Versuchsplananlage VPL-A2 prüfbar, da Bezug auf eine zweite UV genommen wird. Formal ist sie darstellbar in der Form: $A_1B_1 > A_1B_2$ und $A_2B_1 = A_2B_2$ (vgl. Tabelle 2.3a und 2.5a).

Hypothese 1 prüft mit dem Vergleich der Zellen A_1B_1 plus A_2B_1 (geordnet) einerseits und A_1B_2 plus A_2B_2 (ungeordnet) andererseits den isolierten Effekt von B (man nennt ihn deshalb bekanntlich **Haupteffekthypothese**).

Hypothese 2 prüft die kombinierte Wirkungen der beiden UVn auf die AV. Diese kombinierten Wirkungen sind in diesem Fall in Form von einfachen Haupteffekten darstellbar. Es wird die Überlegenheit der Vpn mit geordneter Präsentation gegenüber denen mit ungeordneter Präsentation im ersten Durchgang postuliert ($A_1B_1 >$ A_1B_2). Dieses entspricht dem einfachen Haupteffekt der UV B in der Stufe A_1 der UV A (EHE B in A_1). Diese sogenannte **einfache Haupteffekthypothese** ist gerichtet, weil eine Überlegenheit der geordneten Präsentation vermutet wird. Die Einschränkung „nur bei einmaliger Präsentation" in Hypothese 2 impliziert andererseits das Ausbleiben des einfachen Haupteffekts in der Stufe A_2 (Durchgang 2; EHE B in A_2). Es wird also vermutet, dass sich im zweiten Durchgang der Leistungsvorteil der Gruppe mit kategorialer Präsentation nicht mehr zeigt ($A_2B_1 = A_2B_2$), weil auch die Vpn mit nichtkategorialer Präsentation die Klassifizierbarkeit des Lernmaterials im ersten Durchgang bemerkt haben und somit ihr Defizit im zweiten Durchgang kompensieren können.

Neben den ein- und zweifaktoriellen Versuchsplananlagen existieren drei- und höherfaktorielle Anlagen. Interessenten seien zum Studium dieser auf Hager (1987, S. 58f.) verwiesen.

2.3   Versuchsplan

Aus einer abstrakten Versuchsplananlage lassen sich konkrete Versuchspläne ableiten. Dazu ist zunächst der Begriff des Versuchsplans näher zu kennzeichnen:

Definition: Versuchsplan

Unter einem **Versuchsplan** versteht man eine möglichst konkrete Handlungsanweisung zur Erhebung von Daten zum Zweck der ökonomischen, validen und präzisen experimentellen Hypothesenprüfung. Die Konkretisierung erfolgt auf der Grundlage einer zugehörigen Versuchsplananlage und mithilfe folgender vier Entscheidungen, die die Bedingungen, unter welchen die Pbn beobachtet werden, spezifizieren:

1. Vollständige oder teilweise Realisierung der angelegten Zellen.
2. Bestimmung der Anzahl der Beobachtungen pro Zelle.
3. Interindividuelle oder intraindividuelle Bedingungsvariation.
4. Randomisierte oder nichtrandomisierte Zuordnung der Vpn zu den Zellen.

Damit folgen wir Hager (1987, S. 60ff.) in dem Sinne, dass der Versuchsplan die strukturellen und strategischen Aspekte einer Untersuchung in sich vereinigt. Die Versuchsplananlage, die sich auf den strukturellen Aspekt beschränkt, ist insofern nicht überflüssig, als aus der gleichen Anlage sehr unterschiedliche Versuchspläne realisiert und damit die strategischen Zielsetzungen des Forschers sehr deutlich gemacht werden können.

Die Konkretisierung der Versuchsplananlage in Richtung eines Versuchsplans ändert nichts an der in Kapitel 2.2 besprochenen Struktur der Hypothesenprüfung. Betroffen ist davon dagegen die Validität der Hypothesenprüfung, wie noch zu zeigen sein wird. In den folgenden Kapiteln werden zunächst die strategischen Prozeduren zur Überführung einer Versuchsplananlage in einen Versuchsplan besprochen, um danach über Varianten von Versuchsplänen zu berichten.

2.3.1   Überführung einer Versuchsplananlage in einen Versuchsplan

Die vier in der Definition genannten Maßnahmen bedürfen zunächst einer kurzen Erläuterung.

2.3.1.1   *Vollständige oder teilweise Realisierung der angelegten Zellen*

Die Entscheidung, die durch den Experimentator an dieser Stelle zu treffen ist, betrifft die Frage nach der Vollständigkeit der Realisierung der in der Versuchsplananlage vorgesehenen Zellen. In der Regel werden alle möglichen experimentellen Bedingungskombinationen letztlich auch in den Versuchsplan aufgenommen, weil damit der Plan den vollen potentiellen Informationsgehalt der Anlage behält, aber es gibt durchaus finanzielle und/oder ethische Gründe, die dafür sprechen können, eine oder mehrere Zellen nicht zu übernehmen. In Box 10 ist ein entsprechendes Beispiel ausgeführt.

Definitionen: Versuchsplanarten

Wird die gemäß einer Versuchsplananlage maximal mögliche Anzahl an Zellen realisiert, so spricht man von einem **vollständig gekreuzten** Versuchsplan. Werden weniger Zellen übernommen, so resultiert ein **unvollständiger Versuchsplan**. Ein unvollständiger Versuchsplan ist dann **hierarchisch**, wenn unter den verschiedenen Stufen der UV B jeweils mindestens eine andere Stufe der UV A beobachtet wird (siehe Box 10). Diesen Fall bezeichnet man auch als Versuchsplan mit **eingenisteten oder eingeschachtelten Faktoren**.

Weitere Einzelheiten zu Varianten hierarchischer Pläne und zu ihrer Auswertung bespricht Kirk (1982, Kapitel 7 und 10). Der Hauptnachteil hierarchischer Pläne besteht darin, dass die Interaktion zwischen dem hypothesenrelevanten und dem eingenisteten Faktor nicht berechnet werden kann und somit auch keine Interaktionshypothesen zu prüfen sind.

2.3.1.2   *Bestimmung der Anzahl der Beobachtungen pro Zelle*

Eine relativ bedeutsame Entscheidung wird mit der Festlegung der Anzahl an Beobachtungen pro Zelle getroffen. An dieser Stelle geht es dabei noch nicht um die Frage der optimalen Stichprobengröße, die in Kapitel 4 behandelt wird. Vielmehr ist zu entscheiden, ob pro Zelle die gleiche Anzahl an Beobachtungen angestrebt wird oder nicht.

Box 10: Vollständige vs. unvollständige Realisierung einer Versuchsplananlage

Die nachstehende Versuchsplananlage ist eine erdachte Ausarbeitung der Milgram-Studie (Milgram, 1963). Dort mussten Vpn – in der Rolle als Lehrer – in einem fingierten Lernexperiment immer dann einen Schüler mit einem Elektroschock bestrafen, wenn dieser Fehler beim Erinnern von Wortpaaren machte. Schüler und Lehrer konnten sich nicht sehen, aber gegenseitig hören. Die Stärke des Elektroschocks nahm von Fehler zu Fehler zu. Entsprechend steigerten sich die Proteste, Schmerzensschreie und Hilferufe des Schülers bis hin zu dessen Bewusstlosigkeit. Die Frage war, bis zu welcher Elektroschockstärke die Bestrafung fortgesetzt würde. Die Studie zeigte, dass sehr viele Vpn die volle Schockstärke verabreichten, obwohl der Schüler bereits hätte tot sein können (weitere Einzelheiten in Kapitel 6.1 und Box 24).

In der Versuchsplananlage ist dieser Aspekt der Untersuchung als UV B (vierstufig) aufgenommen. Dazu kommt – als exemplarische Ergänzung – das Alter des Lehrers (also der eigentlichen Versuchsperson) als ebenfalls vierstufige UV A. Schon bei Milgrams Studie mit erwachsenen Vpn war es aus ethischen Gründen sehr umstritten, alle möglichen Stufen der Elektroschockstärke zu realisieren. Viele Pbn hatten große Schwierigkeiten mit ihrem eigenen Verhalten, das sie in der Studie gezeigt hatten. Wie viel mehr Gewicht besitzen solche Bedenken bei jüngeren Pbn, die ein solches eigenes Verhalten, wenn sie es zeigen würden, kaum gänzlich verarbeiten könnten. Im Plan ist deshalb (relativ willkürlich) markiert, welche Zellen der Versuchsplananlage VPL-A2 in den Versuchsplan überführt werden. Es entsteht somit ein hierarchischer Versuchsplan. Würden alle Zellen in den Plan aufgenommen, läge ein vollständig gekreuzter Versuchsplan vor.

Neben ethischen Gründen können auch technische Probleme oder fehlende personelle, zeitliche und/oder finanzielle Ressourcen zur unvollständigen Realisierung von Versuchsplananlagen führen.

		UV B Elektroschock			
		Stufe B_1 mäßig (50 V)	**Stufe B_2** schmerzhaft (150 V)	**Stufe B_3** sehr schmerzhaft (300 V)	**Stufe B_4** bewusstlos (450 V)
	Stufe A_1 6-Jährige	*Zelle A_1B_1*	*Zelle A_1B_2*	Zelle A_1B_3	Zelle A_1B_4
	Stufe A_2 12-Jährige	Zelle A_2B_1	*Zelle A_2B_2*	*Zelle A_2B_3*	Zelle A_2B_4
UV A Alter	**Stufe A_3** 18-Jährige	Zelle A_3B_1	Zelle A_3B_2	*Zelle A_3B_3*	*Zelle A_3B_4*
	Stufe A_4 24-Jährige	Zelle A_4B_1	Zelle A_4B_2	Zelle A_4B_3	*Zelle A_4B_4*

Im ersten Fall liegt ein **balancierter** (und orthogonaler) Versuchsplan vor, im zweiten Fall (mindestens zwei Zellen unterscheiden sich hinsichtlich der Anzahl an Beobachtungen) ein **unbalancierter** Versuchsplan. Tabelle 2.4 gibt ein Beispiel zu beiden Fällen.

Innerhalb der unbalancierten Versuchspläne sind zwei weitere Varianten zu unterscheiden, nämlich der unbalancierte und orthogonale sowie der unbalancierte und nichtorthogonale Versuchsplan. Ein unbalancierter, aber dennoch orthogonaler Versuchsplan ist daran zu erkennen (vgl. Tabelle 2.4), dass die Anzahl an Beobachtungen pro Zelle zwar ungleich ist, aber folgende Relationen im Muster der Zellhäufigkeiten vorliegen: a) das Verhältnis der Beobachtungen pro Zeile ist konstant über alle Spalten (im Beispiel von Tabelle 2.4 ist es 2:1) und b) das Verhältnis der Beobachtungen pro Spalte ist konstant über alle Zeilen (im Beispiel von Tabelle 2.4 ist es 7:6:5).

Weshalb ist man daran interessiert, orthogonale Versuchspläne zu realisieren? Ein wesentlicher Grund liegt in der Vergleichbarkeit der Resultate von experimentellen und quasiexperimentellen Untersuchungen mit den gleichen UVn, aber unterschiedlichen Versuchsplananlagen. Das Beispiel zum Lernexperiment (vgl. Box 9) soll auch an dieser Stelle zur Klärung beitragen. Die beiden Faktoren Präsentationsart und Präsentationshäufigkeit kann man auf der Basis von einer zweifaktoriellen bzw. von zwei einfaktoriellen Versuchsplananlage(n) untersuchen. Stellt man zwei einfaktorielle Untersuchungen an (VPL-A1: erste Untersuchung: Präsentationsart im Durchgang 1 und zweite Untersuchung: Präsentationsart im Durchgang 2), so ist die Orthogonalität per se gewährleistet. Wählt ein Forscher dagegen mit der VPL-A2 eine zweifaktorielle Anlage, so ist die Vergleichbarkeit der (einfachen) Haupteffekte dieser drei verschiedenen Untersuchungen nur dann gegeben, wenn der zweifaktorielle Plan orthogonal ist. Der Haupteffekt B in einem einfaktoriellen Versuchsplan mit dem Faktor Präsentationsart und den Stufen geordnet vs. ungeordnet entspricht nur dann dem einfachen Haupteffekt von B (Präsentationsart) in A_1 (Präsentationshäufigkeit, Durchgang 1), wenn Orthogonalität vorliegt.

Ein weiterer Vorteil orthogonaler und balancierter Versuchspläne ist darin zu sehen, dass die erhobenen Daten eine Anwendungsvoraussetzung varianzanalytischer Auswertungsverfahren, nämlich die der Homogenität der Varianzen, erfüllen (vgl. Kapitel 4.2.4). Bleibt die Frage zu klären, was unter Orthogonalität eigentlich zu verstehen ist.

Mit Hager kann man definieren:

Definition: orthogonales Design

„Wenn ein Design orthogonal ist, dann bedeutet dies, dass die zur varianzanalytischen Auswertung der Daten benötigten statistischen Kennwerte pro Faktor, die sogenannten Treatment-Quadratsummen, statistisch nicht miteinander assoziiert bzw. linear unabhängig voneinander sind. Man spricht in diesem Fall auch häufig vereinfachend von unkorrelierten Faktoren" (1987, S. 61).

2.3.1.3   Interindividuelle oder intraindividuelle Bedingungsvariation

Bisher haben wir keinen Unterschied gemacht zwischen den Bezeichnungen „Anzahl der Beobachtungen pro Zelle" bzw. „Anzahl der Vpn pro Zelle". Damit sind wir stillschweigend von der Annahme ausgegangen, dass jeder Pb nur einen Messwert zur Untersuchung beiträgt. Dies muss aber nicht notwendigerweise der Fall sein.

Tabelle 2.4: Jeweils ein Beispiel zu den Zellhäufigkeiten bei einem balancierten (2.4a), unbalancierten (2.4b) sowie unbalancierten und orthogonalen (2.4c) Versuchsplan

2.4a) **balancierter** (und ortho-gonaler) **Versuchsplan**		**UV B**		
		Stufe B$_1$	**Stufe B$_2$**	**Stufe B$_3$**
UV A	**Stufe A$_1$**	12	12	12
	Stufe A$_2$	12	12	12

2.4b) **unbalancierter** (und nicht-orthogonaler) **Versuchsplan**		**UV B**		
		Stufe B$_1$	**Stufe B$_2$**	**Stufe B$_3$**
UV A	**Stufe A$_1$**	12	10	12
	Stufe A$_2$	11	12	10

2.4c) **unbalancierter und ortho-gonaler Versuchsplan**		**UV B**		
		Stufe B$_1$	**Stufe B$_2$**	**Stufe B$_3$**
UV A	**Stufe A$_1$**	14	12	10
	Stufe A$_2$	7	6	5

Von einer Vp können durchaus zwei oder auch mehr Messwerte erhoben werden. Das bedeutet, dass sie unter verschiedenen experimentellen Bedingungen beobachtet wird. Im Fall der wiederholten Beobachtung eines Pb spricht man von einem Versuchsplan mit **Messwiederholung**. Da die Variation der experimentellen Bedingungen in diesem Fall intraindividuell (an der gleichen Vp) realisiert wird, nennt Hager (1987, S. 62f.) diesen Fall auch „Versuchsplan mit intraindividueller Bedingungsvariation".

Die Versuchspläne ohne Messwiederholung bzw. mit interindividueller Bedingungsvariation sind häufiger anzutreffen. Sie bieten den entscheidenden Vorteil, dass die Vpn den Bedingungen randomisiert zugeordnet werden können. Diese Möglichkeit besteht bei einem Messwiederholungsplan manchmal nicht. Allerdings wird es sich zeigen lassen, dass die sich daraus ergebenden Probleme – die sogenannten Sequenzeffekte – in bestimmten Fällen zu kontrollieren sind (nämlich immer dann, wenn die experimentellen Bedingungen nicht in einer festen Reihenfolge aufeinander folgen müssen; vgl. Kapitel 3.3.2.1). In anderen Fällen – wie in dem Beispiel zum Lernexperiment (vgl. Box 9) – dagegen lässt sich die fehlende Randomisierung nicht kontrollieren: Alle Pbn werden zwangsläufig zunächst im Durchgang 1 und danach im Durchgang 2 beobachtet.

Andererseits bringen Messwiederholungspläne auch erhebliche Vorteile mit sich. So liegt es auf der Hand, dass in diesen Untersuchungen eine bedeutsame Anzahl an Pbn – und damit auch viel Zeit – eingespart werden kann. Ein Blick auf Tabelle 2.5 verdeutlicht diese Überlegung: In Stufe A1 der UV A (Präsentationshäufigkeit) werden die gleichen Vpn beobachtet (Vp 1 bis Vp 20) wie in Stufe A2. Man spart also in diesem Plan 50 % der Pbn! Noch nicht genug damit: Das Lernexperiment weist einen **gemischten Plan** auf. Das bedeutet, dass ein Faktor (in diesem Beispiel UV A) messwiederholt angelegt ist, während der andere (im Beispiel UV B) interindividuell variiert wird. Man kann – je nach Hypothese – die Pläne möglicherweise auch so anlegen, dass alle Faktoren messwiederholt sind. Man spricht in diesem Fall von einem **komplett messwiederholten Plan**. Im Fall des Lernexperiments reduzierte sich die Pbn-Anzahl von den insgesamt benötigten 40 Beobachtungen (= 40 Vpn) auf 10 Vpn. Der Plan bringt in diesem Beispiel somit eine Ersparnis von 75 % mit sich.

Es gibt noch einen weiteren entscheidenden Vorteil des Messwiederholungsplans: Da in den verschiedenen Zellen die gleichen Personen beobachtet werden, ist die Variabilität der Messwertreihen zwischen diesen Personen in den verschiedenen experimentellen Bedingungen geringer ausgeprägt als im Fall verschiedener Vpn. Die Konsequenz daraus ist die erhöhte Präzision der Hypothesenprüfung. Auf diese Überlegungen wird in Kapitel 2.4.3 genauer eingegangen.

Auch diese Entscheidung bei der Überführung einer Versuchsplananlage in einen Versuchsplan (ohne oder mit Messwiederholung) hat somit erhebliche Bedeutung für die Hypothesenprüfung: Es sind sowohl ihre Ökonomie als auch ihre Präzision und die interne Validität betroffen, also drei bedeutsame Kriterien.

2.3.1.4   *Randomisierte bzw. nichtrandomisierte Zuordnung der Vpn zu den Zellen*

Die letzte – aber keineswegs unwichtigste – Entscheidung betrifft die Art der Zuordnung von experimentellen Bedingungen und Vpn. Da wir hierauf schon verschiedentlich zu sprechen gekommen sind und in Kapitel 3.3.2.2 darauf nochmals detailliert eingehen, können wir uns an dieser Stelle kurz fassen.

Erfolgt die Zuordnung zufällig – z. B. bei zwei Stufen einer UV per Münzwurf –, so nennt man den Versuchsplan **randomisiert**. Damit ist die Voraussetzung für eine experimentelle Hypothesenprüfung prinzipiell gegeben. Ist eine randomisierte Zuordnung dagegen nicht möglich, so liegt eine quasiexperimentelle Hypothesenprüfung vor. Es muss mit Störungen der internen Validität gerechnet werden und Kausalaussagen sind nur mit Zurückhaltung zu treffen. **Nichtrandomisierte** Zuordnung ergibt sich z. B. aus organismischen UVn (z. B. Geschlecht) und bei Messwiederholung.

2.3.1.5   *Vergleich einer Versuchsplananlage mit einem Versuchsplan*

Die Tabelle 2.5 zeigt den Unterschied zwischen einer Versuchsplananlage und einem Versuchsplan anhand des Beispiels zum Lernexperiment.

Teil 2.5a) enthält die uns vertraute zugehörige Versuchsplananlage. Aus Teil 2.5b) können wir entnehmen, dass der daraus realisierte Versuchsplan vollständig gekreuzt (alle Bedingungen sind realisiert) sowie orthogonal und balanciert (gleich viele Beobachtungen pro Zelle) ist. Außerdem ist aus der Anzahl an Beobachtungen pro Zelle zu entnehmen, dass die Vpn der UV A mit jeweils zwei Messwerten eingehen (Vp 1 bis Vp 20 in der Stufe UV A_1 sowie Vp 1 bis Vp 20 in der Stufe UV A_2) und somit intraindividuell variieren (Messwiederholung), während für die UV B interindividuelle Bedingungsvariation besteht (in der Stufe 1 der UV B werden die Vpn 1 bis 10 beobachtet und in der Stufe 2 der UV B die Vpn 11 bis 20). Aus der Abbildung ist dagegen nicht zu entnehmen, welche Art der Zuordnung der Vpn zu den Versuchsbedingungen vorliegt. Zwar ist für die UV A aufgrund der Messwiederholung klar, dass keine Randomisierung vorliegen kann, genauere diesbezügliche Informationen müssen aber bei der Kennzeichnung des Versuchsplans zusätzlich angegeben werden (vgl. hierzu das folgende Kapitel 2.3.2).

Die Versuchsplananlage legt die Grundstruktur zur Konstruktion einer Situation, die die experimentelle Prüfung einer Kausalhypothese erlaubt. Die Entscheidungen, die notwendig sind, um aus einer abstrakten Versuchsplananlage einen konkreten Versuchsplan zu entwickeln, bedingen die Ökonomie und Qualität dieser Hypothesenprüfung entscheidend mit. Es werden in diesem Zusammenhang Weichenstellungen vorgenommen, die die Validität und Präzision der Hypothesenprüfung stärken oder schwächen können (nähere Ausführungen dazu finden sich in Kapitel 2.4). Aus der gleichen Versuchsplananlage können folglich durch angemessene oder unangemessene strategische Entscheidungen unterschiedlich taugliche Versuchspläne zur Hypothesenprüfung entwickelt werden.

Tabelle 2.5: Vergleich einer Versuchsplananlage (**VPL-A2**, Teil 2.5a) mit einem dazugehörigen Versuchsplan (**VPL2Q(W)R**, Teil 2.5b) anhand des Beispiels zum Lernexperiment

2.5a)		UV B	
		Stufe B_1	Stufe B_2
UV A	Stufe A_1	A_1B_1	A_1B_2
	Stufe A_2	A_2B_1	A_2B_2

2.5b)		UV B Präsentationsart	
		Stufe B_1 kategorial	Stufe B_2 nichtkategorial
UV A Präsentationshäufigkeit	**Stufe A_1** Durchgang 1	AV von Vp1 AV von Vp2 .... AV von Vp10	AV von Vp11 AV von Vp12 .... AV von Vp20
	Stufe A_2 Durchgang 2	AV von Vp1 AV von Vp2 .... AV von Vp10	AV von Vp11 AV von Vp12 .... AV von Vp20

2.3.2   Klassifikation von Versuchsplänen

Nachdem nun alle relevanten Konzepte erörtert sind, wenden wir uns den verschiedenen Versuchsplänen zu. Sie bilden den Berührungspunkt zwischen den versuchsplanerischen Maßnahmen zur optimalen Hypothesenprüfung und der Auswertung der auf dieser Basis erhobenen Daten mit dem Ziel der Hypothesenentscheidung. In diesem Buch beschäftigen wir uns nur mit den grundlegenden Plänen. Ziel ist es dabei, ein Verständnis so weit zu entwickeln, dass speziellere oder komplexere Pläne selbstständig erarbeitet werden können.

2.3.2.1 Klassifikationsaspekte

Die versuchsplanerischen Maßnahmen oder Entscheidungen zur Überführung von Versuchsplananlagen in Versuchspläne stellen gleichzeitig Klassifikationsmöglichkeiten für die Versuchspläne dar. Es handelt sich dabei bekanntlich um die folgenden vier Maßnahmen (vgl. Kapitel 2.3.1):

1. Vollständige oder teilweise Realisierung der angelegten Zellen,
2. Bestimmung der Anzahl der Beobachtungen pro Zelle,
3. Interindividuelle oder intraindividuelle Bedingungsvariation und
4. Randomisierte oder nichtrandomisierte Zuordnung der Vpn zu den Zellen.

Punkt 4 gilt allgemein als Hauptklassifikationspunkt.

Definition: experimentelle und quasiexperimentelle Versuchspläne

Erfolgt eine zufällige Zuordnung der Vpn zu den Versuchsbedingungen, so spricht man von **Zufallsgruppenplänen**, **randomisierten Plänen** oder auch **experimentellen Plänen**. Dagegen nennt man Pläne, bei denen die Vpn nicht per Zufall zugeordnet werden, **quasiexperimentell**.

Da in mehrfaktoriellen Plänen beide Vorgehensweisen realisiert sein können, spricht Hager (1987, S. 63ff.), dessen Klassifikationssystematik wir uns anschließen, von experimentellen Faktoren (Bezeichnung R für randomisiert) und quasiexperimentellen Faktoren (Bezeichnung Q für quasi). Somit ergibt sich auch aus der Anzahl der UVn ein wesentlicher Klassifikationsaspekt.

Einen letzten wesentlichen Klassifikationsgesichtspunkt stellt Punkt 3 mit der Anzahl an Beobachtungen pro Vpn dar. Faktoren, bei denen Messwiederholung vorliegt, kennzeichnet man mit einem nachgestellten und in Klammern gesetzten (W) (für Messwiederholung). Ein quasiexperimenteller Faktor Q kann also dadurch zustande kommen, dass erstens die Vpn nichtzufällig den Versuchsbedingungen zugeordnet werden (z. B. bei der organismischen UV Geschlecht) und zweitens durch Messwiederholung. Im letzteren Fall kennzeichnet man dieses Vorgehen durch Q(W).

2.3.2.2 Einfaktorielle Versuchspläne (VPL1)

Ausgehend von der Versuchsplananlage **VPL-A1** (einfaktorielle Anlage, vgl. Tabelle 2.1) entstehen damit die **Varianten** des einfaktoriellen Versuchsplans **VPL1**:

1. VPL1R: Die Vpn werden den Stufen der UV zufällig zugeordnet (Zufallsgruppenplan),
2. VPL1Q: Die UV ist eine organismische Variable (z. B. Geschlecht), oder die Vpn werden den Stufen gezielt zugeordnet,
3. VPL1Q(W): Die Vpn werden auf den Stufen der UV mehrfach beobachtet (Messwiederholung) und

4. VPL1R(W): Die Vpn werden auf den Stufen der UV mehrfach beobachtet, die Sequenzeffekte aufgrund der Messwiederholung werden aber durch vollständiges interindividuelles Ausbalancieren kontrolliert (vgl. Kapitel 3.3.2.2).

Die Pläne 2 und 3 sind quasiexperimentell, die Pläne 1 und 4 sind experimentell. In Tabelle 2.6 wird der Versuchsplan VPL1R illustriert.

Tabelle 2.6: Einfaktorieller Versuchsplan mit randomisierter Vpn-Zuordnung (**VPL1R**): Allgemeiner Aufbau mit Darstellung des prüfbaren Haupteffekts

	R-UV B			
	B$_1$	**B$_2$**	**...**	**Bk**
	y_{11}	y_{12}	...	y_{1k}
Versuchsplan VPL1R	y_{21}	y_{22}	...	y_{2k}
	y_{31}	y_{32}	...	y_{3k}
	...	...	...	...
	y_{n1}*	y_{n2}	...	y_{nk}
HE B	$\overline{y}_{.1}$	$\overline{y}_{.2}$	...	$\overline{y}_{.k}$

* y stellt den Wert einer Vp auf der abhängigen Variablen dar. Der erste Index bezieht sich auf die Vpn-Nummer, der zweite auf die Faktorstufe. $\overline{y}_{.1}$ bedeutet den Mittelwert der AV in der Stufe 1 des Faktors B. In der Tabelle wird von gleichen Zellhäufigkeiten n ausgegangen, so dass sich die Gesamtzahl an Beobachtungen N ergibt aus: $N = n \times k$. Bei ungleichen Zellhäufigkeiten ergibt sich $N = n_1 + n_2 + ... + n_k$.

Anders als bei der zugehörigen Versuchsplananlage VPL-A1 finden sich in den Zellen des Versuchsplans Angaben zu den Vpn. Dabei handelt es sich in der Regel um deren Messwerte auf der AV. Tabelle 2.6 zeigt die Indizierung dieser Messwerte Y für den allgemeinen Fall. Außerdem signalisiert das der UV B vorangestellte R die zufällige Zuordnung von Pbn und Bedingungen (**VPL1R**). Tabelle 2.7 gibt ein konkretes Beispiel (Wortlistenbeispiel), mit den (erdachten) Messwerten und dem Haupteffekt (HE B) aus dem Vergleich der Mittelwerte der Zellen. In dem Beispiel stellt die „Art der Wortliste" die UV B dar. Sie ist dreistufig ausgeprägt: Die Pbn lernen bei einmaliger Präsentation in B$_1$ eine Liste mit 20 Substantiven, in B$_2$ eine Liste mit 20 Verben und in B$_3$ eine Liste mit 20 Adjektiven. Die AV „Behaltensleistung" ist über die Anzahl korrekt behaltener Wörter erfasst. Der Versuchsplan ermöglicht die Überprüfung der Hypothese, dass Adjektive aufgrund ihrer geringer ausgeprägten Konkretheit weniger gut behalten werden als Substantive und Verben. Der in Tabelle 2.7 und in Abbildung 2.1 angegebene Haupteffekt B zeigt auf deskriptiver Ebene, dass für die vorliegenden (erdachten) Daten die Hypothese zutrifft. Allerdings fehlt noch die inferenzstatistische Absicherung (vgl. Kapitel 4), die es ermöglicht abzuschätzen, ob der beobachtete Unterschied in der Behaltensleistung von Substantiven und Verben auf der einen und Adjektiven auf der anderen Seite mit dem Zufall erklärt werden kann oder nicht. Außerdem ist die Ergebnisinterpretation auf die spezifischen Untersuchungsbedingungen beschränkt (gilt nur für die untersuchte Stichprobe, für die gewählten Operationalisierungen von UV und AV, für die Untersuchungssituation usw.; vgl. Kapitel 3).

Tabelle 2.7: Beispiel zum Versuchsplan **VPL1R**, wobei die UV B die Art der Wortliste repräsentiert mit den Stufen Substantive, Verben und Adjektive, sowie der AV Behaltensleistung und deren Messwerte für die einzelnen Versuchspersonen (z. B. hat die 1. Vp in B_2 den Wert $y_{12} = 4$)

	UV B Art der Wortliste				
B_1 Substantive		B_2 Verben		B_3 Adjektive	
y_{11}	9	y_{12}	4	y_{13}	7
y_{21}	8	y_{22}	6	y_{23}	2
y_{31}	12	y_{32}	11	y_{33}	9
y_{41}	6	y_{42}	7	y_{43}	2
y_{51}	8	y_{52}	8	y_{53}	10
y_{61}	9	y_{62}	9	y_{63}	6
y_{71}	10	y_{72}	11	y_{73}	10
y_{81}	6	y_{82}	9	y_{83}	8
y_{91}	7	y_{92}	9	y_{93}	7
y_{101}	14	y_{102}	13	y_{103}	8
y_{111}	10	y_{112}	8	y_{113}	5
y_{121}	10	y_{122}	9	y_{123}	4
HE B $\overline{y}_{.1}$	9,08	$\overline{y}_{.2}$	8,67	$\overline{y}_{.3}$	6,50

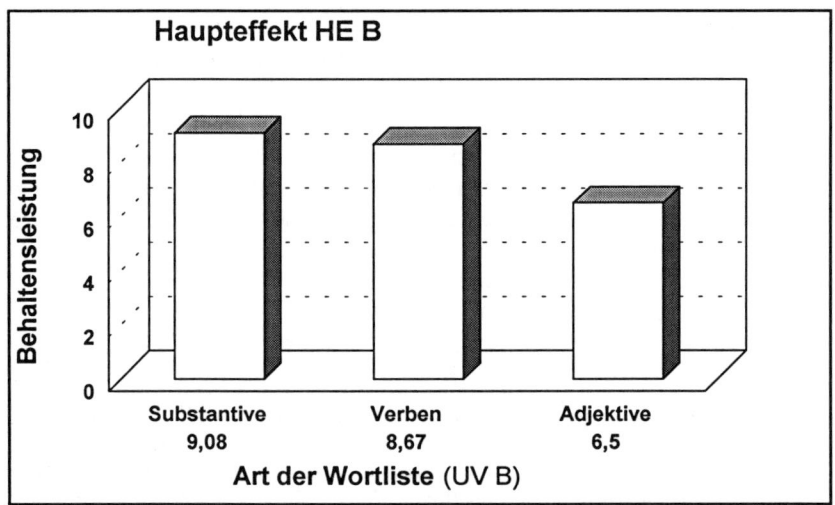

Abbildung 2.1: Grafische Darstellung des Haupteffekts B (Art der Wortliste), gemessen an der Behaltensleistung (AV) in einem einfaktoriellen Zufallsgruppenplan (VPL1R).

Wie bereits betont, können aus der VPL-A1 unterschiedliche Versuchspläne hervorgehen. VPL1R realisiert die Zufallsvariante: Vpn (Schüler der achten Klassen eines Gymnasiums) und Bedingungen werden z. B. durch Losentscheid einander zugeordnet. Nun wäre es ebenso denkbar, dass die drei Klassen 8a bis 8c den drei Bedingungen B_1 bis B_3 zugeordnet werden. Dann spräche man von einer **nichtzufälligen (gezielten oder auch systematischen) Zuordnung**. In diesem Fall ergibt sich ein quasiexperimenteller Versuchsplan mit der Bezeichnung **VPL1Q**. Die allgemeine

Darstellung entspricht der zum VPL1R, allerdings ändert sich das der UV B voran-gestellte R zum Q. Das Q (für quasiexperimentell) weist also sofort auf die einge-schränkte interne Validität hin und mahnt zur Zurückhaltung bei der Kausalinterpre-tation der Ergebnisse.

Ebenfalls als quasiexperimentell ist der Versuchsplan VPL1Q(W) zu bezeichnen. Greifen wir das Wortlistenbeispiel wieder auf, so wäre es auch denkbar, dass eine Schulklasse, z. B. die Schüler der Klasse 8a, nacheinander alle drei Wortlisten lernt und erinnert. Damit liegt der Fall der Messwiederholung vor. Eine Vp wird in allen experimentellen Bedingungen beobachtet und steuert damit drei Messwerte zum Datensatz bei. Die Ergebnisinterpretation entspricht der von Plan VPL1Q. Bezüglich der varianzanalytischen Auswertung und der Gütekriterien ergeben sich Unter-schiede, die schon kurz angesprochen wurden und in den Kapiteln 2.4.1 und 2.4.2 Gegenstand der näheren Erörterung sind.

Sehr interessant ist schließlich die verbleibende vierte Variante des VPL1, näm-lich der im ersten Moment paradox erscheinende Plan VPL1R(W). Im Widerspruch zueinander stehen zunächst die Kennzeichnung R, die Randomisierung meldet, und (W), die Messwiederholung anzeigt, was sich mit der Randomisierung nicht direkt verträgt. Auflösbar ist dieser scheinbare Widerspruch dadurch, dass nicht die Pbn und die experimentellen Bedingungen sich per Zufall zugeteilt werden, sondern die Pbn und die möglichen Reihenfolgen (Sequenzen), in welchen die drei Beobachtun-gen durchlaufen werden können. Für das Wortlistenexperiment bedeutet diese Über-legung, dass die erste Vp die drei Bedingungen beispielsweise in der vorgesehenen Reihenfolge durchläuft (B_1, B_2 und B_3), der zweiten Vp eine andere Reihenfolge per Zufall zugelost wird (z. B. B_2, B_1 und B_3) usw. Ist die Untersuchungsstichprobe hinlänglich groß (werden also alle möglichen Sequenzen oft genug per Zufall reali-siert), so kann man von einem experimentellen Faktor ausgehen (weitere Einzelhei-ten dazu in Kapitel 2.4.1).

2.3.2.3   *Zweifaktorielle Versuchspläne (VPL2)*

Die den einfaktoriellen Versuchsplänen zugrunde liegenden Überlegungen lassen sich nahtlos auf die zweifaktoriellen Pläne übertragen. Ausgehend von der mehr-faktoriellen Versuchsplananlage **VPL-A2** (vgl. Tabelle 2.2) enthält der Plan anstelle von einer nun zwei UVn. Tabelle 2.8 zeigt die allgemeine Darstellung.

Zwei Aspekte sind gegenüber dem einfaktoriellen Fall zu beachten: Erstens gibt es zwei Haupteffekte und zweitens enthalten die Zellen keine individuellen Mess-werte, sondern Mittelwerte der AV. Vertraut ist uns schon die zusätzliche Kenn-zeichnung der UVn mit R, Q, Q(W) oder R(W). Tabelle 2.8 illustriert den zweifakto-riellen Zufallsgruppenplan **VPL2RR**, mit dem wir uns exemplarisch auch etwas näher beschäftigen wollen.

Aus Tabelle 2.9 geht hervor, dass es sich um die Erweiterung des Wortlistenbei-spiels handelt: Zur hypothesenrelevanten UV B tritt ein **Kontrollfaktor UV A** hinzu, der die Art der Präsentation des Wortmaterials variiert: In Stufe A_1 wird das Material über Tonband vorgesprochen, in Stufe A_2 dagegen mit Dias projiziert. Sinn dieses Kontrollfaktors ist die Überprüfung des Gültigkeitsbereichs der Hypothese: Trifft sie nur für die ursprünglich vorgesehene akustische Präsentation des Materials zu oder auch für die optische Vorgabe? Liegen hinreichend aussagekräftige empirische und theoretische Erkenntnisse zur UV A vor, so kann diese auch als zweiter hypothesen-relevanter Faktor angelegt werden.

Tabelle 2.8: Zweifaktorieller Versuchsplan mit randomisierter Vpn-Zuordnung auf beiden Faktoren (**VPL2RR**): allgemeiner Aufbau mit Darstellung der prüfbaren Haupteffekte A und B

		R-UV B				HE A
		B_1	B_2	...	B_k	
R-UV A	A_1	y^*_{11}	y_{12}	...	y_{1k}	$\overline{y}_1.$
	A_2	y_{21}	y_{22}	...	y_{2k}	$\overline{y}_2.$
	......	...	...	...	...	...
	A_j	y_{k1}	y_{k2}	...	y_{jk}	$\overline{y}_j.$
HE B		$\overline{y}._1$	$\overline{y}._2$	...	$\overline{y}._k$	$\overline{\overline{y}}$

* y stellt den Mittelwert der abhängigen Variablen in einer Zelle dar (also nicht den Messwert einer einzelnen Vp auf der AV wie im einfaktoriellen Fall). Der erste Index bezeichnet die Stufe der UV A, der zweite die Stufe der UV B. $\overline{y}._1$ bedeutet den Mittelwert der AV in Stufe B_1 (über alle Stufen von A). Entsprechend indiziert $y_{1.}$ den Mittelwert der AV in Stufe A_1 (über alle Stufen von B). Die Gesamtzahl an Beobachtungen N beträgt N = j * k * n (bei gleicher Zellhäufigkeit).

Die in Tabelle 2.9 zusammengestellten Ergebnisse (individuelle Werte, Zellmittelwerte und Haupteffekte) sind in Abbildung 2.2a) teilweise veranschaulicht. Betrachtet man zunächst die beiden Haupteffekte, so sprechen die (erneut rein deskriptiven) Ergebnisse des Haupteffekts von B (HE B) für die Hypothese, dass Substantive und Verben besser behalten werden als Adjektive (siehe Abbildung 2.2a). Haupteffekt A (HE A) besagt, dass in der optischen Bedingung (A_2) besser erinnert wird als in der akustischen Bedingung (A_1). Interessanter für die Hypothesenprüfung sind aber die einfachen Haupteffekte von UV B in den Stufen der UV A (EHE B in A, vgl. Abbildung 2.2b). Der EHE B in A_1 spricht für die Hypothese – ebenso wie der HE von B bei der einfaktoriellen Betrachtungsweise. Dagegen könnte man bezweifeln, dass der EHE B in A_2 die Hypothese stützt. Klarheit – im Sinne einer definitiven Wahrscheinlichkeitsaussage – kann in jedem Fall nur eine inferenzstatistische Datenanalyse liefern. Würde diese die Interpretation auf dem alleinigen Hintergrund der deskriptiven Daten bestätigen, so müsste der Gültigkeitsbereich der Hypothese – mit den notwendigen Einschränkungen hinsichtlich der Verallgemeinerbarkeit – auf die akustische Präsentationsform begrenzt werden. Weitere Einzelheiten dazu liefert Kapitel 3.

Etwas allgemeiner betrachtet stellt ein konkreter, mit Messwerten angereicherter Versuchsplan – wie Tabelle 2.9 – nicht nur erste Hinweise zum Ergebnis der Hypothesenprüfung zur Verfügung, sondern gibt auch Aufschluss über die vier strategischen Prozeduren, die eingesetzt wurden, um den Versuchsplan zu konkretisieren (vgl. Kapitel 2.3.1). So liegt in dem Beispiel ein vollständig gekreuzter und balancierter Versuchsplan vor, denn alle Zellen sind realisiert und mit der gleichen Anzahl an Beobachtungen besetzt. Außerdem sind beide Faktoren experimentell (R), wodurch Messwiederholung ausgeschlossen ist.

Die Anzahl an **Varianten** zu diesem zweifaktoriellen Plan ist groß. Es besteht aber auch keine Notwendigkeit, sie alle besprechen zu wollen, da sich die Überlegungen aus dem einfaktoriellen Fall direkt übertragen lassen. Wir beschränken uns deshalb auf die Besprechung einiger illustrativer Beispiele. Dem experimentellen Plan VPL2RR ist der quasiexperimentelle Plan VPL2QQ gegenüberzustellen. Er resultiert aus der gezielten Zuteilung der Pbn zu den Stufen der beiden UVn. So können im ersten Schritt die Klassen 8a, 8b und 8c den drei Stufen der UV B zugeordnet werden.

Zur Aufteilung der Schüler der drei Klassen für die beiden Stufen der UV A wählt man im zweiten Schritt folgendes Vorgehen: Die Schüler können selbst entscheiden, ob sie direkt im Anschluss an den Unterricht (A_1) oder zu einem gesonderten Termin am Nachmittag (A_2) an der Untersuchung teilnehmen wollen. Der Nachteil des Plans besteht in der potentiellen Störung der internen Validität aufgrund seines quasiexperimentellen Charakters und der daraus folgenden Konsequenz, dass uneingeschränkte Kausalaussagen nicht möglich sind.

Interessant sind zweifellos auch die gemischten Pläne, da hier experimentelle und quasiexperimentelle Faktoren in einem Plan zusammentreffen. Wendet man z. B. den VPL2QR auf das Beispiel an, so bedeutet dieses Vorgehen, dass die Vpn systematisch dem Faktor A und zufällig dem Faktor B zugeordnet werden. Dieser Plan könnte dadurch entstehen, dass man beispielsweise die Klasse 8a mit der akustischen und die Klasse 8b mit der optischen Präsentation arbeiten lässt. Innerhalb der Klasse teilt man die Pbn durch Losentscheidung den drei Stufen der UV B zu. Folglich wäre der hypothesenrelevante Faktor B experimentell (R) und der Kontrollfaktor A quasiexperimentell. Somit steht mit diesem Plan, wenn sich VPL2RR nicht realisieren lässt, eine Alternative zur Verfügung, die ebenfalls eine optimale Hypothesenprüfung ermöglicht. Denkbare Interaktionen mit dem Kontrollfaktor können dann allerdings nicht kausal interpretiert werden.

Aus ökonomischen Gründen wäre diesem Plan sicherlich noch der VPL2Q(W)R vorzuziehen, denn durch die Messwiederholung könnte die Anzahl der Vpn im vorliegenden Beispiel halbiert werden. Konkret wäre dieses Ziel beispielsweise dadurch zu erreichen, dass die Pbn zunächst zufällig den Stufen von B zugeteilt werden. Die Wahl der Messwiederholung für den Faktor A führte dazu, dass alle Pbn ihre Wortliste erst in der akustischen und dann auch noch in der optischen Bedingung lernen und erinnern. Das aus diesem Vorgehen entstehende, nicht tolerierbare Problem besteht in dem hier auftretenden Sequenzeffekt. Die Schüler kennen die Wortliste bereits aus der akustischen Bedingung und haben damit einen entscheidenden Leistungsvorteil, wenn sie diese Liste nochmals in der optischen Bedingung sehen und erinnern dürfen. Der Kontrollfaktor A könnte damit seine Funktion nicht erfüllen. Aus dem Plan könnte sehr leicht der rein experimentelle Plan VPL2R(W)R entwickelt werden, der das obige Problem bereinigt.

Tabelle 2.9: Erweitertes Wortlistenbeispiel zum zweifaktoriellen Zufallsgruppenplan **VPL2RR**, mit der Art der Präsentation (akustisch vs. optisch) als UV A und der Art der Wortliste (Substantive, Verben vs. Adjektive) als UV B. Die AV ist die Behaltensleistung, wobei neben den Zellmittelwerten und den Haupteffekten – anders als in Tabelle 2.8 – auch die individuellen Werte angegeben sind

R-UV A Art der Präsentation	R-UV B Art der Wortliste			HE A
	B_1 Substantive	B_2 Verben	B_3 Adjektive	
A_1 akustisch	9	4	7	$\bar{y}_{1.}$ 8,08
	8	6	2	
	12	11	9	
	6	7	2	
	8	8	10	
	9	9	6	
	10	11	10	
	6	9	8	
	7	9	7	
	14	13	8	
	10	8	5	
	10	9	4	
	$\bar{y}_{11}$ 9,08	$\bar{y}_{12}$ 8,67	$\bar{y}_{13}$ 6,50	
A_2 optisch	13	10	8	$\bar{y}_{2.}$ 9,03
	8	5	10	
	9	13	12	
	3	4	3	
	11	9	3	
	9	11	10	
	14	10	13	
	6	9	10	
	8	9	9	
	9	12	10	
	9	9	7	
	9	12	9	
	$\bar{y}_{21}$ 9,00	$\bar{y}_{22}$ 9,42	$\bar{y}_{23}$ 8,67	
HE B	$\bar{y}_{.1}$ 9,04	$\bar{y}_{.2}$ 9,04	$\bar{y}_{.3}$ 7,58	$\bar{\bar{y}}$ 8,56

Die zusätzlich erforderliche Maßnahme besteht darin, dass man jeweils eine (zufällig ausgewählte) Hälfte der Schüler mit der akustischen Bedingung beginnen und mit der optischen fortfahren lässt sowie mit der zweiten Hälfte der Schüler umgekehrt verfährt. Diese entscheidende Optimierungsmaßnahme bringt als Resultat neben der Einsparung von 50 % der Pbn einen rein experimentellen Plan mit sich, da der Sequenzeffekt mit diesem Vorgehen kontrolliert ist.

Schließlich lohnt es sich, einen abschließenden Blick auf den Plan VPL2R(W)R(W) zu werfen. Bleiben wir bei unserem Beispiel, so wird nach diesem Plan jede Vp unter jeder experimentellen Bedingungskombination (Zelle) beobachtet und erbringt somit sechs Messwerte: beide Faktoren sind messwiederholt. Man nennt diesen Plan auch vollständig messwiederholt.

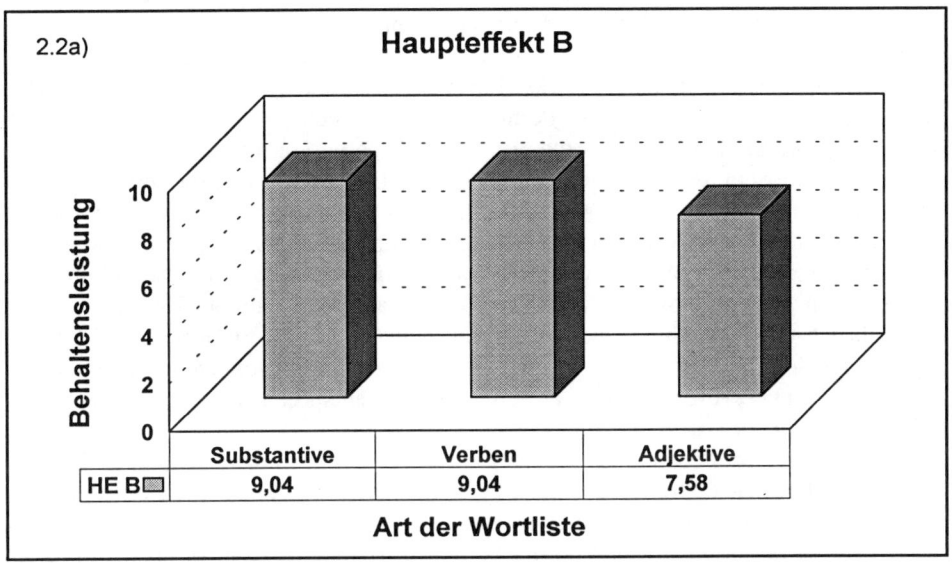

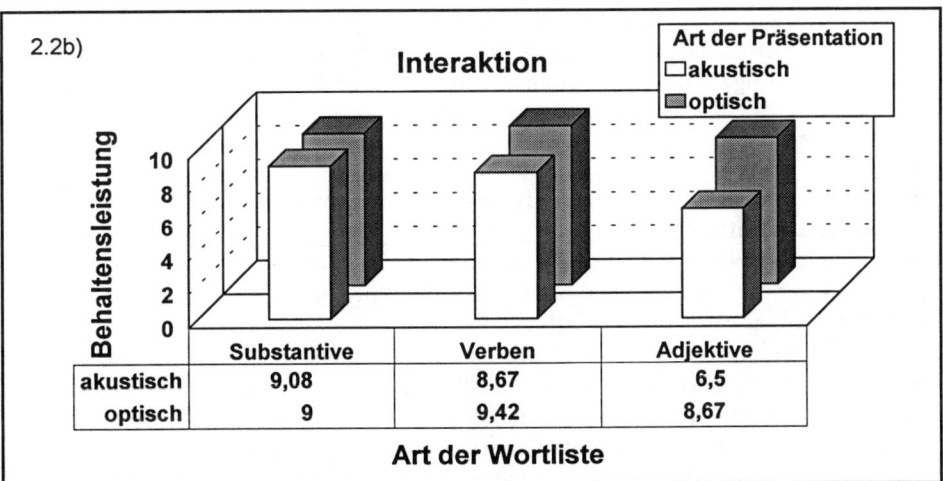

Abbildung 2.2: Grafische Darstellung des Haupteffekts B (Art der Wortliste, Teilabbildung 2.2a) und der Interaktion zwischen A (Art der Präsentation) und B (Teilabbildung 2.2b), gemessen an der Behaltensleistung (AV) in einem zweifaktoriellen Zufallsgruppenplan (VPL2RR).

Darüber hinaus ist er auch rein experimentell, da die Sequenzeffekte kontrolliert sind. Sie ergeben sich zunächst einmal aus der Abfolge der sechs Beobachtungen, also im Standardfall daraus, dass anfangs die Liste mit Substantiven, dann die der Verben und der Adjektive in der akustischen Bedingung von allen Pbn gelernt und erinnert werden und dass danach von allen die gleiche Lernsequenz in der optischen Bedingung durchlaufen wird. Zu kontrollieren sind diese Lerneffekte dadurch, dass jede denkbare Sequenz von mindestens einer Vp durchlaufen wird. Genauer gehen wir auf die Kontrolle von Sequenzeffekten in Kapitel 3.3.2.1 ein.

Wenn man davon ausgeht, dass im gegebenen Beispiel jede Zelle mit 12 Beobachtungen besetzt ist, dann werden bei einem rein experimentellen Plan 72 Pbn benötigt. Die vollständig messwiederholte Variante reduziert die Pbn-Zahl auf 12. Der Plan ermöglicht somit eine ökonomische Hypothesenprüfung. Zusätzlich kann sie auch valide sein, da der Plan rein experimentell ist, von daher die interne Validität keine Störungen aufweisen muss und deshalb uneingeschränkte Kausalaussagen möglich werden. Drittens ist die Hypothesenprüfung mit diesem Plan präzise, da die Fehlervarianz durch die Messwiederholung verringert wird. Die Darstellung der Einzelheiten zur Validität und Präzision erfolgt u. a. in den Kapiteln 2.4.3 und 3.

Natürlich gibt es auch Versuchspläne mit mehr als zwei UVn. Bei Bedarf können entsprechende Pläne in der angegebenen Literatur nachgeschlagen werden (z. B. Kirk, 1982). Die prinzipiellen Überlegungen dazu entsprechen denen zu den zweifaktoriellen Plänen.

Noch eine abschließende Bemerkung zur Lesart der Versuchsplanklassifikation im zwei- oder mehrfaktoriellen Fall: VPL2QR klassifiziert einen Plan mit den zwei UVn A und B, wobei der Faktor B immer hypothesenrelevant ist (in der Regel als Spaltenfaktor dargestellt), während der Faktor A sowohl als Kontrollfaktor wie auch als hypothesenrelevanter Faktor angelegt sein kann. VPL2QR macht bezüglich der Abfolge deutlich, dass der Zeilenfaktor (A) quasiexperimentell (Q) und der Spaltenfaktor (B) experimentell (R) realisiert ist. Die Reihenfolge der Kennzeichnung entspricht dem zufolge immer der Sequenz von Zeilen- und Spaltenfaktor.

2.3.2.4   Spezielle Versuchspläne

Im Rahmen des vorgestellten Klassifikationssystems verdient der sogenannte **Prätest-Posttest-Kontrollgruppenplan** eine kurze gesonderte Behandlung. Bierhoff und Rudinger (1996, S. 47ff.) bezeichnen ihn auch als **nichtäquivalenten Kontrollgruppenplan**. Es handelt sich dabei im Prinzip um den zweifaktoriellen Plan **VPL2QQ(W)**; er ist in Tabelle 2.10 skizziert.

Die Besonderheit daran ist die Tatsache, dass Experimental- und Kontrollgruppe zum ersten Messzeitpunkt (Prätest) nicht unter verschiedenen Bedingungen der UV A beobachtet werden. Tabelle 2.10 illustriert ein Beispiel zu einem Zeitmanagementtraining (UV A). Zum Zeitpunkt des Prätests haben also beide Gruppen noch kein Training (keine Intervention) erhalten. Erst nach dem ersten Messzeitpunkt, zu dem z. B. mittels eines Tests die effiziente Nutzung der Arbeitszeit (AV) gemessen wird, erfolgt für die Experimentalgruppe die Intervention (Zeitmanagement-Training). Die Kontrollgruppe erhält das Training nicht. Somit handelt es sich eigentlich um einen **einfaktoriellen Versuchsplan (VPL1Q)**, mit der UV A „Zeitmanagementtraining" und den Stufen A_1 „ja" und A_2 „nein", deren Effekt auf die AV zum Zeitpunkt „Posttest" gemessen wird. Der HE A zeigt dann die Effektivität des Trainings an. Da es nun aber sein kann, dass sich die beiden Gruppen schon vor dem Training hinsichtlich der AV unterschieden haben, wird die AV zum Zweck der

Kontrolle auch schon vor der Intervention, also zum Zeitpunkt „Prätest" gemessen. Der mögliche Unterschied zwischen Experimental- und Kontrollgruppe resultiert aus dem quasiexperimentellen Faktor A (Q-UV A). Letzteres bedeutet, dass eine nichtzufällige Zuteilung vorliegt. Diese kann beispielsweise dadurch zustande kommen, dass die Mitarbeiter einer Abteilung eines Betriebs der Experimentalbedingung und die Mitarbeiter einer anderen Abteilung der Kontrollbedingung zugeteilt werden. Die Mitarbeiter der beiden Abteilungen können sich selbstverständlich hinsichtlich der AV anfänglich unterscheiden.

Tabelle 2.10: Der **Prätest-Posttest-Kontrollgruppenplan**: Der eigentlich zweifaktoriell angelegte Versuchsplan (VPL2QQ(W)) wird durch die Bildung der Differenz zwischen Post- und Prätest zu einem einfaktoriellen Plan VPL1Q mit der UV A als Zeilenfaktor und der Veränderung (Differenz) als AV

		Q(W)-UV B Messzeitpunkt			HE A Differenz
		B_1 Prätest	Intervention Zeitmanagement	B_2 Posttest	
Q-UV A	A_1 Experimentalgruppe	6	ja	10	4
	A_2 Kontrollgruppe	5	nein	6	1

Diese Untersuchungskonstellation erfordert eine besondere Auswertung zur Kontrolle der fehlenden Randomisierung. Eine Möglichkeit dazu besteht darin, dass man die Differenz zwischen Post- und Prätest bildet. Diese Differenz misst die **Veränderung**, die sich aufgrund des Trainings ergeben hat. Sie ist unabhängig vom Leistungsniveau vor dem Training. Der Vergleich zwischen Experimental- und Kontrollgruppe (HE A) anhand dieser Veränderung (AV) gibt dann Auskunft über die Wirksamkeit des Trainings. Tabelle 2.10 macht darauf aufmerksam, dass der Haupteffekt HE A in diesem Fall **nicht durch den Vergleich der Mittelwerte** vom Posttest (10 Punkte vs. 6 Punkte), **sondern durch den Vergleich der Differenzen** zwischen Post- und Prätest (4 Punkte vs. 1 Punkt) gebildet wird.

Eine zweite Auswertungsmöglichkeit besteht darin, dass man nur die Posttestwerte zwischen Experimental- und Kontrollgruppe vergleicht und zum Ausgleich der möglichen Anfangsunterschiede den Prätestwert als Kovariate in die Varianzanalyse eingehen lässt (hierbei handelt es sich um die sogenannte **statistische Kontrolle**). Auch so reduziert man den eigentlich zweifaktoriell angelegten Plan auf einen einfaktoriellen Plan (UV A). Der Ausgleich der möglichen Unterschiede zum ersten Messzeitpunkt (Prätest) erfolgt hier aber nicht durch Differenzbildung zwischen Post- und Prätest, sondern dadurch, dass die Ausprägung der Prätestwerte aus den korrespondierenden Posttestwerten regressionsanalytisch herausgerechnet wird und der Vergleich zwischen Experimental- und Kontrollgruppe vor dem Hintergrund der solchermaßen von den Anfangsunterschieden „bereinigten" Posttestwerte erfolgt. Näheres zu diesem kovarianzanalytischen Vorgehen findet sich in Kapitel 3.3.3.1.

Wann wählt man das Vorgehen der Differenzbildung und wann das kovarianzanalytische Verfahren? Wenn keine besonderen Bedingungen vorliegen, dann ist das

Differenzbildungsverfahren zu empfehlen. Besondere Bedingungen stellen in erster Linie Extremwerte dar. Kann man die Experimentalgruppe als Extremfall insofern verstehen, als deren Mitglieder ein besonders schlechtes Zeitmanagement zeigen und somit das Training dringend nötig haben, während dieses sich bei der Kontrollgruppe umgekehrt verhält, dann ist bei der Differenzbildung Vorsicht geboten. Das Problem, das sich in diesem Fall gravierend bemerkbar machen kann, heißt „statistische Regression zur Mitte" und besagt, dass Messwerte, die zum ersten Messzeitpunkt extrem (hoch/niedrig) ausgeprägt sind, im zweiten Messzeitpunkt zur Mitte tendieren, ohne dass dieser Tendenz eine echte (durch die unabhängige Variable bedingte) Veränderung zugrunde liegt. Dieses messfehlerbedingte, hier nicht näher zu erläuternde Phänomen (mehr dazu z. B. bei Bortz & Döring, 1995, S. 517) kann zu einer Verzerrung des Effekts der UV führen, die durch die Differenzbildung nicht kontrolliert wird. Somit ist bei nichtrandomisierter Zuordnung von Vpn und experimentellen Bedingungen das Augenmerk immer auf dieses Phänomen zu richten und im Zweifel das kovarianzanalytische Vorgehen zu wählen, da hierbei nicht die Veränderung betrachtet wird, sondern der Unterschied zwischen Experimental- und Kontrollgruppe zum zweiten Messzeitpunkt.

Die angestellten Überlegungen sind zu vernachlässigen, wenn eine randomisierte Zuordnung von Pbn und experimentellen Bedingungen (mit hinreichend großer Pbn-Zahl) realisiert wurde. Unter dieser Bedingung wäre die Differenzbildung in jedem Fall vorzuziehen, da an das kovarianzanalytische Vorgehen strenge Anwendungsvoraussetzungen geknüpft sind, die – wie die Empirie zeigt – in vielen Fällen verletzt sein können.

Der Grund für die Beschäftigung mit diesem Prätest-Posttest-Kontrollgruppenplan liegt in seiner außerordentlichen praktischen Relevanz. Veränderung ist nicht nur in der Grundlagenforschung, sondern auch in vielen anwendungsnahen Disziplinen der Psychologie von Bedeutung. Hierzu zählen die klinische Psychologie mit Fragen nach dem Therapieerfolg (z. B. Befinden eines Klienten vor und nach der Therapie) ebenso wie die Entwicklungspsychologie mit Fragen nach Altersunterschieden (z. B. Unterschied der Intelligenz mit 8 und 12 Jahren) und die Evaluationsforschung (z. B. Vergleich der effizienten Nutzung der Arbeitszeit vor und nach einem Zeitmanagementtraining), um nur einige Beispiele zu nennen.

2.4   Varianzzerlegung und Präzision

Im Anschluss an die Darstellung der verschiedenen Versuchsplananlagen und der zugehörigen Versuchspläne wollen wir mit der **Varianzzerlegung** ein weiteres wesentliches Verbindungselement zwischen Datenerhebung und Datenanalyse erörtern. Unabdingbar für ein Verständnis dieses Prinzips ist die Betrachtung des statistischen Begriffs der Varianz.

Zur Veranschaulichung soll weiterhin das Wortlistenbeispiel herangezogen werden. Es behandelt die Frage nach der Abhängigkeit der Behaltensleistung von der Art der Wörter in einer Wortliste (Substantive, Verben, Adjektive). Speziell wird vermutet, dass Substantive und Verben besser behalten werden als Adjektive. In der experimentellen Anordnung erhalten wir eine Messwertreihe von 36 Werten, die die Pbn liefern (vgl. Tabelle 2.7).

Definitionen: Varianz, Standardabweichung

Unter **Varianz** (s^2) versteht man die Summe der quadrierten Abweichungen aller Messwerte vom arithmetischen Mittel, dividiert durch die Anzahl aller Messwerte minus 1. Es handelt sich dabei um ein gebräuchliches Maß zur Kennzeichnung der Variabilität einer Messwertreihe. Der verwandte Begriff der **Standardabweichung** (s; Streuung) ergibt sich aus der Wurzel der Varianz (vgl. Bortz, 1999, S. 42; zur Berechnung vgl. Kapitel 4.2.1).

Diese Werte sind natürlich nicht identisch, denn die beobachteten Pbn zeigen unterschiedliche Leistungen; ihre Leistungen variieren. Die Varianz dieser Werte beträgt $s^2 = 7{,}28$ (Standardabweichung s = 2,7, arithmetisches Mittel = 8,08). Unterschieden sich die Leistungen der Vpn nicht, so läge eine Varianz von $s^2 = 0$ vor. Nun sind die 36 Pbn den drei Stufen der UV (1: Substantive, 2: Verben und 3: Adjektive) zugeordnet. Die entsprechenden Mittelwerte lauten für die jeweils 12 Vpn in der Stufe 1: $\bar{y} = 9{,}08$, in der Stufe 2: $\bar{y} = 8{,}67$ und in der Stufe 3: $\bar{y} = 6{,}5$. Wie man erkennen kann, unterscheiden sich die Mittelwerte zwischen den drei Bedingungen. Diese Unterschiedlichkeit der Mittelwerte, bedingt durch die Stufen der UV, bildet die **Primärvarianz**.

Die nicht erklärte **Sekundärvarianz,** die sich mit der Primärvarianz zur **Gesamtvarianz** addiert, setzt sich ebenfalls aus mehreren Komponenten zusammen. Hierzu zählen die individuellen Unterschiede (beispielsweise behalten verschiedene Personen die gleiche Wortliste unter vergleichbaren Bedingungen unterschiedlich gut), die situativen Unterschiede (z. B. herrschen bei verschiedenen Probanden unterschiedliche Temperatur- und/oder Geräuschpegel) und durch die versuchsleiterbedingten Unterschiede (Vl verhalten sich gegenüber verschiedenen Pbn oder wirken auf verschiedene Pbn – trotz Training – unterschiedlich). All diese Einflussgrößen – jeweils isoliert nicht quantifizierbar – wirken sich auf den einzelnen Messwert aus und tragen damit zur Sekundärvarianz bei. Schließlich ist noch der Messfehler eine Komponente der Sekundärvarianz. Die Varianzaufteilung kann also wie folgt zusammengefasst werden:

Definitionen: Gesamtvarianz der Messwertreihen, Primär-, Sekundärvarianz

Die **Gesamtvarianz der Messwertreihe** setzt sich aus der durch die Variation der UV(n) bedingten Varianz und einem nicht erklärten Varianzanteil zusammen. Den ersten Anteil nennt man **Primärvarianz**, den zweiten Anteil **Sekundärvarianz**.

Je größer der Anteil der Primärvarianz an der Gesamtvarianz ist bzw. je geringer der Anteil der Sekundärvarianz an der Gesamtvarianz ist, desto größer ist die Chance, einen vorhandenen Einfluss der UV auf die AV statistisch nachweisen zu können. Folglich müssen jene Komponenten, die die Sekundärvarianz bedingen (z. B. die

Störvariablen), so klein wie möglich gehalten werden (z. B. durch Kontrolle der Störvariablen, vgl. Kapitel 3.3.2). Gleichzeitig muss eine möglichst große Primärvarianz erreicht werden.

Definition: Präzision der Hypothesenprüfung

Das Bestreben des Experimentators muss es sein, **die Primärvarianz zu maximieren und die Sekundärvarianz zu minimieren**, damit eine Hypothese die bestmögliche Chance zur Bewährung erhält und in diesem Sinne mit größtmöglicher Präzision geprüft wird. Die **Präzision der Hypothesenprüfung** wird demgemäß definiert als die Wahrscheinlichkeit, einen bestehenden Mittelwertsunterschied zwischen spezifizierten experimentellen Bedingungen – infolge der Variation der UV(n) – mittels geeigneter **versuchsplanerischer Maßnahmen** aufdecken zu können, d. h. statistisch nachweisbar zu machen. Die interne Validität muss dabei allerdings im Auge behalten werden.

Die notwendigen und möglichen Maßnahmen zur Maximierung der Primärvarianz und Minimierung der Sekundärvarianz werden in Kapitel 3.3 beschrieben.

Im Zusammenhang mit den ein- bzw. zweifaktoriellen Versuchsplänen wollen wir nun näher auf das Varianzzerlegungsprinzip zurückkommen.

2.4.1   Einfaktorieller Fall

Wie in den vorausgegangenen Passagen definiert, repräsentiert der einfaktorielle Versuchsplan zur Überprüfung einer experimentellen Hypothese den einfachsten Fall der Varianzzerlegung. In Abbildung 2.3 ist dieser Sachverhalt graphisch veranschaulicht.

Die Gesamtvarianz einer Messwertreihe wird also zerlegt in einen primären und einen sekundären Anteil, wobei die Primärvarianz durch die Art der Operationalisierung (der Stufen) der UV bzw. der AV und die Sekundärvarianz durch die Störvariablen und den Messfehler bedingt ist. Die Primärvarianz trifft man im varianzanalytischen Sprachgebrauch häufig unter der Bezeichnung „Quelle der Varianz: **zwischen**" an und entsprechend steht für die Sekundärvarianz „Quelle der Varianz: **innerhalb**". Das Wortlistenbeispiel verdeutlicht diese Unterscheidung: der durch die UV bedingten Varianz (erzeugt durch die dreistufige Variation der Wortliste; allgemein: **zwischen** den experimentellen Bedingungen) wird die Varianz **innerhalb** dieser Bedingungen (erzeugt durch die Variabilität der Vpn, die Störvariablen und den Messfehler) gegenübergestellt. Die Varianztafel als Ergebnis einer varianzanalytischen Auswertung eines zum Zweck der experimentellen Hypothesenprüfung erhobenen Datensatzes klärt den Sachverhalt weiter. In Tabelle 2.11 ist sie am Beispiel des Wortlistenexperiments dargestellt.

Die nachfolgenden Überlegungen demonstrieren die konzeptionelle Korrespondenz zwischen versuchsplanerischer Vorgehensweise (Abbildung 2.3) und varianzanalytischer Datenauswertung (Tabelle 2.11).

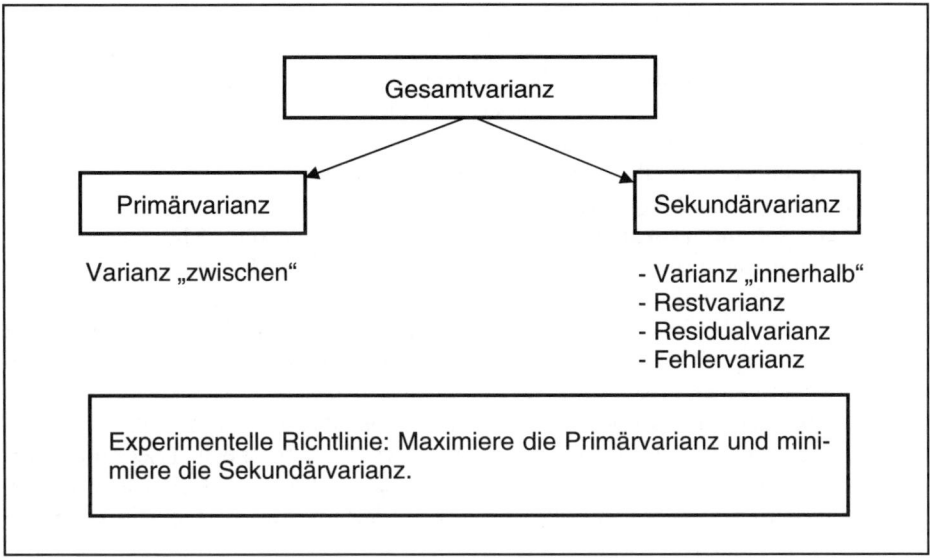

Abbildung 2.3: Prinzip der Varianzzerlegung in einem einfaktoriellen, randomisierten Versuchsplan (**VPL1R**). Präziser müsste von Variabilitätszerlegung gesprochen werden, ebenso wie von Gesamtvariabilität, Primärvariabilität und Sekundärvariabilität.

Tabelle 2.11: Die Varianztafel zum Wortlistenbeispiel, mit den drei Wortarten als UV und der Behaltensleistung als AV in einem randomisierten, einfaktoriellen Versuchsplan (VPL1R)

Quelle der Varianz	Summe der Abweichungsquadrate	Freiheitsgrade	mittlere Quadratsumme	F-Wert	p-Wert	Eta²
Primär, Haupteffekt A, „zwischen"	46,167	2	23,083	3,652	0,037	0,18
Sekundär, Fehler, „innerhalb"	208,583	33	6,321			
Gesamt	254,750	35				

Zwei Überlegungen werden durch die Varianztafel in ihrer Nachvollziehbarkeit erleichtert:

1. die **Varianzzerlegung** als Schnittstelle zwischen versuchsplanerischen und statistischen Überlegungen und
2. die **Abhängigkeit** der Hypothesenentscheidung von der Höhe der Sekundärvarianz (oder Fehlervarianz, Restvarianz, Residualvarianz und „Varianz innerhalb", wie sie im varianzanalytischen Sprachgebrauch auch bezeichnet wird) und damit die Überlegungen zur Relevanz der Präzision der Hypothesenprüfung.

Darunter ist zu verstehen:

1. Die **Gesamtvarianz** in der Messwertreihe zum Wortlistenbeispiel hatte sich errechnet als $s^2 = 7,28$. In Tabelle 2.11 erhalten wir diesen Wert, wenn der Wert für die Summe der Abweichungsquadrate (SAQ_{Gesamt}) durch die Anzahl der zugehörigen Freiheitsgrade (FG) dividiert wird
Gesamtvarianz = $SAQ_{Gesamt} / FG_{Gesamt} = 254,75 / 35 = 7,278$.
   Die **Sekundärvarianz** (Varianz innerhalb) ergibt sich als Mittelwert der Varianzen in den drei experimentellen Bedingungen, die sich mit $s^2_{UV1} = 5,538$ und $s^2_{UV2} = 5,697$ und $s^2_{UV3} = 7,727$ errechnen lassen: Sekundärvarianz = $(5,538 + 5,697 + 7,727) / 3 = 6,32$. Genau diesen Wert finden wir in Tabelle 2.11 unter der Bezeichnung MQS (mittlere Summe der Abweichungsquadrate) für die Sekundärvarianz wieder. Dort errechnet sie sich aus
Sekundärvarianz = $SAQ_{Sekundär} / FG_{Sekundär} = 208,583 / 33 = 6,321$.
   Bleibt die **Primärvarianz** (Haupteffekt A), die sich im ersten Schritt als Differenz von $SAQ_{Primär} = SAQ_{Gesamt} - SAQ_{Sekundär} = 254,75 - 208,583 = 46,167$ errechnen lässt. Dividiert man diesen Wert mit den zugehörigen Freiheitsgraden, so ergibt sich im zweiten Schritt die
Primärvarianz = $SAQ_{Primär} / FG_{Primär} = 46,167 / 2 = 23,083$.

Definitionen: Variabilitäts- bzw. Varianzzerlegung

Genaugenommen werden also die **Summen der Abweichungsquadrate** der Varianzquellen und nicht ihre mittleren Quadratsummen (MQn) (die die eigentlichen Varianzen repräsentieren) zerlegt, denn die **SAQ der Varianzquellen verhalten sich additiv** ($SAQ_{Gesamt} = SAQ_{Primär} + SAQ_{Sekundär}$) und **nicht die der MQn.** Da die SAQn gelegentlich mit **Variabilität** bezeichnet werden, müsste man in Abbildung 2.3 daher genauer von **Variabilitätszerlegung** und damit auch von Primärvariabilität, Sekundärvariabilität und Gesamtvariabilität sprechen. Da sich jedoch der Begriff der Varianzzerlegung durchgesetzt hat, wollen wir daran ebenso festhalten wie an der doppelten Bedeutung der Begriffe der Primär-, Sekundär- und Gesamtvarianz.

---

2. Die Ergebnisse zum Wortlistenbeispiel zeigen – wie gesehen – unterschiedliche Mittelwerte der Behaltensleistungen in den drei experimentellen Bedingungen (vgl. Abbildung 2.1). Tabelle 2.11 hilft nun bei der Frage, ob dieser Leistungsunterschied noch mit dem Zufall erklärt werden kann oder nicht. Die entscheidenden Informationen liefert die Zeile zur Primärvarianz (Haupteffekt A, Varianz zwischen). Der **Wert p** nennt die Wahrscheinlichkeit für das Zustandekommen einer beobachteten (und einer noch größeren) Mittelwertsdifferenz. Die Wahrscheinlichkeit p wird auch **Überschreitungswahrscheinlichkeit** genannt. Im Beispiel besagt p = 0,037, dass die Differenzen zwischen den drei Mittelwerten ($\bar{y}_1 = 9,08$, $\bar{y}_2 = 8,67$, $\bar{y}_3 = 6,5$) mit einer Wahrscheinlichkeit von 3,7 % noch mit dem Zufall erklärt werden können. Da uns diese Wahrscheinlichkeit zu gering erscheint, wird die „Zufallshypothese", also die

H_0 abgelehnt und wir entscheiden uns für die Annahme der H_1. Die Wahrscheinlichkeit p ist also eine hypothesenentscheidende Größe. Sie kann über den **F-Wert** errechnet werden, der sich seinerseits aus der Division der mittleren Quadratsummen von Primär- und Sekundärvarianz ergibt oder über eine Tabelle (F-Verteilung, vgl. Bortz, 1999, S. 776ff.) abgelesen werden.

$F_{Primär} = MQ_{Primär} / MQ_{Sekundär} = 23{,}083 / 6{,}321 = 3{,}625.$

Hier ist der eigentliche Ursprung für den Begriff Varianzanalyse zu sehen, denn die MQn stehen für die jeweiligen Varianzen.

Je größer der F-Wert, umso kleiner der p-Wert, also die Wahrscheinlichkeit, einen bestehenden Mittelwertunterschied mit dem Zufall erklären zu können. Theoretisch wäre es folglich denkbar, dass in unserem Beispiel zwar ein Mittelwertunterschied von 2,58 Punkten (Stufe 1 minus Stufe 3) beobachtet wird, die Sekundärvarianz aber so groß ist, dass beispielsweise p = 0,12 wird. In diesem Fall kann der Mittelwertunterschied mit einer Überschreitungswahrscheinlichkeit von bereits 12 % mit dem Zufall erklärt werden. **Eta^2** schließlich quantifiziert den Anteil der Primärvarianz an der Gesamtvarianz durch die entsprechende Division der zugehörigen Summen der Abweichungsquadrate aus Tabelle 2.11:

$\mathbf{Eta^2 = SAQ_{Primär} / SAQ_{Gesamt}} = 46{,}167 / 254{,}75 = 0{,}18.$

Somit klärt die dreistufige Manipulation der UV 18 % der Gesamtvarianz der Messwertreihe auf. Eta^2 gibt somit Auskunft über die psychologisch-inhaltliche Bedeutsamkeit des beobachteten Effekts auf die AV. Je größer Eta^2, desto bedeutsamer der experimentelle Effekt.

Das Ziel ist somit klar erkennbar: Der aus der varianzanalytischen Datenanalyse resultierende F-Wert muss möglichst groß sein, um der Hypothese die größtmögliche Chance zu geben, sich zu bewähren. Und dieser Sachverhalt zieht seinerseits das bereits bekannte versuchsplanerische Prinzip nach sich: Maximiere die Primärvarianz (vergrößere $MQ_{Primär}$ bzw. $SAQ_{Primär}$) und minimiere die Sekundärvarianz (verkleinere $MQ_{Sekundär}$ bzw. $SAQ_{Sekundär}$). Die dazu notwendigen Methoden sind Gegenstand der Kapitel 3.3.1 und 3.3.2. Vergleicht man diese Überlegungen mit der Definition von Präzision, so erkennt man den Gleichklang von adäquater experimenteller Planung zur Überprüfung von Kausalhypothesen einerseits und ihrer statistischen Entscheidung andererseits.

Allerdings sind diese Angaben relativ zu betrachten, denn bei noch so sorgfältiger und kompetenter Versuchsplanung wird **ein deutlicher Fehleranteil nicht zu vermeiden** sein. Verantwortlich dafür sind neben den – vor allem in den Sozialwissenschaften – nicht vermeidbaren Messfehlern die inter- und intraindividuellen Unterschiede. Denn wir müssen uns darüber im Klaren sein, dass sich jedes Individuum in der Zeiteinheit verändert, gleichgültig ob in Jahren, Monaten, Tagen oder Stunden betrachtet. Identität zwischen verschiedenen Individuen ist allein schon aus diesem Grund überhaupt nicht zu erwarten. Außerdem werden wir noch sehen, dass nicht alle Maßnahmen zur Kontrolle von Störvariablen die Sekundärvarianz mindern. Einige tragen sogar zu ihrer Vergrößerung bei. Es ist also immer eine **sorgfältige Abwägung zwischen einer möglichst hohen internen Validität und einer möglichst hohen Präzision** erforderlich (vgl. Kapitel 3.3.2).

Abschließend zu diesem Kapitel noch ein ergänzendes Wort: Die vorgetragenen Überlegungen sind in Bezug auf die statistischen (varianzanalytischen) Anteile einführender Natur. Sie werden in Kapitel 4.2 aufgegriffen und vertieft. An dieser Stelle geht es noch nicht um ein volles Verständnis der statistischen Einzelheiten, sondern darum zu zeigen, dass versuchsplanerische Maßnahmen und statistische Auswertungsmethoden ineinander greifen und dem gleichen Ziel dienen, nämlich der adäquaten, d. h. ökonomischen, validen und präzisen Prüfung von (psychologischen) Kausalhypothesen.

2.4.2   Zweifaktorieller Fall

Das erläuterte Varianzzerlegungsprinzip lässt sich auch auf die mehrfaktoriellen Fälle übertragen. Wir wollen es am zweifaktoriellen Fall demonstrieren. Abbildung 2.4 veranschaulicht den Sachverhalt.

Im Vergleich zum einfaktoriellen Fall ergeben sich nur in der Primärvarianz Veränderungen. Einerseits kommt die zweite unabhängige Variable als eine weitere Quelle der Varianz hinzu (Art der Präsentation: A_1 akustisch, A_2 optisch) und andererseits tritt die **Interaktion** (Wechselwirkung) als zusätzliche Varianzquelle auf. Dabei bedeutet Interaktion **die kombinierte Wirkung der beiden UVn auf die AV.** Die Abbildung 2.2b) z. B. zeigt diese kombinierte Wirkung insofern, als in der akustischen Präsentationsart (UV A_1) die Wortlisten (UV B) anders behalten werden (AV) als in der optischen Präsentationsart (UV A_2). Ergänzt man diese Überlegungen mithilfe eines uns vertrauten Teilaspekts der Interaktion, nämlich dem der einfachen Haupteffekte, so bedeutet dieses: Der einfache Haupteffekt von B in A_1 unterscheidet sich vom EHE B in A_2 (vgl. die Kapitel 2.2.2 und 2.3.2.3). Eine ausführliche Behandlung der Interaktionsthematik folgt in den Kapiteln 4.2.2 und 4.2.3. Je nach Stärke des Einflusses dieser drei Komponenten auf die AV tragen sie zur Primärvarianz in unterschiedlichem Ausmaß bei. Über die entsprechenden Veränderungen in der Varianztafel informiert Tabelle 2.12. Die letzten drei Zeilen der Tabelle entsprechen dem Aufbau im einfaktoriellen Fall. Die drei voranstehenden Zeilen zerlegen die Primärvarianz in die genannten Anteile, so dass die Effekte der beiden UVn und ihrer Interaktion getrennt sichtbar werden. Zusammen addieren sie sich zur Primärvarianz auf (erneut nur auf der Ebene der SAQ, vgl. Kapitel 2.4.1). Der p-Wert der drei Komponenten zeigt, dass es nicht unwahrscheinlich ist, dass die beobachteten Effekte zufällig zustande gekommen sind. Sowohl die Art der Präsentation als auch die Art der Wortliste und die Wechselwirkung zwischen diesen beiden UVn zeigen ausgeprägte Effekte auf die Behaltensleistung, aber die Überschreitungswahrscheinlichkeit liegt zwischen 10,6 und 35,3 %. Das trifft auch für die statistische Beurteilung der experimentellen Manipulationen insgesamt (Primärvarianz) zu, denn bei einer Überschreitungswahrscheinlichkeit von 12,7 % ist die Entscheidung für oder gegen die Beibehaltung einer Hypothese doch relativ unsicher. In Kapitel 4.1.4 werden wir mit dem **Signifikanzniveau** α ein Konzept kennenlernen, das in Bezug auf die veränderliche Überschreitungswahrscheinlichkeit Entscheidungsklarheit vermittelt.

Eta^2 = 0,119 für die Primärvarianz verdeutlicht, dass der durch die drei experimentellen Varianzquellen (Varianzkomponenten) aufgeklärte Varianzanteil bei 12 % liegt.

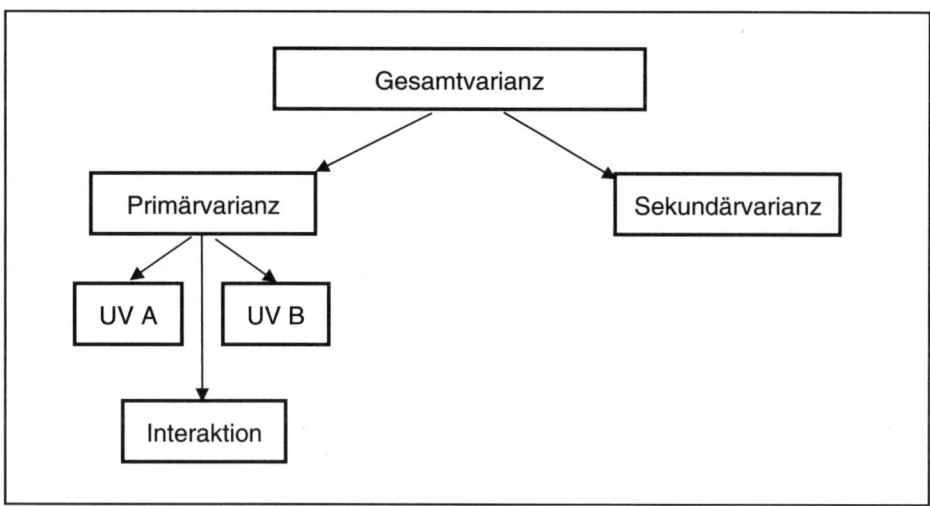

Abbildung 2.4: Prinzip der Varianzzerlegung in einem zweifaktoriellen, randomisierten Versuchsplan (**VPL2RR**).

Tabelle 2.12: Die Varianztafel zum Wortlistenbeispiel, mit der Art der Präsentation als UV A und der Art der Wortliste als UV B, sowie der Behaltensleistung als AV in einem vollrandomisierten, zweifaktoriellen Versuchsplan (**VPL2RR**)

Quelle der Varianz	Summe der Abweichungsquadrate	Freiheitsgrade	mittlere Quadratsumme	F-Wert	p-Wert	Eta^2
Haupteffekt A	16,056	1	16,056	2,189	0,144	0,029
Haupteffekt B	34,028	2	17,014	2,319	0,106	0,062
Interaktion AxB	15,528	2	7,764	1,058	0,353	0,028
Primär	65,611	5	13,122	1,789	0,127	0,119
Sekundär, Fehler	484,167	66	7,336			
Gesamt	549,778	71				

Die einzelnen experimentellen Komponenten der Primärvarianz tragen damit natürlich noch weniger zur Aufklärung bei. Damit kommen wir auf das Kriterium der Präzision zurück. Je höher der durch die experimentellen Manipulationen aufgeklärte Varianzanteil, desto höher die Präzision. Das Gleiche gilt im umgekehrten Sinn für die Sekundärvarianz: je geringer der nicht erklärte Varianzanteil, umso höher die Präzision. Im vorliegenden Beispielsfall lässt die Präzision zu wünschen übrig, denn mit SAQ$_{Primär}$ von 65,611 gegenüber der SAQ$_{Sekundär}$ von 484,167 ist die Variabilität der Sekundärkomponente überproportional groß.

2.4.3   Messwiederholungsfall

Neben der Art der Operationalisierung der UV(n) und AV(n) als Maßnahmen der Maximierung der Primärvarianz und der Kontrolle der Störvariablen als Maßnahmen zur Minimierung der Sekundärvarianz gibt es **Versuchsplanvarianten**, die ebenfalls durch Minimierung der Sekundärvarianz zur Präzision der experimentellen Hypothesenprüfung beitragen. Dabei handelt es sich – wie schon angedeutet – um die ein- und mehrfaktoriellen Messwiederholungspläne. Diese Form der Präzisionssteigerung kommt durch die Beobachtung der **gleichen Pbn in den verschiedenen experimentellen Bedingungen** zustande, da man davon ausgehen kann, dass die intraindividuelle Fehlervarianz in der Regel geringer ausgeprägt ist als die interindividuelle Fehlervarianz. Abbildung 2.5 veranschaulicht diese Überlegungen für den einfaktoriellen, randomisierten Messwiederholungsplan **VPL1R(W)**.

Die Sekundärvarianz spaltet sich demnach in einen sogenannten Block- und Fehleranteil auf, wobei dieser Blockanteil die Varianz zwischen den wiederholt beobachteten Vpn repräsentiert. Die zugehörige Varianztafel – gemäß Tabelle 2.13 – spiegelt diesen Vorgang wider. Die Sekundärvarianz zerfällt in die Fehler- und Blockkomponente, wobei zur Bestimmung des F- und p-Werts nur der Fehleranteil herangezogen wird: $F = MQS_{Primär} / MQS_{Fehler} = 23,083 / 3,386 = 6,817$. Somit wird die Sekundärvarianz reduziert und damit gleichzeitig die Präzision erhöht. Letzteres zeigt sich am Eta^2 von 52,6 % für die Blockkomponente: Damit werden – neben den unverändert rund 18 % experimentell erklärter Varianz – weitere rund 53 % der Gesamtvarianz aufgeklärt, so dass nur noch rund 29 % der Gesamtvarianz auf die Fehlerkomponente entfallen. Dieser im Vergleich zum Plan ohne Messwiederholung (VPL1R) gravierende Präzisionszuwachs zeigt sich auch in der Überschreitungswahrscheinlichkeit zur Primärvarianz: Sie sinkt von 3,7 auf 0,5 %, wobei immer mitbedacht werden muss, dass sich der experimentelle Effekt (der Mittelwertunterschied) in seiner absoluten Größe nicht verändert hat, erkennbar an einem unveränderten Eta^2 von 18 %. Box 11 fasst diese vergleichende Betrachtung zusammen.

Wenn von VPL1R(W) gesprochen wird, so bedeutet dieses – wie schon gesehen und später noch näher zu zeigen – die Realisierung der notwendigen Kontrolle der Sequenzeffekte. Allerdings ist auch dieser durchaus aussagekräftige Plan nicht für jede Fragestellung geeignet, denn nicht jede Sequenz von experimentellen Bedingungen lässt sich sinnvoll mit den gleichen Vpn besetzen. Seine Verwendung ist immer von der Fragestellung abhängig zu machen.

Der Blick war bisher beim Vergleich der einfaktoriellen, experimentellen Pläne VPL1R und VPL1R(W) auf die Varianzaufteilung und Präzision gerichtet. Hierbei war gerade auch der **Blockfaktor** von großer Bedeutung. Henning und Muthig (1979, S. 79ff.) nennen den Blockfaktor **Personenfaktor**. Hager (1987, S. 67f.) spricht dagegen vom Blockfaktor als **Probandenfaktor**. In beiden Fällen kann es das Ziel sein, aus dem Blockanteil einen experimentellen Faktor zu machen, den Blockanteil also der Primärvarianz zuzuordnen. Somit ist bei Messwiederholungsplänen und dem Begriff des Blockfaktors insofern Vorsicht geboten, als man sich zunächst kundig machen muss, was der jeweilige Autor darunter versteht. Der Begriff „Block" stammt ursprünglich von parallelisierten Vpn-Gruppen, in denen es hinsichtlich bestimmter Merkmale vergleichbare Pbn (Blöcke von Pbn) gibt. Näheres zur Kontrolltechnik des Parallelisierens erfahren wir in Kapitel 3.3.2.2.

Definition: Blockfaktor

Von einem **Blockfaktor** sprechen wir dann, wenn zum Zweck der Erhöhung der Präzision einer experimentellen Hypothesenprüfung Messwiederholung eingeführt wird und der dadurch isolierte Varianzanteil nicht der Primärvarianz zugeordnet wird, sondern als isolierter Anteil der Sekundärvarianz verstanden wird.

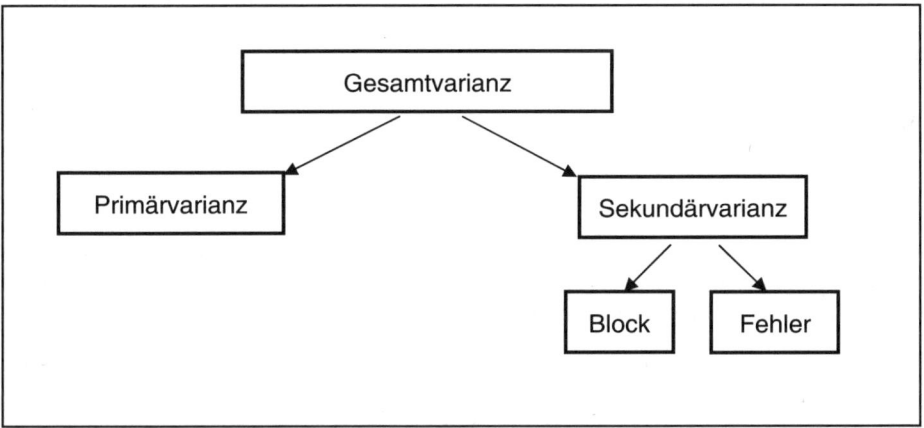

Abbildung 2.5: Prinzip der Varianzzerlegung in einem einfaktoriellen, randomisierten Versuchsplan mit Messwiederholung (VPL1R(W)).

Tabelle 2.13: Die Varianztafel zum Wortlistenbeispiel, mit den drei Wortarten als UV und der Behaltensleistung als AV, in einem einfaktoriellen Messwiederholungsplan (**VPL1R(W)**)

Quelle der Varianz	Summe der Abwei- chungs- quadrate	Freiheits- grade	mittlere Quadrat- summe	F- Wert	p- Wert	Eta^2
Primär, Haupteffekt A	46,167	2	23,083	6,817	0,005	0,180
Fehler	74,500	22	3,386			
Block	134,083	11				0,526
Gesamt	254,750	35				

Wenn jetzt der zweifaktorielle Fall des Messwiederholungsplans abschließend noch kurz besprochen wird, so gehen wir ebenfalls von dieser Definition aus. Die Varianzzerlegung in diesem Plan (**VPL2R(W)R(W)**) ist aus Abbildung 2.6 zu entnehmen.

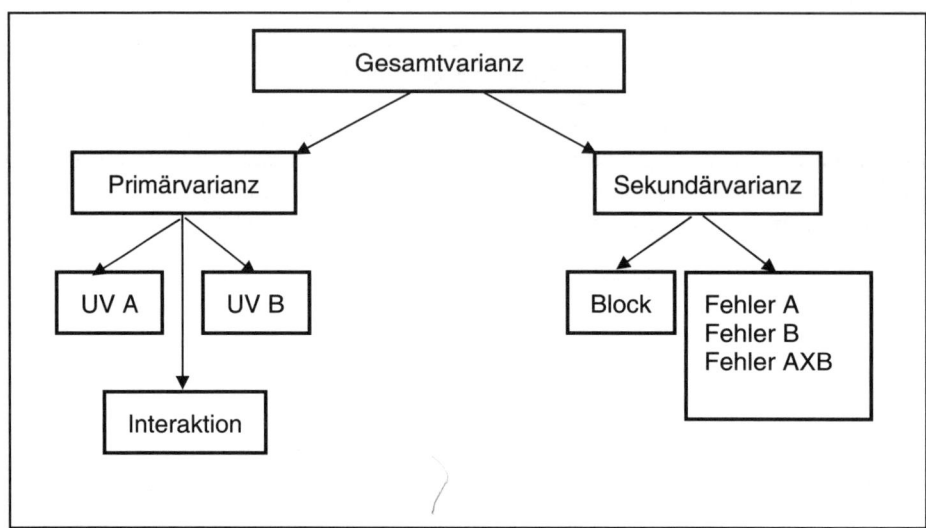

Abbildung 2.6: Prinzip der Varianzzerlegung in einem zweifaktoriellen, randomisierten Versuchsplan mit Messwiederholung (VPL2R(W)R(W)).

Im Vergleich zum gleichen Plan ohne Messwiederholung (VPL2RR, vgl. Abbildung 2.4) verändert sich alleine die Sekundärvarianz. Zunächst kann man jenen Varianzanteil isolieren, der auf die wiederholte Beobachtung der gleichen Pbn zurückgeht (Blockfaktor). Außerdem wird der Fehleranteil in Komponenten aufgeteilt, die den experimentellen Varianzquellen zugeordnet sind. Noch deutlicher erkennt man diese Gliederung und Zuordnung in der Varianztafel (vgl. Tabelle 2.14).

Die ersten drei Zeilen des Tabellenkörpers zählen – analog zur Abbildung 2.6 – zur Primärvarianz und die nächsten vier Zeilen zur Sekundärvarianz. Die Zuordnung zwischen den Anteilen der Primär- und Sekundärvarianz zeigt sich bei der Bestimmung des F-Werts. So ergibt sich der F-Wert$_{\text{HE A}}$ = MQS$_{\text{HE A}}$ / MQS$_{\text{Fehler HE A}}$ = 16,056 / 4,025 = 3,989. Entsprechendes gilt für die weiteren F-Werte. Auch das Prinzip der Additivität der Komponenten ist in der Tafel leicht überprüfbar. Die drei experimentellen Varianzquellen summieren sich – auf der Ebene der Summe der Abweichungsquadrate – zur Primärvarianz (16,056 + 34,028 + 15,528 = 65,612) und die drei Fehleranteile und die Blockkomponente addieren sich zur Sekundärvarianz (44,278 + 77,639 + 96,139 + 266,111 = 484,167). Primär- plus Sekundärvarianz ergeben schließlich die Gesamtvarianz: 65,612 + 484,167 = 549,778.

Wesentlich ist es auch zu erkennen, dass sich die Haupteffekte nicht geändert haben (wir gehen lediglich davon aus, dass der gleiche Datensatz von mehrfach beobachteten Vpn produziert worden ist), somit auch nicht die Effektgröße (Eta^2-Werte), wohl aber die F-Werte und damit auch die p-Werte. Lagen die Überschreitungswahrscheinlichkeiten im Beispiel ohne Messwiederholung zwischen 10,6 und 35,3 %, so sinken sie im Beispiel mit Messwiederholung – deutlich erkennbar – in einen Bereich zwischen 1,8 und 19,3 %. Verantwortlich dafür ist der Blockanteil, der 48,4 % der Gesamtvarianz erklärt und damit die Präzision entscheidend erhöht.

Box 11: Präzisionserhöhung durch Messwiederholung

Es liegt diesen Ausführungen das Wortlistenbeispiel zugrunde. Der einfache Datensatz hat für den Zufallsgruppenplan VPL1R folgendes Aussehen:

UV	Versuchsperson														
Stufe	1	2	3	4	5	6	7	8	9	10	11	12	13	14	15
1	5	9	1	4	3										
2						6	10	0	2	2					
3											3	4	0	1	0

Hier liefert jede der 15 Vpn einen Messwert. Es folgt die zugehörige Varianztafel:

Quelle	Quadrat-summe	FG	mittlere Quadrat-summe	F-Wert	p-Wert	Eta^2
Primärvarianz	22,933	2	11,467	1,224	0,328	0,169
Sekundärvarianz	112,400	12	9,367			
Gesamtvarianz	135,333	14				

Für den Messwiederholungsplan VPL1R(W) erhalten wir folgende Anordnung der gleichen Daten:

Vp	Stufe der UV		
	1	2	3
1	5	6	3
2	9	10	4
3	1	0	0
4	4	2	1
5	3	2	0

Hier liefert jede der fünf Vpn drei Messwerte. Es folgt die zugehörige Varianztafel:

Quelle	Quadrat-summe	FG	mittlere Quadrat-summe	F-Wert	p-Wert	Eta^2
Primärvarianz	22,933	2	11,467	7,398	0,015	0,169
Block	100,000	4	25,000	16,129	0,000	0,739
Fehler	12,400	8	1,555			
Gesamtvarianz	135,333	14				

Box 11 (Fortsetzung)

Für den Plan ohne Messwiederholung (VPL1R) erhalten wir für die Wirkung der UV aufgrund der hohen Sekundärvarianz – und somit geringen Präzision – eine Überschreitungswahrscheinlichkeit von nahezu 33 %, d. h. die Mittelwertsunterschiede sind mit allzu großer Wahrscheinlichkeit mit dem Zufall zu erklären. Deshalb ist auch die aufgeklärte Varianz von ca. 17 % bedeutungslos. Im Messwiederholungsplan (VPL1R(W)) bindet der Blockfaktor einen großen Anteil der Sekundärvarianz (ca. 74 % der Gesamtvarianz) und erhöht damit die Präzision. Dadurch sinkt die Überschreitungswahrscheinlichkeit auf 1,5 % und der unveränderte prozentuale Anteil der Primärvarianz ist nicht mehr bedeutungslos. Somit steigt im vorliegenden Beispiel durch Verwendung eines Messwiederholungsplans die Wahrscheinlichkeit, einen vorhandenen Mittelwertsunterschied statistisch nachweisen zu können.

Tabelle 2.14: Die Varianztafel zum Wortlistenbeispiel, mit der Art der Präsentation als UV A und der Art der Wortliste als UV B, sowie der Behaltensleistung als AV in einem komplett messwiederholten und randomisierten Versuchsplan (**VPL2R(W)R(W)**)

Quelle der Varianz	Summe der Abweichungs-quadrate	Freiheits-grade	mittlere Qua-dratsumme	F-Wert	p-Wert	Eta^2
Haupteffekt A	16,056	1	16,056	3,989	0,071	0,029
Haupteffekt B	34,028	2	17,014	4,821	0,018	0,062
Interaktion AxB	15,528	2	7,764	1,777	0,193	0,028
Fehler HE A	44,278	11	4,025			
Fehler HE B	77,639	22	3,529			
Fehler AxB	96,139	22	4,370			
Block	266,111	11				0,484
Primär	65,612	5				
Sekundär	484,167	66				
Gesamt	549,778	71				

3 Valide und präzise Versuchsplanung, Durchführung und Auswertung

Die bisherigen Ausführungen enthalten die wesentlichsten Konzepte der experimentellen Hypothesenprüfung, so dass nun – anhand des Lernexperimentbeispiels (vgl. Box 9) – die Abfolge der notwendigen Schritte erläutert werden kann. Bislang weniger differenziert betrachtete Konzepte – wie etwa die der **internen Validität** und des damit verbundenen Begriffs der **Störvariable** – erfahren bei dieser Gelegenheit eine ausführlichere Betrachtung. Andererseits vermittelt diese Darstellung eine Zusammenhangs- und Ablaufstruktur der bisher zumeist relativ isoliert analysierten, grundlegenden methodischen Konzepte. Schließlich trägt die wiederholte Behandlung der verschiedenen Begriffe zu einem verbreiterten Verständnis bei.

Das zweite Ziel dieses Kapitels besteht in der Reflexion der Ökonomie, Validität und Präzision der experimentellen Hypothesenprüfung bei jeder der erforderlichen planerischen Maßnahmen bzw. Entscheidungen. Dieses Vorgehen entspricht einer fortwährenden gütekriterienbezogenen Entscheidungsbegründung.

3.1 Fragestellung

Natürlich steht am Anfang einer wissenschaftlichen Arbeit die Fragestellung. Der Wissenschaftler beschäftigt sich mit einem Problem, das ihn interessiert und zu dem er mehr wissen möchte. So könnte er sich beispielsweise fragen, wie man die Behaltensleistung für bestimmte Lernmaterialien – z. B. von Vokabeln – verbessern kann, da er eine Optimierung der Wissensvermittlung im schulischen Kontext aus bildungspolitischen Gründen für dringlich hält.

3.1.1 Theoretischer und empirischer Forschungsstand

Handbücher und **Fachzeitschriften** enthalten theoretische und empirische Beiträge zu dem Thema, so dass sich der Forscher in einem gründlichen Such- und Analyseprozess einen Überblick über den Forschungsstand im fraglichen Themenbereich verschaffen kann. In jüngerer Zeit stehen dazu auch **elektronische Datenbanken** mit komfortablen Suchstrategien oder das **Internet** zur Verfügung. Ziel dieser Literaturrecherchen und -analysen muss es sein,

a) einen Gesamtüberblick über den breiten Themenbereich und verwandte Gebiete zu gewinnen und

b) sich vertiefte Einblicke in spezielle inhaltliche und methodische Aspekte des
    Themas zu erarbeiten,

um auf dieser Basis – evtl. ergänzt durch eigene Beobachtungen – zu einer Ein-
engung der Fragestellung zu gelangen.

3.1.2   Erstellung der theoretisch-inhaltlichen Hypothese (TIH)

Dazu kann man sich – wie in Kapitel 1.4.5 beschrieben – der deduktiven, induktiven
und auch intuitiven Vorgehensweise bedienen. Dabei kann es vorkommen, dass
mehrere eingeengte Fragestellungen resultieren. Die Auswahl der letztendlich weiter
verfolgten Hypothese sollte neben persönlichen Interessen auch einige wissenschaftliche Kriterien wie die Exaktheit ihrer Formulierung, ihre empirische Untersuch-
barkeit, ihre wissenschaftliche Tragweite und die ethische Vertretbarkeit ihrer empirischen Untersuchung berücksichtigen (weitere Einzelheiten dazu bei Bortz & Döring, 1995, S. 39ff.).
    Die aus diesen Arbeitsschritten resultierende theoretisch-inhaltliche Hypothese
(TIH) könnte für das gewählte Beispiel lauten: „Kategoriale Präsentation von Lernmaterialien begünstigt in der Regel das Behalten!" oder „Wenn Lernmaterial kategorial präsentiert wird, dann wird es zumeist besser behalten!".
    An dieser Hypothesenformulierung erkennt man den wissenschaftlichen, kausalen
und quasiuniversellen Charakter der TIH (vgl. die Kapitel 1.4.1 bis 1.4.5) wieder.
    Damit ist die inhaltliche Aufarbeitung der Fragestellung mittels theoretischer und
empirischer Beiträge aus der Literatur abgeschlossen. Die inhaltliche Relevanz und
zeitliche Erstreckung dieser Untersuchungsphase darf aufgrund der Kürze der hier
gewählten Darstellung freilich nicht unterschätzt werden, da der Arbeitsaufwand
erheblich und die Tragweite der vorgenommenen Weichenstellungen für die gesamte
Untersuchung sehr bedeutsam sind.

3.2   Wahl der Forschungsmethode und des
         Untersuchungsplans

So ist die Art der Formulierung der TIH ausschlaggebend für die Wahl der Forschungsmethode und des Untersuchungsplans. Im Beispielsfall scheiden qualitative
und nichtexperimentelle Forschungsmethoden als primäre Prüfinstrumente aus, da

a) eine Hypothese zu prüfen ist und
b) diese Hypothese kausalen und quasiuniversellen Charakter aufweist.

Somit fällt die Wahl auf die experimentelle Forschungsmethode. Damit ist die erste
methodische Entscheidung getroffen, nämlich die TIH experimentell zu prüfen.
Andere Forschungsmethoden können natürlich unterstützend hinzugezogen werden.
Die sich anschließenden methodischen Entscheidungen betreffen die zu wählende
Versuchsplananlage und den daraus zu konkretisierenden Versuchsplan. Die Krite-

rien der Entscheidungsfindung beziehen sich dabei immer auf die Ökonomie und Güte der Hypothesenprüfung.

3.2.1 Wahl der Versuchsplananlage

Die TIH impliziert die Variation einer unabhängigen Variablen (UV B, Art der Präsentation), stellt also eine Haupteffekthypothese dar. Eine Stufe dieser UV ist mit „kategorial" (geordnet) bereits genannt, die unabdingbare zweite Stufe nennen wir vorläufig „nichtkategorial" (ungeordnet). Die TIH nimmt damit folgende Form an: „Wenn Lerninhalte kategorial präsentiert werden, dann ist die Behaltensleistung besser als bei nichtkategorialer Darbietung!" Ihr entspricht im ersten Hinblick eine einfaktorielle Versuchsplananlage VPL-A1 (vgl. Kapitel 2.2, Abbildung 2.1). Nimmt man aber die interessante Überlegung hinzu, dass der Effekt bei wiederholtem Lernen möglicherweise verschwindet, so kommt eine zweite UV hinzu, nämlich die Häufigkeit der Präsentation (UV A). Gleichgültig, ob diese zusätzliche UV als hypothesenrelevanter oder Kontrollfaktor konzipiert ist, folgt daraus die Wahl einer zweifaktoriellen Versuchsplananlage VPL-A2 (vgl. Tabelle 2.2, Box 9), denn sie ermöglicht prinzipiell neben der Möglichkeit der Prüfung des postulierten Haupteffekts auch die der Analyse der Interaktion mit dem Kontrollfaktor. Diese könnte z. B. in Form der Betrachtung der einfachen Haupteffekte von B in den Stufen von A erfolgen (EHE B in A_1 und A_2, vgl. Tabelle 2.3). Die Hinzunahme des Kontrollfaktors UV A und damit die Entscheidung für die VPL-A2 erhöht die Gültigkeit der experimentellen Hypothesenprüfung. Ergibt sich keine Interaktion, so ist durch die Kontrolle dieser möglichen Einflussgröße die interne Validität erhöht. Zeigen sich dagegen Interaktionseffekte, so wird ein Beitrag zum Anwendungsbereich der Hypothese geliefert. Es könnte sich zum Beispiel herausstellen, dass bei einmaliger Darbietung die kategoriale Präsentationsform tatsächlich zu besseren Behaltensleistungen führt (Nachweis des EHE B in A_1), nicht dagegen bei zweifacher Darbietung (fehlender Nachweis des EHE B in A_2). Der Anwendungsbereich (Gültigkeitsbereich) der Hypothese müsste dann auf die einmalige Darbietung beschränkt werden. Diese zusätzliche Information könnte durchaus von theoretischer und praktischer Relevanz sein.

3.2.2 Wahl des Versuchsplans

Ein Versuchsplan entsteht – wie wir uns erinnern – aus einer Versuchsplananlage durch vier prozedurale Maßnahmen, also versuchsplanerische Entscheidungen, die ebenfalls der gütekriterienbezogenen Begründung bedürfen (vgl. Kapitel 2.3.1).

3.2.2.1 *Vollständige oder teilweise Realisierung der angelegten Zellen*

Zur Überprüfung der Hypothese gemäß der VPL-A2 bedarf es zumindest zwei zweistufig angelegter UVn, also mindestens vier Zellen. Soweit nicht erhebliche ökonomische oder ethische Aspekte gegen eine vollständige Realisierung sprechen (vgl. Box 10), wäre somit ein vollständig gekreuzter Versuchsplan anzustreben. Aber es

bleibt noch die Frage zu klären, ob nicht mehr als jeweils zwei Stufen der UVn gebildet werden sollten. Bei der Entscheidung dieser Frage sind zwei Gesichtspunkte
gegeneinander abzuwägen. Auf der einen Seite generieren zusätzliche Faktorstufen
möglicherweise interessante Informationen (z. B.: Hat eine teilweise kategoriale Präsentation vergleichbare Effekte zur kategorialen Darbietung?). Andererseits nimmt
man damit eine spürbare Erhöhung der Anzahl der benötigten Vpn und eine deutliche Minderung der Teststärke (vgl. Kapitel 4.1) in Kauf. Im Beispiel entscheiden
wir uns für die Zweistufenlösung, da der inhaltliche Informationszugewinn durch
Aufnahme der dritten Stufe eher zweifelhaft erscheint.

3.2.2.2   Bestimmung der Anzahl der Beobachtungen pro Zelle

Zweifellos ist hinsichtlich dieser Entscheidung – wenn immer möglich – ein balancierter Plan anzustreben, d. h. es sind gleich viele Beobachtungen pro Zelle zu realisieren, damit „unkorrelierte Faktoren" vorliegen können. Darüber hinaus mindern
„gleiche Zellhäufigkeiten" die Bedeutung der „Homogenität der Varianzen", eine
Anwendungsvoraussetzung z. B. für varianzanalytische Auswertungsverfahren. In
diesem Sinne kann ein balancierter Versuchsplan einen Beitrag zur statistischen
Validität der Hypothesenprüfung liefern.

3.2.2.3   Einmalige oder wiederholte Beobachtung der Vpn

Diese Entscheidung ist hinsichtlich einer Vielzahl von Kriterien relevant. Beginnen
wir mit der Ökonomie der Hypothesenprüfung, so liegt es auf der Hand, dass man –
wenn immer möglich – die gleichen Pbn unter verschiedenen experimentellen Bedingungen beobachten sollte, am besten unter allen Bedingungen, also in einem
komplett messwiederholten Versuchsplan. Unter dem Gesichtspunkt der internen
Validität ist dieses Vorgehen dagegen problematisch, da die resultierenden Sequenzeffekte alternative Ergebnisinterpretationen ermöglichen und somit eine eindeutige
Kausalaussage unterbinden (ausführliche Informationen dazu in Kapitel 3.3.2.3).
Schließlich trägt die wiederholte Beobachtung der gleichen Vpn zur Präzision der
Hypothesenprüfung bei (vgl. Kapitel 2.4.3 und das folgende Kapitel 3.3).
Wie also soll man entscheiden? Wenn man eine Kausalhypothese prüfen, d. h.
nach Abschluss der Untersuchung eine eindeutige Kausalaussage treffen möchte
(und nicht nur eine vorläufige), dann hat die interne Validität absolute Priorität. Wie
wir schon gehört haben und noch sehen werden, bilden interne Validität und Messwiederholung aber auch nicht unbedingt unauflösbare Gegensätze, denn es gibt eine
Reihe von Methoden zur Kontrolle von Sequenzeffekten (vgl. Kapitel 3.3.2.3), die in
vielen – wenn auch nicht allen – Fällen angewendet werden können. In manchen
Fällen ist es auch sinnvoll, sogenannte gemischte Pläne zu realisieren, also eine UV
mit und eine zweite UV ohne Messwiederholung anzulegen. Greifen wir zur Veranschaulichung auf unser Beispiel zurück, so ergibt sich folgendes Bild:

a)   die hypothesenrelevante UV B wird interindividuell besetzt,
b)   der Kontrollfaktor (UV A: Präsentationshäufigkeit) lässt sich nur messwiederholt
       realisieren. Die Kontrolle des denkbaren Reihenfolgeneffekts ist nicht möglich,

da die zweite Darbietung nun einmal zwangsläufig auf die erste folgt, d. h. man kann sie nicht beliebig vertauschen.

In diesem gemischten Plan ermöglicht die hypothesenrelevante UV B die intern valide Überprüfung der Kausalhypothese und die kontrollierende UV A die ökonomische und präzise Kontrolle einer möglichen Störvariablen. Letzteres trägt ebenfalls zur internen Validität bei.

3.2.2.4   *Randomisierte bzw. nichtrandomisierte Zuordnung der Vpn zu den Zellen*

Von dieser Entscheidung ist „einzig" die interne Validität betroffen. Die zufällige Zuordnung von Pbn und Zellen erhöht die interne Validität dahingehend, dass durch diese Maßnahme die Versuchspersonenmerkmale kontrolliert werden (ausführlich gehen wir darauf in Kapitel 3.3.2.1 ein). Die Bedeutung dieses Vorgehens unterstreicht Hager (1987, S. 63ff.) bekanntlich mit der Benennung einer solchermaßen realisierten UV als „experimenteller Faktor". Ist dieses Vorgehen nicht möglich, so liegt ein quasiexperimenteller Faktor vor.

Im Beispiel werden zur Gewährleistung der experimentellen Hypothesenprüfung die Pbn den Zellen der UV B randomisiert zugewiesen und dem Kontrollfaktor zwangsläufig nichtrandomisiert, sondern messwiederholt, nämlich zunächst der ersten Präsentation und danach der zweiten Darbietung. Der hypothesenrelevante Faktor ist damit experimenteller (R-UV B) und der Kontrollfaktor quasiexperimenteller Natur [Q(W)-UV A]. Damit handelt es sich um den in Tabelle 2.5 exemplifizierten gemischten Versuchsplan **VPL2Q(W)R**.

3.3   Operationalisierung bzw. Kontrolle der experimentellen Variablen

Zu den experimentellen Variablen zählen die unabhängigen Variablen, die abhängigen Variablen und die Störvariablen (vgl. Kapitel 1.3.4). Ihre Operationalisierung bzw. Kontrolle steht im Mittelpunkt der Erörterungen in diesem Abschnitt. Auch bei den diesbezüglichen Maßnahmen und Entscheidungen wird erneut das besondere Augenmerk auf die Kriterien der Validität und der Präzision gerichtet. Dieses Bemühen ist u. a. auch daran zu erkennen, dass die Operationalisierung und Kontrolle der experimentellen Variablen in die experimentelle Maxime „Maximiere die Primärvarianz und minimiere die Sekundärvarianz" integriert wird.

3.3.1   Maximiere die Primärvarianz

In Kapitel 1.5.3 hatten wir gelernt, dass abstrakte Begriffe aus der TIH in einem ersten Schritt der Messung zugänglich gemacht werden müssen, bevor eine Überprüfung der Hypothese möglich wird. Dieser Vorgang wird Operationalisierung genannt. In den beiden folgenden Abschnitten erarbeiten wir uns – getrennt für die unabhängigen und abhängigen Variablen – ein vertieftes Verständnis des Operationalisierens und beleuchten seine Relationen zu den Konzepten der Primärvarianz und der Variablenvalidität.

3.3.1.1   Operationalisierung der unabhängigen Variablen

„Frustration erzeugt zumeist Aggression" war jene TIH, die die Notwendigkeit zur Operationalisierung abstrakter Begriffe verständlich machte. Im aktuellen Beispiel lautet die TIH: „Wenn Lerninhalte kategorial präsentiert werden, dann werden sie zumeist besser behalten als bei nichtkategorialer Darbietung." Die abstrakte unabhängige Variable stellt die „kategoriale vs. nichtkategoriale Präsentation" dar. Um sie im Zuge der Operationalisierung messbar zu machen, müssen ihr beobachtbare Begriffe zugeordnet bzw. beobachtbare Indikatoren für sie gefunden werden (vgl. Huber, 1987, S. 77). Im angenommenen schulischen und bildungspolitischen Kontext sind alle Informationen, die den Schülern durch ihre Lehrer vermittelt werden sollen, Lerninhalte. Lehrmaterialien sind Träger dieser Inhalte. Dabei kann es sich um Texte, Abbildungen, Tabellen, Filme, Tonaufzeichnungen usw. handeln, die die Inhalte präsentieren. Im Beispielsfall definieren wir gemäß Box 9 als Lerninhalte 20 Wörter, die in Form einer Liste vorliegen. Diese 20 Wörter lassen sich in vier Kategorien mit jeweils fünf Begriffen unterteilen. Das Material wird optisch für einen Zeitraum von 45 Sekunden, in welchem es von den Pbn gelernt werden soll, präsentiert. Schließlich ordnen wir dem Begriff „kategoriale Präsentation" die geordnete Wortliste und „nichtkategoriale Präsentation" die nicht geordnete Wortliste zu.

Natürlich hätte es auch andere Formen der Operationalisierung der UV(n) geben können. Man hätte beispielsweise als Lerninhalte (und damit als Grundlage für die UV A) auch zusammenhängende Texte aussuchen oder die akustische Präsentation (ebenfalls als Grundlage für die UV A) präferieren können. In diesem Fall wären Textabschnitte beispielsweise thematisch geordnet bzw. ungeordnet akustisch präsentiert worden.

Definition: Variablenvalidität

Ziel muss es sein, eine Operationalisierung zu finden, die den Bedeutungskern des abstrakten Begriffs aus der TIH repräsentiert. Je besser dieses gelingt, desto höher die **Variablenvalidität**, die auch Konstruktvalidität genannt wird. Ziel kann es nicht sein, den gesamten Bedeutungsgehalt in einer Operationalisierung zu erfassen. Dafür ist das Bedeutungsspektrum abstrakter Begriffe in der Regel zu groß. Die Reduktion des Bedeutungsspektrums durch die Operationalisierung ist zwangsläufig und stellt folglich noch keinen Verstoß gegen die Variablenvalidität dar.

Vielmehr können Folgeuntersuchungen mit anderen Operationalisierungsformen diese Reduktion wieder aufheben und den begrifflichen Anwendungsbereich der Hypothese verbreitern. Wenn allerdings ein Aspekt erfasst wird, der den abstrakten Begriff nicht oder nur randständig erfasst, dann muss von einer erheblich verminderten Variablenvalidität ausgegangen werden und die Bedeutung der Untersuchung ist fraglich.

Ist z. B. ein Text zu lernen, der einmal mit und einmal ohne sinnunterstützende Absätze präsentiert wird, dann handelt es sich um einen Beitrag zur Strukturiertheit der Lerninhalte und dessen Auswirkung auf die Behaltensleistung und bestenfalls tangential um eine Operationalisierung kategorialer Präsentation. Mit dieser Untersuchung – so perfekt wie auch immer sie ansonsten gestaltet sein mag – erhalten wir keine gültige Antwort auf die Ausgangsfrage, da die Variablenvalidität erheblich gemindert ist.

Die Operationalisierung betrifft auch die Präzision der Hypothesenprüfung. In Bezug auf die Varianzzerlegung ist es die Primärvarianz, die durch diesen Schritt mitbedingt wird. Zur Maximierung der Primärvarianz tragen alle Operationalisierungsschritte bei, die den Unterschied zwischen den Stufen der UV(n) in der AV möglichst groß werden lassen. Im vorliegenden Beispiel ist zu analysieren, wie der angenommene Kategorisierungseffekt am stärksten zum Tragen kommt. Entsprechend kann die Frage, ob die Listen optisch oder akustisch dargeboten werden, aus dieser Perspektive betrachtet und entschieden werden. So gesehen könnte man zu der Überzeugung gelangen, dass eine optische **und** akustische Darbietung (z. B. parallele Darbietung der Liste über Diaprojektor und Tonband) die optimale Vorgehensweise darstellt. Auch die Gestaltung der Listen bedingt die Präzision mit. Die Frage, ob die geordnete Darbietung der Wörter farblich unterstützt werden sollte (Katzen in gelber Druckfarbe, Nationen grün usw.), zielt in diese Richtung. Zusammenfassend kann man also festhalten, dass alle Operationalisierungsmaßnahmen zur UV, die den postulierten Effekt im Sinne des Mittelwertsunterschieds zwischen den Stufen verstärken, zur Maximierung der Primärvarianz und damit zur Präzision der Hypothesenprüfung beitragen.

3.3.1.2   Operationalisierung der AV

Während sich die Operationalisierung der UV auf die Reizseite bezieht, betrifft die Operationalisierung der AV die Reaktionsseite, im Lernexperiment also die Konkretisierung und Messbarmachung des Begriffs „Behaltensleistung". Wir verstehen darunter die Fähigkeit, im Gedächtnis abgespeicherte Inhalte erinnern (rekonstruieren) zu können. Erneut existieren in der Regel mehrere Möglichkeiten zur Operationalisierung der AV und das zuvor für die UV Gesagte gilt in analoger Weise ebenfalls für die AV. Im Kontext des Lernexperimentbeispiels stellt das Hintergrundwissen eine Reihe von Möglichkeiten zur Verfügung, beispielsweise das „freie Reproduzieren" und das „Wiedererkennen". Das freie Reproduzieren fordert die Wiedergabe der gelernten Wörter in beliebiger Reihenfolge. Dagegen erhalten die Versuchspersonen beim Wiedererkennen eine Liste mit Wörtern, die sowohl die gelernten als auch andere Wörter enthält, und sollen angeben, welche sie aus der Liste der zuvor präsentierten Wörter wiedererkennen. Beide Operationalisierungsarten erfassen in valider Weise die Behaltensleistung, wenngleich jeweils unterschiedliche Facetten des Begriffs dabei dominieren. Die Entscheidung, welche Variante davon auszuwählen ist, könnte auch durch den Einbezug von Präzisionsüberlegungen erleichtert werden. So ist das Wiedererkennen eine sehr sensitive Form der Erfassung der Behaltensleistung: Auch schwache Spuren der abgespeicherten Informationen werden wiedererkannt. Dagegen ist das freie Reproduzieren auf stärkere

Spuren angewiesen. Bezieht man nun dieses Hintergrundwissen auf die Prüfung der
Hypothese zur kategorialen Präsentation, so fällt die Wahl auf das freie Reproduzieren, weil damit eine variablenvalide Operationalisierung gewährleistet und gleichzeitig im Vergleich zum Wiedererkennen eine Maximierung der Primärvarianz verbunden ist. Die durch die geordnete Präsentation der Inhalte gesetzten starken Gedächt-
nisspuren werden entdeckt, die schwächeren, durch die ungeordnete Präsentation
bewirkten Effekte weniger gut erfasst. Daraus resultiert ein größerer Mittelwertsunterschied zwischen den Stufen der UV und damit auch eine höhere Präzision.

Nun könnte der Eindruck entstehen, dass dieses Bestreben nach Vergrößerung der
Mittelwertsdifferenzen unwissenschaftlich, weil trickreich sei. Deshalb sollen zur
Klärung dieses möglichen Eindrucks noch einige Bemerkungen gemacht werden.
Die Auswahl der freien Reproduktion ist nicht nur eine variablenvalide und präzise
Operationalisierungsform, sondern entspricht auch dem schulischen Kontext, der der
Untersuchung zugrunde liegt. Denn auch das Erfassen des Wissens der Schüler
entspricht viel häufiger dem freien Reproduzieren als dem Wiedererkennen. Also ist
neben der Variablenvalidität und der Präzision auch die externe Validität der Opera-
tionalisierung der AV berücksichtigt (mehr zum Aspekt der externen Validität in
Kapitel 3.5.1).

In Voruntersuchungen muss auch das Zusammenspiel der Operationalisierungen
von UV und AV analysiert werden. Dabei geht es um die Abstimmung der Skalierung der AV und der Gestaltung des „Materials" der UV. Bei der Besprechung der
Funktion der Voruntersuchung in Kapitel 3.3.3.4 werden wir auf diesen Punkt zurückkommen. Auch bleibt zu erwähnen, dass mit den Operationalisierungen der UV
und AV natürlich auch wesentliche Schritte zur Konkretisierung der Hypothese
unternommen werden. Aus Kapitel 1.5.3 ist uns bereits der Übergang von der TIH
zur EIH bekannt. Bezogen auf das Lernexperimentbeispiel wird durch diese Konkretisierungsschritte aus der

TIH: Wenn Lerninhalte kategorial präsentiert werden, dann werden sie zumeist besser behalten als bei nichtkategorialer Darbietung.

unter Zuhilfenahme des Hintergrundwissens die

EIH: Bei geordneter Präsentation einer Wortliste werden deren Wörter zumeist
besser frei reproduziert, als bei ungeordneter Präsentation.

Die weiteren Ableitungsschritte bis zur Ebene der Testhypothesen werden in Kapitel 3.4 besprochen. Die Güte dieser Ableitungsschritte wird mit Ableitungsvalidität
bezeichnet und ist ebenfalls Inhalt des Kapitels 3.4.

3.3.2   Minimiere die Sekundärvarianz

Die zweite Möglichkeit zur Erhöhung der Präzision der Hypothesenprüfung besteht
in der Minimierung der Sekundärvarianz. In diesem Fall erfolgt die Erhöhung des
F-Werts durch die Verkleinerung des Nenners des F-Bruchs, während bei der Maximierung der Primärvarianz das gleiche Ziel durch die Vergrößerung des Zählers des

F-Bruchs angestrebt wird. Selbstverständlich ist die gleichzeitige Verfolgung beider Ziele möglich und wünschenswert.

Zentraler Gegenstand dieses Kapitels ist die Kontrolle von Störvariablen, die **primär** der Sicherung der internen Validität der experimentellen Hypothesenprüfung dient, zumindest zum Teil aber auch der Minimierung der Sekundärvarianz zugute kommt.

3.3.2.1 Konfundierung und interne Validität

Der Begriff „Störvariable" ist – wie bereits bekannt – eine Bezeichnung für potentielle Einflussgrößen, also für Variablen, die ebenfalls die AV beeinflussen (zumindest vermutlich), deren Wirkung aber neutralisiert werden muss, da sie den Effekt der UVn auf die AV moderieren. Es ist – mit anderen Worten – nicht möglich, Effekte in der AV eindeutig auf die UV zurückzuführen, wenn weitere potentielle Einflussgrößen wirksam sind (vgl. auch Westermann, 1987, S. 303ff.). Man unterscheidet allgemeine und spezielle Störeffekte. Bevor wir darauf näher eingehen, wollen wir uns zunächst mit dem für alle Störvariablen zentralen Konzept der „**Konfundierung**" beschäftigen.

Natürlich kann man nicht verhindern, dass andere Variablen als die UV auf die AV wirken. Dieses ist aber auch nicht nötig, denn:

Definition: Konfundierung

Zu Störvariablen werden andere Einflussgrößen erst dann, wenn sie **systematisch mit den Stufen einer UV variieren** und auf die AV einwirken. Diesen Sachverhalt nennt man **Konfundierung**. Zu verhindern ist also die systematische Variation einer potentiellen Einflussgröße mit den Stufen einer oder mehrerer UV(n). Ist eine Einflussgröße kontrolliert, d. h. sie ist nicht mit einer UV konfundiert, so bleibt sie dennoch eine Einflussgröße für die AV, stört aber den Effekt der UV auf die AV nicht mehr, da sie **auf allen Stufen der UV in gleicher Weise auf die AV wirkt**.

Box 12 illustriert diese Überlegungen an einem weiteren Beispiel.

Kommen wir zum Lernexperimentbeispiel zurück, so läge beispielsweise dann eine Konfundierung vor, wenn die Vpn mit der geordneten Präsentation der Wortliste (Stufe B_1) von vornherein ein besseres Gedächtnis (Behaltensfähigkeit) hätten als jene mit ungeordneter Präsentation, denn dann wüssten wir nicht, worauf ihr Leistungsvorteil zurückzuführen wäre. Es könnte sich um einen Präsentationseffekt, einen Gedächtniseffekt oder um die Addition von beiden Effekten handeln. Theoretisch könnte auch der Fall vorliegen, dass die geordnete Präsentation die Reproduktionsleistung mindert, der hypothesenkonforme Effekt aber durch das bessere Gedächtnis dieser Vpn zustande kommt. Eine Konfundierung verhindert somit die eindeutige Interpretation der Ergebnisse im Sinne einer Kausalaussage, da Alternativinterpretationen zur Verfügung stehen.

Box 12: Massierte vs. verteilte Übung

Man ist an der Fragestellung interessiert, ob das blockweise Vorbereiten von Prüfungsinhalten sich positiv auf das Prüfungsergebnis auswirkt. Zu diesem Zweck bildet man zwei Gruppen von Versuchspersonen. In der ersten Gruppe (Stufe 1 der UV) wird der Inhalt an fünf aufeinander folgenden Tagen zu je acht Stunden gelernt, in der zweiten Gruppe (Stufe 2 der UV) dagegen in 20 Tagen, wobei an jedem zweiten Tag vier Stunden gelernt wird. Beide Gruppen bereiten sich also mit der gleichen Stundenzahl auf die Prüfung vor. Schneidet nun die zweite Gruppe in der Prüfung im Durchschnitt besser ab (AV) und ist dieser Unterschied signifikant, so kann man den Leistungsvorteil auf das verteilte Lernen zurückführen.

Diese Aussage kann allerdings dann nicht aufrechterhalten werden, wenn die Mitglieder der zweiten Gruppe im Durchschnitt eine höhere Intelligenz (besseres Gedächtnis, größere Studienmotivation usw.) aufweisen als die der ersten Gruppe. In diesem Beispiel würden somit Intelligenz, Gedächtnis und/oder Studienmotivation systematisch mit den beiden Stufen der UV (Art der Prüfungsvorbereitung) variieren, sie wären mit der UV konfundiert und damit Störvariablen im klassischen Sinn, da sie die eindeutige Kausalinterpretation zwischen UV und AV verhindern, denn es wäre auch möglich, dass die höhere Intelligenz (Gedächtnis, Studienmotivation) für die bessere Prüfungsleistung verantwortlich ist.

Unterscheiden sich die Gruppen dagegen hinsichtlich der Störvariablen im Mittelwert nicht voneinander, so liegt keine Konfundierung vor. Es ist zu beachten, dass Intelligenz (Gedächtnis, Studienmotivation) natürlich auch dann sehr wohl Einfluss auf die Prüfungsleistung nehmen kann, aber in beiden Gruppen in vergleichbarer Weise. Das bedeutet, dass bei intelligenteren (aufmerksameren, behaltensfähigeren) Pbn die Mittelwerte höher ausfallen als bei weniger intelligenten Pbn, der Unterschied (und damit der Haupteffekt) aber etwa gleich bleibt. Dennoch gilt es, die Wirkung auch solcher Einflussgrößen zu bedenken, da damit evtl. Boden- oder Deckeneffekte verknüpft sein könnten (vgl. Kapitel 3.3.3.4) oder auch die Sekundärvarianz erhöht werden könnte. Letzteres geschieht beispielsweise dann, wenn konstanter Lärm oder spezielle Musik in individueller Weise auf die Vpn und damit auf die AV Einfluss nimmt.

Definition: Interne Validität

Ist der beobachtete Effekt in der AV eindeutig auf die Stufen der UV zurückzuführen, so sprechen wir von einem **intern validen Experiment**. Mit anderen Worten liegt ein intern valides Experiment dann vor, wenn alle denkbaren Einflussgrößen – außer den experimentellen Bedingungen – in konstanter Weise auf die AV wirken. Einige Autoren benennen dieses Gütekriterium deshalb auch mit **Validität der Ceteris-Paribus-Bedingungen** (Konstanz aller sonstigen möglichen Einflussfaktoren; z. B. Hager, 1987, S. 84).

Noch anders formuliert handelt es sich dann um eine intern valide experimentelle Hypothesenprüfung, wenn die Messwerte zwar unter spezifischen experimentellen, aber ansonsten gleichen Bedingungen zustande gekommen sind.

Die im Lernexperimentbeispiel erhobenen Messwerte sollten sich somit alleine hinsichtlich der Art der Präsentation der Wortliste unterscheiden. Alle anderen Einflussgrößen dürfen nicht systematisch mit den beiden Präsentationsarten (den beiden Stufen der UV) verknüpft sein.

Das zentrale und mit höchster Priorität versehene Ziel bei der experimentellen Hypothesenprüfung muss es also sein, intern valide Experimente zu konzipieren, damit eindeutige Kausalaussagen getroffen werden können.

Im folgenden Kapitel beschreiben wir die unterschiedlichen Störeffekte und die Möglichkeiten ihrer Kontrolle. Als Systematik dient zunächst die Unterscheidung zwischen **allgemeinen und speziellen Störeffekten**. Innerhalb dieser beiden Gruppen gibt es im zweiten Schritt weitere Differenzierungen, die an der entsprechenden Stelle genannt werden.

3.3.2.2   *Allgemeine Störeffekte und deren Kontrolle*

Zu den allgemeinen Störeffekten zählen die Versuchsleitermerkmale, die Probandenmerkmale und die Situationsmerkmale. Nach der Beschreibung dieser Klassen von potentiellen Störvariablen gehen wir auf deren Kontrolle näher ein.

Beschreibung der allgemeinen Störeffekte

Versuchsleitermerkmale: Sie entstehen aufgrund der **Erwartungen der Vpn**, verursacht durch die Person des Versuchsleiters (Vl) bzw. durch sein Auftreten in der Untersuchungssituation. Zusammen mit den Stufen der UV bedingen diese Erwartungen das Verhalten der Vpn, gemessen in der AV.

Rosenthal (1976) hat sich ausgiebig mit dieser Klasse von Störeffekten beschäftigt. Eine Untersuchung soll stellvertretend für seine vielen weiteren Studien etwas genauer dargestellt werden. Sie geht der Frage nach, ob die Erwartungen des Vl die Erwartungen (und damit auch die Leistungen) der Vpn beeinflussen können. Solche Erwartungen des Vl bilden sich aus den Hypothesen der Untersuchung. Er erwartet z. B., dass die Gruppe mit geordneter Präsentation bessere Behaltensleistungen zeigt als die Gruppe mit ungeordneter Präsentation. Rosenthals Experiment zu diesem Thema hatte folgenden Aufbau (vgl. Abbildung 3.1):

Aus einer homogenen Zucht von Ratten wurden 12 Gruppen zu je fünf Tieren gebildet, die nach Alter und Geschlecht parallelisiert waren. Diese 12 Gruppen wurden nun per Zufall zwei Instruktionsbedingungen zugeteilt, wodurch zweimal sechs Gruppen zu je fünf Tieren entstanden. Aufgrund der Auswahl- und Zuordnungsprozedur geht Rosenthal davon aus, dass sich diese beiden Untergruppen hinsichtlich beliebiger Merkmale nicht systematisch voneinander unterscheiden. Die sechs Versuchsleiter der ersten Instruktionsbedingung erhielten die Information, mit angeblich intelligenten Ratten arbeiten zu dürfen, die sechs Vl der zweiten Bedingung wurden instruiert, mit angeblich dummen Ratten arbeiten zu müssen. Die jeweils sechs Vl der beiden Instruktionsbedingungen waren hinsichtlich der Freude, mit Ratten zu arbeiten, parallelisiert (genauere Informationen dazu im weiteren Verlauf dieses Kapitels).

Die Aufgabe der Ratten bestand darin, ein Labyrinth mit einer Futterstelle in seiner Mitte möglichst schnell zu durchlaufen. Dazu wurden sie wiederholt an den Eingang des Labyrinths gesetzt und durften dieses explorieren. Wenn sie an der Futterstelle angelangt waren, wurden sie belohnt. Als Indikator für die Lernleistung (AV) wurde die Laufzeit vom Eingang bis zur Futterstelle herangezogen. Es zeigten sich deutlich kürzere Laufzeiten für die angeblich intelligenteren Ratten im Vergleich zu den Tieren aus der zweiten Instruktionsbedingung. Rosenthal interpretiert diesen Effekt als Folge der instruktionsbedingten Erwartung der Vl, dass ihre Tiere zu guten bzw. schlechten Lernleistungen befähigt sind, vermittelt über ihr Verhalten gegenüber den Tieren (z. B. häufiges bzw. seltenes Aufnehmen und Streicheln, sanftes bzw. grobes Behandeln usw.). Man nennt deshalb diesen Effekt **Versuchsleitererwartungseffekt**.

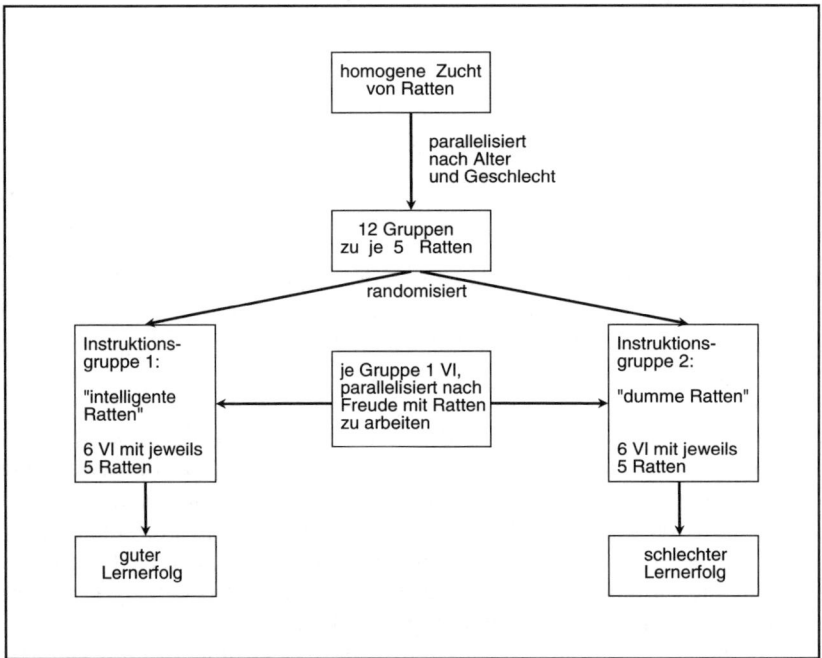

Abbildung 3.1: Aufbau eines Experiments zum Versuchsleitererwartungseffekt nach Rosenthal (1976).

Neben diesen Versuchsleitererwartungseffekten bedingen **biosoziale Effekte** (Alter, Geschlecht usw.), **psychosoziale Effekte** (autoritäre Einstellung, Status, Ängstlichkeit, Attraktivität usw.) und **situative Effekte** (Freundlichkeit, Erfahrung usw.) des Vl die Erwartungen der Pbn und damit auch ihr im Experiment interessierendes Verhalten mit.

Probandenmerkmale: Eine zweite Klasse von Merkmalen der Datenerhebungskonstellation führt im Konfundierungsfall zu Störeffekten, nämlich die Probandenmerkmale. Alle Eigenschaften der Versuchspersonen können – neben der UV – Einfluss auf die AV nehmen: Alter, Geschlecht, Konfession, Ausbildung, Intelligenz usw. Im Lernexperimentbeispiel läge ein Störeffekt durch Pbn-Merkmale dann vor, wenn die Gruppe mit geordneter Präsentation gleichzeitig durch eine bessere Behaltensleistung gekennzeichnet wäre als die Gruppe mit ungeordneter Präsentation, denn in diesem Fall bestünde eine Konfundierung einer zentralen Einflussgröße mit den Stufen der UV, wodurch nicht mehr eindeutig die Ursache für die Veränderung in der AV bestimmt werden könnte.

Situationsmerkmale: Die dritte Klasse von Störeffekten stellen die Situationsmerkmale im engeren Sinne dar, also alle Merkmale der Untersuchungssituation im raum-zeitlichen Untersuchungskontext: Räumlichkeiten, Tageszeit, Lichtverhältnisse, Geräuschkulisse, Untersuchungsmaterial usw. Wie die beiden anderen Merkmalsklassen können auch sie im Konfundierungsfall Störeffekte auslösen und damit die interne Validität gefährden. Ein Beispiel zum Lernexperiment betrifft die Geräuschkulisse: Arbeitet die Gruppe mit geordneter Präsentation mit niedrigem und jene mit ungeordneter Präsentation mit hohem Lärm, dann kann der Effekt in der AV aufgrund der Konfundierung auch mit dem Lärm erklärt werden.

Kontrolle der allgemeinen Störeffekte

Nach der Beschreibung der verschiedenen Klassen von Merkmalen der Datenerhebungskonstellation, die im Konfundierungsfall zu Störeffekten führen können, wenden wir uns nun deren **Kontrolle** zu. Die verschiedenen Möglichkeiten, allgemeine Störeffekte zu kontrollieren, umfassen die Techniken der Konstanthaltung, der Elimination, der systematischen Variation, der zufälligen Variation, des Parallelisierens, des Randomisierens und der Blindversuche. Im weiteren Verlauf des Textes werden sie näher gekennzeichnet.

Konstanthaltung: Diese Technik wird zur Kontrolle aller allgemeinen Störeffekte, insbesondere der Versuchsleiter- und Situationsmerkmale, eingesetzt. So kann man die Raumtemperatur, den Geräuschpegel und die Helligkeit für alle Pbn gleich halten, ebenso wie den Vl. Zum Konstanthalten zählen auch Maßnahmen der Versuchsleiterschulung. Möglichst gleiches (konstantes) Verhalten gegenüber allen Vpn trägt zur Erfüllung der Forderung nach der Ceteris-paribus-Bedingung bei: Die Pbn sind unter ansonsten konstanten Bedingungen zu untersuchen. „Ansonsten" markiert die einzige zugelassene Variabilität, nämlich die unterschiedlichen Stufen der UV(n), denen die Vpn ausgesetzt sind.

Konstanthalten erhöht nicht nur die interne Validität der Hypothesenprüfung, sondern auch deren Präzision. Konstante Untersuchungsbedingungen reduzieren die Variabilität der Messwerte der AV; der Fehleranteil (Sekundärvarianz) wird kleiner und damit die Präzision höher.

Elimination: Auch diese Technik schaltet Störeffekte aus dem Bereich der Versuchsleiter- und Situationsmerkmale aus. So kann man den Geräuschpegel für alle Vpn nicht nur auf einer bestimmten Lautstärke halten (Konstanthalten, z. B. bei 55 dB), sondern im Akustiklabor ausschalten (kein Geräusch). Auch den Versuchsleiter kann man durch Tonband und/oder Computer ersetzen und in diesem Sinne eliminieren.

Ebenso wie das Konstanthalten erhöht auch die Elimination die interne Validität und Präzision der Hypothesenprüfung. Welche dieser beiden Techniken herangezogen wird, hängt auch von der Fragestellung der Untersuchung ab. Beschäftigt man sich beispielsweise mit Methoden zur Bestimmung der Hörschwelle, so empfiehlt es sich, im Akustiklabor zu arbeiten, um diese relevante Einflussgröße komplett auszuschalten. Dagegen genügt ein Konstanthalten des Geräuschpegels im Lernexperimentbeispiel, sofern die Verständlichkeit der Instruktionen gewährleistet ist. Weiterhin ist zu bedenken, dass die Künstlichkeit der Situation mit Maßnahmen der Elimination im Vergleich zur Konstanthaltung noch steigt. Die Konsequenz daraus werden wir bei der Diskussion der externen Validität noch näher erörtern (vgl. Kapitel 3.7). Außerdem ist zu berücksichtigen, dass selbst die Elimination einer Einflussgröße deren Effekt nicht völlig ausschaltet. Reduzieren wir im Akustiklabor den Geräuschpegel auf 0 dB, so handelt es sich um einen bestimmten Ausprägungsgrad dieser Variablen, der auf die AV ebenso Einfluss nehmen kann wie die Ausprägungsgrade 50 oder 80 dB. Ersetzen wir den Vl durch eine Versuchssteuerungsanlage, so nimmt zwar nicht mehr der Vl mit seinen bio- und psychosozialen sowie situativen Effekten Einfluss auf die AV, dafür aber die Merkmale der Versuchssteuerungsanlage (technische und unpersönliche Atmosphäre). Schließlich lassen sich nicht alle Störvariablen eliminieren. So ist es beispielsweise nicht möglich, die Raumtemperatur auszuschalten.

Die Art der Fragestellung entscheidet somit letztlich über den Einsatz der Techniken des Konstanthaltens und/oder des Eliminierens.

Systematische Variation: Während die beiden bisher erörterten Techniken in erster Linie für die Kontrolle der Vl- und Situationseffekte eingesetzt werden, können die beiden folgenden Techniken der systematischen und zufälligen Variation für die Kontrolle aller allgemeinen Störeffekte, also auch für die Probandenmerkmale, angewendet werden. Eine potentielle Störvariable wird im Sinne der systematischen Variation dadurch kontrolliert, dass sie zu einer weiteren UV gemacht wird (Kontrollfaktor). Im Lernexperimentbeispiel könnte etwa das Geschlecht der Pbn einen Einfluss auf die Behaltensleistung insofern nehmen, als man Hinweise dafür hat, dass Frauen besser behalten als Männer. In diesem Fall wäre die Hinzunahme des Geschlechts als zusätzliche UV im Sinne eines Kontrollfaktors mit den Stufen „männlich" und „weiblich" hilfreich. Tabelle 3.1 zeigt den resultierenden dreifaktoriellen Versuchsplan.

Die Kontrolle einer potentiellen Störvariablen durch systematische Variation hat mehrere Vorteile. Zunächst einmal wird die interne Validität erhöht, da eine Einflussgröße (und damit eine potentielle Störvariable) kontrolliert wird. Zweitens vergrößert sich der Anteil der Primärvarianz, da die Variable zu einer UV wird. Weiterhin verringert sich drittens die Sekundärvarianz, da der entsprechende Fehleranteil wegfällt. Und schließlich erhalten wir Informationen über die Wirksamkeit der kontrollierten Variable bzw. über ihre Interaktion mit dem hypothesenrelevanten Faktor. Mit anderen Worten trägt diese Kontrolltechnik zur internen Validität und zur Präzision der Hypothesenprüfung sowie zur Bestimmung des Anwendungsbereichs der überprüften Hypothese bei.

Allerdings ist zu beachten, dass die Möglichkeit des Einsatzes dieser Kontrolltechnik begrenzt ist, denn mehr als zwei Kontrollfaktoren lässt eine Untersuchung aufgrund der resultierenden Komplexität des Interaktionsgefüges und der zusätzlichen Vpn schwerlich zu.

Zufällige Variation: Bei der Konstanthaltung wird die zu kontrollierende Variable für alle Vpn auf einen Ausprägungsgrad festgelegt. Bei systematischer Variation werden Gruppen von Vpn unter verschiedenen Ausprägungsgraden der interessierenden Variablen beobachtet. Bei der zufälligen Variation realisiert der Vl möglichst viele Ausprägungsgrade der potentiellen Störvariable und **ordnet die Pbn diesen per Zufall zu,** damit es nicht zu einer systematischen Variation mit den Stufen der UV und damit zu einer Konfundierung kommt.

Tabelle 3.1: Die Erweiterung des Versuchsplans des Lernexperiments von zwei auf drei Faktoren [von **VPL2Q(W)R** zu **VPL2Q(W)RQ**] durch Hinzunahme eines Kontrollfaktors bei systematischer Variation des Geschlechts (Q-UV C)

		R-UV B Präsentationsart			
		Stufe B₁ kategorial		Stufe B₂ nichtkategorial	
		Q-UV C			Q-UV C
		Stufe C₁ männlich	Stufe C₂ weiblich	Stufe C₁ männlich	Stufe C₂ weiblich
Q(W)-UV A Präsentations-häufigkeit	Stufe A₁ Durchgang 1				
	Stufe A₂ Durchgang 2				

Die Logik dieser Kontrolltechnik besteht darin, dass bei **hinreichend großer Anzahl von Vpn** die verschiedenen Ausprägungen in den experimentellen Bedingungen bzw. Bedingungskombinationen vergleichbar vertreten sind. Das bedeutet, dass in allen Bedingungen die Pbn insgesamt unter vergleichbaren Bedingungen beobachtet werden. Bei der Störvariablen „Lärm" ordnet demgemäß der Vl jede Vp einem der vorher festgelegten, zahlreichen Lärmpegel per Zufall zu und erwartet, dass es – nach der Untersuchung – in allen experimentellen Bedingungen vergleichbar viele Pbn gibt, die unter den verschiedenen Lärmausprägungsgraden beobachtet wurden.

Voraussetzung für diese Logik ist die bereits erwähnte große Stichprobe, die dem Zufallsprinzip erst zur Geltung verhilft. Bei kleinen Stichproben kann es per Zufall zum gegenteiligen Effekt und damit zur Konfundierung von Einflussgrößen kommen.

Wie alle korrekt angewendeten Kontrolltechniken erhöht auch die zufällige Variation die interne Validität. Im Gegensatz zur systematischen Variation trägt sie aber nicht zur Präzision bei, da durch die Maßnahmen weder die Primärvarianz vergrößert noch die Sekundärvarianz verkleinert wird. In der Regel folgt aus der zufälligen Variation sogar eine Erhöhung der Sekundärvarianz – und damit auch eine Minderung der Präzision –, da durch die sehr variablen Untersuchungsbedingungen die Gesamtvariabilität erhöht und der Messfehleranteil vergrößert wird. Andererseits ist zu bedenken, dass der Geltungsbereich der Hypothese auf jene Variablen erweitert wird, die durch zufällige Variation kontrolliert wurden.

Randomisieren: Die beiden folgenden Techniken dienen vornehmlich der Kontrolle der Probandenmerkmale. Beim **Randomisieren** werden die Vpn per Zufall den experimentellen Bedingungen zugeteilt (bei der **zufälligen Variation** werden die Vpn per Zufall möglichst verschiedenen Ausprägungsgraden einer potentiellen Störvariablen zugeordnet). Dieses bewirkt im Idealfall die statistische Äquivalenz (Vergleichbarkeit) der Versuchsgruppen hinsichtlich aller denkbaren Störvariablen: Die Mittelwerte und Verteilungen aller möglichen Einflussgrößen sind in den realisierten experimentellen Bedingungen bzw. Bedingungskombinationen vergleichbar. Im Lernexperimentbeispiel kontrolliert man durch das Randomisieren nicht alleine die Behaltensfähigkeit als mögliche Störvariable, sondern auch die Konzentrationsfähigkeit, die Leistungsmotivation usw., einschließlich jener Variablen, von denen man gar nicht annimmt, dass sie sich auf die Behaltensleistung auswirken. Der entscheidende Vorteil dieser Technik besteht darin, dass man – anders als bei allen anderen Kontrolltechniken – aufgrund der angenommenen statistischen Äquivalenz die Störvariablen **aus der Klasse der Probandenmerkmale** zuvor nicht kennen muss, um sie kontrollieren zu können und dass man mit ihr – ebenfalls anders als bei allen anderen Kontrolltechniken – beliebig viele Störvariablen aus dieser Klasse kontrollieren kann. Deshalb wird von einigen Autoren das Randomisieren auch als definierendes Merkmal des Experiments angegeben.

Diese Kontrolltechnik setzt jedoch voraus, dass, vergleichbar zur Technik der zufälligen Variation, eine **große Stichprobe** erhoben wird, weil sich ansonsten per Zufall der gegenteilige Effekt einstellen könnte. Die Ökonomie der Hypothesenprüfung erleidet durch diese Voraussetzung natürlich eine spürbare Belastung.

Durch das Randomisieren erfährt die interne Validität eine entscheidende Stützung, wenngleich nicht vergessen werden darf, dass die anderen Klassen von Störeffekten (Versuchsleitermerkmale, Situationsmerkmale) mittels weiterer Techniken natürlich ebenfalls kontrolliert werden müssen. Gegenüber der Präzision verhält sich das Randomisieren neutral; es ergibt sich weder eine Erhöhung noch eine Minderung.

An dieser Stelle soll kurz auf das Konzept der „großen Stichprobe" bzw. der „**hinreichend großen Stichprobe**" eingegangen werden. Um sinngemäß ein Beispiel von Westermann (2000, S. 310f.) zu zitieren, stelle man sich vor, dass 48 Pbn, davon 24 Frauen und 24 Männer, an einem Experiment teilnehmen, welches zwei Bedingungen enthält. Teilt man diese 24 Frauen per Zufall den beiden Bedingungen zu, so ist es dennoch eher unwahrscheinlich, dass sich danach in beiden Zellen jeweils 12 Frauen befinden, sondern eine ungleiche Verteilung ist wahrscheinlicher. Allerdings sollte diese Ungleichverteilung keine großen Ausprägungen annehmen, damit das Ziel der Randomisierung, eine statistische Äquivalenz bezüglich aller denkbaren Störvariablen zu erreichen, nicht gefährdet wird. Mit zunehmender Stichprobengröße wird eine solche unerwünscht deutliche Ungleichverteilung unwahrscheinlicher.

Mithilfe von Fishers exaktem Vierfelder-Test (Bortz, Lienert & Boehnke, 1990, S. 110-113) kann man z. B. zeigen, dass die Wahrscheinlichkeit dafür, dass der tatsächliche Frauenanteil in einer Zelle nicht 50 %, sondern 33 % oder weniger bzw.

66 % oder mehr ausmacht, noch 4 % beträgt. Erhöht man jedoch die Anzahl der Frauen auf 48, so sinkt diese Wahrscheinlichkeit auf 0,2 %.

Analysiert man das Beispiel weiter und nimmt eine Verteilung, die wir im Sinne der statistischen Äquivalenz noch für vertretbar halten, nämlich beispielsweise 58 % zu 42 % an (anstelle von 67 % zu 33 %), so liegt bei 24 Vpn die Wahrscheinlichkeit für diese und eine noch extremere Verteilung bei 54 %. Verdoppeln wir die Stichprobengröße, so resultiert für den gleichen Fall eine Wahrscheinlichkeit von 31 %. Eine weitere Verdopplung reduziert die Wahrscheinlichkeit auf ca. 12 %.

Dieses Beispiel verdeutlicht, dass bei einer Stichprobengröße von 24 Pbn durch Randomisieren durchaus starke Ungleichverteilungen mit recht großer Wahrscheinlichkeit resultieren können und somit die interne Validität gefährdet ist. Wesentlich besser fällt die Beurteilung der Tauglichkeit des Randomisierungsprinzips bei einer Stichprobengröße von 96 Pbn aus. Hier würde man nicht mehr von einer nennenswerten Einschränkung der internen Validität ausgehen.

Die Lösung des Problems in Form einer einzigen Zahl (z. B. mindestens 60 Vpn) gibt es nicht, da diese Zahl u. a. auch von der Anzahl der Faktoren und deren Stufen sowie der festgelegten Toleranzgrenze (in unserem Beispiel die gewählte Verteilung 58 % zu 42 %) abhängig ist. Zu präferieren ist vielmehr der Weg der Replikation (vgl. Kapitel 3.9).

Parallelisieren: Auch mit dieser Technik werden vornehmlich die Probandenmerkmale kontrolliert. Sie wird vor allem bei kleinen Stichproben eingesetzt, da das Randomisieren in diesem Fall – wie erläutert – keine wirksame Kontrolltechnik darstellt. Man erzeugt in den verschiedenen Untersuchungsbedingungen **gezielt** und erst im zweiten Schritt **per Zufall** die gleiche Verteilung und den gleichen Mittelwert **einer** potentiellen Störvariablen. Dazu wird die interessierende Variable vor dem Experiment gemessen und die Pbn werden bezüglich ihrer Ergebnisse in eine Rangreihe gebracht. Liegen zwei Versuchsbedingungen vor, so nimmt man aus dieser Rangfolge jeweils zwei aufeinanderfolgende Personen und teilt sie per Zufall den beiden Bedingungen zu. Bei drei oder mehr Bedingungen gilt das gleiche Vorgehen eben für drei oder mehr Personen. Es resultiert ein vergleichbarer Mittelwert der parallelisierten Einflussgröße in allen Bedingungen; eine Konfundierung mit der UV ist damit ausgeschlossen. Nicht parallelisierte Einflussgrößen können dagegen sehr wohl mit der (den) UV(n) konfundiert sein. Box 13 veranschaulicht das genaue Vorgehen anhand eines Beispiels.

Box 13: Parallelisieren nach dem Merkmal „Behaltensfähigkeit"

Gleichgültig, ob im Beispiel des Lern- oder Wortlistenexperiments, die AV Behaltensleistung wird potentiell vom Merkmal der **Behaltensfähigkeit** der untersuchten Pbn mitbedingt. Wenn – wie bei kleinen Stichproben – die **randomisierte Zuordnung** der Vpn zu den Bedingungen die interne Validität der Hypothesenprüfung nicht gewährleisten kann, dann ermöglicht die **parallelisierte Zuordnung** eine Reduktion der Störung der internen Validität, da mit diesem Vorgehen für das parallelisierte Merkmal statistische Äquivalenz hergestellt wird.

Box 13 (Fortsetzung)

Im Beispielsfall wäre etwa mittels eines Testverfahrens **vor** dem eigentlichen Experiment die Behaltensleistung zu messen (Messwerte zwischen 30 und 0 Punkten). Dazu sind ca. 25 % mehr als die vorgesehene Anzahl an Vpn zu testen, um möglichst gleiche Paare (bzw. Drillinge, Vierlinge usw.) bilden zu können. Die getesteten Personen werden hinsichtlich der ermittelten Werte in eine Rangreihe gebracht, wie in nachstehender Tabelle für die ersten 11 Pbn abgedruckt.

Vp	1	2	3	4	5	6	7	8	9	10	11
Messwert	29	29	28	26	24	23	23	21	18	17	16

Die UV Art der Wortliste (dreistufig; Substantive, Verben, Adjektive) verlangt nach der Bildung von möglichst gleichen Blöcken von jeweils drei Pbn hinsichtlich der Behaltensleistung. In der oben stehenden Tabelle erfüllen die Vpn 1 bis 3, 5 bis 7 und 9 bis 11 diese homogene Blockbildung. Die Vpn 4 und 8 finden keine Berücksichtigung. Im Anschluss an diese Bildung von drei möglichst gleichen Pbn erfolgt die zufällige Zuordnung zu den drei Stufen der UV. Die nachstehende Tabelle enthält ein denkbares Ergebnis dieser parallelisierten Zuordnung.

	Vp-Nummer / Messwerte					
Substantive	3 / 28	6 / 23	9 / 18	...	25 / 5	29 / 0
Verben	1 / 29	5 / 24	11 / 16	...	27 / 3	28 / 2
Adjektive	2 / 29	7 / 23	10 / 17	...	26 / 4	30 / 0

Für die Personen mit der Substantivliste resultiert ein Durchschnittswert in der Behaltensfähigkeit von 28 + 23 + 18 + ... + 5 + 0 = 14,8 Punkten. Entsprechend ergeben sich für die beiden anderen Gruppen die Werte von ebenfalls 14,8 für Verben und 14,6 für Adjektive. Ersichtlich kann man in diesem Beispielsfall statistische Äquivalenz attestieren: Behaltensfähigkeit variiert nicht systematisch mit den Stufen der UV.

Es ist unmittelbar einsichtig, dass sich das Vorgehen für zwei oder gar drei Merkmale ungleich aufwendiger gestaltet, da Pbn hinsichtlich zwei bzw. drei Merkmalen vergleichbar sein müssen. Vor allem müssen vorab sehr viel mehr Vpn getestet werden, um diese Voraussetzungen erfüllen zu können.

Das Parallelisieren kann – wie erwähnt – bei kleinen Stichproben eingesetzt werden. Durch den notwendigen Vortest wird dieser ökonomische Vorteil jedoch wieder geschwächt. Von Nachteil ist, dass die Störvariablen bekannt sein müssen und dass nur bis zu maximal drei Variablen auf diese Weise kontrolliert werden können, da das Vorgehen sich ansonsten zu aufwendig gestaltet (vgl. Box 14). Außerdem ist zu beachten, dass es durch das Parallelisieren zu wiederholten Beobachtungen (Messungen) kommt, so dass Sequenzeffekte (genauer Positionseffekte) wirksam werden, die in der Regel zur Minderung der internen Validität führen. Allerdings liegt für alle Pbn der gleiche Sequenzeffekt vor: Das zu kontrollierende Merkmal wird **vor** der eigentlichen Untersuchung erhoben. Deshalb besteht keine Konfundierung und damit auch keine Beeinträchtigung der internen Validität. Dennoch erscheint es sinnvoll, den konstanten Effekt der Voruntersuchung durch ein möglichst langes Zeitintervall zur Hauptuntersuchung zu minimieren.

Bezüglich der Präzision ergeben sich dann positive Effekte, wenn die Parallelisierung Merkmale betrifft, die bedeutsam mit der AV kovariieren, denn nur dann kommt es zu einem gewichtigen Blockanteil, der aufgrund der parallelisierten Vpn entsteht. Daraus geht bereits hervor, dass Experimente mit Parallelisierung der Vpn im varianzanalytischen Sinne wie Messwiederholungspläne behandelt und ausgewertet werden. Zwar liegt keine echte Messwiederholung vor, aber jeweils zwei (drei, vier ...) Vpn sind hinsichtlich einer (mehrerer) Variable(n) voneinander abhängig. In solchen Fällen spricht man von abhängigen Stichproben (z. B. t-Test für abhängige Stichproben), innerhalb derer die Messwiederholung ein Spezialfall ist.

Zusammenfassend kann man somit festhalten, dass bei **kleinen Stichproben** aufgrund der fehlenden Wirksamkeit des Randomisierens im Bereich der Probandenmerkmale Störungen der internen Validität vorliegen können. Das Parallelisieren verringert diese mögliche Störung dann erheblich, wenn es gelingt, dafür Einflussgrößen auszuwählen, die mit der AV hinreichend stark zusammenhängen. Dennoch bleibt eine UV mit parallelisiert zugeteilten Vpn quasiexperimentell, da die statistische Äquivalenz für die restlichen Probandenmerkmale aufgrund der geringen Stichprobengröße nicht gewährleistet ist. Gibt es schließlich einen hinreichend starken Zusammenhang von AV und parallelisierter Einflussgröße, dann steigt auch die Präzision der Hypothesenprüfung. Bei kleinen Stichproben und bekannten Störeffekten ist somit das Parallelisieren ein gewinnbringendes Verfahren.

Blindversuche: Sie dienen speziell der Kontrolle der Versuchsleitererwartungseffekte. Der Vl kennt nicht die der Untersuchung zugrunde liegende Hypothese und kann damit keine systematische Erwartungshaltung aufbauen und (unbewusst) an die Vpn weiter vermitteln. Dieses Vorgehen ist problemlos möglich, wenn der Vl nicht gleichzeitig der Wissenschaftler ist, der das Experiment geplant hat. Gleiches gilt, wenn der Vl die Bedingung, unter der eine Vp untersucht wird, nicht kennt. Von einem **Doppelblindversuch** spricht man, wenn neben dem Vl auch die Vp keinerlei Kenntnis von der Untersuchungshypothese und/oder ihrer eigenen Untersuchungsbedingung hat.

3.3.2.3   Spezielle Störeffekte und deren Kontrolle

Die bereits mehrfach erwähnten Auswirkungen der bei Messwiederholung möglichen, störenden Einflussgrößen heißen Sequenzeffekte. Im Einzelnen handelt es sich dabei um die Positionseffekte, die Übertragungseffekte und die Effekte aufgrund des zwischenzeitlichen Geschehens. Diese speziellen Störeffekte wollen wir zunächst wieder beschreiben und danach die Möglichkeiten zu deren Kontrolle besprechen.

Es muss betont werden, dass es sich dabei um Effekte innerhalb **einer** Untersuchung handelt. Sie sind streng zu unterscheiden von unterschiedlichen Untersuchungserfahrungen, die Vpn mit in ein Experiment bringen und die beispielsweise durch Randomisierung kontrolliert werden.

Beschreibung der speziellen Störeffekte

Positionseffekte: Sie sind dadurch gekennzeichnet, dass ihre Wirkung unabhängig von der inhaltlichen Ausgestaltung der jeweiligen experimentellen Bedingung auftritt. Allein die **Position** in der Folge (Sequenz) der wiederholten Messungen (1te, 2te ... nte Messung) bedingt den Effekt. Zu den Positionseffekten zählen die folgenden möglichen Einflüsse auf die AV:

- **Sensibilisierung:** Die Vpn werden durch die Messungen in der ersten Untersuchungssituation aufmerksam und bilden Hypothesen, wodurch die nächsten Messungen beeinflusst werden, da sich die Vpn dann gemäß dieser Hypothesen verhalten; sie werden für die Untersuchung und ihre Fragestellung sensibilisiert. Die Wirkung auf die AV in der zweiten Messung ist in der Regel positiv.

- **Übungseffekte:** Die Vpn sind in der zweiten Messung vertrauter mit der Untersuchungssituation als in der ersten Messung; sie sind weniger angespannte und/oder weniger ängstliche und damit geübtere Vpn. Auch hier ist die Wirkung auf die AV in der zweiten Messung positiv.

- **Ermüdungseffekte:** Die Vpn sind in der zweiten Messung als Folge der ersten Messung weniger frisch und aufmerksam. Folglich ist die Wirkung auf die AV in der zweiten Messung negativ.

- **Erinnerungseffekte:** Die Vpn profitieren z. B. bei einer Wiederholung durch die Erinnerung an den ersten Test. Damit ergibt sich eine positive Wirkung.

Das Lernexperimentbeispiel illustriert alle Positionseffektaspekte. Im ersten Durchgang werden die Pbn für die Möglichkeit zur Kategorisierung sensibilisiert und wenden diese Strategie im zweiten Durchgang verstärkt an. Im zweiten Durchgang sind sie außerdem erfahrener (geübter) aber vielleicht auch weniger frisch (ermüdeter) als im ersten Durchgang. Schließlich erinnern sie sich auch an die im ersten Durchgang präsentierten Wörter.

Übertragungseffekte (carry over effect): Sie sind dadurch gekennzeichnet, dass die inhaltlichen Wirkungen von zeitlich früheren experimentellen Bedingungen die Werte der Pbn auf der AV unter zeitlich späteren Bedingungen beeinflussen, und zwar unabhängig von der Position einer Versuchsbedingung in der Folge der wiederholten Messungen (Lana & Lubin, 1963, S. 734-745).

In Anlehnung an das Lernexperiment sind in Box 14 einige Beispiele zusammengestellt, die die Positions- und Übertragungseffekte illustrieren.

So entfaltet die Liste 2 im Beispiel 3 ihren klassifizierenden Effekt auf Liste 3, d. h. beim Erlernen der Liste 2 wird die Strategie zum Klassifizieren erkannt und auf die nachfolgende Lernsituation übertragen (Haus, Stein, Wand ...). Einen vergleichbaren Effekt hätte Liste 2 auch dann entfaltet, wenn sie als erste Liste (von drei Listen) präsentiert worden wäre, dann jedoch auf beide nachfolgenden Listen.

Zwischenzeitliches Geschehen: Effekte des zwischenzeitlichen Geschehens sind dadurch gekennzeichnet, dass es sich um mögliche zusätzliche Einflussgrößen auf die AV handelt, die nicht mit dem eigentlichen Versuch verbunden, sondern davon räumlich, zeitlich und inhaltlich getrennt sind (Campbell & Stanley, 1963, S. 109). Die Bedeutung dieser Sequenzeffekte wächst mit dem zeitlichen Abstand zwischen den einzelnen Messungen (im Gegensatz zu den Positions- und Übertragungseffekten, die sich mit zunehmendem Zeitraum abschwächen). Je länger der Zeitraum zwischen zwei Messungen, desto größer ist die Wahrscheinlichkeit, dass zwischenzeitlich Ereignisse eintreten (z. B. Veränderungen in der Familie, Schulwechsel, Arbeitslosigkeit usw.), die durch Beeinflussung beispielsweise der allgemeinen Stimmung und Befindlichkeit einen bedeutsamen Einfluss auf die AV ausüben können.

Kontrolle der Sequenzeffekte

Die Technik zur Kontrolle der Sequenzeffekte – hier in erster Linie die Positions- und Übertragungseffekte – ist das **Ausbalancieren**. In den folgenden Abschnitten stellen wir seine verschiedenen Varianten vor. Ziel ist auch hier die Sicherung der internen Validität. Die Präzision wird bei allen Varianten durch die Erhöhung der Gesamtvariabilität eher gemindert. Effekte des zwischenzeitlichen Geschehens sind nur durch möglichst kleine Zeitabstände zu minimieren.

Intraindividuelles Ausbalancieren: Die möglichen Reihenfolgen der experimentellen Bedingungen bzw. Bedingungskombinationen werden beim intraindividuellen Ausbalancieren nach dem „ABBA-Schema" ausgeglichen. Bei einer zweistufigen UV bedeutet dieses also, dass der Pb erst unter der Bedingung 1 der UV (Stufe A) und danach unter Bedingung 2 der UV (Stufe B) beobachtet wird. Es folgt eine dritte und vierte Messung in umgekehrter Reihenfolge (deshalb ABBA; Spiegelbildmethode). Die beiden A- bzw. B-Messungen werden gemittelt. Für den Positionseffekt „Ermüdung" folgt aus diesem Vorgehen ein Ausgleich: Keine Ermüdung in der ersten Messung (A - - -) wird durch die größte Ermüdung in der vierten Messung (- - - A) kompensiert. Werden beispielsweise zwei unterschiedliche Wortlisten (vgl. Box 14, Beispiel 1) von den gleichen Pbn nacheinander gelernt, so ergibt sich nach dem ABBA-Schema für die Positionseffekte – bei einem linearen Ermüdungsverlauf – ein Ausgleich.

Die Technik ist für die Vpn sehr anstrengend, insbesondere dann, wenn die UV mehr als zwei Stufen aufweist. Außerdem kann man damit keine Übertragungseffekte kontrollieren. Aus diesem Grund und weil – darüber hinaus – nur **eine** festgelegte Sequenz vorliegt, werden Untersuchungen mit der Spiegelbildmethode als Kontrolltechnik für Sequenzeffekte häufig als quasiexperimentell eingeordnet; sie weisen Verstöße gegen die interne Validität auf.

Interindividuelles Ausbalancieren: Bei diesem Vorgehen werden die möglichen Bedingungsreihenfolgen nicht intra-, sondern interindividuell ausbalanciert. Dies bedeutet, dass jede Vp eine aller möglichen Sequenzen durchläuft. Wichtig ist weiterhin, dass eine zufällige Zuordnung der Pbn zu diesen möglichen Reihenfolgen vorgenommen wird. Man unterscheidet zwischen dem vollständigen und unvollständigen interindividuellen Ausbalancieren. Gemeinsam ist diesen beiden Varianten die Forderung, dass jede Bedingung gleich häufig an jeder Position der Reihenfolgen stehen muss.

- **Vollständiges interindividuelles Ausbalancieren:** Beim vollständigen interindividuellen Ausbalancieren werden alle möglichen Reihenfolgen der experimentellen Bedingungen realisiert. Man ordnet per Zufall jeder denkbaren Abfolge mindestens eine Vp per Zufall zu. Mit dieser Technik werden **alle** Sequenzeffekte (Positions- und Übertragungseffekte) kontrolliert, weil „jede Untersuchungsbedingung gleich häufig an jeder Position der Sequenz auftritt und ebenso gleich häufig jeder anderen Bedingung und Bedingungssequenz vorausgeht und nachfolgt" (Hager, 1987, S. 106).

Greifen wir nochmals Beispiel 3 aus Box 14 auf. Nehmen wir außerdem an, dass die drei Wortlisten drei Stufen einer UV B darstellen. Diese drei (K) Stufen kann man in K! = 3 x 2 x 1 = 6 unterschiedlichen Reihenfolgen durchlaufen: 1-2-3, 1-3-2, 2-3-1, 2-1-3, 3-1-2 und 3-2-1. Bei vollständigem, interindividuellem Ausbalancieren wird jede mögliche Sequenz durch mindestens eine – möglichst aber mehrere – Vp(n) realisiert. In Tabelle 3.2 ist dieses Beispiel systematisiert.

Nachdem die Daten auf diese Weise erhoben wurden, sind sie in den eigentlichen Versuchsplan einzuordnen. Gleichgültig zu welchem Messzeitpunkt die Stufe B_1 bei den verschiedenen Vpn erfasst wurde, ist der zugehörige Messwert der AV natürlich immer in die Zelle B_1 des Versuchs- und Auswertungsplans aufzunehmen. Für Vp 1 aus Tabelle 3.2 ist der Erhebungs- und Auswertungsplan identisch, da die Reihenfolge der Erhebung der Reihenfolge der Stufen der UV B exakt entspricht.

Aus Tabelle 3.2 ist weiterhin abzulesen, dass durch das vollständige interindividuelle Ausbalancieren neben den Positionseffekten auch die Übertragungseffekte ausgeschaltet werden. Übertragungseffekte erwarten wir insbesondere von Liste 2, die zum kategorialen Behalten und Erinnern anregt und deshalb auf nachfolgende Lernvorgänge durch den möglichen Transfer von Lern- und Erinnerungsstrategien Einfluss nimmt. Da aber auf die Liste 2 immer einmal die Liste 1 und einmal die Liste 3 folgt, gleichgültig ob die Liste 2 an erster oder zweiter Stelle der Sequenz steht, ist dieser potentielle Übertragungseffekt kontrolliert, weil gleich auf die restlichen experimentellen Bedingungen verteilt. Die gleichen Überlegungen gelten für die Listen 1 und 3, auch wenn dieses im Beispiel unwesentlich erscheinen mag. Grundsätzlich ist aber der vollständige Ausgleich geleistet, so dass auch Übertragungseffekte kontrolliert sind, die wir nicht kennen.

Tabelle 3.2: Vollständiges interindividuelles Ausbalancieren als Technik zur Kontrolle von Sequenzeffekten: Die möglichen Reihenfolgen bei der Untersuchungsdurchführung. Die drei Stufen der UV B beziehen sich auf Beispiel 3 aus Box 14

Vp	Messzeitpunkt		
	1	2	3
1	B_1	B_2	B_3
2	B_1	B_3	B_2
3	B_3	B_1	B_2
4	B_3	B_2	B_1
5	B_2	B_3	B_1
6	B_2	B_1	B_3

Box 14: Beispiele für Positions- und Übertragungseffekte

Beispiel 1:
Die Vpn sollen in Folge zwei Wortlisten lernen:
Liste 1: Haus, Ball, Vogel, Auto, Tasse, Fluss, Straße, Bild, Stein, Blatt, Buch, ...
Liste 2: Kind, Baum, Gabel, Brot, Polen, Tiger, Lampe, Kiste, Mond, Rasen, ...
Positionseffekt: z. B. Ermüdung (negativ), aber auch Übung (positiv).

Beispiel 2:
Die Vpn sollen in Folge zwei Wortlisten lernen:
Liste 1: Haus, Ball, Vogel, Auto, Tasse, Fluss, Straße, Bild, Stein, Blatt, Buch, ...
Liste 2: Vogel, Blatt, Bild, Haus, Tasse, Stein, Auto, Ball, Wand, Straße, Buch, ...
Positionseffekt: z. B. Erinnerung, Übung, aber auch Ermüdung

Beispiel 3:
Die Vpn sollen in Folge drei Wortlisten lernen:
Liste 1: Kind, Baum, Gabel, Brot, Polen, Tiger, Lampe, Kiste, Mond, Rasen, ...
Liste 2: Tiger, Löwe, Puma, Katze, Schwimmen, Springen, Laufen, Werfen, ...
Liste 3: Vogel, Blatt, Bild, Haus, Tasse, Stein, Auto, Ball, Wand, Straße, Buch, ...
Positionseffekt: z. B. Übung und Ermüdung, aber auch
Übertragungseffekt: Es wird die Möglichkeit erkannt, das Wortmaterial zu gruppieren. Diese Strategie wird von Liste 2 auf Liste 3 übertragen (Haus – Wand – Stein, Auto – Straße usw.). Der Übertragungseffekt wäre auch dann aufgetreten, wenn die Liste 2 als Erstes präsentiert worden wäre. Die Kategorisierungsstrategie hätte sich dann auf die beiden folgenden Listen ausgewirkt.

Die bisherigen Überlegungen beziehen sich auf Sequenzeffekte erster Ordnung, stellen somit Auswirkungen eines Untersuchungszeitpunktes auf die unmittelbar nachfolgende experimentelle Bedingung dar. Die Sequenzen der Vpn 5 und 6 zeigen aber, dass auch die Effekte höherer Ordnung (übernächste experimentelle Bedingung usw.) ausbalanciert sind. An erster Stelle der Untersuchungsreihenfolge steht nämlich jeweils die Liste 2 und an dritter Stelle einmal die Liste 1 und einmal die Liste 3.

Beobachtet man pro Reihenfolge mehr als eine Vp, dann bilden die verschiedenen Reihenfolgen die Stufen eines Kontrollfaktors, der es ermöglicht, auch Hypothesen über deren Wirkung auf die AV zu prüfen. Allerdings ist diese Möglichkeit aus praktischen Gründen auf UVn mit bis zu drei Stufen beschränkt, denn bereits bei vier Stufen gibt es K! = 4 x 3 x 2 x 1 = 12 mögliche Sequenzen.

Das vollständige interindividuelle Ausbalancieren ermöglicht es also, einen quasi-experimentellen, messwiederholten Faktor durch Kontrolle der Sequenzeffekte in einen experimentellen Faktor umzuwandeln und damit die interne Validität zu gewährleisten. Die Präzision wird durch das Ausbalancieren eher gemindert, da zusätzlich Variabilität in die Untersuchungssituation gebracht wird. Durch die Etablierung eines Kontrollfaktors „Sequenz" und der daraus resultierenden Vergrößerung der Primärvarianz bzw. der zusätzlich ermöglichten Abspaltung eines Blockanteils aus der Sekundärvarianz wird dieser Nachteil nicht nur ausgeglichen, sondern der Plan führt in der Regel insgesamt auch zu einer Erhöhung der Präzision (vgl. die Kapitel 2.4.3 und 3.2.2.3).

- **Unvollständiges interindividuelles Ausbalancieren:** Das unvollständige interindividuelle Ausbalancieren stellt zwar eine ökonomische Alternative zum vollständigen Ausbalancieren dar, führt jedoch nicht zu einer experimentellen, messwiederholten UV, weil Beeinträchtigungen der internen Validität in Kauf genommen werden müssen. Das Vorgehen ist dadurch gekennzeichnet, dass jede Bedingung gleich häufig an jeder möglichen Position der Reihenfolgen stehen muss. Dadurch können die meisten Sequenzeffekte einfacher Ordnung kontrolliert werden. Die Sequenzeffekte höherer Ordnung entziehen sich bei dieser Technik jedoch der Kontrolle. K Reihenfolgen reichen beim unvollständigen interindividuellen Ausbalancieren aus. Tabelle 3.3 zeigt das Vorgehen.

Jede Bedingung B_k tritt – wie aus Tabelle 3.3 zu entnehmen – genau einmal pro Zeile und einmal pro Spalte auf. Die resultierende zweifaktorielle Versuchsplananlage nennt man auch **lateinisches Quadrat**.

Ist die Anzahl der Stufen einer UV (K) geradzahlig, besteht die Möglichkeit, die Reihenfolgen systematisch derart auszuwählen, dass jede Bedingung gleich häufig vor und nach jeder anderen auftritt. In diesem Fall erfolgt nach Hager (1987, S. 107) die relativ beste Kontrolle der einfachen Sequenzeffekte beim unvollständigen Ausbalancieren. Weitere Einzelheiten zur Kontrolltechnik des Ausbalancierens findet man z. B. bei Bredenkamp (1969, S. 347) und Hager (1987, S. 103-108).

Tabelle 3.3: Unvollständiges interindividuelles Ausbalancieren als Technik zur Kontrolle von Sequenzeffekten: Die notwendigen Reihenfolgen bei der Untersuchungsdurchführung. Die drei Stufen der UV B beziehen sich auf Beispiel 3 aus Box 14

Vp	Messzeitpunkt		
	1	2	3
1	B_1	B_2	B_3
2	B_3	B_1	B_2
3	B_2	B_3	B_1

Das unvollständige interindividuelle Ausbalancieren stellt dann eine brauchbare, weil ökonomische Kontrolltechnik dar, wenn als Ergebnis der Hypothesenprüfung eine eingeschränkte (vorläufige) Kausalaussage vorliegen darf, denn die uneingeschränkte interne Validität ist nur beim vollständigen interindividuellen Ausbalancieren gegeben.

3.3.3 Weitere Maßnahmen zur Steigerung der Präzision

Zusätzlich zur Operationalisierung der UV(n) und AV(n) sowie zur Kontrolle der Störvariablen hat der Experimentator weitere Möglichkeiten zur Erhöhung der Präzision der experimentellen Hypothesenprüfung. Dazu zählen die statistische Kontrolle, die Wahl von Einzel- vs. Gruppenuntersuchungen, das Realisieren von Übungsphasen und Pausen sowie die Durchführung von Voruntersuchungen.

3.3.3.1 *Statistische Kontrolle*

Unter statistischer Kontrolle verstehen wir das **Auspartialisieren** (Eliminieren) des Effektes einer potentiellen Einflussgröße aus der AV mittels eines statistischen Verfahrens. Ist es nicht möglich, eine potentielle Einflussgröße durch Randomisieren oder Parallelisieren zu kontrollieren, so steht noch die statistische Kontrolle zur Verfügung. Ähnlich wie beim Parallelisieren müssen hierbei neben der AV jene Einflussgrößen (Kovariaten) gemessen werden, die man kontrollieren will. Eine Einschränkung hinsichtlich der Anzahl an zu berücksichtigenden Kovariaten gibt es – anders als beim Parallelisieren – aus ökonomischen Erwägungen nicht im vergleichbaren Ausmaß, da die Kontrolle nicht versuchsplanerisch (z. B. durch Parallelisieren), sondern rechnerisch erfolgt.

Dazu wird zunächst der Zusammenhang zwischen der (den) Kovariaten (KV) und der (den) AV(n) ermittelt. Regressionsanalytische Rechenprozeduren (Auspartialisieren) eliminieren im zweiten Schritt jenen Anteil aus den Werten der AV, der aufgrund der Korrelation mit der (den) KV(n) vorhersagbar ist. Die nicht vorhersagbaren Anteile, die „Residuen" genannt werden, stellen die neuen Werte der AV dar.

Man nennt sie gelegentlich auch „adjustierte Werte". Die Kovarianzanalyse ist ein Verfahren, welches diese Eliminierung des Einflusses der KV(n) auf die AV(n) leistet. Die weitere Verrechnung der Residuen folgt dem Schema der Varianzanalyse.

Liegt ein hinreichend hoher Zusammenhang von AV und KV vor, so bindet die KV einen spürbaren Anteil der Gesamtvarianz, wodurch sich die Präzision in der Regel erhöht. Allerdings ist zu beachten, dass die statistische Eliminierung eines Effekts einer KV aus der AV auch dazu führen kann, dass sich der (die) Effekt(e) der UV(n) ändert. Somit kann man nicht generell von einem präzisionssteigernden Effekt der statistischen Kontrolle sprechen, sondern diese Beurteilung muss im Einzelfall erfolgen.

Die statistische Kontrolle von potentiellen Einflussgrößen trägt auch zur internen Validität bei, indem sie mögliche Konfundierungen auflöst. Dem gelegentlich vorgetragenen Argument, dass durch den „Vortest" dieser Vorteil wieder eingeschränkt wird (z. B. Hager, 1987, S. 202), können wir uns nicht anschließen, da die Erhebung der KV(n) – anders als beim Parallelisieren – sowohl vor als auch nach dem Experiment erfolgen kann und somit ein vollständiges Ausbalancieren möglich ist.

Die statistische Kontrolle ergänzt die versuchsplanerischen Kontrollmaßnahmen. Ist es beispielsweise beim Wortlistenexperiment nicht möglich, neben der Behaltensfähigkeit (vgl. Box 13) Intelligenz und Konzentrationsfähigkeit zu parallelisieren (etwa bei nicht genügend zur Verfügung stehenden Vpn), so könnten diese beiden Variablen, wenn man bei ihnen von einem potentiellen Einfluss auf die AV Behaltensleistung ausgeht, statistisch kontrolliert werden. Sinnvollerweise wäre im Vortest bei allen Pbn die Behaltensfähigkeit zu erfassen und demgemäß die Parallelisierung vorzunehmen. Eine Hälfte der Vpn fährt im Anschluss an den Behaltensfähigkeitstest mit der Bearbeitung der Instrumente zur Erfassung der Intelligenz und Konzentrationsfähigkeit fort und beendet die Untersuchung mit dem eigentlichen Experiment, die andere Hälfte dagegen durchläuft zunächst das Experiment und bearbeitet danach die zusätzlichen Erhebungsverfahren. Somit wäre eine Kontrolle von drei als relevant erachteten Variablen mit Hilfe einer Kombination aus versuchsplanerischen und statistischen Maßnahmen möglich.

3.3.3.2   *Einzel- vs. Gruppenuntersuchung*

Eine Einzeluntersuchung liegt immer dann vor, wenn die Vpn das Experiment – wie der Name besagt – einzeln durchlaufen. In den bisherigen Beispielen sind wir implizit von dieser aufwendigen und gut kontrollierbaren Form der Untersuchungsdurchführung ausgegangen. Andererseits gibt es aber auch häufig die Möglichkeit, mehrere oder auch alle Vpn einer Bedingung (Bedingungskombination) gemeinsam zu untersuchen. Dieses Vorgehen ist einerseits sehr ökonomisch, andererseits ist die Konstanz der Bedingungen nur in Ausnahmefällen gegeben. In der Gruppensituation ist z. B. der Geräuschpegel nicht in gleicher Weise konstant zu halten wie in der Einzeluntersuchung, da ein Teil der Pbn hustet, niest, raschelt, schwätzt, Bleistifte fallen lässt usw. Diese fehlende Konstanz wirkt sich natürlich auch auf die AV aus, so dass der nichterklärte Varianzanteil – also die Sekundärvarianz – steigt und folglich die Präzision sinkt. Gruppenuntersuchungen dürfen nicht mit Experimenten gleichgesetzt werden, bei denen die Zuweisung der Pbn zu den Bedingungen nicht randomisiert erfolgt. Selbstverständlich kann man die Vpn den Bedingungen zufällig zuweisen, diese Vpn in den einzelnen Bedingung aber zusammen untersuchen. Andererseits gibt es Fragestellungen, die eine Gruppenuntersuchung erfordern. Vergleicht man beispielsweise einen Frontal- mit einem Projektunterricht, so müssen die Lerneinheiten (Klassen) zusammen und nicht einzeln untersucht werden. In diesen Fällen liegt wegen der nichtrandomisierten Zuordnung eine quasiexperimentelle UV vor. Zu dieser Einschränkung der internen Validität kommt die sinkende Präzision aufgrund der eingeschränkt kontrollierbaren Untersuchungssituation hinzu. Andererseits trägt diese eher natürliche Untersuchungssituation zur Erhöhung der externen Validität bei. Die Entscheidung für eine dieser Durchführungsformen wird somit immer von der Fragestellung und damit der Art der Hypothese bestimmt. Damit ist gemeint, ob Kausalaussagen mit oder ohne Einschränkungen erreicht werden sollen. Einbußen in der Präzision der Hypothesenprüfung bringt die Gruppenuntersuchung in jedem Fall mit sich.

In Kapitel 4.2.4.2 wird außerdem gezeigt, dass Gruppenuntersuchungen, gleichgültig ob durch „natürliche Gruppen" oder „gemeinsame Versuchsdurchführung" bedingt, eine Anwendungsvoraussetzung der Varianzanalyse, nämlich die Unabhängigkeit der Messungen, gefährden können.

3.3.3.3   *Übungsphasen und Pausen*

In vielen experimentellen Versuchen sind Übungsphasen und/oder Pausen eingebunden. Diese Maßnahmen haben in aller Regel inhaltliche Gründe. So möchte man durch eine Übungsphase beispielsweise vergleichbare Ausgangsbedingungen herstellen. Besteht die Aufgabe der Pbn etwa darin, auf verschiedene, mittels Bildschirm präsentierte Signale differenziert und möglichst schnell durch Tastendruck zu reagieren (Diskriminationsaufgabe), so können die Vpn sich beispielsweise in den ersten zehn Versuchen mit der Technik und dem Ablauf vertraut machen, ohne dass die Ergebnisse dieser Versuche in die AV (Entscheidungszeit) eingehen. Man erhofft sich davon eine intraindividuelle Annäherung an die Leistungsbasis und eine Verringerung der interindividuellen Leistungsunterschiede, die durch einen a priori unterschiedlichen Übungsstand (Vertrautheitsgrad) zustande kommen. Die Maßnahme dient somit in erster Linie der Aufrechterhaltung der internen Validität, vor allem dann, wenn die randomisierte Zuordnung der Vpn zu den Bedingungen nicht gegeben ist. Sie hat zusätzlich den Nebeneffekt, dass durch die beschriebene Angleichung die Sekundärvarianz kleiner wird. Dass damit die Präzision steigt, ist zwischenzeitlich hinlänglich bekannt. Somit ist es keineswegs überflüssig, bei randomisierter Zuordnung Übungsphasen einzuplanen, wie gelegentlich argumentiert wird.

Pausen werden dann in experimentelle Abläufe eingeplant, wenn aufgrund der Belastung Ermüdungseffekte befürchtet werden müssen. Mit steigender Ermüdung misst man nicht mehr die tatsächliche motorische und sensorische Diskriminationszeit, um bei obigem Beispiel zu bleiben, sondern ihre Ausprägung bei unterschiedlichem Grad an Ermüdung. Pausen dienen somit primär der variablenvaliden Erfassung der AV. Gleichzeitig tragen sie zur Erhöhung der Präzision bei, da auch mit dieser Maßnahme die Sekundärvarianz verringert wird. Zu begründen ist diese Behauptung damit, dass menschliche Individuen unterschiedlich schnell ermüden, wodurch es zu einer Erhöhung des Fehleranteils – insbesondere bei starker Ermüdung – kommt.

Von den ausgeführten Überlegungen zur Planung von Übungsphasen und Pausen sind jene Maßnahmen zu unterscheiden, die Übungsphasen und Pausen als Stufen einer UV verstehen. So wird etwa im Zusammenhang mit Prozessen des Lernens und kreativen Problemlösens dem Einlegen von Pausen eine positive Wirkung zugesprochen. Umgekehrt erfordern Interventionen bei der Experimentalgruppe unter Umständen entsprechend lange und parallel positionierte Pausen bei der Kontrollgruppe. Erforscht man beispielsweise den Einfluss eines aggressiven Modells auf das Verhalten von Kindern, indem man ihnen zwischendurch den Film eines aggressiven Kindes zeigt und vorher sowie hinterher ihr aggressives Verhalten misst, so muss in der Kontrollgruppe für die Dauer dieses Filmes und zum gleichen Zeitpunkt eine „Pause" eingeplant werden, die inhaltlich zu füllen ist (etwa das Vorführen eines gleich langen Naturfilms). Pausen in diesem Sinne sind Interventionszeiträume, die nur selten der Erholung dienen, sondern in der Regel Platzhalter für Interventionsalternativen darstellen.

3.3.3.4   *Voruntersuchung*

Schließlich liefern auch Voruntersuchungen einen bedeutsamen Beitrag zur Präzision. Wir wenden uns erneut dem Lernexperiment zu, um diesen Gesichtspunkt zu erläutern. Vorgegeben werden in dem zugehörigen Vorversuch 20 Wörter, die gelernt und erinnert werden mussten. Es handelt sich dabei um konkretes, anschauliches Material, das leicht behalten wird. Man nimmt an, dass im Durchschnitt der Bevölkerung 8 und von Psychologiestudenten etwa 10 Wörter nach einmaliger Präsentation behalten werden. Durch den Kategorisierungseffekt steigt – so wird weiter angenommen – die Behaltensleistung im Mittel auf 15 Wörter. Folglich könnte man erwarten, dass die konkreten Messwerte zwischen 11 und 19 behaltenen Wörter variieren und einen Mittelwert von 15 behaltenen Wörtern bilden. Damit wäre die Wahl von 20 Wörtern in der Liste theoretisch begründet. Verzichtet man auf die empirische Überprüfung solcher Überlegungen in Vorversuchen, so kann es passieren, dass sogenannte Boden- bzw. Deckeneffekte entstehen, die die Präzision der Untersuchung erheblich gefährden. Die Ergebnisse in Box 9 illustrieren diese Überlegungen weiter. Der Mittelwert der Behaltensleistung liegt bei geordneter Präsentation nach einmaliger Darbietung und freier Reproduktion (Zelle A_1B_1) mit 18 Punkten (pro korrekt erinnertem Wort ein Punkt) 3 Punkte über dem angenommenen Mittelwert. Weiterhin gibt es zwei Pbn, die die Höchstpunktzahl erreichen. Von ihnen wissen wir nicht, ob sie vielleicht noch mehr Wörter hätten behalten können, so dass der ermittelte Mittelwert und damit auch die Differenz zur Zelle A_1B_2 möglicherweise zu niedrig liegt. Damit sinkt die Präzision der Hypothesenprüfung, denn auch die Wahrscheinlichkeit, einen vorhandenen Effekt zu entdecken, sinkt. Noch deutlicher sind diese Argumente im Durchgang 2 zu erkennen. Hier liegt der Mittelwert mit 18,9 Punkten (Zelle A_2B_1) schon sehr nahe am Maximum und vier Vpn erreichen die Höchstleistung. Der Spielraum, sich im zweiten Durchgang zu verbessern, ist also zu gering, ein Sachverhalt, der zu den Deckeneffekten zählt.

Definition: Boden-, Deckeneffekt

Ist die Aufgabenstellung beispielsweise zu schwierig, so entsteht der **Bodeneffekt**, der dadurch gekennzeichnet ist, dass die Pbn nur niedrige Messwerte erzielen, also alle nahe an oder auf der Minimalleistung liegen. Die Unterschiede zwischen den Vpn und damit auch zwischen den experimentellen Bedingungen werden dadurch verwischt und eine präzise experimentelle Hypothesenprüfung verhindert. Analog dazu ist der **Deckeneffekt** zu verstehen. Er ist dadurch gekennzeichnet, dass alle Pbn hohe Messwerte erzielen. Hier scheint die Aufgabenstellung zu leicht zu sein, denn die Pbn liegen auf oder nahe bei der Maximalleistung. Die daraus folgende Konsequenz entspricht jener beim Bodeneffekt.

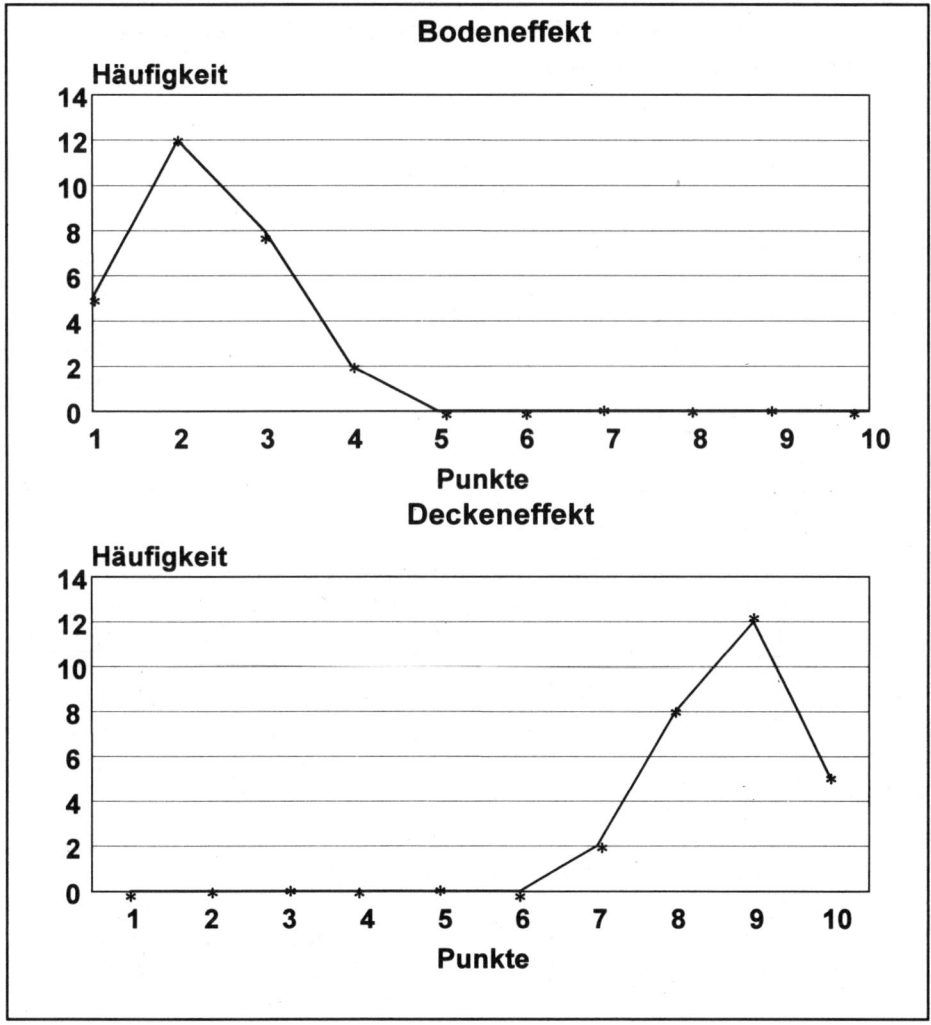

Abbildung 3.2: Häufigkeitsdiagramm für den Boden- und Deckeneffekt.

Erstellt man zu den konkreten Messwerten Häufigkeitsdiagramme, so erkennt man ihre Verteilungsform. Abbildung 3.2 gibt sie für den Boden- und Deckeneffekt wieder.

Der Sinn von Voruntersuchungen liegt u. a. darin, diese unerwünschten Effekte vor der Durchführung der Hauptuntersuchung erkennen und korrigieren zu können. Im vorliegenden Beispiel könnte man die Wortliste durch Hinzufügen einer weiteren Kategorie mit fünf Begriffen auf 25 Wörter verlängern. Damit wäre eine Beeinträchtigung der Variablenvalidität der UV und gleichzeitig der Präzision der Hypothesenprüfung vielleicht schon beseitigt. Eine weitere Voruntersuchung müsste diesen Korrekturschritt überprüfen.

3.4 Konkretisierung der theoretisch-inhaltlichen Hypothese (Ableitungsvalidität)

Definition: Ableitungsvalidität

Die **Ableitungsvalidität** bezieht sich auf die Qualität der Überführung der abstrakten theoretisch-inhaltlichen Hypothese (TIH) in die konkreten Testhypothesen (THn: H_0 und H_1), wobei auf diesem Weg die Ebenen der empirisch-inhaltlichen Hypothese (EIH) und der statistischen Vorhersage (SV) durchlaufen werden müssen. Sie umfasst die Angemessenheit der dazu notwendigen Konkretisierungsmaßnahmen. Die Ableitungsvalidität ist sichergestellt, wenn exakt jene Hypothese(n) überprüft wird (werden), für welche die Untersuchung geplant war.

Die Planung der Untersuchung endet – im Anschluss an die in den voranstehenden Kapiteln erörterten Schritte – mit der Konkretisierung der theoretisch-inhaltlichen Hypothese (TIH). In Kapitel 3.1.2 hatten wir die Formulierung der TIH anhand des Beispiels zum Lernexperiment besprochen. Die Analyse des theoretischen und empirischen Forschungsstands hatte zu folgender TIH geführt: „Wenn Lernmaterial kategorial präsentiert wird, dann wird es zumeist besser behalten." Diese abstrakte Hypothese ist in dieser Form **nicht überprüfbar**, sondern muss zuvor **konkretisiert** werden. Einen dieser Konkretisierungsschritte – die Operationalisierung der UV(n) und der AV(n) – haben wir bereits kennen gelernt. Die weiteren Schritte werden nachfolgend dargestellt. Der in diesem Kontext dominierende Güteaspekt ist die **Ableitungsvalidität**.

3.4.1 Ableitung der empirisch-inhaltlichen Hypothese (EIH)

Wir greifen zur Illustration der konkretisierenden Ableitungsschritte und den zugehörigen Validitätsüberlegungen das Lernexperimentbeispiel ein weiteres Mal auf. Demnach lautet die TIH:

TIH: Wenn Lernmaterial kategorial präsentiert wird, dann wird es zumeist besser behalten!

Eine variablenvalide Überführung dieser TIH in die EIH, die in erster Linie die Operationalisierung der abstrakten Begriffe der TIH erfordert (vgl. Kapitel 3.3.1), führt zu folgender Formulierung:

EIH: Wenn Personen eine gruppierbare Liste mit 20 Wörtern geordnet und optisch präsentiert erhalten (5 Wörter der ersten Kategorie, dann 5 Wörter der zweiten Kategorie usw.), dann erinnern sie beim freien Reproduzieren **zumeist mehr** Wörter als Personen, denen die gleiche Liste ungeordnet (die Wörter folgen in gemischter Reihenfolge aufeinander) dargeboten wird.

Dieser EIH liegen die Operationalisierungen der theoretischen Begriffe der TIH zugrunde (vgl. Kapitel 3.3.1.1 und 3.3.1.2). **Kategoriale Präsentation** wird als optische Darbietung der Wortliste in einer geordneten Abfolge definiert, die darin besteht, dass alle fünf Wörter einer Kategorie aufeinander folgen, bevor die fünf Wörter der nächsten Kategorie erscheinen usw. Unter **Behalten** wird die Anzahl korrekt erinnerter Wörter bei freier Wiedergabe verstanden.

Außerdem ist darauf zu achten, dass die Relation (die Relationen) zwischen den Variablen (im Beispiel: **zumeist mehr**) adäquat übertragen wird (werden). Die formalisierte Darstellung der Hypothese hat folgendes Aussehen: $AW_1 > AW_2$, wobei AW für die Anzahl erinnerter Wörter, also die AV steht. AW_1 bezeichnet die Stufe 1 (geordnete Präsentation) der UV (Art der Präsentation) und AW_2 die zweite Stufe (ungeordnete Präsentation).

Fehler beim Operationalisieren und Übertragen der Relation bedeuten auf dieser Konkretisierungsebene eine **Störung der Ableitungsvalidität der EIH**. Ein Beispiel für Fehler beim Operationalisieren findet sich zu diesem Beispiel in Kapitel 3.3.1.1. Ein Verstoß gegen die korrekte Übertragung der Relation von der theoretisch-inhaltlichen auf die empirisch-inhaltliche Ebene liegt zum Beispiel dann vor, wenn unterschiedliche Leistungen beider Gruppen postuliert werden (ungerichtete Hypothese) und nicht der in der TIH enthaltene Leistungsvorteil für die Gruppe mit geordneter Präsentation. Die formale Darstellung dieser EIH, die eine Störung der Ableitungsvalidität beinhaltet, hat folgendes Aussehen: $AW_1 \neq AW_2$.

3.4.2   Ableitung der statistischen Vorhersage (SV) und der Testhypothesen (TH)

Auch die EIH ist noch nicht direkt überprüfbar. Zwar ist sie operationalisiert, aber es fehlt noch die Parametrisierung. Diese erfolgt bei der Ableitung der statistischen Vorhersage (SV), also beim Wechsel zur nächsten Konkretisierungsebene. Sie lautet für das von uns betrachtete Beispiel:

SV: Der **Mittelwert** der abhängigen Variablen (AW; Anzahl korrekt erinnerter Wörter) ist in der ersten Gruppe (kategoriale Präsentation) größer als in der zweiten Gruppe (nichtkategoriale Präsentation).

Die Ableitung der SV aus der EIH ist **adäquat**, wenn die Relation zwischen den experimentellen Variablen der EIH korrekt auf die SV übertragen wird. Sie ist darüber hinaus **suffizient**, wenn alle Informationen der EIH berücksichtigt sind (z. B. Skalenniveau). Die formalisierte Darstellung hat folgendes Aussehen: $\mu_{AW1} > \mu_{AW2}$.

Verstöße gegen die adäquate und suffiziente Überführung der EIH in die SV bedeuten eine Störung der **Ableitungsvalidität der SV,** z. B. wenn bei einer intervallskalierten AV anstelle des Mittelwerts der Median verwendet und damit Information verschenkt wird.

Die SV entspricht in den meisten Fällen exakt der Alternativhypothese, die im Kontext experimenteller Forschung meist einen Mittelwertsunterschied postuliert, so wie im obigen Beispiel gezeigt. In der nichtexperimentellen Forschung dominieren dagegen als Alternativhypothesen postulierte Zusammenhänge. Aber nicht die Alternativhypothese (H_1), sondern die Nullhypothese (H_0) ist statistisch direkt überprüfbar (vgl. Kapitel 4.1), so dass im letzten Ableitungsschritt diese beiden Testhypothesen (TH) zu formulieren sind.

TH: H_1: $\mu_1 > \mu_2$ (entspricht meistens der SV),
　　　　H_0: $\mu_1 \leq \mu_2$ (umfasst den Restvorhersagebereich).

H_1 und H_0 müssen den gesamten Vorhersagebereich abdecken, um zu einer eindeutigen Hypothesenentscheidung kommen zu können. Das bedeutet in unserem Beispiel, dass die H_0 nicht nur die Gleichheit (keinen Unterschied: $\mu_1 = \mu_2$) postuliert, sondern auch den der H_1 entgegen gerichteten Vorhersagebereich umfasst ($\mu_1 \leq \mu_2$). Ist die H_1 ungerichtet ($\mu_1 \neq \mu_2$), so hat die Nullhypothese ihre begriffsgemäße Form ($\mu_0 = \mu_1$). Einzelheiten zur Hypothesenentscheidung auf der Grundlage der Testhypothesen mittels eines Signifikanztests werden in den Kapiteln 3.6.3 und vor allem 4.1 besprochen.

Zur Verletzung der Ableitungsvalidität der Testhypothesen kommt es, wenn

a)   die Relationen zwischen den experimentellen Variablen nicht adäquat übertragen werden (z. B. $\mu_1 \neq \mu_2$ anstelle von $\mu_1 > \mu_2$),

b)   der Vorhersagebereich durch die Formulierung der THn nicht vollständig abgedeckt wird und

c)   ein Signifikanztest gewählt wird, der nicht der H_1 entspricht. In dem von uns betrachteten Beispiel (H_1: $\mu_1 > \mu_2$) ist die Wahl des t-Tests korrekt, denn dieser prüft exakt diese Form der H_1, nämlich ob es einen Unterschied zwischen zwei Mittelwerten gibt. Dagegen prüft die in solchen Fällen häufig verwendete einfaktorielle Varianzanalyse, ob es einen Unterschied zwischen mindestens zwei von mehreren Mittelwerten gibt (H_1: $\mu_i \neq \mu_{i'}$). Es handelt sich in diesen Fällen somit um eine Verletzung der Ableitungsvalidität der THn.

Definition: Störungen der Ableitungsvalidität

Störungen der Ableitungsvalidität auf den verschiedenen Ebenen führen generell dazu, dass nicht sichergestellt ist, dass die Untersuchung auch jene Hypothese prüft, zu deren Zweck sie geplant, durchgeführt und ausgewertet wurde. Sie können im Extremfall dazu führen, dass auf die gestellte(n) Frage(n) keine Antwort gegeben wird bzw. die gegebene Antwort irrelevant ist, da die Untersuchung dafür nicht geplant war.

3.5 Durchführung

Damit ist die valide und präzise Planung einer Untersuchung zur Überprüfung einer Kausalhypothese in den wesentlichen Punkten abgehandelt. Der nächste Schritt besteht in der Untersuchungsdurchführung, wobei die Planungen realisiert werden müssen. Dieses betrifft die Auswahl der Stichprobe, das Erkennen und die Kontrolle von Störvariablen, die Anwerbung der Versuchspersonen und schließlich die Datenerhebung.

3.5.1 Stichprobe

Wir prüfen psychologische Hypothesen durch Konfrontation mit der Realität, also indem wir menschliches Erleben und Verhalten in definierten Situationen beobachten. Dabei ist es das Ziel, Aussagen mit einem bestimmten Allgemeinheitsgrad treffen zu können. Wir beobachten also nicht nur eine Person, sondern mehrere Personen. So möchten wir im Lernexperiment Aussagen über schulisches Lernen treffen. Also beobachten wir Schüler, um die im letzten Kapitel abgeleitete Hypothese zu überprüfen; es ist die Gruppe der Schüler (z. B. zwischen 6 und 18 Jahren), die uns in diesem Fall interessiert. Diese in der jeweiligen Fragestellung interessierende Gruppe von Menschen nennen wir **Grundgesamtheit** oder **Population**. So sind alle Schüler in Deutschland eine Grundgesamtheit, ebenso wie alle Raucher oder alle Führerscheinneulinge in Europa oder alle Erstgeborenen weltweit oder schließlich auch alle Menschen der Erde.

Es ist aus diesen Beispielen leicht zu entnehmen, dass die komplette Erfassung von Populationen (Vollerhebung) aufgrund der großen Anzahl der Populationsmitglieder (Untersuchungsobjekte) in der Regel zu aufwendig, wenn nicht gar unmöglich ist. Zwar gibt es auch kleine Populationen, bei denen eine Vollerhebung denkbar ist (z. B. bei allen Creutzfeldt-Jakob-Kranken), diese Fälle stellen jedoch die Ausnahme dar. Folglich muss sich die Forschung mit Teilerhebungen begnügen, bei welchen eine Teilmenge der Populationsmitglieder ausgewählt wird. Diese Auswahl nennt man **Stichprobe**.

Das eigentliche Problem besteht nun darin, ob die Ergebnisse der Hypothesenprüfung an einer Stichprobe auch Gültigkeit für die jeweilige Population besitzen. Genauer formuliert lautet die Frage: Wie muss eine Stichprobe beschaffen sein, damit man von ihren Mitgliedern auf die der Population schließen kann? Bortz und Döring geben folgende übergreifende erste Antwort: „Der Wert einer Stichprobenuntersuchung leitet sich daraus ab, wie gut die zu einer Stichprobe zusammengefaßten Untersuchungsobjekte die Population, die es zu beschreiben gilt, repräsentieren." (1995, S. 370). Nachdem es im vorliegenden Text nicht nur um das Beschreiben, sondern in erster Linie um das Erklären geht, wird folgende Antwortvariante vorgeschlagen.

Definition: Zufallsstichproben

Die Frage, ob es gerechtfertigt ist, von an einer Stichprobe gewonnenen Ergebnissen auf die Population zu schließen, muss dahingehend beantwortet werden, dass diese Rechtfertigung davon abhängt, wie gut die zu einer Stichprobe zusammengefassten Untersuchungsteilnehmer die Population, deren Erleben und Verhalten es zu beschreiben und erklären gilt, repräsentieren. Je repräsentativer (typischer) die Stichprobe für die zugehörige Population, desto größer die Berechtigung zur Übertragung der Ergebnisse. Nur **Zufallsstichproben** erfüllen diese Forderungen uneingeschränkt.

In den folgenden Abschnitten wollen wir uns die Vorgehensweisen zur Auswahl von Stichproben und deren jeweils daraus folgenden Eigenschaften näher betrachten. Zuvor müssen aber noch einige Überlegungen zum Begriff der repräsentativen Stichprobe angestellt werden.

Der Begriff der **repräsentativen Stichprobe** erleichtert auf der einen Seite das Verständnis für die Stichprobenproblematik, andererseits jedoch führt er auch schnell in die Irre. Aus der Meinungsforschung und speziell aus Sendungen zu Wahlprognosen ist uns der Begriff vertraut. Er vermittelt den Eindruck, dass Stichprobenuntersuchungen nur dann brauchbar sind, wenn die ausgewählten Untersuchungsteilnehmer die Grundgesamtheit repräsentieren. Diese Überlegung ist auch zutreffend. Problematisch an diesem im Alltag benutzten Begriff ist dagegen seine Assoziation mit der *Methode der Zusammenstellung und Erhebung* einer solchen repräsentativen Stichprobe. Möchte man z. B. das Ergebnis einer Wahl vorhersagen, so befragt man nach bestimmten Merkmalen vorab ausgewählte Personen. Diese Merkmale bzw. ihre Kombinationen (Alter, Geschlecht, Ausbildung, Berufstätigkeit, Religionszugehörigkeit, Wohnort usw.) wurden vorher in einem Prognosemodell langjährig ausgewählt, zusammengestellt, gewichtet, getestet und optimiert (vgl. Kapitel 1.2.3, Box 3). Anhand des aktuellen Prognosemodells wird die Stichprobe zusammengestellt (vgl. Quotenstichprobe). Die Stichprobe ist deshalb aber nur für die *Population Wähler repräsentativ* (und führt in diesem Zusammenhang auch zu genauen Prognosen), aber nicht für andere Grundgesamtheiten. In unserem Lernexperimentbeispiel wäre diese Stichprobe absolut nicht repräsentativ und die Übertragbarkeit der Ergebnisse der Hypothesenprüfung auf Schüler im Alter zwischen 6 und 18 Jahren mehr als fraglich. Nur aufgrund langjähriger Forschungsarbeit ist es also möglich, mit dieser Methode zur Auswahl *gegenstandsbezogener repräsentativer Stichproben* zu kommen. Von daher ist die Methode bei sich wiederholenden gleichen (vergleichbaren) Fragestellungen und im gewerblichen Kontext brauchbar, nur selten aber in der wissenschaftlichen Forschung, da hier die notwendige Entwicklungszeit meist nicht gegeben ist.

Die Lösung des Problems stellt die **Zufallsstichprobe** dar. Wir entnehmen der Grundgesamtheit eine Stichprobe, die den Zufall als Selektionsinstrument einsetzt. Ist sie hinreichend groß, so repräsentiert sie im eigentlichen Sinne die Population, denn *alle Merkmale* der Population sind entsprechend in der Stichprobe repräsentiert und nicht nur jene, die nach der jeweiligen Fragestellung besonderes Gewicht besitzen. Analoge Überlegungen führen – wir erinnern uns – zur *Zufallszuteilung* der Pbn zu den Versuchsbedingungen, um *alle Probandenmerkmale* kontrollieren zu können (vgl. Kapitel 3.3.2.2). Dort war das Ziel die Sicherung der internen Validität, während die Zufallsstichprobe zur externen Validität beiträgt (vgl. Kapitel 2.3.1.4).

3.5.1.1   Zufallsstichprobe

Eine **einfache Zufallsstichprobe** liegt dann vor, wenn ihre Mitglieder durch Zufall aus der Population ausgewählt wurden. Für alle Zufallsstichproben gilt die Forderung, dass jedes Mitglied der Population **dieselbe Chance** haben muss, in die Auswahl einbezogen zu werden. Sofern eine Liste aller Mitglieder vorliegt, kann diese Forderung z. B. mit Hilfe von Zufallszahlen realisiert werden. Dabei geht man so vor, dass alle Populationsmitglieder durchnummeriert werden. Danach nimmt man Tabellen mit Zufallszahlen, um mit deren Hilfe die Stichprobe auszuwählen. Alternativ dazu kann man sich auch mit dem Computer Zufallszahlen generieren lassen und diese für die Auswahl der Stichprobe verwenden. Im Lernexperimentbeispiel müsste eine Liste aller Schüler (der Bundesrepublik Deutschland, Europas, der Welt) vorliegen, damit eine einfache Zufallsstichprobe bestimmt werden könnte.

Bei der **geschichteten Zufallsstichprobe** wird die Liste der Population für bestimmte (im Hinblick auf die Fragestellung relevante) Merkmale in Teillisten zerlegt, aus denen dann zufällig (Teil-)Stichproben gezogen werden. Im Lernexperimentbeispiel könnte man annehmen, dass das Alter (die Klasse) insofern eine relevante Variable darstellt, als die Hypothese für Schüler höherer Klassen in stärkerem Maß zutrifft als für Schüler niedriger Klassen. Man könnte also die Gesamtpopulation in vier Teilpopulationen von Schülern (Schichten) zerlegen: 6-8-Jährige, 9-11-Jährige, 12-14-Jährige und 15-18-Jährige. Wird die Größe der Teilstichproben prozentual zum Umfang der Teilpopulationen bestimmt, so spricht man von einer proportional geschichteten Zufallsstichprobe.

Bei der **Klumpenstichprobe** wird die Population ebenfalls in Teilpopulationen zerlegt, aber nicht nach einem als relevant erachteten Merkmal, sondern nach „natürlichen" Untergruppen (den sog. Klumpen). Die Schüler einer Schule bilden solche Klumpen in Form ihrer Klassen. Eine Klumpenstichprobe entsteht durch die zufällige Auswahl von einigen Klassen aus allen Klassen. Diese ausgewählten Klassen werden dann vollständig untersucht. Bei dieser Vorgehensweise wäre die Zielpopulation die Schule, in welcher die Untersuchung durchgeführt wird. Möchte man den Anwendungsbereich der Hypothese auf die Bundesrepublik Deutschland erweitern, so müsste man ein mehrstufiges Vorgehen wählen.

Die **mehrstufige Zufallsstichprobe** entsteht durch mehrfache Klumpenbildung mit jeweiliger Zufallsauswahl. Im Lernexperimentbeispiel müsste man beispielsweise zunächst aus allen Bundesländern zufällig drei auswählen. Aus den Listen aller Schulen dieser drei Bundesländer wären im zweiten Schritt jeweils vier Schulen auszuwählen (insgesamt zwölf Schulen) und innerhalb der Schulen – im dritten Schritt – drei Klassen (insgesamt 36 Klassen). Im letzten Schritt könnte man per Zufall jeweils 10 Schüler jeder Klasse bestimmen und hätte dann eine mehrstufige Zufallsstichprobe von 360 Schülern. Nicht nur wenn Listen für die Zielpopulation fehlen (was häufig der Fall ist), ist die mehrstufige Stichprobe der gangbarste, wenngleich noch immer sehr aufwendige Weg, um eine Zufallsstichprobe zu erreichen.

3.5.1.2   Quotenstichprobe

Die Quotenstichprobe ist – wie bereits angedeutet – ein besonders in der kommerziellen Marktforschung angewandtes Modell, bei dem der Forscher Merkmalskombinationen der zu untersuchenden Probanden vorgibt und die weitere Auswahl dann in diesem Rahmen – z. B. durch den Interviewer – erfolgt. Die Quotenauswahl ist also nicht zufällig, sondern bewusst. Dabei geht man davon aus, dass die ausgewählten Merkmale im Hinblick auf die Forschungsfrage relevant sind und die Verteilung dieser Variablen in der Population bekannt ist. Solche Stichproben werden häufig als repräsentativ bezeichnet, wobei der Repräsentativitätsanspruch bestenfalls im Hinblick auf die quotierten Variablen erhoben werden kann.

3.5.1.3   Angefallene Stichprobe

Die Auswahl der angefallenen Stichprobe entsteht durch die Verfügbarkeit der Populationsmitglieder in mehr oder weniger großer Nähe der Untersuchungsdurchführung. Diese sehr ökonomische und einfache Vorgehensweise ist wohl auch aus diesem Grund der Standardfall in der psychologischen Forschung. Übertragen auf das Lernexperimentbeispiel wendete man sich in diesem Fall an die nächstgelegene Schule und untersuchte die verfügbaren Schüler. Allerdings ist auch schon auf den ersten Blick zu erkennen, dass die Übertragbarkeit der Ergebnisse auf die Zielpopulation am problematischsten im Vergleich zu allen anderen Stichprobenarten ist. Im abschließenden Abschnitt zu diesem Thema sollen deshalb die Konsequenzen aus diesen unterschiedlichen Stichprobenarten für die Ergebnisse der Untersuchung besprochen werden.

Sehr ausführliche Informationen zu den verschiedenen Arten von Stichproben und der Ermittlung ihrer statistischen Kennwerte geben z. B. Bortz und Döring (1995, S. 399ff.).

3.5.1.4   Externe Validität

Wir haben bereits die Frage beantwortet, inwiefern es gerechtfertigt ist, von Stichprobenergebnissen auf die Zielpopulation zu schließen. Demnach bestimmt die Repräsentativität der Stichprobe die Übertragbarkeit auf die Grundgesamtheit. Folglich ist sie bei hinreichend großen Zufallsstichproben uneingeschränkt gegeben. Bei einer Quotenstichprobe müssen Einschränkungen vorgenommen werden, da nicht sicher ist, ob andere als die quotierten Merkmale und Merkmalskombinationen die Fragestellung beeinflussen, ohne dass diesbezüglich Ähnlichkeit zwischen Stichprobe und

Population hergestellt worden wäre. Die stärksten Einschränkungen betreffen die angefallene Stichprobe, denn bei ihr wissen wir nicht, wie typisch sie für die Zielpopulation ist. Die Ergebnisse sind nur für die untersuchten Personen gültig. Diese Ausführungen sind Gegenstand der externen Validität der Hypothesenprüfung.

Definition: Externe Validität

Die externe Validität beurteilt im Sinne eines Gütekriteriums **allgemein** die **Übertragbarkeit** (Generalisierbarkeit, Verallgemeinerbarkeit) der Untersuchungsergebnisse auf andere Situationen, Operationalisierungen und Personen (vgl. auch Campbell und Stanley, 1963). Im Stichprobenkontext beurteilt die externe Validität die Übertragbarkeit auf andere Personen (auf die Zielpopulation). Diesen speziellen Aspekt nennt man deshalb auch **Populationsvalidität**.

Nur Untersuchungen mit Zufallsstichproben kann somit uneingeschränkte Populationsvalidität attestiert werden. Untersuchungen mit angefallenen Stichproben besitzen im Gegensatz dazu nur eine eingeschränkte Populationsvalidität. Sie erlauben nur **vorläufige** Aussagen über die den untersuchten Personen zugehörige Zielpopulation. Die eigentlich erwünschten Verallgemeinerungen können nicht geleistet werden. In den Kapiteln 3.7 und 3.9 greifen wir im Zusammenhang mit der Interpretation der Ergebnisse diesen und die weiteren Aspekte der externen Validität noch einmal auf und diskutieren zusätzliche Formen der Sicherung der externen Validität wie beispielsweise durch **systematische Replikationsstudien**.

3.5.2   Erkennen und Kontrolle von Störvariablen

Bevor die Datenerhebung erfolgen kann, müssen Maßnahmen ergriffen werden, die die interne Validität sichern. Es muss also dafür gesorgt werden, dass keine Störvariablen wirksam werden können. Die Methoden, die dafür zur Verfügung stehen, haben wir in Kapitel 3.3.2 kennen gelernt. Aber woher weiß man, welche Störvariablen Einfluss nehmen könnten?

Die sicherste Informationsquelle für die Beantwortung dieser Frage im Zusammenhang mit den Probandenmerkmalen stellt der theoretische und empirische Hintergrund zum Untersuchungsgegenstand dar, der bei der Erarbeitung der TIH zusammengestellt und analysiert wird (vgl. Kapitel 3.1). Hier finden sich Zusammenhänge und/oder Abhängigkeiten mit bzw. zu anderen Variablen, die folglich selbst zum Untersuchungsgegenstand gemacht oder ausgeschaltet werden müssen. Wie wir wissen, sind diese möglichen Einflussgrößen dann von geringerer Bedeutung, wenn ein experimentelles Design bzw. ein experimenteller Faktor vorliegt. Im quasiexperimentellen Fall dagegen sind hier besondere Anstrengungen erforderlich, um die Einschränkungen der internen Validität möglichst gering zu halten. Mithilfe des Parallelisierens, der systematischen Variation und der statistischen Kontrolle können vor dem Hintergrund einer sorgfältigen Analyse möglicher bedeutsamer Einflussgrößen die Störungen der internen Validität gering gehalten und die Präzision erhöht werden.

Die Kontrolle der Situations- und Versuchsleitermerkmale ist nicht in gleichem Maße fragestellungsabhängig. Hier wird man sich im Regelfall bei Einzeluntersuchungen einen Raum in ruhiger Lage suchen, der während des gesamten Tages gleichbleibende Temperatur- und Beleuchtungsbedingungen bereitstellt. Insbesondere ist darauf zu achten, dass sich die situativen Bedingungen nicht systematisch mit den Stufen der UV(n) ändern. Auch die Untersuchung der Personen mit geordneter Präsentation im Lernexperimentbeispiel am Vormittag und entsprechend die mit ungeordneter Präsentation am Nachmittag stellt bereits die Grundlage für eine Konfundierung dar. Fragestellungsspezifische Besonderheiten, wie ungewohnte technische Gerätschaften, müssen geduldig erläutert und erprobt werden. So erfordert die Benutzung der Maus bei computergestützten Untersuchungen ausreichende Übungsmöglichkeiten, um Unterschiede zwischen den Vpn zu nivellieren.

Analog dazu muss sich der Vl (die Versuchsleiterin) gegenüber allen Pbn möglichst gleich verhalten (standardisiertes Vorgehen). Freundliches Auftreten gegenüber weiblichen und neutrales Verhalten gegenüber männlichen Vpn bildet bereits eine Grundlage für Konfundierungen. Besondere Aufmerksamkeit ist bei mehreren Vln geboten. Zwar gilt auch hier das Gebot des möglichst gleichartigen Verhaltens gegenüber den Pbn, aber jede Person wirkt dennoch in eigener Weise auf ihre Mitmenschen, insbesondere auch in der Rolle des Vl. Ein immer wieder anzutreffender gravierender Fehler besteht darin, die verschiedenen Vl den **unterschiedlichen Stufen** der UV(n) zuzuordnen (manchmal sogar per Zufall!). Der gedankliche Fehler besteht darin, dass zwar die Sekundärvarianz mit dieser Maßnahme verringert, aber die interne Validität durch die damit ungewollt eingeführte Konfundierung derartig gestört wird, dass eindeutige Kausalaussagen nicht mehr möglich sind. Die randomisierte Zuordnung der Vl zu den **einzelnen Pbn** dagegen wäre die probate Maßnahme zur Gewährleistung der internen Validität. Wie in Kapitel 3.3.2 erörtert, ist es grundsätzlich wünschenswert, dass wenn immer möglich, Blindversuche durchgeführt werden, um die Versuchsleitererwartungseffekte auszuschalten.

Weniger Probleme bereiten die speziellen Störeffekte. Es bedarf keiner großen Analyse, um zu erkennen, wann ein Messwiederholungsplan vorliegt. Zur Kontrolle der daraus resultierenden Sequenzeffekte stehen die verschiedenen Formen des Ausbalancierens zur Verfügung: Sie reichen vom vollständigen interindividuellen Ausbalancieren, welches die interne Validität sichert, aber durchaus aufwendig sein kann, bis zum unvollständigen interindividuellen Ausbalancieren, welches eine ökonomische Variante darstellt, dem Untersuchungsplan aber einen quasiexperimentellen Charakter verleiht. Entsprechende Einschränkungen gelten auch für das intraindividuelle Ausbalancieren nach dem ABBA-Schema.

3.5.3   Anwerbung der Versuchspersonen

Vor der eigentlichen Datenerhebung steht die Anwerbung der Vpn. Gleichgültig für welche Form der Stichprobe sich der Experimentator entschieden hat, kommt diesem scheinbar nebensächlichen Schritt doch große Bedeutung zu. Denn hierbei will man erreichen, dass die angesprochenen (angeschriebenen) Pbn motiviert werden, am Versuch teilzunehmen bzw. ernsthaft mitzuarbeiten. Bei der Anwerbung müssen allerdings einige Punkte unbedingt berücksichtigt werden.

a) Die Teilnahme an einer Untersuchung muss grundsätzlich **freiwillig** sein. Jenen Pbn, welche nicht teilnehmen, darf kein Nachteil entstehen.

b) Der Vl informiert so gut wie möglich über den Gegenstand des Experiments. Allerdings dürfen **keine spezifischen Erwartungen** geweckt werden, da diese verhaltensrelevant werden können.

c) **Täuschungen** müssen so weit als möglich vermieden werden. Das gilt auch für den Fall von als nebensächlich erachteten Täuschungen. Wenn man im Fall des Lernexperimentbeispiels etwa damit wirbt, dass die Pbn kostenlos an einem neuen Intelligenztest teilnehmen und ihre Ergebnisse erfahren können, um zu zahlreicher und motivierter Teilnahme zu ermuntern, so stellt dieses eine schwerwiegende Täuschung dar, die aus ethischer Sicht kaum zu rechtfertigen wäre, da man dieses Ziel auch mit anderen Mitteln erreichen kann (vgl. Kapitel 6).

d) In Aussicht gestellte Belohnungen für die Teilnahme (Geld, Vpn-Stunden, Ergebnisrückmeldung usw.) sind **unbedingt einzuhalten**. Insbesondere bei Geldbelohnungen ist auch zu beachten, dass hier eine zusätzliche **Selektionswirkung** entsteht, die die Zusammensetzung der Stichprobe und damit die Verallgemeinerbarkeit der Befunde beeinflusst.

e) Es empfiehlt sich, schon bei der Anwerbung darüber zu informieren, dass die Ergebnisse **vertraulich behandelt** und keinem Dritten zugänglich gemacht werden. Auch diese Zusage ist selbstverständlich strikt einzuhalten.

Weitere Einzelheiten zu ethischen Erwägungen beim Umgang mit menschlichen Untersuchungsteilnehmern sind in Kapitel 6 ausgeführt.

3.5.4   Ablauf

Stehen nun die Vpn „vor der Türe", beginnt die eigentliche Versuchsdurchführung, auch **Datenerhebung** genannt. Selbst bei perfekter Planung eines Experiments kann durch mangelnde Sorgfalt während der Durchführung vor allem die Präzision der Hypothesenprüfung unnötig beeinträchtigt werden. Deshalb sollte diese Phase ebenso ernst genommen werden wie die vorausgegangenen, um die Qualität der erhobenen Daten zu gewährleisten, also den Fehleranteil durch unnötige Variabilität in der Untersuchungssituation gering zu halten.

3.5.4.1   *Begrüßung der Versuchspersonen*

Pbn sind die „Gäste" des Vl. Entsprechend sollte man sie behandeln und empfangen. Ein freundliches „Willkommen" trägt dazu bei, dass sich die Vpn wohl fühlen und sich in der für viele von ihnen fremden Situation besser zurecht finden und relativ natürlich verhalten.

Zur weiteren Reduktion der Unsicherheit trägt ein „Vertrag" zwischen Vl und Vp bei. In dieser Vereinbarung macht der Vl darauf aufmerksam, dass die Vp die Untersuchung ohne Nachteile abbrechen kann, wenn sie sich psychisch oder physisch zu stark belastet fühlt. Andererseits gehört zur Vereinbarung dazu, dass die Vp gemäß der Anweisungen des Vl mitarbeitet und nicht bewusst oder aus Unlust verfälschende

bzw. nachlässige Angaben macht und/oder Reaktionen von sich gibt (weitere Einzelheiten dazu in Kapitel 6.4.2 und Box 25).

3.5.4.2   Datenerhebung

Das Schlüsselwort für die Datenerhebung stellt, wie schon erwähnt, der Begriff
„Standardisierung" dar.

Definition: Standardisierung

Wir verstehen unter **Standardisierung** das Bestreben des Vl, dafür zu sorgen, dass
die verschiedenen Vpn – abgesehen von den unterschiedlichen experimentellen
Bedingungen – in der Untersuchungssituation gleiche (vergleichbare) Umstände an-
treffen. Ein standardisiertes Vorgehen zählt deshalb zur Grundlage für die Ceteris-
paribus-Validität (interne Validität, vgl. Kapitel 3.3.2.1). Zusätzlich trägt die
Standardisierung bekanntlich zur Präzision der Untersuchung bei.

Neben den situativen Gegebenheiten (Licht immer an oder immer aus, Fenster immer
auf oder immer zu usw.) sind es vor allem die **Instruktionen**, die in möglichst vergleichbarer Weise zu präsentieren sind. Eine standardisierte Form liegt beispielsweise bei der Tonband- bzw. der Computerdarbietung vor. Empfiehlt sich der Einsatz eines Vl, so hilft ein ausgiebiges Training der Untersuchungsdurchführung, um
möglichst standardisierte Bedingungen zu erreichen.

Die Formulierung der Instruktion kann die Aufgabe erleichtern: Es ist darauf zu
achten, dass sie für alle Vpn leicht verständlich ist, so dass unnötige Nachfragen
vermieden werden. Dazu zählen in erster Linie das Bilden von kurzen Sätzen und das
Vermeiden von Fremdwörtern. Es beginnt schon damit, dass man nicht von Instruktion, sondern z. B. von Untersuchungsanweisung spricht. Das Ziel muss es also sein,
dass alle Pbn (derselben Versuchsbedingung) das gleiche Verständnis von ihren
Aufgaben in der Untersuchungssituation erwerben.

Es ist immer sehr positiv im Sinne der Validität und Präzision der Hypothesenprüfung zu werten, wenn eine Überprüfung des Instruktionsverständnisses erfolgt.
Letzteres kann durch Befragung oder Übungsbeispiele sichergestellt werden. In
jedem Fall ist den Vpn nach der Instruktion Gelegenheit zu geben, Fragen zu stellen.
Gerade auch bei der Beantwortung dieser Fragen ist standardisiertes Vorgehen erforderlich. Meistens genügt es, wenn der Vl zur Beantwortung entsprechende Passagen
aus der Instruktion wiederholt.

Schließlich ist auch darauf zu achten, dass die Instruktion nicht zu lange gerät, da
ansonsten die Gefahr besteht, dass ein Teil der Pbn die Anweisung nicht konzentriert
zu Ende liest und folglich zu einem anderen Verständnis der Aufgabenstellung ge-
langt. Auch hier helfen Übungsbeispiele, die oft informativer und gleichzeitig kurz-
weiliger sind.

3.5.4.3   Verabschiedung der Versuchspersonen

Die Datenerhebung endet damit, dass sich der Vl bei seinem „Gast" für die Teilnahme und Mitarbeit bedankt. Darüber hinaus sind ggf. weitere Punkte zu beachten.

So kommt es nicht selten vor, dass man die Pbn bitten muss, für die Zeitdauer der laufenden Untersuchungsserie nicht über die Untersuchung zu berichten, um möglichen weiteren Vpn keine Informationsvorteile zu verschaffen bzw. die interne Validität der Untersuchung nicht zu gefährden.

Selbstverständlich sind die Versprechen einzulösen, die man bei der Anwerbung gegeben hat (Auszahlung, Teilnahmebestätigung, Rückmeldetermin usw.).
Wenn es der Vl als notwendig erachtet hat, die Vp zu täuschen, dann muss sie bei dieser Gelegenheit informiert werden. Kommt es aufgrund dieser Rückmeldung oder auch durch das Experiment selbst zu erkennbaren starken psychischen Belastungen, so sind mit der betroffenen Vp so lange Gespräche zu führen, bis die Bewältigung dieser Auswirkungen gelungen ist (vgl. Kapitel 6).

Wird die Vp zu weiteren Untersuchungen benötigt (Messwiederholung), so ist an den (die) weiteren Termin(e) zu erinnern.

Sehr ausführlich und anschaulich berichtet z. B. Huber (1987, S. 109ff.) über die Durchführung experimenteller Untersuchungen.

3.6   Auswertung

Im Ablauf einer empirischen Untersuchung folgt auf die Datenerhebung die Auswertung bzw. die Datenanalyse. Da diesem Schritt in Kapitel 4 hinreichend Platz eingeräumt wird, können wir uns an dieser Stelle kurz fassen und nur den roten Faden, also die Funktion der Auswertung bei der experimentellen Hypothesenprüfung, hervorheben.

3.6.1   Auswahl der statistischen Verfahren (statistische Validität)

Bei der Auswahl eines statistischen Verfahrens zum Zweck der Prüfung der Testhypothesen (sogenannte Signifikanztests) ist nicht nur zu beachten, dass mit diesem Verfahren die jeweils spezifische H_0 geprüft werden kann (vgl. Kapitel 3.4.2). Denn statistische Verfahren sind geduldig und lassen sich immer dann rechnen, wenn man irgendwelche Zahlen vorliegen hat. Die Frage ist allerdings, ob die Anwendung des jeweiligen statistischen Verfahrens gerechtfertigt ist, d. h. ob seine Anwendungsvoraussetzungen erfüllt sind (vgl. Kapitel 4.2).

Dazu zählt in erster Linie die Beachtung des **Skalenniveaus** (vgl. dazu Bortz & Döring, 1995, S. 66ff.). Je höher das Niveau der Skala, auf der die AV gemessen wird, umso genauer die Messung und umso höher die Präzision der Hypothesenprüfung. Wenn also die Behaltensleistung im Lernexperimentbeispiel mit einem Punkt pro korrekt reproduziertem Wort operationalisiert wird, so erfassen wir diese Leistung auf Intervallskalenniveau, denn die Differenz zwischen je zwei benachbarten Skalenwerten ist gleich. Das bedeutet, dass der Abstand zwischen zwei Vpn mit den Messwerten 15 und 16 (reproduzierter Wörter) gleich dem Abstand zwischen den Vpn mit den Messwerten 11 und 12 ist (dabei wird vorausgesetzt, dass es keinen Unterschied macht, welche Wörter behalten werden). Bei der Auswahl des statistischen Verfahrens ist nun zu beachten, welches Skalenniveau für seine Anwendung erforderlich ist. Zu den zu berücksichtigenden Anwendungsvoraussetzungen zählen auch die Annahmen zu den **Verteilungsformen** und der **Varianzhomogenität** der verschiedenen experimentellen Bedingungen (eine ausführliche Darstellung der Anwendungsvoraussetzungen erfolgt in Kapitel 4.2).

Diese Überlegungen zählen zur **statistischen Validität** der Hypothesenprüfung. Einige Autoren zählen dazu auch die korrekte Durchführung des statistischen Verfahrens und die korrekte Interpretation der Ergebnisse (z. B. Hager, 1987, S.113). Cook und Campbell (1979) nehmen schließlich noch die Genauigkeit der Messinstrumente und die Größe der Stichprobe hinzu. Bei der Größe der Stichprobe ist nach unserem Dafürhalten allerdings eher die interne Validität angesprochen, da bei kleinen Stichprobengrößen die Wirksamkeit der Randomisierung und somit die Kontrolle der Versuchspersonenmerkmale fraglich ist.

Definition: Statistische Validität

Zusammenfassend kann man feststellen, dass die **statistische Validität** die Güte der Auswahl und Anwendung statistischer Verfahren und der Interpretation ihrer Ergebnisse beurteilt. Sie wird u. a. durch Verletzungen der Anwendungsvoraussetzungen der statistischen Tests, durch Rechen- bzw. Verfahrensfehler bei ihrer Anwendung und durch falsche Interpretation ihrer Ergebnisse beeinträchtigt.
Eine Einschränkung der statistischen Validität durch Verstöße gegen die Anwendungsvoraussetzungen bewirkt (häufig) unkontrollierte Veränderungen der Fehlerwahrscheinlichkeiten für α (und ß, vgl. Kapitel 4.1). Die tatsächlichen Stichprobenkennwerteverteilungen der Tests weichen von den tabellierten ab, die tatsächlichen Fehlerraten erster und zweiter Art können (teils erheblich) von den nominellen, die ein Forscher sich vorgibt, differieren (vgl. ebenfalls Kapitel 4.1).

3.6.2   Anwendung der Verfahren

Nachdem man sich für ein statistisches Verfahren, z. B. einen t-Test (detaillierte Informationen dazu in Kapitel 4.1), entschieden hat, muss es auf den erhobenen Datensatz angewendet werden. Hierzu setzt man heute in aller Regel Statistikprogramme wie SPSS oder BMDP ein (vgl. Kapitel 4.2.5). Obgleich in diesem Zusammenhang Rechenfehler weitgehend ausgeschlossen werden können, ergeben sich neue Fehlerquellen. So ersetzt ein Statistikprogrammpaket keineswegs gute Kenntnisse der angewendeten statistischen Verfahren. Sie sind vielmehr Voraussetzung für die sinnvolle Auswahl der Optionen, die ein solches Programm zur Verfügung stellt (z. B. die Berechnung einfacher Haupteffekte in SPSS, vgl. Kapitel 4.2.3). Auch die Interpretation der Ergebnislisten erfordert solide statistische Kenntnisse (z. B. die Erstellung der Varianztafel bei Messwiederholung aus den Ergebnislisten in SPSS, vgl. Kapitel 4.2.5.3) für deren korrekte Interpretation. Wie im vorausgegangenen Abschnitt erörtert wurde, können Fehler bei der Bedienung der Programme und der Interpretation ihrer Ergebnisse die statistische Validität der Hypothesenprüfung entscheidend beeinträchtigen.

3.6.3   Hypothesenentscheidung

Sinn der Anwendung statistischer Signifikanztests ist die Entscheidung über das Zutreffen bzw. Nichtzutreffen der Testhypothesen H_0 und H_1. *Die H_1 kann nicht direkt überprüft werden.* Vielmehr fällt die Entscheidung darüber, ob die H_1 angenommen werden kann (oder nicht) dadurch, dass die H_0 überprüft wird (vgl. Kapitel 4.1.1). Diese kann aufgrund des Testergebnisses beibehalten (nicht abgelehnt) oder abgelehnt werden. Im Fall der Beibehaltung der H_0 gilt die H_1 als (statistisch) nicht nachgewiesen, im Fall der Ablehnung der H_0 gilt die H_1 als angenommen (statistisch nachgewiesen). Im engeren Sinne kann die H_0 nicht statistisch nachgewiesen werden. Man kann sie also allenfalls beibehalten bzw. nicht ablehnen.

Sprachgebrauch

Aufgrund des Ergebnisses eines Signifikanztests ist die
H_0 **beizubehalten** (nicht abzulehnen) bzw. **abzulehnen** und folglich die
H_1 **statistisch nicht nachzuweisen** bzw. **anzunehmen** (statistisch nachzuweisen).

Das konkrete Vorgehen bei der Überprüfung der Testhypothesen besteht also darin, dass man ein statistisches Verfahren auswählt, welches die Testhypothesen möglichst direkt und exakt prüft und für welches die Anwendungsvoraussetzungen erfüllt sind. Die Ergebnisse der Signifikanztestanwendung ermöglichen die Entscheidung darüber, ob die H_1 angenommen werden kann oder statistisch nicht nachzuweisen ist. Wenn mehrere Testhypothesenpaare zu überprüfen sind, wiederholt sich dieser Ablauf entsprechend.

3.6.4   Explorative Datenanalyse

Nachdem alle Testhypothesen überprüft sind, ist die **hypothesenprüfende Auswertung** der erhobenen Daten beendet. Häufig schließen sich weitere Auswertungsschritte an, die nicht direkt mit der Überprüfung der Hypothesen verknüpft sind. So könnte man im Lernexperimentbeispiel etwa daran interessiert sein, ob – über alle Bedingungen hinweg – weibliche Vpn bessere Behaltensleistungen erzielen als männliche Pbn. Ein möglicher Mittelwertunterschied könnte auch auf Signifikanz überprüft werden. Gegen dieses Vorgehen ist solange nichts einzuwenden, als der Status der Ergebnisse beachtet wird. Die hypothesenprüfende Auswertung ermöglicht Aussagen, die sich wissenschaftlich bewährt haben. Konnte beispielsweise die H_1 für das Lernexperiment statistisch nachgewiesen werden, so ist die (vereinfachte) Aussage, dass die geordnete Präsentation von Lernmaterial der ungeordneten überlegen ist, als wissenschaftlich bewährt anzusehen (zum Grad der Bewährung und zur

Verallgemeinerbarkeit vgl. Kapitel 3.7). Für die zusätzlichen Auswertungsschritte gilt dieses Merkmal nicht. Zeigt sich z. B. eine Überlegenheit der weiblichen im Vergleich zu den männlichen Pbn in der Behaltensleistung, so hat diese Aussage **hypothetischen Charakter**, da die Untersuchung nicht zu ihrer Überprüfung angelegt war, sondern lediglich als Datenbasis zur **Generierung von neuen Hypothesen** herangezogen werden kann (vgl. Kapitel 1.4.5). Diese Hypothesen müssen dann in einer weiteren, speziell dafür angelegten Untersuchung (am besten auch an anderen Vpn) überprüft werden. Man bezeichnet diese zusätzlichen Auswertungsschritte deshalb auch als **explorative Auswertung** oder explorative Datenanalyse.

Der statistische Nachweis eines ermittelten, nicht hypothesenrelevanten Mittelwertsunterschieds ändert nichts an diesem Sachverhalt. Allerdings kann man die Auffassung vertreten, dass in der explorativen Datenanalyse ermittelte Signifikanzen als Hinweise darauf zu werten sind, für welche der generierten Hypothesen sich der – wie zwischenzeitlich offensichtlich geworden sei müsste – doch erhebliche Aufwand lohnen könnte, weitere gezielte Untersuchungen anzustellen.

3.7   Interpretation und Diskussion der Ergebnisse (Situationsvalidität)

Wird eine theoretisch-inhaltliche Hypothese bis zu den Testhypothesen abgeleitet und werden diese mit einem adäquaten statistischen Verfahren überprüft, so können wir die bereits bekannten Aussagen treffen:

- Die Alternativhypothese H_1 kann entweder statistisch nachgewiesen oder nicht nachgewiesen werden.
- Die Nullhypothese H_0 kann entsprechend entweder zurückgewiesen oder beibehalten werden.

Was aber bedeuten diese Interpretationen **im Rückschluss** für die SV, die EIH und die TIH? Bedeutet der statistische Nachweis der H_1 auch automatisch die Gültigkeit der zugehörigen SV, EIH und TIH? Und bedeutet analog dazu der missglückte statistische Nachweis der H_1 die Ungültigkeit der zugehörigen SV, EIH und TIH? Diese Frage nach „dem Weg zurück" ist gleichbedeutend mit der Frage nach der Bewertung der wissenschaftlich-inhaltlichen Hypothesen (EIH und TIH) im Anschluss an die Überprüfung der zugehörigen Testhypothesen. Die Antwort darauf lässt sich ohne Einbezug unterschiedlicher Güte- bzw. Validitätskriterien nicht geben.

Die Ebene der statistischen Vorhersage (SV): Wenn die SV direkt in eine testbare statistische Hypothese mündet, so ist die **Entscheidung** auf der Ebene der Testhypothesen mit der nächsthöheren Ebene der SV identisch. Ist die H_1 statistisch nachgewiesen, so gilt auch die SV als nachgewiesen.

Die Ebene der inhaltlichen Hypothesen (EIH und TIH): Hier sprechen wir nicht mehr von Entscheidungen, sondern von **Beurteilungen oder Bewertungen**. Zunächst ist die korrekte Ableitung der Testhypothesen und ihre adäquate statistische Überprüfung festzustellen (Ableitungsvalidität, statistische Validität). Ist diese gegeben, so fragt man auf der **Ebene der EIH** nicht nur nach der Signifikanz der Ergebnisse der statistischen Tests, sondern auch nach der Effektgröße (vgl. Kapitel 2.4.1 und 4.1). Als „bewährt" wäre eine EIH zu beurteilen, wenn die H_1 statistisch nachgewiesen und die geplante Effektgröße erreicht ist. Als „bedingt bewährt" gilt jener Fall, bei dem die Effektgröße nicht erreicht wird. Entsprechend wählt man im Fall des fehlenden statistischen Nachweises der H_1 die Bezeichnungen „nicht bewährt" und „bedingt nicht bewährt". In Box 15 werden diese Beurteilungsschritte anhand des Lernexperimentbeispiels veranschaulicht.

Die **Bewertung der TIH** wird sich anschließend nahezu ausschließlich auf nichtstatistische Überlegungen stützen. Hier wird die Beurteilung der verschiedenen Aspekte der Validität der Untersuchung in hohem Ausmaß relevant.

- Liegen keine gravierenden Verletzungen der internen Validität vor, so kann kausal interpretiert werden. Dagegen muss bei quasiexperimentellen Faktoren bzw. Plänen immer darauf hingewiesen werden, dass der beobachtete Mittelwertsunterschied durch die UV und/oder mindestens **eine Störvariable** bedingt sein kann.
- Ist die Populationsvalidität – z. B. beim Vorliegen einer einfachen Zufallsstichprobe (vgl. dazu Kapitel 3.5.1.1) – gewährleistet, so kann man von der untersuchten Stichprobe auf die zugehörige Grundgesamtheit verallgemeinern.
- Die Beurteilung der Variablenvalidität ermöglicht Aussagen darüber, ob über die gewählten Operationalisierungen der AV(n) und UV(n) hinaus verallgemeinert werden kann oder nicht. Die im Lernexperiment gewählte Form der Bestimmung der Behaltensleistung mittels der Anzahl korrekt reproduzierter Wörter trifft einen **zentralen Bedeutungsaspekt** der AV und erfordert deshalb keine besonderen Einschränkungen bei der Interpretation. Diese sind allerdings bezüglich der UV notwendig, denn mit der kategorialen Präsentation von Lernmaterial ist die geordnete Präsentation von Wortlisten zwar durchaus valide operationalisiert, aber es sind viele andere Möglichkeiten dafür denkbar (z. B. anderes Lernmaterial), so dass bei der Interpretation der TIH explizit auf diese Einschränkung aufmerksam gemacht werden muss.
- Die letzte Verallgemeinerung/Einschränkung betrifft die Untersuchungssituation. Die Definition der externen Validität (vgl. Kapitel 3.5.1.4) beinhaltet bereits den Verweis auf die hier zu besprechende **Situationsvalidität**: Die externe Validität beurteilt im Sinne eines Gütekriteriums hier speziell die Übertragbarkeit (Generalisierbarkeit, Verallgemeinerbarkeit) der Untersuchungsergebnisse auf andere Situationen. Die spezifische Frage lautet also: Ist es gerechtfertigt, von der (quasi)experimentellen Untersuchungssituation auf andere Situationen zu verallgemeinern?

Dabei ist es in der Regel nicht das Ziel, auf alle denkbaren Situationen zu generalisieren. Vielmehr hat man häufig spezifische Umgebungen im Sinn, so wie im Lernexperimentbeispiel insbesondere Lernumgebungen (Schule, Universität usw.) von Interesse sind. Wird eine Klasse in ihrer normalen Umgebung untersucht (im Klassenzimmer), dann kann man davon ausgehen, dass die Situationsvalidität hoch ist. Einschränkungen in der diesbezüglichen Verallgemeinerbarkeit sind offenkundig, wenn demgegenüber die Schüler einzeln im Labor beobachtet bzw. getestet werden. Diese Einschränkungen sind bei der Interpretation der TIH zu erwähnen.

Mit anderen Worten kann man – wie schon erörtert – die Beurteilung (Bewertung) der TIH auch verstehen als ihre Interpretation im Sinne der Festlegung ihres **spezifischen Anwendungsbereichs** oder **Geltungsbereichs**. In Box 16 wird der Rückschluss am Beispiel des Lernexperiments nochmals veranschaulicht. In Kapitel 3.9 diskutieren wir den Stellenwert der unterschiedlichen Validitätsaspekte sowie Möglichkeiten zur Erweiterung des Geltungsbereichs einer Hypothese.

Box 15: „Der Weg zurück": Beurteilung der EIH

Im Lernexperimentbeispiel waren aus der EIH
EIH: „Wenn Personen eine gruppierbare Liste mit 20 Wörtern geordnet präsentiert erhalten (5 Wörter der ersten Kategorie, dann 5 Wörter der zweiten Kategorie usw.), dann erinnern sie beim freien Reproduzieren **zumeist mehr** Wörter als Personen, denen die gleiche Liste ungeordnet (die Wörter folgen in gemischter Reihenfolge aufeinander) dargeboten wird."

die Testhypothesen **TH:** $H_1: \mu_1 > \mu_2,$
                                $H_0: \mu_1 \leq \mu_2$
abgeleitet worden.

Gehen wir davon aus, dass zwei dritte Klassen einer Grundschule zur Überprüfung der Testhypothesen untersucht wurden und dass die H_1 mit Hilfe des t-Tests statistisch nachgewiesen wurde (p = 0,019, Eta^2 = 0,22), so ist die Frage nach der Beurteilung der zugehörigen EIH zu beantworten. Vorab festgelegt wurde ein Signifikanzniveau von α = 5 % und eine Effektgröße von 20 % aufgeklärter Varianz. Weiterhin nehmen wir an, dass die Ableitungsvalidität bis auf die Ebene der Testhypothesen (vgl. Kapitel 3.4) sowie die statistische Validität (vgl. Kapitel 3.6) gegeben sind.

Der statistische Nachweis der H_1 erfolgte über die Ablehnung der H_0 bei der genannten Überschreitungswahrscheinlichkeit von 1,9 % (im Vergleich zu α = 5 %). Nachdem die festgelegte Effektgröße von 20 % mit einem Eta^2 = 0,22 erreicht (und übertroffen) wurde (genauere Informationen zur Effektgröße in Kapitel 4.1), können wir die EIH als „bewährt" beurteilen: die oben genannte EIH hat sich in der zu ihrer Überprüfung durchgeführten experimentellen Untersuchung **bewährt**. Wäre der aufgeklärte Varianzanteil unter 20 % geblieben, so hätten wir formulieren müssen, dass sich die EIH **bedingt bewährt** hat.

Aufgrund des quasiexperimentellen Untersuchungsplans VPL1Q (vgl. Kapitel 2.3.2.2) muss jedoch beachtet werden, dass die Kausalrelation zwischen UV und AV nur eingeschränkt gilt, da durch die nichtrandomisierte Zuweisung der Pbn zu den experimentellen Bedingungen Störvariablen (Versuchspersonenmerkmale) die AV mitbeeinflusst haben könnten. Da es sich außerdem um eine Gruppenuntersuchung in der natürlichen Umgebung handelt, könnten auch situative Merkmale störend Einfluss genommen und die Wirkung auf die AV moderiert haben. Aufgrund der solchermaßen eingeschränkten internen Validität kann die Kausalaussage nur mit Zurückhaltung bzw. Vorsicht getroffen werden.

Definition: Situationsvalidität

So wie die Populationsvalidität die Übertragbarkeit der Untersuchungsergebnisse auf andere Personen beurteilt, bewertet die **Situationsvalidität** die Möglichkeit, die Untersuchungsergebnisse auf andere Situationen zu verallgemeinern. Die Zielsituation wird – analog zur Zielpopulation – durch die Hypothese bestimmt.

Box 16: „Der Weg zurück":

Beurteilung der TIH - Festlegung des Geltungsbereichs

Im Lernexperimentbeispiel waren aus der TIH
TIH: Wenn Lernmaterial kategorial präsentiert wird, dann wird es zumeist besser behalten!

die Testhypothesen **TH:** $H_1: \mu_1 > \mu_2$,
$\qquad\qquad\qquad\qquad\qquad H_0: \mu_1 \leq \mu_2$
abgeleitet worden.

Gehen wir davon aus, dass zwei dritte Klassen einer Grundschule zur Überprüfung der Testhypothesen untersucht wurden und dass die H_1 statistisch nachgewiesen wurde, so ist die Frage nach dem Geltungsbereichs der zugehörigen TIH zu beantworten.

In Bezug auf die Population kann zunächst davon ausgegangen werden, dass die Hypothese vorläufig für Schüler der dritten Grundschulklasse gilt (Populationsvalidität). Mit Vorsicht könnte man diese Interpretation für die benachbarten Klassen 2 und 4 übernehmen.

Die Untersuchungssituation entspricht weitgehend der Zielsituation, wenn bei der Formulierung der Hypothese an Frontalunterricht gedacht war (Situationsvalidität).

In diesem Fall wäre der Geltungsbereich zunächst auf das schulische Umfeld zu beschränken. Ob die Hypothese auch für das universitäre Umfeld (sowohl von der Population als auch von der Situation aus gesehen) gilt, wäre gesondert zu untersuchen (systematische Replikation; vgl. Kapitel 3.9 und Box 17).

Schließlich wäre einschränkend weiterhin zu bemerken, dass die Hypothese für das Lernen von Wortlisten gilt (Variablenvalidität). Ob sie sich auch bei anderen Lernmaterialien (Texten, Formeln, Abbildungen, Noten usw.) bewährt, müsste erneut mittels systematischer Replikation gesondert überprüft werden.

Mithilfe der **Aspekte der externen Validität** (Populationsvalidität, Situationsvalidität und Variablenvalidität) wird somit zunächst der **Geltungsbereich** der überprüften Hypothese interpretativ **festgelegt**.

3.8   Publikation der Untersuchung

Eine Wissenschaft lebt von der Diskussion der gesammelten Erkenntnisse. Um aber zu dieser Diskussion zu kommen, müssen die Erkenntnisse veröffentlicht (publiziert) und damit der Wissenschaftsgemeinde zur Kenntnis gebracht werden. Diese Publikationen sollen gemäß formaler Richtlinien zur Manuskriptgestaltung erfolgen. Dazu schreibt Weinert (1997) im Vorwort zur ersten Auflage des von der Deutschen Gesellschaft für Psychologie veröffentlichen Buchs „Richtlinien zur Manuskriptgestaltung":

„Es gibt viele Gründe, durch möglichst verbindliche Richtlinien auf eine Vereinheitlichung psychologischer Publikationen im deutschsprachigen Bereich hinzuwirken. Unser Fach hat inzwischen einen beachtlichen Grad an Professionalität erreicht, und es erscheint deshalb erforderlich, dass alle am wissenschaftlichen Erkenntnisprozess Partizipierenden schnell, sicher und unter Vermeidung von Missverständnissen wichtige Veröffentlichungen lesen können. Dies wird erleichtert, wenn bestimmte formale Gestaltungsmerkmale des Textes einheitlich sind. Man braucht nur an die Benutzung von Literaturverweisen oder an das Studieren von Tabellen und Abbildungen zu denken, um die erleichternde Wirkung einer vereinheitlichten Manuskriptgestaltung zu begreifen. Aber auch für die Verfasser von Manuskripten erweisen sich Richtlinien als hilfreich. Fast jeder Wissenschaftler publiziert in verschiedenen Zeitschriften, veröffentlicht in unterschiedlichen Verlagen. Hat jedes einzelne Publikationsorgan seine eigenen Regeln, so ist ein ständiger, zeitaufwendiger und fehleranfälliger Anpassungsvorgang unvermeidlich" (S. 9).

Die Richtlinien der Deutschen Gesellschaft gelten allgemein, d. h. sie sind nicht in besonderer Weise auf die Veröffentlichung experimenteller Untersuchungen ausgerichtet. Diese Spezifizierung geschieht in dem Buch von Hager und Spies „Versuchsdurchführung und Versuchsbericht", welches 1991 erschienen ist und neben formalen Gestaltungsprinzipien auch die hier ausgeführten methodisch-methodologischen Überlegungen von Hager (1987) vermittelt. Dazu die Autoren:

„Der vorliegende Leitfaden entstand im Rahmen der Lehrveranstaltungen Experimentalpsychologisches Praktikum 1 und 2" (3. und 4. Semester) in Göttingen, in denen die Studenten immer wieder den Wunsch äußerten, in möglichst kurzer Form über die wesentlichen Gesichtspunkte bei der Erstellung von Praktikumsberichten informiert zu werden. Vor der Veröffentlichung der neuen Zitierrichtlinien der Deutschen Gesellschaft für Psychologie (DGPs, 1987) konnten die Studenten an die einschlägige Arbeit von Fisch und Ugarte verwiesen werden, die 1977 in der „Psychologischen Rundschau" unter dem Titel „Richtlinien für die Abfassung einer wissenschaftlichen Arbeit auf dem Gebiet der Psychologie" erschienen war. Durch die neuen Vorgaben der DGPs reicht der Rückgriff auf den Artikel von Fisch und Ugarte beim Abfassen eines Praktikumsberichtes oder einer anderen wissenschaftlichen Arbeit nicht mehr aus, sondern parallel müssten jeweils die neuen Zitierrichtlinien (DGPs, 1987) herangezogen werden.

Um zu vermeiden, dass die Studenten jeweils parallel **zwei** Publikationen benötigen, um nur **eine** wissenschaftliche Arbeit formal richtig gestalten zu können, haben wir uns entschlossen, den vorliegenden Leitfaden zu erstellen, der einerseits auf den Richtlinien von Fisch und Ugarte (1977) aufbaut und der andererseits versucht, die neuen Vorgaben der DGPs (1987) zu berücksichtigen und umzusetzen, allerdings mit einigen wichtigen Einschränkungen" (S. 3).

Da die beiden Bändchen präzise und übersichtlich geschrieben sind, begnügen wir uns mit diesem Hinweis und ersparen uns aus Platzgründen eine zusammenfassende Darstellung.

3.9   Zur Priorität der internen Validität

Aus vielen bisherigen Ausführungen ist zu entnehmen, dass interne und externe Validität in einem Spannungsverhältnis zueinander stehen. Beispielsweise spezifizieren viele Maßnahmen zur Kontrolle von Störfaktoren die Situation und beeinträchtigen damit die Situationsvalidität. Campbell und Stanley (1963), die diese Konzepte entwickelt haben, geben zwar der **internen Validität** das **uneingeschränkte Primat**, räumen der externen Validität aber ebenfalls einen hohen Stellenwert ein, wenn sie bemerken, dass die Wahl von Anordnungen (Versuchsplänen), die hinsichtlich beider Formen der Gültigkeit zufriedenstellend sind, ganz sicher das erstrebenswerte Ideal darstellen.

In diesem Sinne erfreuen sich bei vielen Wissenschaftlern Kontrollmethoden hoher Beliebtheit, die – wie in Kapitel 3.3.2 gezeigt – die interne Validität erhöhen und gleichzeitig die externe Validität nicht beeinträchtigen bzw. umgekehrt. Hierzu zählen die „systematische Variation", die „statistische Kontrolle" (z. B. Kovarianzanalyse) und die „Randomisierung".

Aus der von uns eingenommenen Position zur experimentellen Hypothesenprüfung gesehen ist es allerdings nicht berechtigt, psychologische Experimente immer wieder wegen ihrer Künstlichkeit zu kritisieren. Insbesondere verliert das Argument an Gewicht, dass psychologische Laborexperimente nur eine geringe externe Validität haben, weil ihre Ergebnisse nicht auf andere, natürliche Situationen und andere (nichtstudentische) Populationen verallgemeinert werden können.

Grundposition
Denn grundlagenwissenschaftliche Experimente werden nicht durchgeführt, um Informationen über natürliche Populationen und Situationen zu gewinnen. Sie dienen vielmehr dazu, kausale Hypothesen zu überprüfen, die eben gerade keine Aussagen zu natürlichen Situationen machen (wollen), sondern sich auf Situationen beziehen, die insofern künstlich sind, als außer den explizit auf ihre Wirkung hin untersuchten Variablen alle anderen Bedingungen gleich sein sollen (Ceteris-paribus-Bedingung). Die externe Validität im Sinne von Campbell und Stanley (1963) gehört aus dieser Sicht also nicht mehr zu den Gütemerkmalen grundlagenwissenschaftlicher Experimente (vgl. auch die strukturalistische Position, z. B. Westermann, 1987, S. 26ff.).

Ob sich das Resultat einer einzelnen Untersuchung unter anderen situativen Bedingungen und für andere Probandengruppen replizieren lässt oder nicht, ist somit kein

Merkmal mehr für die positive oder negative Bewertung dieser Untersuchung. *Vielmehr erfolgt die Beurteilung einer Untersuchung nach den übrigen Validitätsaspekten und nach ihrer Präzision, bei Angabe einer nach den verschiedenen Aspekten der externen Validität sorgfältig vorgenommenen Festlegung des spezifischen Geltungs- bzw. Anwendungsbereichs* (vgl. Box 17, Kapitel 7).

Dennoch können Fragen nach der Verallgemeinerbarkeit natürlich von größtem Interesse sein. Allerdings muss dann ein mehrschrittiges Vorgehen gewählt werden, in welchem sukzessiv der Geltungsbereich **überprüft** (erweitert bzw. eingeschränkt) wird. So ist es im Anfangsstadium der Arbeit mit einer Hypothese (auf dem Hintergrund einer Theorie) besonders informativ, ob sie sich wenigstens unter idealen Bedingungen bewährt, während es später besonders interessant sein wird zu untersuchen, ob dies auch unter weniger künstlichen Umständen und mit natürlichen Stichproben der Fall ist. *Auf diese Weise kann man Schritt für Schritt die Grenzen der erfolgreichen Anwendbarkeit einer Hypothese austesten.*

Die Methode der Wahl zur Ermöglichung von Generalisierungen stellt somit die **Replikation** dar (siehe z. B. Petermann, 1989). Diese Wiederholung einer Untersuchung kann zwei Formen annehmen:

1. die direkte Replikation und
2. die systematische Replikation.

Bei der direkten Replikation besteht das Ziel darin, eine Untersuchung so exakt wie möglich zu wiederholen, um die Zuverlässigkeit (Reliabilität) der Ergebnisse der ersten Untersuchung zu prüfen. Führt die Untersuchungswiederholung unter diesen Bedingungen zu den gleichen Ergebnissen, dann erhöht sich auch die interne Validität. Dieser Aspekt ist besonders für jene Fälle interessant, bei denen die interne Validität beispielsweise aufgrund mangelhafter Kontrolle von Störvariablen eingeschränkt war und damit Kausalaussagen nur mit Vorsicht getätigt werden konnten. Liefert eine direkte Replikation die gleichen Ergebnisse, so steigt die Berechtigung, kausal zu interpretieren, da die Wahrscheinlichkeit der Mitbestimmung der Ergebnisse durch unbekannte Störvariablen mit der gelungenen Replikation sinkt.

Die systematische Replikation dient der sukzessiven Überprüfung des Anwendungs- bzw. Geltungsbereichs einer Hypothese. Bei der Wiederholung einer Untersuchung wird nur **ein** Merkmal geändert. Bleiben die Ergebnisse gleich, so kann der Geltungsbereich der Hypothese auf dieses veränderte Merkmal erweitert werden. Um eine systematische Replikation handelt es sich beispielsweise dann, wenn die gleiche Untersuchung mit einer anderen Stichprobe oder einer anderen Operationalisierung der AV(n) oder in einer anderen Umgebung durchgeführt wurde. Durch mehrere systematische Replikationen schaffen wir die Möglichkeit, nicht nur Auskunft darüber zu geben, ob externe Validität vorliegt oder nicht, sondern es kann sehr viel differenzierter bestimmt werden, unter welchen Bedingungen die Hypothese zutrifft bzw. nicht zutrifft. Box 17 beschäftigt sich im Kontext des Lernexperimentbeispiels mit diesen Funktionen der verschiedenen Formen der Replikation.

Wenn die interne Validität hier mit hoher Priorität versehen wird, so heißt das nicht, dass die Variablenvalidität, die Ableitungsvalidität und die statistische Validität vernachlässigt werden dürfen. Nachdem sich diese Aspekte einander nicht ausschließen, besteht dazu auch keinerlei Anlass. Dagegen entwickeln sich die interne Validität und Präzision bei manchen versuchsplanerischen Maßnahmen gegenläufig. So festigt zwar die Kontrolltechnik der „zufälligen Variation" die interne Validität, erhöht aber gleichzeitig die Sekundärvarianz und senkt damit die Präzision (vgl. Kapitel 3.3.2). In diesen Fällen hat die **interne Validität Vorrang gegenüber der Präzision**. In allen anderen Fällen muss es das Ziel sein, die zuletzt genannten Aspekte der Validität **und** die Präzision zu maximieren.

Box 17: Erweiterung des Geltungsbereichs der TIH durch Replikationen

Mithilfe der **Aspekte der externen Validität** (Populationsvalidität, Situationsvalidität und Variablenvalidität) wird – wie in Box 16 gezeigt – zunächst der **Geltungsbereich** der überprüften Hypothese interpretativ **festgelegt**. Durch Untersuchungswiederholungen im Sinne der **systematischen Replikation** kann – im Anschluss daran – der **Geltungsbereich ausgetestet** werden. Damit ist gemeint, dass durch die Variation eines einzigen Merkmals bei gleichbleibenden Ergebnissen eine entsprechende Erweiterung des Geltungsbereichs möglich wird. In einer ersten systematischen Replikation könnte man beispielsweise das Lernexperiment bei Sechstklässlern wiederholen, um – gleichbleibende Ergebnisse vorausgesetzt – den Anwendungsbereich auf diese Altersklasse erweitern zu können. Bestätigt sich das Ergebnis der Ursprungsuntersuchung nicht – ist also die H_1 statistisch nicht mehr nachweisbar –, so kann die Erweiterung nicht vorgenommen werden. Das Beispiel zeigt, dass auch dieses Ergebnis (ein nicht signifikanter Mittelwertsunterschied bzw. die Beibehaltung der H_0) sehr informativ ist, und zwar aus wissenschaftlicher ebenso wie aus anwendungsorientierter Sicht. Die beobachtbare Tendenz, vorwiegend signifikante Untersuchungsergebnisse zu publizieren, ist aus wissenschaftstheoretischer Sicht also nicht gerechtfertigt. Viele solcher systematischen Wiederholungen erbringen letztlich ein **relativ vollständiges Bild zum Anwendungsbereich einer Hypothese**. In Kapitel 7 greifen wir diese Überlegungen im Zusammenhang mit der Erstellung, Bewertung und Veränderung von Theorien nochmals auf.

Schließlich soll hier noch die **direkte Replikation** veranschaulicht werden. Dabei handelt es sich um eine möglichst identische Untersuchungswiederholung, also ohne Variation von Untersuchungsmerkmalen. Ergeben sich dabei gleiche Ergebnisse wie bei der Ursprungsuntersuchung, dann ist erstens die **Reliabilität** der Ergebnisse gesichert und zweitens die **interne Validität** der Hypothesenprüfung erhöht. Im vorliegenden Beispiel handelt es sich um einen quasiexperimentellen Versuchsplan VPL1Q mit einer daraus folgenden eingeschränkten internen Validität (vgl. Kapitel 2.3.2.2) und der Notwendigkeit, die Kausalrelation zurückhaltend zu formulieren (vgl. Box 15). Durch eine Ergebnisbestätigung mittels direkter Replikation erhöht sich die interne Validität und die vorsichtige Kausalinterpretation kann gelockert werden. Bei wiederholter Ergebnisbestätigung durch direkte Replikation kann eine uneingeschränkte Kausalinterpretation erreicht werden.

Abschließend noch eine ergänzende Überlegung zum Konzept der externen Validität. Natürlich kann die externe Validität aufgrund der Fragestellung eine besondere Bedeutung erhalten. Lautet die Hypothese beispielsweise „Frustration führt vor allem im sozialen Kontext zu Aggression", so muss dieser soziale Kontext möglichst realitätsnah operationalisiert werden. Vor allem hinsichtlich der Präzision sind damit dann in der Regel Einschränkungen verbunden, die in Kauf genommen werden müssen.

4 Auswertung

4.1 Der Signifikanztest zur Überprüfung statistischer Hypothesen

Das in der Wissenschaft Psychologie am häufigsten eingesetzte **Verfahren zur Überprüfung von Hypothesen** ist der **statistische Signifikanztest**. Ungeachtet der Kritik an diesem Verfahren (z. B. Cohen, 1994) soll hier das in der Psychologie gängige Vorgehen zur Überprüfung psychologischer Hypothesen mittels Signifikanztest vorgestellt werden.

Dabei erfolgt zunächst die Darstellung des auf R. A. Fisher (Fisher, 1959) zurückgehenden Verfahrens, das auch am häufigsten angewendet wird. Wegen einiger grundsätzlicher Mängel dieses Verfahrens erfolgt dann eine Erweiterung, die eine gezieltere Hypothesenprüfung und bessere Informationsausschöpfung erlaubt. Die Darstellung anderer Auswertungsverfahren, wie z. B. auf der Bayes-Statistik beruhende Methoden, würden den Rahmen dieses Buches sprengen; sie werden auch bei weitem nicht so häufig eingesetzt (siehe Ostmann & Wutke (1994) für eine zusammenfassende Darstellung sowohl der klassischen Verfahren nach Fisher und Neyman/Pearson als auch des Bayesschen Ansatzes).

Der Signifikanztest überprüft Hypothesen auf der Ebene der statistischen Testhypothesen, die aus der statistischen Vorhersage abgeleitet werden und ihr in vielen Fällen entsprechen (vgl. Kapitel 3.4). In diesem Kapitel wollen wir uns nur mit den Problemen auf der Ebene des statistischen Tests beschäftigen. Das Problem der Ableitung der statistischen Hypothesen aus der theoretisch-inhaltlichen Hypothese wurde in Kapitel 3.4 und der Rückschluss vom Ergebnis des statistischen Tests auf die theoretisch-inhaltliche Hypothese in Kapitel 3.7 behandelt.

Beim Signifikanztest werden grundsätzlich Hypothesen über die Eigenschaften einer oder mehrerer Populationen überprüft. Die Überprüfung erfolgt anhand einer Stichprobe, die per Zufall aus dieser Population gezogen wird. Aus der Hypothese über die Eigenschaften der Population werden bestimmte Vorhersagen abgeleitet, in welchen Bereich ein Kennwert (z. B. Mittelwert) der gezogenen Stichprobe bei Gültigkeit der Hypothese fallen müsste. Fällt der entsprechende Kennwert der Stichprobe nicht in den erwarteten Bereich, schließen wir, dass die Hypothese nicht zutrifft.

Der Einsatz eines **statistischen Tests** ist dadurch begründet, dass in der Psychologie Hypothesen meist als quasiuniverselle Hypothesen (vgl. Kapitel 1.4.3) formuliert sind, in denen z. B. behauptet wird, dass eine bestimmte Aussage für die *meisten* Personen/Situationen gilt oder dass eine bestimmte Aussage *im Durchschnitt* gilt. Es handelt sich also um Aussagen über Populationsparameter und nicht um Aussagen, die für jede einzelne Person einer Population Gültigkeit beanspruchen. Wenn eine solche quasiuniverselle Hypothese nicht für die gesamte Population geprüft werden kann, wird ein statistischer Test durchgeführt, der es erlaubt, trotz unvollständiger Informationsbasis zu einer Entscheidung bezüglich der Richtigkeit der Hypothese zu gelangen.

Diese Entscheidung kann allerdings auch falsch sein, da sie ja nicht auf der Beobachtung aller Personen oder Objekte beruht, über die eine Aussage gemacht werden soll. Der statistische Test kann also die statistische Vorhersage niemals im strengen Sinne „beweisen" oder „falsifizieren", weil die Entscheidung mit einer bestimmten Fehlerwahrscheinlichkeit einhergeht. Damit die Wahrscheinlichkeit einer falschen Entscheidung aber möglichst klein und genau zu quantifizieren ist, muss die Durchführung des Signifikanztestes bestimmten Regeln folgen, die nachfolgend beschrieben werden.

Es gibt sehr viele verschiedene statistische Signifikanztests, die je nach Anzahl, Skalenniveau und Verteilung der Variablen eingesetzt werden (z. B. t-Test, Varianz-analyse, Chi-Quadrat-Test usw.). Im Rahmen der experimentellen Hypothesenprü-fung kommen der Varianzanalyse und dem t-Test die größte Bedeutung zu. Beide Verfahren prüfen Hypothesen über Mittelwertsunterschiede. Die Varianzanalyse als Auswerteverfahren für komplexere Versuchspläne wird in Kapitel 4.2 näher be-schrieben.

4.1.1   Logik und Schritte des Signifikanztests

Zunächst sollen kurz die Logik und die einzelnen Schritte bei der Durchführung des Signifikanztests beschrieben werden. Die einzelnen Elemente werden in den nach-folgenden Unterkapiteln noch näher erläutert.

1. Der statistische Signifikanztest geht von einer Hypothese (Nullhypothese) aus, deren Richtigkeit überprüft wird.
    Diese Nullhypothese (H_0) beinhaltet in der Regel die Aussage, dass es zwischen zwei Parametern keinen Unterschied oder keinen Zusammenhang gibt (daher der Name). Sie steht oftmals im Widerspruch zur „eigentlichen" Hypothese des For-schers (Forschungshypothese bzw. Alternativhypothese, H_1), die besagt, dass zwei Gruppen sich hinsichtlich eines bestimmten Merkmals unterscheiden (z. B. Personen der Versuchsgruppe 1 lernen mehr Wörter als Personen der Versuchs-gruppe 2). Da die Nullhypothese und die Forschungshypothese ein Gegensatz-paar bilden, kann man aus dem Nichtzutreffen der Nullhypothese auf das Zutref-fen der Forschungshypothese schließen.
2. *Es wird die Annahme gemacht, dass die Nullhypothese in der Population zu-trifft.*
3. *Beruhend auf dieser Annahme werden Voraussagen über einen Stichproben-kennwert* (z. B. den Stichprobenmittelwert $\bar{y}$) *gemacht, der dem in der Null-hypothese spezifizierten Parameter* (also z. B. dem Populationsmittelwert μ) *entspricht.* Es wird eine sogenannte **Stichprobenkennwerteverteilung** (engl. sampling distribution) konstruiert. Dies ist die Verteilung, die sich ergibt, wenn man (theoretisch) unendlich viele Stichproben des Umfangs n aus der Population zieht und jedes Mal diesen Kennwert berechnet. Die Stichproben-

kennwerteverteilung gibt also an, mit welcher Wahrscheinlichkeit alle möglichen Stichprobenergebnisse jeweils auftreten (Bortz & Döring, 1995; siehe
auch Abbildung 4.1).

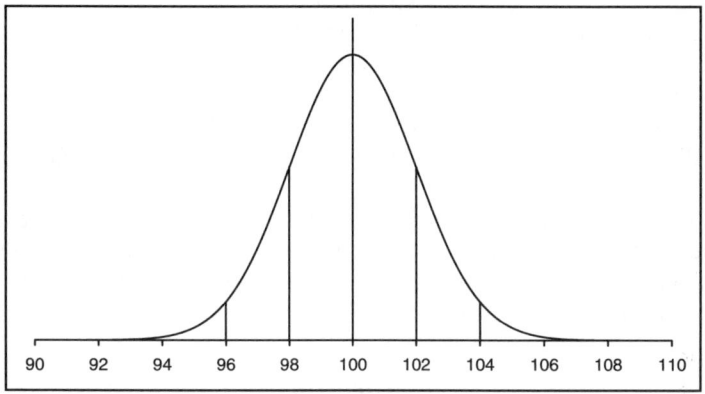

Abbildung 4.1: Stichprobenkennwerteverteilung für die H_0: μ = 100. Die Standardabweichung in der Stichprobe beträgt 10, der Stichprobenumfang n = 25. Daraus resultiert eine
Standardabweichung der Stichprobenkennwerteverteilung von $10 / \sqrt{25} = 2$.
Die Fläche unter der Kurve entspricht der Wahrscheinlichkeit für das Auftreten bestimmter
Stichprobenmittelwerte: Am wahrscheinlichsten ist ein Stichprobenmittelwert von 100 oder
in der Nähe von 100; Werte zwischen 98 und 100 sind genauso wahrscheinlich wie zwischen
100 und 102. Werte zwischen 96 und 98 sind weniger wahrscheinlich als zwischen 98 und
100. Werte kleiner als 96 oder größer als 104 haben eine geringe Wahrscheinlichkeit.

4. Innerhalb dieser Verteilung werden Bereiche definiert, in die der Stichproben-
    kennwert mit großer bzw. geringer Wahrscheinlichkeit fallen müsste (wenn die
    H_0 stimmt). Es muss festgelegt werden, was mit „geringer Wahrscheinlichkeit"
    gemeint sein soll. Üblich für diese *Spezifikation des* sogenannten *Signifikanz-
    niveaus* sind 5 % oder 1 % (siehe Kapitel 4.1.4).

5. *Der Kennwert **einer** zufälligen Stichprobe aus der Population wird ermittelt.*

6. *Das gefundene Stichprobenergebnis wird mit der Stichprobenkennwertvertei-
    lung verglichen.* Fällt es in den Bereich der wahrscheinlichen Werte, heißt das
    Ergebnis **nichtsignifikant**. Das heißt das Ergebnis weicht nichtsignifikant von
    den unter der H_0 erwarteten Werten ab. Die Abweichung von dem in der H_0
    vorausgesagten Wert ist also so klein, dass sie wahrscheinlich durch die spe-
    zielle Zusammensetzung der Stichprobe zustande gekommen ist. Fällt das
    gefundene Stichprobenergebnis in den Bereich der unwahrscheinlichen Werte,
    heißt das Ergebnis **signifikant**. Das heißt das Ergebnis weicht stark von dem
    bei Gültigkeit der H_0 erwarteten Wert ab und diese Abweichung lässt sich nicht
    plausibel mit dem Zufall bei der Stichprobenauswahl erklären. Statt den Stich-
    probenkennwert mit einer eigens konstruierten Stichprobenkennwertvertei-
    lung zu vergleichen, geht man in der Praxis meist so vor, dass man den Stich-
    probenkennwert weiter transformiert (z. B. $z = (\bar{y} - \mu) / \sigma$ und dann mit einer

Prüfverteilung (z. B. der Normalverteilung oder t-Verteilung) vergleicht, die schon in Tabellenform vorliegt. Eine solche Verteilung kann für verschiedene Anwendungsfälle verwendet werden. Die Logik des Vorgehens bleibt die Gleiche; auch die Werte dieser Prüfverteilung werden in wahrscheinliche und unwahrscheinliche Bereiche eingeteilt und es wird geprüft, in welchen dieser Bereiche der transformierte Kennwert fällt.

7. *Entscheidung über Ablehnung oder Beibehaltung der H_0.* Bei einem signifikanten Ergebnis entscheidet man sich dazu, die H_0 abzulehnen und die H_1 anzunehmen. Man glaubt also eher, dass die H_0 nicht stimmt, als dass man zufällig eine ganz besonders untypische Stichprobe untersucht hat (vgl. Kapitel 3.6.3).

Bei einem nichtsignifikanten Ergebnis wird die H_0 beibehalten, denn das gefundene Stichprobenergebnis ist bei Gültigkeit der H_0 nicht außergewöhnlich. Man sagt auch, die H_1 konnte nicht statistisch nachgewiesen werden. Dies erlaubt allerdings keine Aussage darüber, ob sie richtig oder falsch ist!

Sprachgebrauch

Im Falle eines signifikanten Ergebnisses
- wird die H_0 abgelehnt,
- wird die H1 angenommen oder kann statistisch nachgewiesen werden.

Im Falle eines nichtsignifikanten Ergebnisses
- wird die H_0 beibehalten (kann nicht zurückgewiesen werden),
- kann die H_1 nicht statistisch nachgewiesen werden.

Definition: Überschreitungswahrscheinlichkeit

Der Signifikanztest macht eine Aussage darüber, mit welcher Wahrscheinlichkeit das in der Stichprobe gefundene Ergebnis (oder ein noch extremer von der H_0 abweichendes) zustande kommt, falls die H_0 in der Population gilt. Ist diese Wahrscheinlichkeit gering, wird die H_0 abgelehnt.

Diese Wahrscheinlichkeit wird auch **Überschreitungswahrscheinlichkeit** (p) genannt.

Diese Wahrscheinlichkeit für das gefundene Ergebnis unter der H_0 wird manchmal irreführenderweise auch „Irrtumswahrscheinlichkeit" genannt: Dies legt **fälschlicherweise** den Schluss nahe, es handele sich dabei um die Wahrscheinlichkeit, dass man sich irre, wenn man die H_0 annimmt. Dies ist aber falsch!

Nochmals: Die bei einem Signifikanztest ermittelte Wahrscheinlichkeit p ist die Wahrscheinlichkeit dafür, dass ein solches Ergebnis zustande kommt, wenn die H_0 gilt. **Sie ist nicht die Wahrscheinlichkeit für die Gültigkeit der H_0.**

4.1.2 Konstruktion der statistischen Testhypothesen: Null- und Alternativhypothese (H_0 und H_1)

Zum Hypothesentest wird ein Hypothesenpaar konstruiert: Nullhypothese (H_0) und Alternativhypothese (H_1). Dabei sind H_0 und H_1 zueinander komplementär, d. h. sie decken alle denkbaren Ergebnisse ab.

Die H_0 besagt z. B., dass es zwischen zwei Populationen keinen Unterschied bezüglich des Mittelwertes eines Merkmals gibt. (Beispiel: Männer und Frauen unterscheiden sich nicht in Bezug auf ihren durchschnittlichen IQ, gemessen mit dem HAWIE-R). Die H_1 behauptet das Gegenteil (es gibt einen Unterschied bezüglich des Mittelwertes des IQ zwischen Männern und Frauen).

Getestet wird immer nur die H_0. Aus der Bewertung der H_0 wird dann eine Aussage über die Richtigkeit der H_1 abgeleitet.

H_0 oder H_1 sollen eine angemessene Umsetzung der statistischen Vorhersage darstellen. Manchmal muss eine statistische Vorhersage auch durch mehrere Testhypothesen umgesetzt werden (siehe Kapitel 3.4.2). Die H_1 entspricht oftmals der Forschungshypothese, zwingend ist diese Zuordnung aber nicht. Bei der Zuordnung der Hypothesen zu H_0 bzw. H_1 ist vielmehr zu beachten, dass die H_0 immer eine Gleichheitsrelation beinhaltet. Bezogen auf den Vergleich zweier Mittelwerte sind die möglichen Nullhypothesen also:

H_0:	$\mu_1 = \mu_2$	$\mu_1 \leq \mu_2$	$\mu_1 \geq \mu_2$
Die dazu gehörigen H_1 lauten:	$\mu_1 \neq \mu_2$	$\mu_1 > \mu_2$	$\mu_1 < \mu_2$

Die Gleichheitsrelation in der zu prüfenden Hypothese ist deshalb wichtig, weil nur für diese exakte Hypothese die Prüfverteilung konstruiert werden kann. Genau genommen wird also für alle drei Nullhypothesen jeweils die zur Hypothese $\mu_1 = \mu_2$ gehörige Prüfverteilung herangezogen.

Die statistischen Hypothesen lassen sich noch anhand einiger weiterer Dimensionen differenzieren:

Unterschiedshypothese und Zusammenhangshypothese: Diese Festlegung erfolgt aufgrund des speziellen Inhaltes der Forschungshypothese: Je nachdem, ob ein Zusammenhang zwischen zwei Merkmalen postuliert wird (Zusammenhangshypothese) oder ein Unterschied z. B. zwischen drei Gruppen, kommen unterschiedliche statistische Auswertungsverfahren zum Einsatz (Korrelationsrechnung bzw. Mittelwertsvergleiche). Dieser Unterschied ist allerdings nicht prinzipieller Natur, da sich die beiden Hypothesenarten und Auswerteverfahren ineinander überführen lassen.

Gerichtete und ungerichtete Alternativhypothese: Von einer gerichteten Alternativhypothese spricht man, wenn in der Hypothese eine Angabe zur Richtung des Unterschieds gemacht wird (z. B. Frauen sind *intelligenter* als Männer); von einer ungerichteten Alternativhypothese spricht man, wenn irgendein Unterschied zwischen den Gruppen behauptet wird (Frauen und Männer *unterscheiden sich* hinsichtlich ihrer Intelligenz).

Eine gerichtete Zusammenhangshypothese behauptet, dass es z. B. einen **positiven Zusammenhang** zwischen zwei Merkmalen gibt (z. B. Schulbesuch in Jahren und IQ), während eine ungerichtete Zusammenhangshypothese **irgendeinen Zusammenhang** (positiv oder negativ) postuliert.

Eine gerichtete Hypothese trifft also eine präzisere Vorhersage bzw. hat einen höheren empirischen Gehalt als eine ungerichtete Hypothese und ist deshalb zu bevorzugen (vgl. Kapitel 1.4.2).

Spezifische und unspezifische Alternativhypothese: Eine spezifische Alternativhypothese macht eine Aussage über die Größe des Unterschiedes (Unterschiedshypothese: Männer und Frauen unterscheiden sich um mindestens drei IQ-Punkte) bzw. die Stärke eines Zusammenhanges (Zusammenhangshypothese: die Korrelation von IQ und Schulnoten beträgt mindestens .50), während eine unspezifische Alternativhypothese keine Angabe zur Größe von einem Unterschied oder Zusammenhang macht (Bortz, 1999).

Eine spezifische Alternativhypothese ist also präziser und hat einen höheren empirischen Gehalt als eine unspezifische Hypothese (vgl. Kapitel 1.4.2).

Spezifische Alternativhypothesen sind meistens auch gerichtet (wenn Informationen über die Größe eines Unterschiedes vorliegen, dann „erst recht" über dessen Richtung). Gerichtete spezifische Hypothesen haben den größten empirischen Gehalt. *Wenn möglich, sollten deshalb gerichtete und spezifische statistische Testhypothesen formuliert und überprüft werden.*

4.1.3   Fehlerarten

Nach Durchführung des Signifikanztest können wir zu zwei unterschiedlichen Entscheidungen gelangen: H_0 beibehalten (wenn das Ergebnis „nichtsignifikant" ist) oder H_0 ablehnen und H_1 annehmen (wenn das Ergebnis „signifikant" ist).

Unabhängig von unserer Entscheidung gilt in der Population entweder H_0 oder H_1: Dies ist eine feststehende, allerdings unbekannte Tatsache.

Je nachdem, welche Entscheidung aufgrund des Signifikanztests getroffen wurde, gibt es je zwei Möglichkeiten für eine richtige und eine falsche Entscheidung:

Richtige Entscheidung: „In Wirklichkeit" gilt die H_0 und wir behalten diese aufgrund eines nichtsignifikanten Ergebnisses bei.

„In Wirklichkeit" gilt die H_1 und wir lehnen die H_0 aufgrund eines signifikanten Ergebnisses ab und nehmen die H_1 an.

Falsche Entscheidung: „In Wirklichkeit" gilt die H_0, wir lehnen sie aber aufgrund eines signifikanten Ergebnisses ab (α-Fehler).

„In Wirklichkeit" gilt die H_1, wir behalten aber aufgrund eines nichtsignifikanten Ergebnisses die H_0 bei (β-Fehler). Tabelle 4.1 stellt die vier Entscheidungsmöglichkeiten zusammen.

Die *Wahrscheinlichkeit* einer falschen bzw. richtigen Entscheidung lässt sich zwar berechnen; *im Einzelfall* wissen wir aber nie, ob eine Entscheidung richtig oder falsch ist!

α- und β-Fehler sind gegenläufig: Will man eine hohe Sicherheit haben, keinen α-Fehler zu begehen, nimmt man damit einen größeren β-Fehler in Kauf und umgekehrt (unter sonst gleicher Konstellation).

Tabelle 4.1: Richtige und falsche Entscheidungen beim statistischen Hypothesentest

		In der Population gilt	
		H_0	H_1
Entscheidung aufgrund des	H_0	richtige Entscheidung H_0 wird beibehalten	Fehler 2. Art, β-Fehler H_1 konnte statistisch nicht nachgewiesen werden
Stichproben-ergebnisses für	H_1	Fehler 1. Art, α-Fehler H_0 wurde fälschlicherweise abgelehnt	richtige Entscheidung H_0 wird abgelehnt, H_1 angenommen

Beim Signifikanztest, wie er bisher beschrieben wurde, wird die Wahrscheinlichkeit eines α-Fehlers über das Signifikanzniveau kontrolliert. Nicht kontrolliert wird dagegen die Wahrscheinlichkeit eines β-Fehlers, d. h. diese Wahrscheinlichkeit ist unbekannt und oftmals sehr groß. Dem liegt die Auffassung zugrunde, dass ein α-Fehler wesentlich gravierender ist als ein β-Fehler. Lienert und von Eye schreiben beispielsweise: „Wissenschaftlich ist ein Fehler erster Art viel schwerwiegender als ein Fehler zweiter Art. Etwas „nachzuweisen", das in Wahrheit nicht existiert, kann in eine falsche Denkrichtung führen, zu einer *Fehlerkenntnis*. Etwas nicht nachzuweisen, das aber dennoch existiert, ändert den Stand der Erkenntnis nicht..." (1994, S. 79). Obwohl diese Auffassung zumindest implizit von vielen Wissenschaftlern geteilt zu werden scheint und im Einzelfall auch zutreffend sein mag, stimmen wir ihr nicht zu. Vielmehr sollte im Einzelfall entschieden werden, welche Konsequenzen α- bzw. β-Fehler jeweils haben. Im Bereich der Grundlagenforschung ist es oftmals angemessener, beide Fehlerarten gleich zu gewichten (Hager, 1987). Viele Autoren, die explizit eine Kontrolle des β-Fehlers für wichtig halten, geben als ein für viele Fragestellungen angemessenes Verhältnis von α-Fehler zu β-Fehler ein Verhältnis von 1:4 an (z. B. $\alpha = 5\,\%$, $\beta = 20\,\%$; so z. B. Bortz, 1999; Cohen, 1988). Wie der β-Fehler kontrolliert werden kann, wird in den Kapiteln 4.1.7 und 4.1.10 beschrieben.

Ob bei einer bestimmten Entscheidung die eine oder andere Fehlerart gravierender ist, sollte im Einzelfall nach den Konsequenzen beider Fehlerarten entschieden werden (siehe Box 18).

Box 18: Konsequenzen eines α- und β-Fehlers

Beispiel 1:
Ein Lehrer hat eine neue Unterrichtsmethode entwickelt, die auf neuen Lehrbüchern aufbaut. Er möchte nun zeigen, dass Kinder, die mit dieser Methode unterrichtet werden, wesentlich schneller lernen. Er bittet nun verschiedene Lehrer, entweder mit den herkömmlichen Lehrbüchern oder mit seinem neuen Lehrbuch ihre Klassen zu unterrichten und führt anschließend einen auf den Unterrichtsstoff bezogenen Test durch, der die Leistung in den beiden Gruppen (Klassen, die mit der neuen Methode unterrichtet wurden und Klassen, die mit der herkömmlichen Methode unterrichtet wurden) vergleichen soll. Die durchschnittliche Punktzahl in den einzelnen Klassen vergleicht er mit einem t-Test für unabhängige Stichproben.

Box 18 (Fortsetzung)

Ein α-**Fehler** läge dann vor, wenn zwar die mit der neuen Methode unterrichteten Kinder besser abschneiden (warum auch immer), „in Wirklichkeit" die neue Methode aber nicht besser ist als die alte.

Ein β-**Fehler** läge dann vor, wenn zwar die neue Methode der alten „in Wirklichkeit" überlegen ist, dies aber nicht zu einem signifikanten Ergebnis des t-Tests führt.

Was lässt sich nun zu den Konsequenzen bzw. der sinnvollen Gewichtung von α- und β-Fehler sagen?

Im vorliegenden Beispiel wäre ein α-Fehler wahrscheinlich gravierender weil kostspieliger, da neue Schulbücher gedruckt werden müssten. Bleibt man bei der alten Methode, obwohl die neue besser ist, ist das kein so großer Schaden. In diesem Fall könnte man also sagen, dass man einen größeren β-Fehler als α-Fehler in Kauf zu nehmen bereit ist.

Beispiel 2:
Ein Arzt hat ein neues Medikament entwickelt, das die gleiche Wirksamkeit besitzt wie ein herkömmliches, aber wesentlich billiger ist. Er möchte nun zeigen, dass das neue Medikament auch nicht mehr schwere Nebenwirkungen hat als das alte. In einer Doppelblindstudie (vgl. Kapitel 3.3.1.2) werden je 40 Patienten mit dem neuen und mit dem alten Medikament behandelt und die auftretenden Nebenwirkungen werden erfasst und zwischen diesen Gruppen verglichen.

Ein α-**Fehler** läge in diesem Beispiel dann vor, wenn der Signifikanztest fälschlicherweise anzeigt, dass das neue Medikament mehr Nebenwirkungen hat als das alte. Man behielte das alte Medikament bei, obwohl ein billigeres und gleich wirkungsvolles Medikament zur Verfügung stünde.

Ein β-**Fehler** läge dann vor, wenn man mit dem Signifikanztest nicht entdeckt, dass das neue Medikament tatsächlich mehr Nebenwirkungen hat als das alte. Das neue Medikament würde eingeführt und es hätten wesentlich mehr Patienten an schweren Nebenwirkungen zu leiden.

Im vorliegenden Fall käme man wahrscheinlich zu dem Schluss, dass der β-Fehler (schwere Nebenwirkungen) gravierender ist als der α-Fehler (keine Kostenersparnis), obwohl z. B. ein Vertreter der Krankenkassen das auch anders sehen könnte. Die Gewichtung von α- und β-Fehler ist also immer eine subjektive Entscheidung.

Insbesondere, wenn – wie in diesem Beispiel – die H_0 die „Wunschhypothese" ist, ist es sehr problematisch, wenn der β-Fehler nicht klein gehalten wird (wenn der Untersuchungsplan so angelegt ist, dass der Unterschied in den Nebenwirkungen nicht aufgedeckt werden kann).

Dies gilt auch für die Voraussetzungsüberprüfungen für statistische Testverfahren (vgl. Kapitel 4.2.4), wo man im allgemeinen daran interessiert ist, die H_0 beizubehalten (die z. B. lautet, dass die Daten einer Normalverteilung folgen).

Box 18 (Fortsetzung)

Beispiel 3:
Ein Forscher möchte überprüfen, welche von zwei einander widersprechenden Theorien aus dem Bereich der Grundlagenforschung das Verhalten der Versuchspersonen besser vorhersagen kann. Mit keiner dieser Theorien sind zunächst besonders weitreichende Konsequenzen verbunden. In diesem Fall wäre es sinnvoll, α- und β-Fehler gleich zu gewichten.

4.1.4   Signifikanzniveau

Definition: Signifikanzniveau

Das **Signifikanzniveau** oder α-Fehler-Niveau ist die genauere Festlegung dessen, was wir als „wahrscheinliche" bzw. als „unwahrscheinliche" Werte ansehen (vgl. auch Abbildung 4.1). Ist die Wahrscheinlichkeit für ein gefundenes Ergebnis unter der H_0 kleiner als das Signifikanzniveau, wird die H_0 abgelehnt. Das Signifikanzniveau ist gleichbedeutend mit der maximalen **α-Fehlerwahrscheinlichkeit**, die ein Forscher zu akzeptieren bereit ist; es kann (theoretisch) für jeden statistischen Test neu festgelegt werden.

Von einem **hohen Signifikanzniveau** sprechen wir, wenn die α-Fehlerwahrscheinlichkeit klein gehalten wird (z. B. 1 %), von einem **niedrigen Signifikanzniveau**, wenn ein größerer Fehler toleriert wird (z. B. 10 %).

In den Sozialwissenschaften hat es sich allerdings eingebürgert, das Signifikanzniveau auf 5 % festzulegen. Diese Konvention dient der Vergleichbarkeit und Qualität statistischer Entscheidungen und ist eine Maßnahme gegen die Willkür bei solchen Entscheidungen.

Hat ein α-Fehler gravierende Konsequenzen, ist auch ein Signifikanzniveau von 1 % oder sogar 0,1 % üblich. Weniger üblich – aber in unseren Augen durchaus sinnvoll – kann ein niedrigeres Signifikanznivau sein: Wegen der Gegenläufigkeit von α- und β-Fehler kann eine Anhebung des α-Fehlerniveaus auf 10 oder 20 % eine sinnvolle Maßnahme zur Kontrolle des β-Fehlers sein.

Zu beachten!

Wichtig ist, dass das Signifikanzniveau vor der Durchführung des statistischen Tests festgelegt wird, damit das Kriterium nicht im Nachhinein an die Ergebnisse angepasst wird.

4.1.5   Ein- und zweiseitige Tests

Wenn eine **gerichtete Alternativhypothese** vorliegt (Gruppe A ist *besser* als Gruppe B), wird die zugehörige Nullhypothese mit einem **einseitigen Test** überprüft, im Falle einer **ungerichteten Alternativhypothese** (Gruppe A *unterscheidet sich* von Gruppe B) mit einem **zweiseitigen** Test. Die Bezeichnungen „gerichtet/ungerichtet" beziehen sich also auf die Hypothese, die Bezeichnungen „einseitig/zweiseitig" auf den statistischen Signifikanztest bzw. auf den Ablehnungsbereich der Prüfverteilung: Liegt der Ablehnungsbereich an einem Ende der Verteilung, spricht man von einem einseitigen Test, verteilt er sich auf beide Enden, spricht man von einem zweiseitigen Test. Abbildung 4.2 verdeutlicht diese Einteilung.

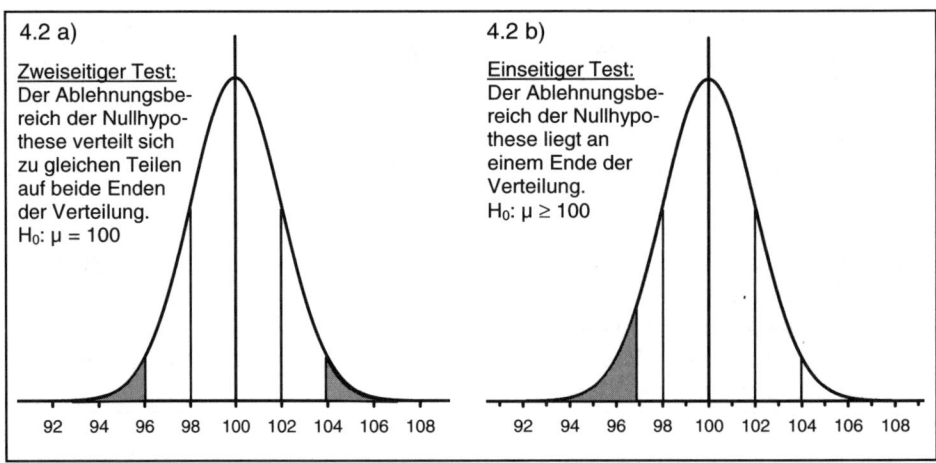

Abbildung 4.2: Ablehnungsbereich der Nullhypothese bei ein- und zweiseitigem Test. Beim einseitigen Test fallen schon geringere Abweichungen vom erwarteten Wert 100 in den Ablehnungsbereich!

Die Frage, ob in einem speziellen Fall ein ein- oder ein zweiseitiger Test durchzuführen ist, hängt letztlich von der zugeordneten statistischen Vorhersage bzw. sogar der EIH und TIH ab: Lässt sich aus ihnen eine gerichtete Hypothese ableiten, erfolgt der statistische Test einseitig, andernfalls zweiseitig. Dies gilt allerdings nur für bestimmte Prüfverteilungen wie z. B. die Normalverteilung und die t-Verteilung.

Ein wenig beachtetes Problem liegt darin, dass manche statistischen Tests (z. B. F-Test, Chi-Quadrat-Tests) aufgrund ihrer Testlogik grundsätzlich ungerichtete Hypothesen testen und damit niemals eine adäquate Umsetzung einer gerichteten Hypothese erlauben (Verletzung der Ableitungsvalidität des statistischen Tests aus der statistischen Vorhersage; siehe Kapitel 3.4.2).

Der „Vorteil" eines einseitigen Tests liegt darin, dass schon eine geringere Abweichung von dem in der H_0 behaupteten Parameter zu einem signifikanten Ergebnis führt (siehe Abbildung 4.2); der Test hat eine höhere Teststärke (siehe Kapitel 4.1.7). Der einseitige Test führt allerdings nur dann überhaupt zu einem signifikanten Ergebnis, wenn die Abweichung in der richtigen Richtung liegt. Im Beispiel von Abbildung 4.2 wäre ein Wert von 96,5 bei einseitigem Test signifikant (im Ablehnungsbereich), beim zweiseitigem nicht. Ein Wert von 105 wäre nur bei zweiseitigem Test signifikant.

4.1.6 Effektgröße

Definition: Effektgröße

Während die Signifikanz eines Ergebnisses eine Aussage darüber macht, ob ein gefundener Unterschied oder Zusammenhang allein durch Zufall zu erklären ist („überzufällig" ist), gibt die **Effektgröße** (auch Effekt, relative Größe des Effekts oder Maß der statistischen Assoziation genannt) Auskunft darüber, **wie groß** und damit auch **wie bedeutungsvoll** ein Unterschied oder Zusammenhang ist.

Signifikanz und Effektgröße sind teilweise unabhängig voneinander, d. h. es kann vorkommen, dass in einer bestimmten Untersuchung ein großer Effekt nichtsignifikant wird, während in einer anderen Untersuchung auch ein kleiner Effekt signifikant ist. Signifikanz und Effektgröße hängen aber insoweit zusammen, als unter sonst gleichen Bedingungen ein Effekt umso wahrscheinlicher signifikant wird, je größer er ist. Dieser Zusammenhang wird später noch ausführlicher erläutert. Während die statistische Signifikanz eines Ergebnisses sehr stark durch die Größe der untersuchten Stichprobe bestimmt wird (je größer die Stichprobe, umso eher wird ein statistischer Test signifikant), ist die Effektgröße weitgehend unabhängig von der Größe der untersuchten Stichprobe und damit weniger stark abhängig von der realisierten Versuchsdurchführung. Effektgrößen lassen sich somit auch zwischen verschiedenen Untersuchungen vergleichen, was für die Signifikanz bzw. die Überschreitungswahrscheinlichkeit p nicht gilt.

Als Maße der Effektgröße sind vor allem die standardisierte Mittelwertsdifferenz (d oder δ) sowie Maße der durch die UV aufgeklärten Varianz (η^2, ω^2, ε^2, r^2) gebräuchlich. Alle diese Maße sind durch einfache Formeln ineinander überführbar (siehe Tabelle 4.2).

Das **Differenzmaß d** wird berechnet, indem man die Differenz zweier Mittelwerte durch ihre (gemeinsame oder gemittelte) Standardabweichung dividiert ($d = \dfrac{\overline{y}_1 - \overline{y}_2}{\sigma}$).

Damit ist d ein Maß dafür, um wie viele Einheiten einer Standardabweichung zwei Verteilungen auseinanderliegen. Es wird vor allem für das Anwendungsgebiet von t-Tests berechnet.

Die Maße **Eta-Quadrat (η^2) und r^2** sind Maße für die durch die UV erklärte Varianz in der AV *in der untersuchten Stichprobe*. Eta-Quadrat kann leicht aus Werten der Varianzanalysetafel berechnet werden, da es sich dabei um den Quotienten aus Treatmentvarianz zu Gesamtvarianz handelt:

$$\eta^2 = \frac{SAQ_{Effekt}}{SAQ_{Gesamt}} \, .$$

Bei r^2 handelt es sich einfach um den quadrierten Korrelationskoeffizienten.

Die Maße **Omega-Quadrat** (ω^2) und **Epsilon-Quadrat** (ε^2) stellen zwei unterschiedliche Schätzungen der durch die UV aufgeklärten Varianz *für die Population* dar (Diehl & Arbinger, 1992, S. 650ff.). Diese Maße werden aus Eta-Quadrat oder ebenfalls direkt aus den Ergebnissen der Varianzanalysetafel berechnet und unterscheiden sich meist nur geringfügig von Eta-Quadrat.

Gleichgültig, welches Maß der Effektgröße verwendet wird, wächst die Effektgröße mit größeren Unterschieden zwischen den experimentellen Bedingungen und kleinerer Streuung innerhalb der Bedingungen. Die Streuung innerhalb der Bedingungen wiederum ist bedingt durch die Streuung des Merkmals in der Population sowie weiteren Störfaktoren der Untersuchungssituation.

Man kann deshalb die versuchsplanerischen **Maßnahmen zur Präzisionserhöhung** auch als Maßnahmen zur **Maximierung** der in der Untersuchung auftretenden **Effektgröße** verstehen (vgl. Kapitel 3.3).

Die Berücksichtigung der Effektgröße wird in der psychologischen Forschung oft vernachlässigt, weil sie für die Durchführung des klassischen Signifikanztests nach Fisher nicht zwingend erforderlich ist. Überlegungen zur Effektgröße sollten aber sowohl bei der Versuchsplanung als auch bei der Interpretation der Ergebnisse berücksichtigt werden.

In Kapitel 4.1.2 wurde schon darauf eingegangen, dass eine spezifische Hypothese präziser ist als eine unspezifische und dass eine präzisere Hypothese einer weniger präzisen vorzuziehen ist. Eine spezifische Hypothese ist aber genau eine Hypothese, in der eine Angabe zur Größe des aufzufindenden Effektes (z. B. Größe einer Mittelwertdifferenz) gemacht wird. Das heisst, nur wenn man sich bei der Planung der Untersuchung mit der zu erwartenden Effektgröße auseinandersetzt, kann eine spezifische Hypothese formuliert werden.

Neben der Festlegung des Signifikanzniveaus (α-Fehler) sollte bei der Planung der Untersuchung auch der β-Fehler berücksichtigt werden. Erst diese Strategie erlaubt einen optimalen Informationsgewinn durch die Untersuchung (siehe Kapitel 4.1.10). Nur so kann eine Forschungshypothese, die der H_1 entspricht, jemals abgelehnt werden, bzw. eine Forschungshypothese, die der H_0 entspricht, bestätigt werden. Zur Kontrolle des β-Fehlers muss aber zuvor die relevante Effektgröße festgelegt werden.

Unter Berücksichtigung der Effektgröße kann bei der Planung der Untersuchung der **optimale Stichprobenumfang** ermittelt werden, so dass ein optimaler Informationsgewinn bei der Untersuchung möglichst weniger Versuchspersonen resultiert.

Die Effektgröße ist nicht nur bei der Planung einer Untersuchung, sondern auch bei der Interpretation des Ergebnisses von großer Bedeutung, etwa bei der Interpretation der EIH (vgl. Kapitel 3.7). Man spricht von der Effektgröße auch als Maß der **praktischen Bedeutsamkeit**.

Fälschlicherweise wird oftmals die Überschreitungswahrscheinlichkeit p eines Ergebnisses als Maß für die Größe eines Effektes angesehen (vgl. Bredenkamp, 1972): Je „signifikanter" ein Ergebnis, desto bedeutungsvoller. Die Überschreitungswahrscheinlichkeit ist aber stark abhängig vom Stichprobenumfang: Ist dieser groß genug, wird praktisch jeder Gruppenvergleich signifikant. Umgekehrt wird ein Gruppenvergleich selten signifikant, wenn eine kleine Stichprobe getestet wird, auch wenn in der Population ein recht großer Unterschied vorhanden ist: Der Ausgang des

Signifikanztests gibt also keine Information über die Größe des Gruppenunterschiedes. Genau dazu sind die Effektgrößemaße geeignet, die im Anschluss an ein signifikantes Ergebnis für die Daten der Untersuchung berechnet und bei der Interpretation der Ergebnisse berücksichtigt werden sollten.

Tabelle 4.2: Formeln zur Berechnung der Effektgröße aus den Werten einer empirischen Untersuchung sowie zum Zusammenhang verschiedener Effektgrößemaße untereinander. (Nach Cohen, 1988; Diehl & Arbinger, 1992. Weitere Formeln siehe dort.)

Berechnung aus empirischen Werten	Anwendung für
$d = t\sqrt{\dfrac{n_1 + n_2}{n_1 * n_2}}$	t-Test
$\eta^2 = \dfrac{t^2}{t^2 + N - 2}$	t-Test
$\eta^2 = \dfrac{SAQ_{Effekt}}{SAQ_{Gesamt}} = \dfrac{(K-1)F}{(K-1)F + (N-K)}$	einfaktorielle Varianzanalyse
$\omega^2 = \dfrac{\dfrac{(N-K-2)F}{N-K} - 1}{\dfrac{N-K+1}{K-1} + \dfrac{N-K-2}{N-K}}$	einfaktorielle Varianzanalyse
$\eta^2 = \dfrac{SAQ_{Effekt}}{SAQ_{Effekt} + SAQ_{Fehler}}$	mehrfaktorielle Varianzanalyse: Haupteffekte und Interaktionen
$f^2 = \dfrac{SAQ_{Effekt}}{SAQ_{Fehler}}$	mehrfaktorielle Varianzanalyse: Haupteffekte und Interaktionen
Umrechnung verschiedener Effektgrößemaße	
$r = \dfrac{d}{\sqrt{d^2 + 4}}$	t-Test, wenn beide Populationen als gleich groß angesehen werden können
$\eta^2 = \dfrac{f^2}{1 + f^2}$	Varianzanalyse

Erläuterungen:

t	=	empirisch gefundener t-Wert
F	=	empirisch gefundener F-Wert
n_1, n_2	=	Stichprobenumfang in den beiden Gruppen
N	=	$n_1 + n_2 + ... + n_J$: Gesamtstichprobenumfang
J	=	Anzahl an Faktorstufen
d	=	standardisierte Mittelwertsdifferenz (Stichprobe)
η^2	=	Anteil aufgeklärter Varianz: Effektgröße in der Stichprobe (siehe Text); im mehrfaktoriellen Fall partielles Maß
ω^2	=	Anteil aufgeklärter Varianz: Effektgrößenschätzung für die Population (siehe Text)
f^2	=	standardisierte Varianz der Mittelwerte
r	=	Korrelationskoeffizient

Die Berechnung der Effektgröße ist insbesondere im Anschluss an ein signifikantes Ergebnis bei großem Stichprobenumfang wichtig (Diehl & Arbinger, 1992): Bei großen Stichproben kann nämlich der statistische Test signifikant werden, auch wenn nur inhaltlich unbedeutende Unterschiede zwischen den Gruppen vorliegen. Außerdem liefert nur bei großen Stichproben das aus den Daten berechnete Effektgrößemaß einen relativ genauen Wert für die in der Population vorhandene Effektgröße.

Tritt dagegen ein signifikantes Ergebnis bei einer kleinen Stichprobe auf, so ist damit zwangsläufig ein großer Effekt in dieser Stichprobe verbunden. Die zu berechnenden Effektgrößemaße stellen dann nur eine ziemlich ungenaue Schätzung der in der Population vorhandenen Effektgröße dar (wie immer ist die Schätzung eines Populationsparameters – in diesem Fall der Effektgröße – umso ungenauer, je kleiner der Stichprobenumfang).

Bei einem nichtsignifikanten Ergebnis ist es dagegen nicht sinnvoll, die Effektgröße zu berechnen, da der vorgefundene Effekt auch zufällig zustande gekommen sein kann. Sinnvoll ist es dagegen (sofern dies nicht bei der Planung schon geschehen ist), im Nachhinein die Wahrscheinlichkeit zu berechnen, mit der ein bestimmter Effekt überhaupt die „Chance" hatte, signifikant zu werden (Teststärke, siehe Kapitel 4.1.7).

Die Berechnung der in der Untersuchung vorgefundenen Effektgröße ist unabhängig davon, ob schon bei der Planung der Untersuchung Überlegungen zur Effektgröße angestellt wurden. Hat man allerdings den optimalen Stichprobenumfang unter Berücksichtigung der Effektgröße sowie α- und β-Fehler ermittelt und den Versuchsplan daran ausgerichtet, kann man bei einem signifikanten Ergebnis davon ausgehen, dass der Effekt in der Stichprobe *mindestens* der spezifizierten Effektgröße entspricht.

Bei der Planung einer Untersuchung bereitet es allerdings oft Schwierigkeiten, die Effektgröße festzulegen, da man noch nicht weiß, ob und um wie viel sich beispielsweise zwei Mittelwerte unterscheiden.

Anhaltspunkte für die Festlegung der Effektgröße ergeben sich erstens aus der Frage, was überhaupt inhaltlich bedeutsam ist, zweitens aus vergleichbaren Untersuchungen oder drittens aus einer von Cohen (1988) vorgeschlagenen Einteilung.

Zu 1. Man kann Überlegungen dazu anstellen, **welche Effekte überhaupt inhaltlich bedeutsam sind:** Die Einführung einer neuen Unterrichtsmethode lohnt sich nur dann, wenn diese mindestens um 10 % effektiver ist als die alte (sonst ist der Aufwand für die Schulung der Lehrer zu hoch); der Aufwand einer Therapie ist nur dann gerechtfertigt, wenn es den Patienten hinterher (auf einer 10-stufigen Ratingskala) mindestens um zwei Punkte besser geht; von einem für die AV y bedeutsamen Prädiktor wollen wir nur dann sprechen, wenn dieser mindestens 5 % der Varianz aufklärt usw. Solche Festsetzungen sind natürlich recht willkürlich und sollten deshalb auch explizit gemacht und begründet werden.

Diese Überlegungen sollten also vor allem die Konsequenzen einer Entscheidung und deren Kosten/Nutzen mit einbeziehen.

Zu 2. Möglicherweise gibt es in der Literatur schon ähnliche Untersuchungen, an denen man sich orientieren kann. In diesem Fall kann man sich oftmals aus den

vorhandenen Angaben (t- oder F-Werten) die Effektgrößen dieser Untersuchungen berechnen, auch wenn diese nicht explizit angegeben werden (siehe
Tabelle 4.2). Dann kann man die eigene geplante Untersuchung mit den bereits
publizierten hinsichtlich des zu erwartenden Effektes vergleichen (z. B. etwa
gleich großer Effekt; größerer erwarteter Effekt aufgrund erhöhter Präzision
des Versuchsplans etc.).

Zu 3. Für den Fall, dass weder durch vorherige Untersuchungen noch durch inhaltliche Überlegungen die Größe des aufzufindenden Effektes festzulegen ist, kann
man sich auf die von Cohen (1988) vorgeschlagene Klassifikation kleiner,
mittlerer und großer Effekte beziehen, die auf seinen Erfahrungswerten aus
dem Bereich der Sozialwissenschaften beruhen (vgl. Tabelle 4.3).

Kleine Effekte sind dann zu erwarten, wenn ein neues Forschungsgebiet bearbeitet
wird, über das noch wenig bekannt ist und bei dem deshalb die abhängigen und
unabhängigen Variablen nicht optimal ausgewählt werden können. Auch bei Untersuchungen, die nicht im Labor stattfinden, sind Effektgrößen oft klein, weil zahlreiche Störgrößen die Effekte der UVn überlagern (genauer die Fehlervarianz erhöhen
bzw. die Präzision verringern, siehe Kapitel 2.4). Als Beispiel für einen kleinen
Effekt nennt Cohen (1988) den Größenunterschied zwischen 15- und 16-jährigen
Mädchen.

Mittlere Effekte lassen sich nach Cohen (1988) „mit bloßem Auge" erkennen.
Beispiele sind der Größenunterschied zwischen 14- und 18-jährigen Mädchen oder
der Unterschied im Intelligenzquotienten zwischen Büroangestellten und angelernten
Arbeitern.

Tabelle 4.3: Einteilung der Effektgrößen nach Cohen (1988)

Effektgröße	d	r	r^2	Eta	Eta^2	f	f^2
klein	.20	.10	.01	.10	.01	.10	.01
mittel	.50	.30	.09	.24	.06	.25	.06
groß	.80	.50	.25	.37	.14	.40	.16

Erläuterung zu den einzelnen Maßen:

d: Mittelwertsdifferenz / Standardabweichung ($d = \frac{\bar{y}_1 - \bar{y}_2}{\sigma}$); bei Hager (1987) δ genannt

r, r^2:   Korrelationskoeffizient bzw. sein Quadrat

Eta, Eta^2:   partielles Eta^2: Anteil der systematischen Varianz an der Gesamtvarianz, nachdem alle
anderen Effekte auspartialisiert wurden; im einfaktoriellen Fall $\eta^2 = \frac{SAQ_{Effekt}}{SAQ_{Gesamt}}$ und im
mehrfaktoriellen Fall $\eta^2 = \frac{SAQ_{Effekt}}{SAQ_{Effekt} + SAQ_{Fehler}}$

f, f^2:   Verhältnis von „Standardabweichung zwischen" zu „Standardabweichung innerhalb"
bzw. von „Varianz zwischen den Gruppen" zu „Varianz in der Gesamtpopulation"

Große Effekte sind in den Sozialwissenschaften eher selten. Beispiele für große
Effekte sind der Größenunterschied zwischen 13- und 18-jährigen Mädchen oder

Intelligenzunterschiede zwischen Studienanfängern und Personen mit Doktortitel (Cohen, 1988). Auch die Korrelationen von Schulnoten und Intelligenztestergebnissen liegen in diesem Bereich.

Auch wenn es so scheinen mag, als sei die Festlegung einer Effektgröße arbeitsaufwendig und noch dazu ziemlich willkürlich, sollte man sich davon nicht abhalten lassen. Wenn ein aufzufindender Mindesteffekt nicht explizit festgelegt wird, so wird diese Festlegung implizit durch den realisierten Stichprobenumfang sowie die Festlegung des Signifikanzniveaus getroffen und ist dann dem Forscher nicht einmal bekannt.

4.1.7   Beta-Fehler und Teststärke

Definition: Teststärke

Die **Teststärke** (engl. power) gibt an, **mit welcher Wahrscheinlichkeit die H_0 abgelehnt wird** (das Ergebnis signifikant wird), **wenn** in der Population **die H_1 zutrifft**. Das heisst es handelt sich um die Wahrscheinlichkeit, einen tatsächlich vorhandenen Unterschied oder Zusammenhang auch zu entdecken (bzw. statistisch nachzuweisen). Sie ist das Komplement zum β-Fehler (also Teststärke $= 1 - \beta$), der die Wahrscheinlichkeit ausdrückt, einen tatsächlich vorhandenen Unterschied nicht zu entdecken.

Da der Forscher meist daran interessiert ist, die H_0 abzulehnen, um die H_1, also die Forschungshypothese, zu bestätigen, hat er ein Interesse daran, dass die Teststärke möglichst groß ist. *Für den Fall, dass die H_0 der Forschungshypothese entspricht, ist es noch wichtiger, dass die Teststärke möglichst groß und vor allem auch bekannt ist, weil nur so ein nichtsignifikantes Ergebnis als Beleg für die Richtigkeit der Hypothese gelten kann.*

Teststärke und β-Fehler hängen im wesentlichen von der Effektgröße, dem α-Fehler und dem Stichprobenumfang ab (siehe Abbildung 4.3 a-d). Dazu kommt noch die Entscheidung, ob ein- oder zweiseitig getestet wird (höhere Teststärke bei einseitigem Test) und die **Effizienz** des verwendeten statistischen Verfahrens: So haben in der Regel parametrische Tests (z. B. der t-Test) eine höhere Effizienz als nonparametrische Verfahren (z. B. der U-Test), weil die Information in den Daten besser ausgenutzt wird. Das bedeutet, dass bei ansonsten gleicher Konstellation von Effektgröße, Signifikanzniveau und Stichprobenumfang die Teststärke bei Verwendung eines effizienteren Verfahrens größer ist und damit die Wahrscheinlichkeit, bei Gültigkeit der H_1 diese auch anzunehmen. Statistische Tests mit geringer Effizienz nennt man auch „konservativ", weil sie eher zugunsten der H_0 entscheiden und damit – nach „traditioneller Ansicht" – keine neuen Erkenntnisse gewonnen werden.

Zur Berechnung der Teststärke muss die H_1 als spezifische H_1 formuliert werden, d. h. die Effektgröße (siehe Kapitel 4.1.6) muss spezifiziert werden. Es muss also z. B. angegeben werden, um wie viel sich der Mittelwert der einen Gruppe vom Mittelwert der anderen Gruppe mindestens unterscheiden soll. Nur dann können die

Stichprobenkennwerteverteilung für die H_1 konstruiert und die „Restfläche" der Verteilung berechnet werden. Abbildung 4.3a verdeutlicht diesen Sachverhalt.

In Abbildung 4.3b ist zu erkennen, dass der β-Fehler kleiner bzw. die Teststärke größer wird, wenn die beiden Verteilungen weiter auseinander liegen, d. h. der Mittelwertsunterschied größer ist (= größerer Effekt).

Das gleiche Ergebnis erhält man, wenn die Standardabweichungen der beiden Verteilungen kleiner werden (Abbildung 4.3c). Beide Sachverhalte (größerer Mittelwertsunterschied und kleinere Streuung) sind Ausdruck einer höheren Effektgröße.

Die geringere Streuung der Stichprobenkennwerteverteilung in Abbildung 4.3c kann auch dadurch bewirkt werden, dass der Stichprobenumfang vergrößert wird.

Abbildung 4.3d schließlich zeigt die Abhängigkeit der Teststärke vom α-Fehler: vergrößert sich die Fläche von α, wird automatisch auch die Fläche für die Teststärke größer (der β-Fehler also kleiner). Deshalb hat auch eine zweiseitige Testung eine geringere Teststärke als die einseitige, da dabei die Fläche von α halbiert und auf beide Enden aufgeteilt wird.

4.1.8 Stichprobengröße

Wie in den vorigen Kapiteln schon deutlich wurde, gibt es einen engen Zusammenhang zwischen den vier Größen Stichprobenumfang, Signifikanzniveau, Teststärke und Effektgröße. Wenn drei dieser Größen bekannt sind, lässt sich für einen bestimmten statistischen Test die vierte Größe berechnen. Diese Überlegungen werden in Kapitel 4.1.10 nochmals aufgegriffen und zur optimalen Planung einer Untersuchung genutzt.

Im Zusammenhang mit der Stichprobengröße soll an dieser Stelle nochmal Folgendes wiederholt werden:

Eine Untersuchung an einer kleinen Stichprobe hat zwangsläufig eine geringe Teststärke. Dies bedeutet, dass die Wahrscheinlichkeit für ein signifikantes Ergebnis, selbst wenn die H_1 gilt, nur gering ist. Deshalb muss man sich bei der Planung fragen, ob eine solche Untersuchung überhaupt der Mühe wert ist. Werden mehrere solcher Untersuchungen durchgeführt, ist zu erwarten, dass zufällig einige davon zu einem signifikanten Ergebnis kommen, andere nicht. Findet sich also zu einem bestimmten Sachverhalt eine solch uneinheitliche Befundlage, kann dies durchaus an den zu kleinen Stichprobenumfängen der einzelnen Untersuchungen liegen.

Eine Untersuchung an einer sehr großen Stichprobe wird fast zwangsläufig zu einem signifikanten Ergebnis führen, da sich zwei definierbare Gruppen fast immer in allen möglichen Merkmalen unterscheiden – und sei der Unterschied noch so klein. Hier ist es besonders wichtig, nach der Effektgröße zu fragen, da die Signifikanz für sich genommen noch keine inhaltliche Bedeutung hat.

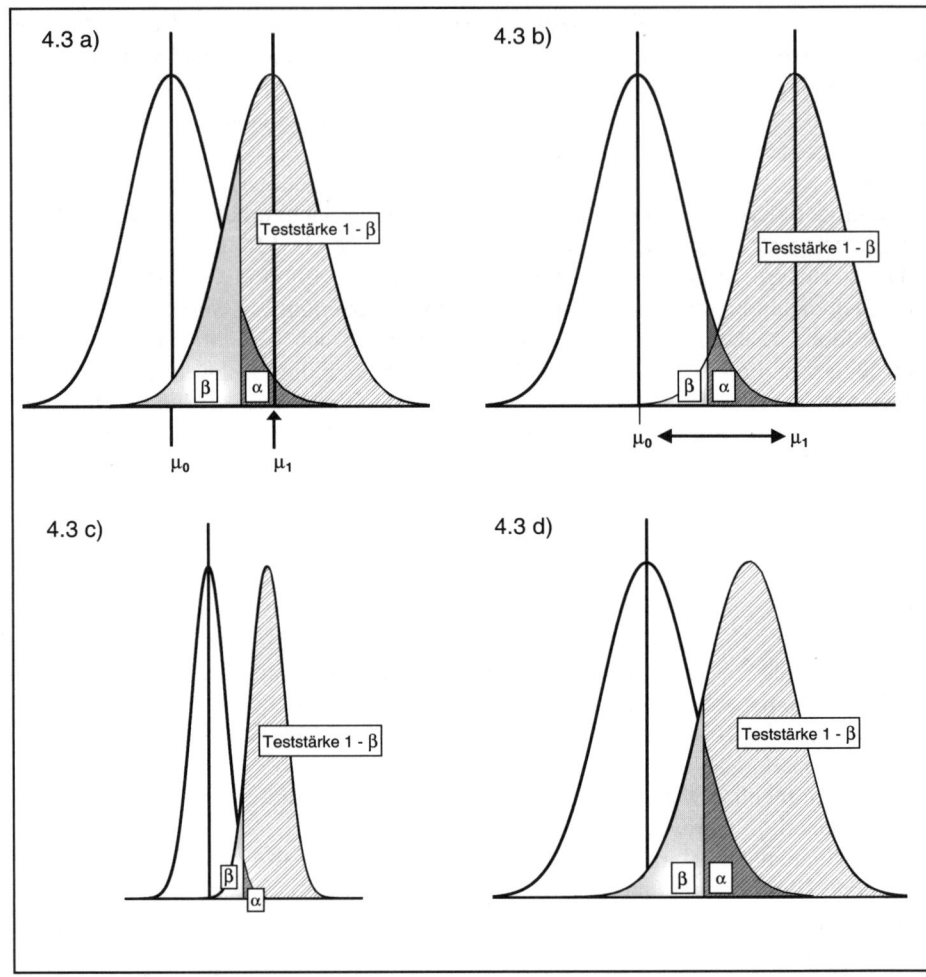

Abbildung 4.3: Stichprobenkennwerteverteilungen unter H_0 (links) und H_1 (rechts).

a) Die Verteilung unter Annahme der Gültigkeit von H_1 kann nur für eine spezifische H_1 konstruiert werden, d. h. die Lage von μ_1 muss spezifiziert werden.

b) Liegen die beiden Mittelwerte weiter auseinander (im Vergleich zu 4.3a **größerer Effekt**), erhöht sich die Teststärke, der β-Fehler wird kleiner.

c) Bei **kleinerer Streuung der Stichprobenkennwerteverteilungen** (größerer Effekt durch kleinere Populationsstreuung oder größere Stichprobe) erhöht sich die Teststärke, der β-Fehler wird kleiner.

d) Bei **niedrigerem Signifikanzniveau** (größerer α-Fehler im Vergleich zu Abbildung 4.3a) erhöht sich die Teststärke, der β-Fehler wird kleiner.

4.1.9   Probleme des klassischen Signifikanztests

Der „klassische" Signifikanztest, bei dem nur die Fehlerwahrscheinlichkeit α, nicht aber die Fehlerwahrscheinlichkeit β kontrolliert wird, ist **nicht symmetrisch** aufgebaut; es wird nicht überprüft, welche der beiden Hypothesen H_0 und H_1 eher mit den Daten zu vereinbaren ist, sondern nur, wie gut (mit welcher Wahrscheinlichkeit) die Daten mit H_0 zu vereinbaren sind.

Im Falle eines nichtsignifikanten Ergebnisses resultiert aus der durchgeführten Untersuchung wenig Informationsgewinn, da weiterhin sowohl die H_0 wie die H_1 gültig sein kann, da die Wahrscheinlichkeit für den β-Fehler nicht bekannt ist. Deshalb lässt sich keine Entscheidung über die Gültigkeit von H_0 oder H_1 ableiten.

Dieses Prinzip widerspricht der geforderten prinzipiellen Falsifizierbarkeit von Theorien: Da der Forschungshypothese in der Regel die H_1 entspricht, kann diese niemals falsifiziert werden, denn aus der Tatsache, dass H_0 beibehalten wird, kann nicht gefolgert werden, dass die H_1 nicht richtig ist.

4.1.10   Planung einer hypothesentestenden Untersuchung unter Berücksichtigung des β-Fehlers: Ermittlung des optimalen Stichprobenumfanges

Abhilfe aus dem oben beschriebenen Dilemma des klassischen Signifikanztests schafft nur eine Erweiterung, die neben dem α-Fehler auch den β-Fehler berücksichtigt. Nachteile dieses Vorgehens sind ein etwas erhöhter Planungsaufwand und (in vielen Fällen) ein größerer Stichprobenumfang.

Die Vorteile liegen in einer besseren Interpretierbarkeit der Ergebnisse, also in einem erhöhten Informationsgehalt insbesondere für den Fall, dass das Ergebnis nichtsignifikant ist. In diesem Fall kann die H_0 nicht nur beibehalten werden, sondern sie wird angenommen und die H_1 abgelehnt. Die Wahrscheinlichkeit einer Fehlentscheidung lässt sich dann ebenso wie bei einer Entscheidung für die H_1 spezifizieren: Sie beträgt β.

Wenn die Forschungshypothese, die durch die Untersuchung gestützt werden soll, der H_0 entspricht, führt kein Weg an der Kontrolle des β-Fehlers vorbei.

Zur sinnvollen Planung einer eigenen Untersuchung sollte man also das gewünschte α- und β-Fehlerniveau festlegen sowie die mindestens zu entdeckende Effektgröße. Aus diesen Angaben lässt sich dann der benötigte Stichprobenumfang berechnen.

Realistischerweise wird man sich dabei auch mit Kompromissen zwischen α- und β-Fehler, der Effektgröße und dem zu realisierenden Stichprobenumfang zufrieden geben müssen.

Abbildung 4.4 zeigt exemplarisch für gleiche α- und β-Fehler (5 %, 10 %, 20 %) den Zusammenhang von Effektgröße und Stichprobenumfang für die Berechnung eines t-Tests (unabhängige Gruppen, einseitiger Hypothesentest).

Abbildung 4.5 zeigt den Zusammenhang von Stichprobenumfang und β-Fehler (= 1 - Teststärke) für mittlere, große und „sehr große" Effekte ($d = 0,5$, $0,8$ und $1,2$) bei einem Signifikanzniveau von $\alpha = 5$ % (ein- und zweiseitig). Die angegebenen

Werte beruhen auf exakten Berechnungen und lassen sich damit auch für die Planung eigener Untersuchungen nutzen. Box 19 verdeutlicht, wie man Abbildung 4.4 zur Planung einer eigenen Untersuchung heranziehen kann.

Das „Standardwerk" zur Berechnung des benötigten Stichprobenumfanges aus den Vorgaben für α-Fehler, β-Fehler und Effektgröße ist das Buch von Cohen „Statistical Power Analysis for the Behavioral Sciences" (1988). Ihm sind auch die im Anhang vorliegenden Tabellen entnommen. Bei Cohen findet sich eine Vielzahl von Tabellen für alle möglichen statistischen Testverfahren und verschiedenen Planungsstrategien (z. B. welche Effektgröße kann man mit $\alpha = 5\,\%$, $\beta = 10\,\%$ und n = 100 entdecken). Auch im Beitrag von Hager (1987) sind viele dieser Informationen zu finden. Die benötigten Stichprobenumfänge für einige häufig benötigte Konstellationen sind außerdem in Anhang A (für den t-Test) und Anhang B (für die Varianzanalyse) zu finden.

Ein nützliches Computerprogramm zur Berechnung des benötigten Stichprobenumfanges sowie zur Berechnung von Effektgrößen im Anschluss an eine Untersuchung stellt das Programm GPOWER von Buchner, Faul und Erdfelder (1997) dar, mit dem man komfortabel den benötigten Stichprobenumfang vor einer Untersuchung oder die in einer schon durchgeführten Untersuchung vorhandene Teststärke berechnen kann. Sogar eine grafische Darstellung z. B. des benötigten Stichprobenumfanges in Abhängigkeit von der Effektgröße kann erzeugt werden. Dieses Programm ist kostenlos über das Internet zu beziehen:

http://www.psycho.uni-duesseldorf.de/aap/projects/gpower/index.html

Speziell bei varianzanalytischer Auswertung ist zu beachten, dass bei mehrfaktoriellen Untersuchungen sehr schnell sehr große Stichprobenumfänge erreicht werden, insbesondere für die Testung der Interaktionen und besonders dann, wenn die einzelnen Faktoren viele Stufen aufweisen. Der erforderliche Stichprobenumfang ist nämlich umso größer, je mehr Zähler-Freiheitsgrade ein Effekt aufweist, wobei sich die Freiheitsgrade aus der Anzahl an Stufen bzw. der Anzahl an Stufen-Kombinationen ableiten. Anders ausgedrückt kann man auch sagen, dass die Teststärke in einem varianzanalytischen Design für die Effekte kleiner ist, die mehr Freiheitsgrade (Stufen) haben, wenn man von gleichem Signifikanzniveau und gleicher Effektgröße ausgeht. Box 20 verdeutlicht die Verwendung der Tabellen im Anhang B für die Planung einer Untersuchung mit varianzanalytischer Auswertung.

Zur **Interpretation des Ergebnisses** des statistischen Tests ist noch Folgendes anzumerken:

Wird das Ergebnis signifikant, entscheiden wir uns für die Ablehnung der H_0. Die Wahrscheinlichkeit, dass diese Entscheidung falsch ist, beträgt α. Das logische Gegenteil der H_0 ist die **unspezifische Alternativhypothese**, die nun angenommen werden kann. Das heisst wir können nicht mit der Wahrscheinlichkeit von $1 - \alpha$ davon ausgehen, dass in der Population ein Effekt in der Größe, die spezifiziert wurde, vorliegt, sondern nur, dass sich die Gruppen mit einer Fehlerwahrscheinlichkeit von α überhaupt unterscheiden.

Ist das Ergebnis nichtsignifikant, entscheiden wir uns für die Annahme (!) der H_0, wobei dies genauer bedeutet, dass sich die beiden Gruppen mit der Fehlerwahrscheinlichkeit β nicht um den durch die Effektgröße spezifizierten Betrag (oder mehr) unterscheiden.

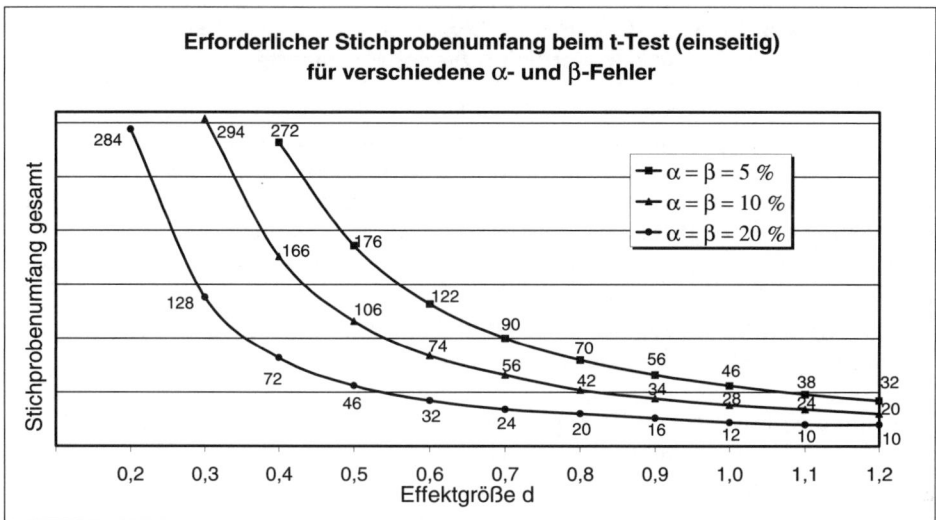

Abbildung 4.4: Erforderlicher Stichprobenumfang des t-Tests für unabhängige Stichproben in Abhängigkeit von der Effektgröße d für α (einseitig) = β = 5 %, 10 % und 20 % (nach Buchner, Faul & Erdfelder, 1997).

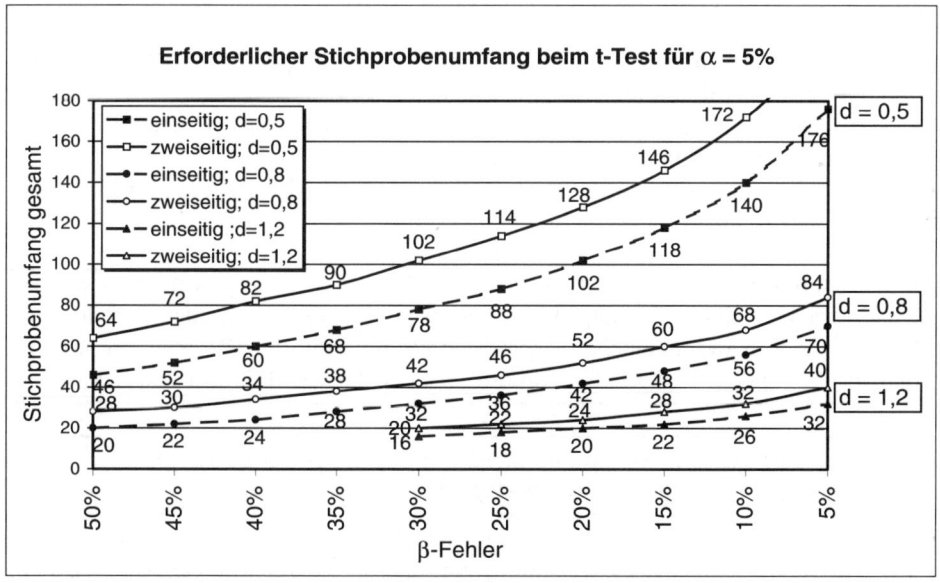

Abbildung 4.5: Erforderlicher Stichprobenumfang des t-Tests für unabhängige Stichproben in Abhängigkeit vom β-Fehler (= 1 – Teststärke) für α = 5 % für mittlere, große und „sehr große" Effekte (nach Buchner, Faul & Erdfelder, 1997).

**Box 19: Ermittlung des optimalen Stichprobenumfanges
für den Vergleich zweier Mittelwerte**

Wir möchten die Hypothese prüfen, dass die Behaltensleistung morgens (10.00 Uhr) besser ist als abends (20.00 Uhr) – **gerichtete Hypothese**. Dazu sollen zwei Gruppen von Vpn jeweils eine Liste mit 30 Wörtern entweder morgens oder abends lernen. Für den Vergleich zweier Gruppenmittelwerte ist der **t-Test für unabhängige Stichproben** das angemessene Auswerteverfahren.

Da uns nur deutliche Effekte interessieren, legen wir die zu entdeckende Effektgröße auf **d = 0,8** fest (vgl. Tabelle 4.3).

Außerdem legen wir fest, dass der α- **und der** β-**Fehler gleich gewichtet** werden sollen, da uns beide Fehler gleich gravierend erscheinen.

Für diese Konstellation (t-Test, gerichtete Hypothese und damit einseitiger Test, $\alpha = \beta$) können wir Abbildung 4.4 zu Hilfe nehmen. Für zweiseitige Tests und für unterschiedliche Werte von α- und β-Fehler kann Anhang A zur Ermittlung des benötigten Stichprobenumfangs herangezogen werden.

Wenn wir auf der Abszisse den Wert d = 0,8 aufsuchen und nach oben gehen, erhalten wir drei mögliche Stichprobenumfänge zur Auswahl (wobei immer das N für die Gesamtstichprobe gemeint ist!).

- Mit 70 Vpn können wir mit einer Power von 95 % (β = 5 %) unser Ergebnis auf dem 5 %-Signifikanzniveau absichern.
- Mit 42 Vpn können wir mit einer Power von 90 % (β = 10 %) unser Ergebnis auf dem 10 %- Signifikanzniveau absichern.
- Mit 20 Vpn können wir mit einer Power von 80 % (β = 20 %) unser Ergebnis auf dem 20 %- Signifikanzniveau absichern.

Grundsätzlich ist es natürlich wünschenswert, die Hypothese mit möglichst großer Power und kleinen α- und β-Fehlern zu prüfen. Da wir es uns nicht leisten können, 72 Vpn zu untersuchen, ergibt sich mit 42 Vpn (d. h. 21 pro Gruppe) ein realistischer und befriedigender Kompromiss von Aufwand, Power und α-Fehler.

**Box 20: Ermittlung des optimalen Stichprobenumfanges
für einen zweifaktoriellen Versuchsplan**

Wir wollen für das Wortlistenbeispiel aus Kapitel 2.3 (vgl. Tabelle 2.9) ermitteln, mit wie vielen Vpn die Untersuchung durchgeführt werden sollte (im Beispiel wurde die Anzahl an Vpn zur besseren Darstellbarkeit klein gehalten). Dazu können wir Anhang B zu Rate ziehen.Wir müssen zunächst – wie schon in Box 19 – einige Überlegungen anstellen und Entscheidungen treffen.

Es handelt sich also um einen zweifaktoriellen Versuchsplan, wobei der eine Faktor (A) zwei und der andere Faktor (B) drei Stufen aufweist. Damit liegen auch die Zählerfreiheitsgrade der Haupteffekte und der Interaktion fest:

Box 20: (Fortsetzung)

Haupteffekt A hat einen Zählerfreiheitsgrad (df = k-1), Haupteffekt B hat zwei Zählerfreiheitsgrade (df = j-1), die Interaktion ebenfalls zwei Zählerfreiheitsgrade (df = k–1 * j-1). Damit ist Haupteffekt A nach Anhang B1, Haupteffekt B und die Interaktion nach Anhang B2 zu beurteilen.

- Wir gehen davon aus, dass in allen Gruppen (Zellen des Versuchsplans) die **gleiche Anzahl an Vpn** untersucht wird.
- Wir legen fest, dass **für alle Effekte** (HE A, HE B und Interaktion) **die gleichen Effektgrößen und Fehlerwahrscheinlichkeiten** gelten sollen. Deshalb führen wir die weiteren Überlegungen nur noch nach Anhang B2 aus, denn für Effekte mit mehr Freiheitsgraden werden immer mehr Vpn pro Zelle benötigt als für Effekte mit weniger Freiheitsgraden!
- Als **Effektgröße** nehmen wir – in Ermangelung anderer Anhaltspunkte – die Größe, die nach Cohen gerade als „großer Effekt" bezeichnet wird, also ein **f von 0,4** (vgl. Tabelle 4.3 und Anhang B).
- Wir legen fest, dass der **α-Fehler** maximal **10 %** betragen soll.

In Anhang B2 sehen wir uns nun also die Werte in der Spalte f = 0,4 an. Unter α = 10 % und β = 10 % findet sich der Wert 23; für α = 10 % und β = 20 % ergibt sich der Wert 17. Diese Werte müssen nun noch nach der unter B2 angegebenen Formel umgerechnet werden, so dass sich der Stichprobenumfang pro Zelle ergibt. Wir legen uns eine kleine Tabelle mit den relevanten Zahlen an; wir fügen Interesse halber noch die Angaben für α = 5 % hinzu.

α- und β-Fehler	Wert in Anhang B2	Umrechnung	Benötigtes n pro Zelle	N gesamt (6 * n)
10 / 10	23	(3 * 22 / 6) + 1	12	72
10 / 20	17	(3 * 16 / 6) + 1	9	54
5 / 10	27	(3 * 26 / 6) + 1	14	84
5 / 5	33	(3 * 32 / 6) + 1	17	102

Aus der Tabelle ist zu entnehmen, dass bei sechs Zellen im Versuchsplan die Stichprobe schnell sehr groß wird. Die Kombination α = β = 10 %, für die 12 Vpn pro Gruppe, also insgesamt 72 Vpn benötigt werden, lässt sich vielleicht realisieren.

Abschließende Bemerkung: In Kapitel 2.4 wurde ausführlich auf die **Präzision** einer Untersuchung eingegangen. In Zusammenhang mit den in diesem Abschnitt vorgestellten Überlegungen kann man sagen, dass eine Erhöhung der Präzision einer Untersuchung gleichbedeutend ist mit einer Vergrößerung der Effektgröße und somit hilft, mit weniger Versuchspersonen die gleiche Teststärke zu erreichen bzw. mit der gleichen Anzahl an Versuchspersonen eine höhere Teststärke. Kommt man also bei Inspektion der Planungstabellen zu der Ansicht, dass der erforderliche Stichprobenumfang die vorhandenen Ressourcen sprengt, kann man durch Präzisionserhöhung bei der Versuchsplanung versuchen, die Effektgröße zu erhöhen.

4.2   Varianzanalyse

Ein häufig eingesetztes Verfahren zur Auswertung psychologischer Experimente stellt die Varianzanalyse (VA) dar.

Sie wird insbesondere zur Auswertung experimenteller Untersuchungen eingesetzt, weil sie genau an die verschiedenen Versuchspläne angepasst werden kann (vgl. auch Kapitel 2.4). Ein besonderer Vorteil der Varianzanalyse ist, dass die Effekte mehrerer unabhängiger Variablen gleichzeitig auf die abhängige Variable geprüft und so Wechselwirkungen dieser UVn auf die AV analysiert werden können. Die Untersuchung solcher Wechselwirkungen ist gerade im Bereich der Psychologie besonders wichtig, da eine bestimmte Variable sich in Kombination mit einer bestimmten Ausprägung einer anderen Variablen oft ganz anders auswirkt als unter einer anderen Ausprägung. Beispielsweise können sich die Wirkungen zweier UVn auf die AV gegenseitig verstärken oder auch aufheben.

Eine Eigenschaft der Varianzanalyse ist, dass sie ein sehr globaler Test ist und damit nicht in allen Fällen geeignet, präzise formulierte Hypothesen optimal zu prüfen. So kann sie z. B. keine gerichteten Hypothesen prüfen. In vielen Fällen stellen die in Kapitel 4.3 vorgestellten Einzelvergleiche das angemessenere Verfahren zur Hypothesenprüfung dar. Darüber hinaus ist sie an bestimmte Voraussetzungen gebunden, die in Kapitel 4.2.4 näher erläutert werden. Sind diese Voraussetzungen nicht erfüllt, so kommt es – wie bei anderen statistischen Verfahren auch – zu Fehlentscheidungen, d. h. die vorgegebenen Werte für den α- und/oder β-Fehler werden nicht eingehalten.

Die Varianzanalyse dient dem Vergleich von zwei oder mehreren Gruppenmittelwerten (nicht Varianzen!), wobei sich die Gruppen in einer oder mehreren UVn unterscheiden können (**ein- bzw. mehrfaktorielle Varianzanalyse**). Auf den Fall mehrerer AVn (**multivariate Varianzanalyse**) soll hier nicht weiter eingegangen werden.

Der Vergleich von Gruppenmittelwerten impliziert, dass die Varianzanalyse für metrische Daten Anwendung findet. Für Daten, die auf einer Ordinalskala oder einer Nominalskala vorliegen, stehen die sogenannten „nonparametrischen Verfahren" zur Verfügung, auf die in diesem Buch nicht weiter eingegangen wird. Diese Verfahren werden ausführlich bei Bortz und Lienert (1998) und Bortz, Lienert und Boehnke (1990) und vorgestellt. An die Durchführung der Varianzanalyse sind noch weitere Voraussetzungen geknüpft, die in Kapitel 4.2.4 besprochen werden.

Im Zusammenhang mit der Varianzanalyse spricht man statt von einer UV auch von einem **Faktor**. Die einzelnen Ausprägungen der UV (Versuchsbedingungen) bezeichnet man mit **Faktorstufe** oder Stufe (engl. level).

In Kapitel 1.5.2 wurde schon auf den Unterschied zwischen festen (bewusst ausgewählten) und zufälligen Faktoren eingegangen. Da in der psychologischen Forschung zufällige Faktoren nur selten vorkommen, wird die weitere Auswertung nur für die Varianzanalyse mit festen Faktoren beschrieben. Die Berechnung einer mehrfaktoriellen Varianzanalyse mit *zufälligen* Faktoren unterscheidet sich davon und ist in den meisten Lehrbüchern der Statistik beschrieben (z. B. Bortz, 1999).

Zur Bestimmung der angemessenen Varianzanalyse sind folgende **Informationen aus dem Versuchsplan** wichtig:

- Anzahl der UVn und ihrer Stufen,
- inter- oder intraindividuelle Bedingungsvariation für jeden Faktor,
- fester oder zufälliger Faktor (siehe oben),
- gleiche oder ungleiche Zellenbesetzung (balancierter oder nichtbalancierter Versuchsplan, siehe Kapitel 2.3.1.2).

Die Auswertung balancierter Versuchspläne (gleiche Anzahl an Vpn in allen Zellen) ist im allgemeinen einfacher und eindeutiger. Im Falle nichtbalancierter Versuchspläne muss der Auswerter weitere Entscheidungen treffen und die Ergebnisse sind nicht ganz so eindeutig interpretierbar. Deshalb sollten bei der Planung möglichst balancierte Versuchspläne Berücksichtigung finden. Da in diesem Buch die varianzanalytische Auswertung nicht in allen Details besprochen werden kann und das wesentliche Prinzip der Auswertung für nichtbalancierte Pläne gleich ist, wird hier nur die Auswertung für Versuchspläne mit gleicher Zellenbesetzung besprochen.

Einige Anmerkungen zu den Besonderheiten bei der Auswertung nichtbalancierter Versuchspläne finden sich in Kapitel 4.2.1.4 und 4.2.5.2.

Für die Auswertung unbedeutend ist es dagegen, ob die Versuchspersonen den Bedingungen randomisiert zugewiesen wurden. Dies ist allerdings bei der Interpretation der Ergebnisse sehr wichtig.

Datenmodell

Der Varianzanalyse liegt ein lineares, additives Datenmodell zugrunde, d. h. man geht davon aus, dass sich die einzelnen angenommenen Effekte additiv verknüpfen. Diese Voraussetzung wird nicht weiter überprüft, sondern geht in die Berechnungen mit ein.

Bei einer einfaktoriellen Varianzanalyse geht man von folgendem **Modell** aus:

Messwert = Populationsmittel + Effekt der UV auf der Stufe k + Fehler

$y_k = \mu + \beta_k + e$

Definition: Fehler

Unter **Fehler** verstehen wir alle Arten von Zufallseinflüssen. Es sind die Anteile am Messwert, die sich nicht vorhersagen oder näher erklären lassen. Er setzt sich aus individuellen Unterschieden, Störeinflüssen im Untersuchungsablauf und Messfehlern zusammen und wird nicht weiter aufgeschlüsselt.

Der **Effekt der UV** in der jeweiligen Bedingung k (symbolisiert mit β_k) ist jener Anteil, der eigentlich interessiert, denn das Ziel der Varianzanalyse ist es herauszufinden, ob ein solcher Effekt überhaupt vorhanden ist (wenigstens für eine Stufe k). In Übereinstimmung damit wird mit der Varianzanalyse die Hypothese geprüft, ob für mindestens eine Stufe der UV dieser Effekt β_k vorhanden, d. h. von Null verschieden ist (siehe nächster Abschnitt).

Bei einer Varianzanalyse über mehrere Faktoren (mehrere UVn) kommt im Datenmodell für jeden Faktor ein weiterer Summand hinzu. Zusätzlich gibt es noch einen Interaktionsterm für jede Kombination von Faktoren.

In einer zweifaktoriellen Varianzanalyse lautet das **Datenmodell** also:

Messwert = Populationsmittel + Effekt der UV A auf der Stufe j + Effekt der UV B auf der Stufe k + Interaktionseffekt A x B in Zelle jk + Fehler

$y_{jk} = \mu + \alpha_j + \beta_k + \alpha\,\beta_{jk} + e$

Der **Interaktionseffekt** bezeichnet die kombinierte Wirkung der beiden Faktoren auf die AV. Sie wird oft durch ein Multiplikationszeichen symbolisiert, repräsentiert aber keine multiplikative Verknüpfung zwischen diesen beiden Variablen oder ihren Effekten.

Getestete Hypothesen

Die mit der Varianzanalyse getesteten Hypothesen lassen sich auf verschiedene Arten darstellen. Die eine Sichtweise (Vergleich der Mittelwerte) steht in engerem Zusammenhang mit den inhaltlichen Hypothesen, aus der anderen (Betrachtung der Effekte) wird die Beziehung zum Datenmodell und der Berechnung deutlicher.

Die einer einfaktoriellen Varianzanalyse zugeordnete **Nullhypothese** lautet immer:
Alle Mittelwerte sind gleich oder alle Effekte β_k sind Null.
Formal: H_0: $\mu_1 = \mu_2 = ... = \mu_K$ oder $\Sigma(\mu_k - \mu)^2 = 0$ oder $\Sigma\,\beta_k^2 = 0$.

Die **Alternativhypothese** lautet:
Nicht alle K Mittelwerte sind gleich oder mindestens ein Effekt β_k ist ungleich Null.
Formal: H_1: $\Sigma\,(\mu_k - \mu)^2 > 0$ oder $\Sigma\,\beta_k^2 > 0$.

Dabei bezeichnet μ den Gesamtmittelwert über alle Messwerte, μ_k den Mittelwert aller Werte in der Bedingung k. Sind alle Mittelwerte μ_k gleich, bedeutet dies auch, dass sich keiner von ihnen vom Gesamtmittelwert μ unterscheidet. Sind nicht alle Mittelwerte μ_k gleich, dann muss auch mindestens einer vom Gesamtmittelwert μ verschieden sein.

Bei der Varianzanalyse gibt es keinen einseitigen Hypothesentest, sondern es wird immer – wie oben angegeben – zweiseitig getestet. Dies hat neben einem formalen Grund folgenden inhaltlichen Grund: Vergleicht man mehr als zwei Mittelwerte, so gibt es nicht nur zwei mögliche Rangfolgen dieser Werte, wenn die H_1 zutrifft (entweder $\mu_1 > \mu_2$ oder $\mu_2 > \mu_1$), sondern je nach Anzahl der Bedingungen viel mehr. Bei einem dreistufigen Versuchsplan wären die folgenden Möglichkeiten (und weitere) alle im Einklang mit der H_1:

$\mu_1 > \mu_2 > \mu_3$ $\mu_1 > \mu_2 = \mu_3$ $\mu_1 = \mu_2 > \mu_3$ $\mu_3 > \mu_2 > \mu_1$ $\mu_3 > \mu_1 > \mu_2$ usw.

Bei einer **mehrfaktoriellen VA** wird **für jeden Faktor eine Nullhypothese** überprüft, und zwar jeweils über alle Bedingungen des anderen Faktors (= Prüfung der
Haupteffekte).

Die **Nullhypothese für den Faktor A** lautet also (vgl. Tabelle 4.4):
Alle Zeilenmittelwerte sind gleich oder alle Effekte α_j sind Null.
H_0: $\mu_1. = \mu_2. = ... = \mu_J.$ oder $\Sigma\,(\mu_j. - \mu)^2 = 0$ oder $\Sigma\,\alpha_j^2 = 0$

Die **Nullhypothese für den Faktor B** lautet entsprechend:
Alle Spaltenmittelwerte sind gleich oder alle Effekte β_k sind Null.
H_0: $\mu._1 = \mu._2 = ... = \mu._K$ oder $\Sigma\,(\mu._k - \mu)^2 = 0$ oder $\Sigma\,\beta_k^2 = 0$

Tabelle 4.4: Populationsmittel, die einer zweifaktoriellen Varianzanalyse mit J und K Stufen
zugrunde liegen

		UV B				Zeilenmittel
		B_1	B_2	...	B_K	HE A
UV A	A_1	μ_{11}	μ_{12}	...	μ_{1K}	$\mu_1. = \mu + \alpha_1$
	A_2	μ_{21}	...	...	...	$\mu_2. = \mu + \alpha_2$
	...	...	...	...	...	$\mu_j. = \mu + \alpha_j$
	A_J	μ_{J1}	...	...	μ_{JK}	$\mu_J. = \mu + \alpha_J$
Spalten-mittel HE B		$\mu._1$ $= \mu + \beta_1$	$\mu._2$ $= \mu + \beta_2$	$\mu._k$ $= \mu + \beta_k$	$\mu._K$ $= \mu + \beta_K$	μ

Darüber hinaus wird noch die **Interaktion der beiden Faktoren** überprüft, deren
Hypothesen man folgendermaßen formulieren kann:

H_0: Die Wirkung der einzelnen UVn auf die AV ist voneinander unabhängig.
H_1: Die Wirkung der einzelnen UVn auf die AV ist nicht voneinander unabhängig.

Eine unabhängige Wirkung (keine Interaktion) ist dann gegeben, wenn sich in jeder
Zelle die Effekte für die beiden Haupteffekte addieren, also $\bar{y}_{jk} = \mu + \alpha_j + \beta_k + e$.
Dies bedeutet, dass der Zellmittelwert die Summe aus den beiden zugehörigen Rand-
mitteln minus der Gesamtmittelwert ist ($\bar{y}_{jk} = \mu._k + \mu_j. - \mu + e$).
   Eine Interaktion liegt dann vor, wenn der Zellmittelwert μ_{jk} *systematisch* vom
Mittelwert der beiden zugehörigen Randmittel abweicht. Im Datenmodell kommt
dann noch der Term $\alpha\beta$ für die Interaktion hinzu ($\bar{y}_{jk} = \mu + \alpha_j + \beta_k + \alpha\beta_{jk} + e$).
   Bei einer **Varianzanalyse mit mehr als zwei Faktoren** gibt es dann entspre-
chend viele Haupteffekte (z. B. für die Faktoren A, B, C) und Interaktionen (A x B,
B x C, A x C), wobei auch noch die Interaktionen höherer Ordnung (zwischen mehr
als 2 Faktoren; A x B x C) hinzukommen.
   Bei der Durchführung einer Varianzanalyse werden in der Regel alle im Modell
angelegten Haupteffekte und Interaktionen auf Signifikanz überprüft, ungeachtet der
eigentlich zu überprüfenden Hypothesen. Andererseits wird innerhalb eines Effektes

nicht weiter differenziert, d. h. wird der Effekt des Faktors A signifikant, weiß man zwar, dass die entsprechende UV gewirkt hat, man weiß aber nicht genau, welche der vorhandenen Stufen sich im Einzelnen unterscheiden.

Die Varianzanalyse wird deshalb auch als Globaltest bezeichnet. Sie ist oft weniger präzise als die empirischen und statistischen Hypothesen, die getestet werden sollen. Da der statistische Test immer zweiseitig erfolgt, kann eine gerichtet formulierte inhaltliche Hypothese oder eine gerichtete statistische Vorhersage niemals adäquat in eine varianzanalytische Testhypothese umgesetzt werden.

Deshalb ist in jedem Fall zu prüfen, ob die eigentlichen Hypothesen nicht valider durch die in Kapitel 4.3 beschriebenen Verfahren (a priori Einzelvergleiche) zu testen sind.

4.2.1   Prinzip der Varianzaufteilung

Das Grundprinzip der Varianzanalyse und Varianzzerlegung wurde schon in Kapitel 2.4 erläutert. Auf dem Hintergrund der Erläuterungen in Kapitel 4.1 soll das in Kapitel 2.4 Dargestellte wiederholt und das Verständnis für das Auswerteverfahren vertieft werden.

Prinzip der Varianzanalyse

Grundprinzip der Varianzanalyse ist **die Aufteilung der beobachteten Variabilität** der Messwerte in **systematische** (erklärbare, vorhersagbare) und **zufallsbedingte** (nicht erklärbare) Anteile.
Als **systematische Varianz** (Primärvarianz, Effektvarianz, Treatmentvarianz, „Varianz zwischen") werden **die Anteile** angesehen, **die auf die UVn und deren Wechselwirkung zurückgehen**, d. h. die Unterschiedlichkeit in den Messwerten der AV, die durch die verschiedenen Ausprägungen der UVn erklärt werden kann. Als **Fehlervarianz** (Sekundärvarianz, Varianz „innerhalb") werden **die Anteile** angesehen, **die nicht auf die UVn und deren Wechselwirkungen zurückgehen**, sondern auf den Einfluss von Störvariablen, Zufallseinflüssen und Messfehlern.

Für die Berechnung und Interpretation der Varianzanalyse sind verschiedene Größen von Bedeutung, deren Berechnung und Bedeutung nachfolgend beschrieben werden. Da die einzelnen Größen in verschiedenen Lehrbüchern oftmals unterschiedlich benannt werden, soll Tabelle 4.5 das Verständnis erleichtern.

Die gesamte Quadratsumme kann in verschiedene Teile aufgeteilt werden, die sich jeweils zur Gesamtquadratsumme addieren ($SAQ_{Gesamt} = SAQ_{Effekt} + SAQ_{Fehler}$). Im mehrfaktoriellen Fall oder bei Messwiederholung wird die SAQ noch in weitere additive Komponenten unterteilt.

Die oben angegebene allgemeine Formel der SAQ kann eigentlich zur Berechnung aller verschiedenen SAQn eingesetzt werden. Sie bezieht sich dabei allerdings immer auf unterschiedliche y und $\bar{y}$ Werte. Jede der drei oben angeführten Quadratsummen (SAQ_{Gesamt}, SAQ_{Effekt}, SAQ_{Fehler}) hat eine eigene Bedeutung und kann jeweils für sich berechnet werden. Wie aus obiger Formel ersichtlich, kann aber jeweils eine davon auch aus den beiden anderen berechnet werden.

Tabelle 4.5: Verschiedene Bezeichnungen der für die Varianzanalyse relevanten Größen

	Gesamtvariabilität	Schätzung der Populationsvarianz	Anzahl frei variierbarer Beobachtungen
Deutsche Bezeichnungen und Abkürzungen	Summe der Abweichungsquadrate (SAQ) Quadratsumme (QS)	Mittleres Quadrat (MQ) Mittlere Quadratsumme (MQS) geschätzte Varianz ($\hat{\sigma}$)	Freiheitsgrade (FG) degrees of freedom (df)
Englisch	Sum of Squares (SS)	Mean Square (MS)	degrees of freedom (df)
Berechnung	$\Sigma(y-\overline{y})^2$, bezogen auf das jeweils relevante $\overline{y}$	$\dfrac{SAQ}{FG}$	*siehe Text*
Bemerkungen	Die einzelnen SAQn (Effekte und Fehler) addieren sich zur Gesamt-SAQ	Die Varianzen verhalten sich nicht additiv; der Quotient aus Effekt- und Fehlervarianz ergibt den F-Wert	Die einzelnen Freiheitsgrade (Effekte und Fehler) addieren sich zu den Gesamtfreiheitsgraden

Ausgangspunkt der Varianzanalyse ist die Betrachtung der Variabilität oder Unterschiedlichkeit der einzelnen Messwerte.

Definition: Summe der Abweichungsquadrate (Quadratsumme)

Die **Summe der Abweichungsquadrate** (SAQ) oder **Quadratsumme** (QS), im Englischen sum of sqares (SS), repräsentiert die Unterschiedlichkeit der Werte der AV. Sie wird berechnet als die Summe der quadrierten Abweichungen vom Mittelwert.

Diese Quadratsumme kann weiter in einzelne Komponenten zerlegt werden, die sich jeweils wieder zur Gesamtquadratsumme addieren.

$$SAQ = \sum (y - \overline{y})^2.$$

SAQ$_{Gesamt}$: Die Gesamtvariabilität berechnet sich aus der quadrierten Abweichung aller Messwerte vom gemeinsamen Mittelwert:

Definition: SAQ$_{Gesamt}$

$$SAQ_{Gesamt} = \sum (y - \overline{y})^2 \quad \text{über alle Messwerte y.}$$

SAQ$_{Effekt}$ oder SAQ$_{Zwischen}$ oder SAQ$_{Primär}$: Die Unterschiedlichkeit der einzelnen Bedingungen berechnet sich aus der quadrierten Abweichung der jeweiligen Mittel-

werte der einzelnen Bedingungen (Zeilen- oder Spaltenmittel) vom Gesamtmittelwert, multipliziert mit der jeweiligen Anzahl an Beobachtungen, die in das entsprechende Gruppenmittel eingehen (wir betrachten den einfacheren Fall, dass alle n
gleich groß sind). Diese Quadratsumme repräsentiert die Variabilität in den Daten,
die durch die Variation der UV entsteht, also durch systematische Schwankungen.
Zusätzlich gehen auch noch nicht erklärbare Fehleranteile in diese SAQ ein, die
durch *zufällige* Unterschiede in den Bedingungsmittelwerten entstehen.

Definition: SAQ_{Effekt}

$$SAQ_{Effekt} = n_k \sum_{k=1}^{K} (\bar{y}_k - \bar{y})^2 \quad \text{über alle Versuchsbedingungen k.}$$

SAQ_{Fehler} oder $SAQ_{Innerhalb}$, SAQ_{Error}, $SAQ_{Sekundär}$: **Die Unterschiedlichkeit der
Werte innerhalb jeder Bedingung** berechnet sich aus der quadrierten Abweichung
jedes Messwertes vom Mittelwert in der jeweiligen Bedingung. Dieser Anteil
repräsentiert die Variabilität in den Daten, die sich nicht aus den Bedingungen
erklären lässt, also interindividuelle Unterschiede, unsystematische Schwankungen
und Messfehler.

Definition: SAQ_{Fehler}

$$SAQ_{Fehler} = \sum (y - \bar{y}_k)^2 \quad \text{über alle Messwerte y.}$$

Ausgehend von diesen Definitionen wird der oben angeführte „**Summensatz**" nochmals wiederholt: Die Gesamtvariabilität der Daten kann zerlegt werden in die
Abweichungen der Einzelwerte von ihrem jeweiligen Gruppenmittel und in die
Abweichung dieser Gruppenmittel vom Gesamtmittel.

Die Abweichung der Gruppenmittelwerte vom Gesamtmittelwert repräsentiert den
Effekt der UV *plus* unsystematische Schwankungen, also Fehler. Die Abweichung
der Einzelwerte von ihrem Gruppenmittelwert repräsentiert die unsystematischen
Schwankungen, also *nur* die nicht erklärbare Variabilität oder den Fehler.

Der absolute Wert der SAQ_{Effekt} ist dabei in der Regel wesentlich kleiner als der
der SAQ_{Fehler}, weil es sich bei der SAQ_{Effekt} um die Variabilität von Mittelwerten
handelt, bei der SAQ_{Fehler} dagegen um die Variabilität der Messwerte.

Was nützen diese Überlegungen zur Prüfung der statistischen Hypothesen?

Wenn die H_0 richtig ist (d. h. es ist keine systematische Variation vorhanden), beinhalten sowohl die SAQ_{Effekt} wie die SAQ_{Fehler} nur unsystematische Variabilität.

Sie können unabhängig voneinander zur Schätzung der Varianz in der Population
eingesetzt werden.

Um aus den SAQn eine Schätzung der Populationsvarianz zu erhalten, muss jede SAQ durch die Anzahl ihrer **Freiheitsgrade (FG,** im Englischen degrees of freedom, df) geteilt werden. Die resultierende Größe nennt man **mittlere Quadratsumme oder mittleres Quadrat (MQ,** im Englischen mean square, MS).

Definition: Mittlere Quadratsumme (Varianz)

Zu unterscheiden von der Summe der Abweichungsquadrate (SAQ) ist die **Mittlere Quadratsumme MQ** (Mittleres Quadrat, im Englischen mean square: MS) **oder Varianz.** Zu ihrer Berechnung wird die Summe der Abweichungsquadrate durch die Anzahl ihrer Freiheitsgrade geteilt. Die mittlere Quadratsumme stellt eine Schätzung der Populationsvarianz dar.

Genauer ausgedrückt stellt die MQ_{Fehler} eine Schätzung der Populationsvarianz $(\hat{\sigma})$ dar, und die MQ_{Effekt} stellt eine Schätzung der Populationsvarianz für den Fall dar, dass die Nullhypothese gilt.

$$MQ = \frac{SAQ}{Freiheitsgrade} = \hat{\sigma}^2$$

Definition: Freiheitsgrade

Die **Freiheitsgrade FG** (im Englischen degrees of freedom, df) werden benötigt, um aus den SAQn die MQn (= Schätzungen der Populationsvarianz) zu berechnen. Es handelt sich hierbei um die Anzahl an frei variierbaren Werten, die in die SAQ eingehen. Bei vorgegebener SAQ liegt der „letzte" Wert schon fest. Die Anzahl an Freiheitsgraden beträgt deshalb $N-1$ für die SAQ_{Gesamt}, $K-1$ für die SAQ_{Effekt} und $K(n-1)$ für die SAQ_{Fehler}. Die verschiedenen Freiheitsgrade addieren sich zu den Gesamtfreiheitsgraden. K bezeichnet die Anzahl an Faktorstufen.

FG = (Anzahl an in die SAQ eingehenden Werten) – 1

$FG_{Gesamt} = FG_{Effekt} + FG_{Fehler}$; $N-1 = K-1 + K(n-1)$

Die mittleren Quadratsummen (also die Varianzen) verhalten sich nicht additiv $(MQ_{Gesamt} \neq MQ_{Effekt} + MQ_{Fehler})$!

Bei Gültigkeit der H_0 müssten MQ_{Effekt} und MQ_{Fehler} etwa gleich groß sein, da sie beide Schätzungen der Populationsvarianz darstellen. Ist die MQ_{Effekt} deutlich größer als die MQ_{Fehler}, spricht dies gegen die Gültigkeit der H_0, weil dann in der MQ_{Effekt} wahrscheinlich neben Fehlervarianz auch systematische Varianz enthalten ist.

Zur Beantwortung unserer Fragestellung müssen wir also prüfen, ob die MQ_{Effekt} überzufällig (signifikant) größer ist als die MQ_{Fehler}. Dazu wird der Quotient aus MQ_{Effekt} und MQ_{Fehler} gebildet. Die **Prüfverteilung** für den Vergleich zweier Varianzen ist eine **F-Verteilung** für die entsprechende Anzahl an Zähler- und Nenner-Freiheitsgraden. Man schreibt die Anzahl an Freiheitsgraden in Klammern hinter den F-Wert, die Zählerfreiheitsgrade zuerst.

$$F = \frac{MQ_{Effekt}}{MQ_{Fehler}}, FG = K-1, K(n-1)$$

Für die Entscheidung, ob die H_0 (die Gruppenmittelwerte unterscheiden sich nicht systematisch) beibehalten werden soll, gibt es zwei Vorgehensweisen:

1. **Berechnung „per Hand"**: Man vergleicht den berechneten F-Wert mit einer tabellierten F-Verteilung, die man in jedem Statistikbuch findet. Zu beachten ist, dass man den Wert für die richtige Kombination an Zähler- und Nennerfreiheitsgraden findet und das gewünschte Signifikanzniveau berücksichtigt.
Der in der Tabelle aufgefundene Wert heißt auch **„kritischer F-Wert"**, der berechnete Wert **„empirischer F-Wert"**. Das Ergebnis heißt dann signifikant und führt zur Ablehnung der H_0, wenn der empirische F-Wert größer ist als der kritische F-Wert. Dies bedeutet nämlich, dass der empirische Wert so groß (d. h. so unwahrscheinlich) ist, dass er mehr als $1-\alpha$ von der F-Verteilung abschneidet. Mit anderen Worten ist die Wahrscheinlichkeit, einen so extremen Wert zu erhalten, wenn die H_0 tatsächlich richtig wäre, kleiner als der festgesetzte α-Fehler. Da das gefundene Ergebnis sich also nur schwer mit der H_0 vereinbaren lässt, wird diese abgelehnt.

2. **Berechnung mit einem Statistik-Computer-Programm:** Dieses gibt in der Regel direkt die Überschreitungswahrscheinlichkeit p aus, die zu dem empirischen F-Wert gehört.
Diese Überschreitungswahrscheinlichkeit p ist die Wahrscheinlichkeit dafür, dass das empirisch ermittelte oder ein noch extremeres Ergebnis auftritt, wenn die H_0 tatsächlich richtig ist. Ist diese Wahrscheinlichkeit sehr klein, d. h. das gefundene Ergebnis sehr unwahrscheinlich, halten wir die H_0 für falsch.
Das gefundene Ergebnis heißt deshalb dann signifikant und führt zur Ablehnung der H_0, wenn der berechnete p-Wert kleiner ist als das zuvor festgelegte Signifikanzniveau α.

Bei der Berechnung „per Hand" erhalten wir also letztendlich die Information, ob die gefundene Überschreitungswahrscheinlichkeit kleiner ist als α, wobei für die Bestimmung des kritischen F-Wertes das Signifikanzniveau schon festgelegt werden muss. Bei der Berechnung mit dem Computer erhalten wir einen genauen Wert für die Überschreitungswahrscheinlichkeit und vergleichen dann, ob dieser kleiner ist als das gewünschte Signifikanzniveau α.

4.2.1.1   Einfaktorieller Fall

Für den einfaktoriellen Fall soll die Bedeutung und Berechnung der einzelnen Quadratsummen nochmals genauer erläutert werden. Tabelle 4.6 zeigt die Berechnung der SAQ einer einfaktoriellen Varianzanalyse (keine Messwiederholung, gleiche Zellenbesetzung, feste Effekte) für das Wortlistenbeispiel aus Box 11. Dies ist die angemessene Auswertung für die Versuchspläne VPL1R und VPL1Q.
Wie schon mehrfach erläutert wird in diesem Fall die Gesamtvariabilität SAQ_{Gesamt} zerlegt in die Variabilität innerhalb der Bedingungen (SAQ_{Fehler}) und zwischen den Bedingungen (SAQ_{Effekt}, siehe Abbildung 4.6). Jeweils eine dieser Größen lässt sich durch Subtraktion bzw. Addition aus den beiden anderen berechnen, so dass eigentlich nicht alle drei Größen für sich berechnet werden müssen. Die ge-

trennte Berechnung der drei SAQn liefert allerdings eine gute Kontrolle. In der Regel verwendet man zur Berechnung von Varianzanalysen ein Statistikprogramm, wie z. B. SPSS (siehe Kapitel 4.2.5).

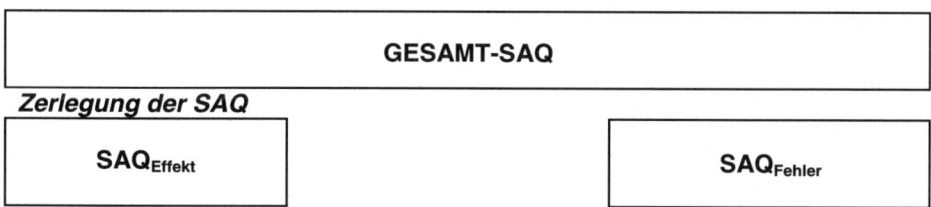

Abbildung 4.6: Varianzzerlegung bei der einfaktoriellen Varianzanalyse ohne Messwiederholung (Versuchspläne VPL1R und VPL1Q).

Zur Berechnung der Varianzanalyse „per Hand" (mit Taschenrechner) werden also die Werte aller Vpn aufgelistet und die zugehörige Versuchsbedingung vermerkt. Der erste Schritt besteht in der Bestimmung des Mittelwertes über alle Werte. Dann wird für jeden Wert die quadrierte Abweichung vom Mittelwert bestimmt. Die Summe aller dieser Werte ist dann die SAQ_{Gesamt}. Als nächstes wird der Mittelwert pro Bedingung ermittelt. Die quadrierte Abweichung dieser Bedingungsmittelwerte vom Gesamtmittelwert wird jeweils mit der Anzahl an Beobachtungen multipliziert. Die Summe daraus ergibt die SAQ_{Effekt}. Als letztes wird die quadrierte Abweichung jedes Messwertes von dem zugehörigen Bedingungsmittelwert ermittelt. Die Summe daraus ergibt die SAQ_{Fehler} (siehe Tabelle 4.6).

Die **Freiheitsgrade** ergeben sich aus der Anzahl in die jeweilige SAQ eingehender Werte minus die Anzahl eingehender Mittelwerte: Für die SAQ_{Gesamt} also N–1 (im Beispiel 15 - 1), für die SAQ_{Effekt} K–1 (im Beispiel 3 - 1; es liegen ja nur 3 unterschiedliche Werte vor!) und für die SAQ_{Fehler} N – K oder K(n–1), im Beispiel also 15 - 3 oder 3(5 - 1).

Die berechneten SAQn, die Freiheitsgrade sowie die daraus berechneten Mittleren Quadrate (= SAQ/FG) werden dann in eine Varianzanalysetafel eingetragen (siehe Tabelle 4.7). Wie im vorherigen Abschnitt erläutert, ergibt sich der F-Wert aus dem Verhältnis (Quotient) von MQ_{Effekt} und MQ_{Fehler}. Die Entscheidung bezüglich der Beibehaltung der H_0 ergibt sich aus dem Vergleich dieses berechneten F-Wertes mit der entsprechenden theoretischen Verteilung. Dazu sucht man in einer tabellierten F-Verteilung (z. B. Bortz, 1999, Tabelle E) den Wert für die entsprechende Anzahl an Zähler- und Nennerfreiheitsgraden (hier: 2 und 12) und das spezifizierte Signifikanzniveau (hier 5 %) auf. Der gefundene kritische Wert (hier: 3,89) wird mit dem aus den Daten berechneten (hier 1,22) verglichen. Ist der empirische Wert größer als der kritische, ist das Ergebnis auf dem spezifizierten Signifikanzniveau signifikant: Die Wahrscheinlichkeit, dass die UV keine Auswirkung hatte und sich die Gruppen nur zufällig stark unterscheiden, ist dann also gering. Im Beispiel ist das Ergebnis nichtsignifikant, da der kritische F-Wert größer als der empirische F-Wert ist, und damit die Überschreitungswahrscheinlichkeit p größer als das festgelegte Signifikanzniveau von $\alpha = 5$ % ist.

Das Eta^2, ein Maß der Effektgröße (siehe Kapitel 4.1.6), ergibt sich als Quotient von SAQ_{Effekt} und SAQ_{Gesamt}; es ist ein Maß dafür, wie viel der Variabilität in den

Daten durch die Variation der UV erklärt werden kann. In diesem Fall (Eta^2 = 17 %) haben wir es nach der Klassifikation von Cohen (vgl. Kapitel 4.1.6) mit einem großen Effekt zu tun, der aber deshalb keine große Bedeutung hat, weil wir uns nicht sicher sein können, ob der Gruppenunterschied nur zufällig oder wirklich durch die Variation der UV entstanden ist.

Tabelle 4.6: Berechnung einer einfaktoriellen Varianzanalyse ohne Messwiederholung für das Wortlistenbeispiel (vgl. Box 11). Untersucht wird die Behaltensleistung (Messwert y) von drei Versuchspersonengruppen (jeweils 5 Vpn), die verschiedene Wortlisten lernen sollen (Substantive, Verben, Adjektive)

Vp	Messwert	Versuchsbedingung	Abweichung Messwert vom Mittelwert	quadrierte Abweichung	Mittelwert in Bedingung k	Abweichung des Bedingungsmittels vom Gesamtmittel	quadrierte Abweichung	Abweichung des Messwertes vom Bedingungsmittel	quadrierte Abweichung
	y	k	$y - \bar{y}$	$(y - \bar{y})^2$	$\bar{y}_k$	$\bar{y}_k - \bar{y}$	$(\bar{y}_k - \bar{y})^2$	$y - \bar{y}_k$	$(y - \bar{y}_k)^2$
1	5	1	1,667	2,778	4,400	1,067	1,138	0,600	0,360
2	9	1	5,667	32,111	4,400	1,067	1,138	4,600	21,160
3	1	1	-2,333	5,444	4,400	1,067	1,138	-3,400	11,560
4	4	1	0,667	0,444	4,400	1,067	1,138	-0,400	0,160
5	3	1	-0,333	0,111	4,400	1,067	1,138	-1,400	1,960
6	6	2	2,667	7,111	4,000	0,667	0,445	2,000	4,000
7	10	2	6,667	44,444	4,000	0,667	0,445	6,000	36,000
8	0	2	-3,333	11,111	4,000	0,667	0,445	-4,000	16,000
9	2	2	-1,333	1,778	4,000	0,667	0,445	-2,000	4,000
10	2	2	-1,333	1,778	4,000	0,667	0,445	-2,000	4,000
11	3	3	-0,333	0,111	1,600	-1,733	3,003	1,400	1,960
12	4	3	0,667	0,444	1,600	-1,733	3,003	2,400	5,760
13	0	3	-3,333	11,111	1,600	-1,733	3,003	-1,600	2,560
14	1	3	-2,333	5,444	1,600	-1,733	3,003	-0,600	0,360
15	0	3	-3,333	11,111	1,600	-1,733	3,003	-1,600	2,560
Σ	55		SAQ$_{Ges.}$ = 135,333			SAQ$_{Effekt}$ = 22,933		SAQ$_{Fehler}$ = 112,400	
$\bar{y}$	3,33								
Zugehörige FG			15 - 1 = 14			3 - 1 = 2		3(5 - 1) = 12	

Erläuterung: $\bar{y}$ ist der Gesamtmittelwert über alle Messwerte, $\bar{y}_k$ ist der Mittelwert in der Bedingung k.

Tabelle 4.7: Varianzanalysetafel des einfaktoriellen Versuchsplans für das Wortlisten-beispiel (vgl. Tabelle 4.6)

Quelle	Quadrat-summe	FG	mittlere Quadrat-summe	F-Wert	F-krit ($\alpha = 5$ %)	Bewer-tung	Eta^2
Effekt	22,93	2	11,46	1,22	3,89	n. s.	0,17
Fehler	112,40	12	9,36				
Gesamt	135,33	14					

4.2.1.2 Zweifaktorieller Fall

Im zweifaktoriellen Fall, den wir hier nochmals etwas näher erläutern wollen, bleibt auch die Aufteilung der Gesamtvariabilität in Variabilität innerhalb (SAQ$_{Fehler}$) und zwischen (SAQ$_{Effekt}$) den Bedingungen erhalten (siehe Abbildung 4.7). Die SAQ$_{Effekt}$ wird allerdings noch weiter aufgeteilt, da wir uns nicht nur fragen, ob die Variation der beiden UVn insgesamt einen Einfluss hat, sondern genauer wissen wollen, welche der beiden UVn wirkt und ob es auch eine kombinierte Wirkung beider UVn auf die AV gibt (Interaktion).

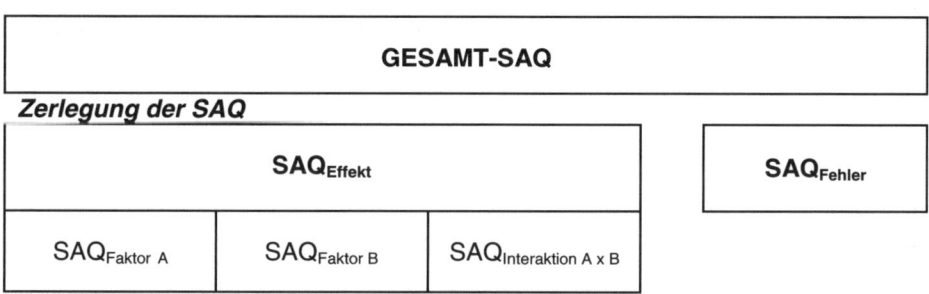

Abbildung 4.7: Varianzzerlegung bei der zweifaktoriellen Varianzanalyse ohne Mess-wiederholung (Versuchspläne VPL2RR, VPL2RQ, VPL2QR und VPL2QQ).

Die Primärvarianz wird demnach aufgeteilt in die Varianz, die auf die UV A zurück-geht, die Varianz, die auf die UV B zurückgeht und die Varianz, die auf der kombi-nierten Wirkung beider Variablen (Interaktion) beruht. Genaueres zum Konzept der Interaktion siehe Kapitel 4.2.2.

Für die Darstellung zur Berechnung der zweifaktoriellen Varianzanalyse (keine Messwiederholung, gleiche Zellenbesetzung, feste Faktoren) greifen wir wieder auf das Wortlistenbeispiel aus Kapitel 2 zurück (siehe Tabelle 2.9), bei der in dieser Variante 72 Vpn eine Wortliste mit Substantiven, Adjektiven oder Verben zu lernen hatten (UV B) und die Liste jeweils entweder akustisch oder visuell dargeboten wurde (UV A).

Nur der Übersichtlichkeit halber werden in Tabelle 4.8 nicht mehr für jeden ein-zelnen Messwert alle Rechenschritte durchgeführt, sondern es wird eine zellenbezo-gene Darstellungsform gewählt. Natürlich können die Werte auch analog dem Vor-gehen in Tabelle 4.6 berechnet werden, wobei an die Stelle der Spalte zur Berechnung der SAQ_{Effekt} drei Spalten für die Berechnung der SAQ_A, SAQ_B und SAQ_{AxB} treten.

Für das hier beschriebene Vorgehen (Tab 4.8) müssen zunächst also Mittelwerte für die Gesamtstichprobe, für jede Spalte, jede Zeile und jede Zelle berechnet werden. Die SAQn in den Zellen ergeben sich dann aus der quadrierten Abweichung jedes Messwertes vom zugehörigen Zellmittelwert.

Tabelle 4.8: Berechnung einer zweifaktoriellen Varianzanalyse ohne Messwiederholung für das Wortlistenbeispiel (vgl. Tabelle 2.9). Untersucht wird die Behaltensleistung (Messwert y) von drei Versuchspersonengruppen (jeweils 12 Vpn), die verschiedene Wortlisten lernen sollen (Substantive, Verben, Adjektive), die entweder akustisch oder visuell präsentiert werden

UV A: Art der Präsentation	UV B: Art der Wortliste			
	B_1: Substantive	B_2: Verben	B_3: Adjektive	
A_1: akustisch	$\bar{y}_{11} = 9{,}08$ SAQ = 60,918 n = 12	$\bar{y}_{12} = 8{,}67$ SAQ = 62,667 n = 12	$\bar{y}_{13} = 6{,}50$ SAQ = 84,997 n = 12	Zeilenmittelwert $\bar{y}_{1.} = 8{,}083$ n = 36
A_2: optisch	$\bar{y}_{21} = 9{,}00$ SAQ = 92,004 n = 12	$\bar{y}_{22} = 9{,}42$ SAQ = 78,917 n = 12	$\bar{y}_{23} = 8{,}67$ SAQ = 104,667 n = 12	Zeilenmittelwert $\bar{y}_{2.} = 9{,}03$ n = 36
	Spaltenmittelwert $\bar{y}_{.1} = 9{,}04$ n = 24	Spaltenmittelwert $\bar{y}_{.2} = 9{,}04$ n = 24	Spaltenmittelwert $\bar{y}_{.3} = 7{,}58$ n = 24	Gesamtmittelwert $\bar{y}_{..} = 8{,}56$ N = 72

Aus den Angaben der Tabelle 4.8 lassen sich alle SAQn berechnen:

SAQ_{Fehler}: Dies ist die Summe der Abweichungsquadrate der einzelnen Zellen:
= 60,918 + 62,667 + 84,997 + 92,004 + 78,917 + 104,667 = 484,170.

$SAQ_{Faktor A}$: Dies ist die Summe der Abweichungsquadrate der Zeilenmittel vom Gesamtmittel, multipliziert mit der jeweiligen Anzahl an Beobachtungen, also:
$= 36\,(8{,}0833 - 8{,}5556)^2 + 36\,(9{,}0278 - 8{,}5556)^2 = 16{,}054.$

$SAQ_{Faktor B}$: Dies ist die Summe der Abweichungsquadrate der Spaltenmittel vom Gesamtmittel, multipliziert mit der jeweiligen Anzahl an Beobachtungen, also:
$= 24\,(9{,}0417 - 8{,}5556)^2 + 24\,(9{,}0417 - 8{,}5556)^2 + 24\,(7{,}5833 - 8{,}5556)^2 = 34{,}030.$

$SAQ_{A \times B}$: Für jede Zelle wird die Differenz zwischen dem Zellmittelwert und der zugehörigen Summe (Zeilenmittel + Spaltenmittel – Gesamtmittelwert) gebildet und mit der Anzahl an Werten innerhalb der Zelle multipliziert, also:
$= 12\,(9{,}0833 - 8{,}0833 - 9{,}0417 + 8{,}5556)^2 + 12\,(8{,}6667 - 8{,}0833 - 9{,}0417 + 8{,}5556)^2 + 12\,(...)^2 + ... = 15{,}528.$

SAQ$_{\text{Gesamt}}$: Berechnet sich entweder als Abweichungsquadrat jedes Messwertes vom Gesamtmittel oder als Summe der oben berechneten SAQn:

SAQ$_{\text{Faktor A}}$ + SAQ$_{\text{Faktor B}}$ + SAQ$_{\text{A x B}}$ + SAQ$_{\text{Fehler}}$

= 16,054 + 34,030 + 15,528 + 484,170 = 549,782.

Ebenso wie im einfaktoriellen Fall werden bei der zweifaktoriellen Varianzanalyse die berechneten SAQn und ihre Freiheitsgrade in der Varianzanalysetafel aufgelistet und daraus Mittlere Quadrate, F-Wert und die Effektgröße Eta^2 berechnet, sowie die kritischen F-Werte aus einer F-Tabelle eingetragen (siehe Tabelle 4.9; für das Beispiel wurden die Werte für 60 Nennerfreiheitsgrade der Tabelle E in Bortz (1999) entnommen).

Der Vergleich der empirischen mit den kritischen F-Werten zeigt wiederum, dass wir den Effekt beider UVn nicht statistisch nachweisen können, da sich das Ergebnis auch mit der H$_0$ vereinbaren lässt.

Der mehrfaktorielle Fall mit mehr als zwei UVn bringt keine wesentlichen Veränderungen gegenüber dem zweifaktoriellen Fall mit sich, wird aber leicht unübersichtlich und etwas kompliziert mit der Hand zu rechnen. Zu beachten ist, dass es neben den einfachen Interaktionen (zwischen je zwei Faktoren) dann auch Interaktionen höherer Ordnung gibt (im vierfaktoriellen Plan z. B. zwischen allen vier Faktoren). Diese sind oftmals sehr schwer inhaltlich zu interpretieren.

Tabelle 4.9: Varianzanalysetafel des zweifaktoriellen Versuchsplans für das Wortlistenbeispiel (keine Messwiederholung; vgl. Tabelle 4.8). Abweichungen zu Tabelle 2.12 ergeben sich aus Rundungsungenauigkeiten

Quelle der Variabilität	SAQ	FG	MQ	F-Wert	F-krit ($\alpha = 5\,\%$)	Bewertung	Eta^2
Haupteffekt A	16,054	1	16,054	2,188	4,00	n. s.	0,029
Haupteffekt B	34,030	2	17,015	2,319	3,15	n. s.	0,062
Interaktion AxB	15,528	2	7,764	1,058	3,15	n. s.	0,028
Primär	65,612	5	13,122	1,789	2,37	n. s.	0,119
Sekundär, Fehler	484,170	66	7,336				
Gesamt	549,782	71					

4.2.1.3   Messwiederholung

Während im Vergleich von einfaktorieller und mehrfaktorieller Varianzanalyse die **Primärvarianz** weiter aufgeteilt wurde, beschäftigt sich die Auswertung der Messwiederholungspläne mit der Aufteilung der **Sekundärvarianz**. In Kapitel 2.4 wurde schon erläutert, dass aus versuchsplanerischer Sicht der Vorteil einer Messwieder-holung in einer erhöhten Präzision aufgrund verringertem Fehlervarianzanteil liegt.

Messwiederholung

Wesentlichstes Unterscheidungsmerkmal der Auswertungsmethoden für Ver-suchspläne mit und ohne Messwiederholung ist die Tatsache, dass bei Plänen ohne Messwiederholung interindividuelle Unterschiede Teil der Fehlervarianz sind, gegen die die Effekte getestet werden, bei Messwiederholungsplänen dage-gen nicht.

Wenn bedeutsame interindividuelle Unterschiede vorliegen, haben die Pläne mit Messwiederholung also immer eine höhere Präzision bzw. Teststärke.

Bei den Plänen ohne Messwiederholung entsteht die Fehlervarianz durch die unterschiedlichen Werte innerhalb der einzelnen Zellen. Im Falle der Messwieder-holung entsteht die Fehlervarianz daraus, dass verschiedene Personen verschieden auf die Bedingungen reagieren, d. h. verschiedene Unterschiede zwischen den Bedin-gungen aufweisen, wobei die unterschiedliche Ausgangslage der verschiedenen Per-sonen unerheblich ist (sie wird „herausgerechnet" und zeigt sich in der SAQ-Blöcke, siehe unten).

Neben dem einfaktoriellen Messwiederholungsplan gibt es natürlich auch mehr-faktorielle Messwiederholungspläne, wobei dann genau zu spezifizieren ist, ob alle Faktoren messwiederholt sind oder ob ein **gemischter Plan** mit messwiederholten und nichtmesswiederholten Faktoren vorliegt.

Wichtig ist weiterhin festzuhalten, dass die Auswertung mittels einer Varianzana-lyse für Messwiederholung auch dann angebracht ist, wenn nicht eine Versuchs-person mehrfach beobachtet wird, sondern durch Parallelisierung eines relevanten Merkmals ähnliche Gruppen („Blöcke") gebildet werden (vgl. Kapitel 3.3.2.2). *Die Begriffe „Varianzanalyse mit Messwiederholung" und „Varianzanalyse für abhän-gige Stichproben" (also parallelisierte Gruppen) sind als Synonyme in Bezug auf die statistische Auswertung zu verstehen.* Im englischen Sprachraum spricht man von „repeated measures" für Messwiederholung und von „randomized block design" als Versuchsplan mit parallelisierten Gruppen (Kirk, 1982).

Die Berechnung der Varianzanalyse mit Messwiederholung soll nicht im Einzel-nen demonstriert werden. Hier soll nur das Prinzip der Auswertung bzw. der Vari-anzzerlegung erläutert werden (vgl. Abbildung 4.8).

Dabei ist die Darstellung der Blockvarianz als Teil der Sekundärvarianz die von uns favorisierte Darstellungsweise. Andere Autoren (z. B. Diehl & Arbinger, 1992; Hager, 1987) rechnen diese eher zur Effektvarianz, wodurch aus dem einfaktoriellen ein zweifaktorielles Design wird. Diese Unterschiede sind aber lediglich Unter-schiede in der Darstellung (und können zu einiger Verwirrung führen), die Prüfung des eigentlich interessierenden Effektes wird davon nicht beeinflusst!

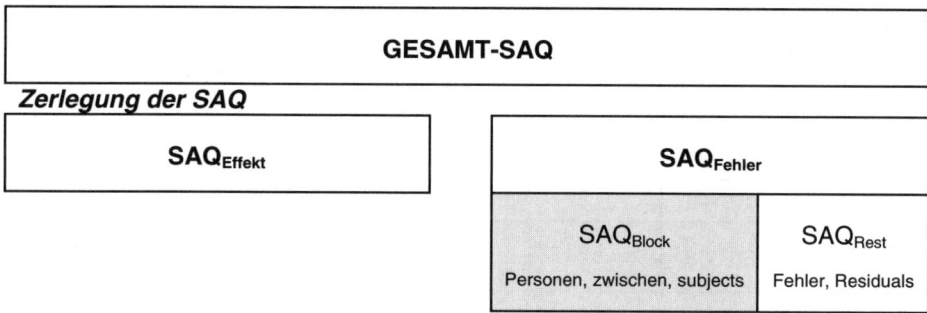

Abbildung 4.8: Varianzzerlegung bei der einfaktoriellen Varianzanalyse mit Messwiederholung (Versuchspläne VPL1R(W) und VPLQ(W)).

Einfaktorieller Fall

Die Varianzaufteilung für den einfaktoriellen Fall mit Messwiederholung ist in Abbildung 4.8 dargestellt. Der F-Wert als Testgröße berechnet sich aus der MQ_{Effekt} und der MQ_{Rest}. Die Variabilität, die in die SAQ_{Block} (oft auch Personen, zwischen oder subjects genannt) eingeht, bleibt für den Hypothesentest unberücksichtigt.

In Tabelle 4.10 wird nochmal das Beispiel aus Box 11 wiederholt: Fünf Vpn werden jeweils unter drei verschiedenen Bedingungen einer UV (Art der Wortliste) beobachtet. Man erkennt, dass z. B. die Vp 2 insgesamt recht hohe Werte zeigt, die Vp 3 dagegen sehr niedrige Werte. Vp 2 ist also eine Person, die sich generell recht gut Wortlisten merken kann, Vp 3 dagegen ist in dieser Art der Aufgabe eher schlecht, ungeachtet der jeweiligen Ausprägungen der UV, also der Art der Wörter. In einem Plan ohne Messwiederholung würden diese interindividuellen Unterschiede zu Lasten der Fehlervarianz gehen und die Präzision verringern. Im vorliegenden Fall der Messwiederholung sind sie dagegen bedeutungslos, da die Personeneffekte als Blockvarianz herausgerechnet werden und den Test der UV damit nicht beeinflussen.

Vergleicht man die Varianzanalysetafel aus Tabelle 4.10 mit Tabelle 4.7 (ohne Messwiederholung), kann man genau die Übereinstimmungen und die Unterschiede sehen:

Tabelle 4.10: Rohdaten und zugehörige Varianzanalysetafel für das Wortlistenbeispiel: Einfaktorielle Varianzanalyse mit Messwiederholung

	Stufe der UV		
Vp	1: Substantive	2: Verben	3: Adjektive
1	5	6	3
2	9	10	4
3	1	0	0
4	4	2	1
5	3	2	0

Tabelle 4.10 (Fortsetzung):

Quelle	SAQ	FG	MQ	F-Wert	p-Wert	Eta^2
Effekt	22,933	2	11,467	7,398	0,015	0,169
Block	100,000	4	25,000	16,129	0,000	0,739
Fehler	12,400	8	1,555			
Gesamt-varianz	135,333	14				

Gleich sind die SAQn, FGe und MQn für den Effekt und die Gesamtvarianz. Die Sekundärvarianz aus Tabelle 4.7 setzt sich zusammen aus der Block- und Fehlervarianz aus Tabelle 4.10. Wesentlicher Unterschied ist der F-Wert und damit auch die Überschreitungswahrscheinlichkeit und die Bewertung der Hypothese: Bei der Auswertung ohne Messwiederholung wird der F-Wert von 1,22 nichtsignifikant (bei α = 5 %). Bei der Auswertung mit Messwiederholung ergibt sich ein F-Wert von 7,398, der das Signifikanzniveau von 5 % deutlich unterschreitet (p = 0,015).

Zweifaktorieller Fall mit Messwiederholung auf beiden Faktoren

Abbildung 4.9 zeigt die Varianzzerlegung einer zweifaktoriellen Varianzanalyse mit Messwiederholung auf beiden Faktoren. Wichtig ist auch hier wieder, dass die Blockvarianz aus der Sekundärvarianz ausgegliedert wird und sich damit die Präzision erhöht.

Die jeweiligen F-Werte für jeden der drei Effekte (Haupteffekt A, Haupteffekt B und Interaktion AxB) werden durch die jeweiligen SAQn und die zugehörigen SAQn$_{Fehler}$ berechnet (siehe Tabelle 4.11).

Das Auftreten mehrerer Fehlerterme ist in diesem Modell neu: Es kommt nur bei mehrfaktoriellen Modellen mit mindestens einer Messwiederholung vor.

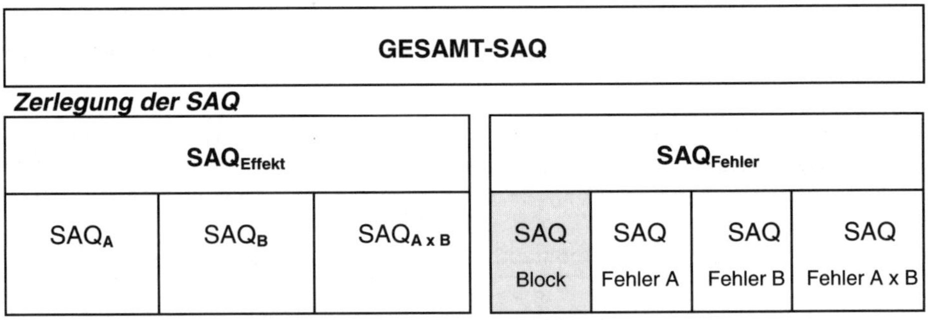

Abbildung 4.9: Varianzzerlegung bei der zweifaktoriellen Varianzanalyse mit Messwiederholung auf beiden Faktoren. Versuchspläne VPL2R(W)R(W), VPL2R(W)Q(W), VPL2Q(W)R(W) und VPLQ(W)Q(W).

Inhaltlich kann man sich die Bedeutung der verschiedenen SAQn$_{Fehler}$ so vorstellen, dass sie die individuell verschiedenen Reaktionen der Vpn auf die verschiedenen

Stufen der UV A, der UV B und der jeweiligen Kombination von UV A und B repräsentieren.

Tabelle 4.11 zeigt nochmals die zu diesem Design zugehörige Varianzanalysetafel
des Wortlistenbeispiels (Daten aus Tabelle 2.9): Dabei wird davon ausgegangen,
dass insgesamt zwölf Vpn jeweils sechs Wortlisten lernen, die aus Substantiven,
Verben oder Adjektiven bestehen und die entweder optisch oder akustisch präsentiert
werden.

Tabelle 4.11: Varianzanalysetafel für das Wortlistenbeispiel aus Tabelle 2.9: Zweifaktorielle
Varianzanalyse mit Messwiederholung auf beiden Faktoren

Quelle der Varianz	SAQ	FG	MQ	F-Wert	p-Wert	Eta^2
Haupteffekt A	16,056	1	16,056	3,989	0,071	0,029
Haupteffekt B	34,028	2	17,014	4,821	0,018	0,062
Interaktion A x B	15,528	2	7,764	1,777	0,193	0,028
Fehler HE A	44,278	11	4,025			
Fehler HE B	77,639	22	3,529			
Fehler A x B	96,139	22	4,370			
Block	266,111	11				0,484
Primär	65,612	5				
Sekundär	484,167	66				
Gesamt	549,778	71				

Zweifaktorieller Fall mit Messwiederholung auf einem Faktor

Abschließend sei noch der Fall besprochen, dass bei einer zweifaktoriellen Anordnung ein Faktor messwiederholt ist, der andere dagegen nicht (= gemischter Plan).
Die Aufteilung der Varianz ist in Abbildung 4.10 dargestellt. Bezogen auf das Wortlistenbeispiel wäre dieser Fall gegeben, wenn je einer Gruppe von Versuchspersonen
die Wortlisten optisch bzw. akustisch präsentiert würden (UV A: nicht messwiederholt). Jede Vp lernte aber drei Listen, die jeweils Substantive, Verben oder Adjektive
enthalten (UV B: messwiederholt).

Im Vergleich zu dem vorherigen Beispiel, in dem beide Faktoren messwiederholt
waren, ist in Abbildung 4.10 zu erkennen, dass hier nur noch zwei Komponenten der
Fehlervarianz enthalten sind. Dabei wird der Haupteffekt A an der Blockvarianz
getestet (in diese gehen ja gerade die Unterschiede zwischen den Personen ein und
Faktor A variiert ja interindividuell) und der Haupteffekt B sowie die Interaktion
werden an der (intraindividuellen) Fehlervarianz B getestet.

Dieses Beispiel macht auch deutlich, dass in gemischten Plänen mit mehr als zwei
Faktoren (also messwiederholte und nicht messwiederholte) die richtige Zuordnung
der Fehlervarianz für jeden Effekt – insbesondere bei den Interaktionen – ziemlich
kompliziert wird.

In Tabelle 4.12 ist die dem Beispiel zugehörige Varianzanalysetafel wiedergegeben.
Vergleicht man diese Tafel mit den Werten der Tabelle 4.11, erkennt man, dass der

wesentliche Unterschied im Ergebnis für den Haupteffekt A liegt, der im Gegensatz zum vorigen Beispiel nun nicht mehr messwiederholt ist. Der F-Wert ist von 3,989 auf 1,138 gesunken und entsprechend höher fällt die Überschreitungswahrscheinlichkeit aus.

Schließlich kann man die Varianzanalysetafeln aus Tabelle 4.11 und 4.12 auch noch mit der Tafel aus Tabelle 4.9 vergleichen und sich damit den Präzisionsgewinn durch die Messwiederholung verdeutlichen.

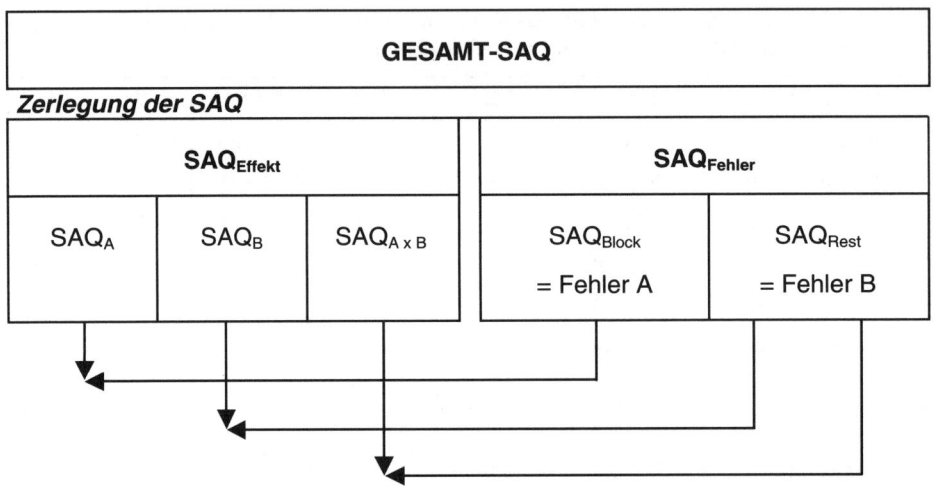

Abbildung 4.10: Varianzzerlegung bei der zweifaktoriellen Varianzanalyse mit Messwiederholung auf einem Faktor (hier Faktor B). Versuchspläne VPL2RR(W), VPL2RQ(W), VPL2QR(W), VPLQQ(W) und analog für Messwiederholung auf dem ersten Faktor.

Tabelle 4.12: Varianzanalysetafel für das Wortlistenbeispiel aus Tabelle 2.9: Zweifaktorielle Varianzanalyse mit Messwiederholung auf Faktor B

Quelle der Varianz	SAQ	FG	MQ	F-Wert	p-Wert	Eta^2
Haupteffekt A	16,056	1	16,056	1,138	0,298	0,029
Haupteffekt B	34,028	2	17,014	4,308	0,019	0,062
Interaktion A x B	15,528	2	7,764	1,966	0,152	0,028
Block (Fehler A)	310,389	22	14,109			
Fehler HE B	173,778	44	3,949			
Primär	65,612	5				
Sekundär	484,167	66				
Gesamt	549,778	71				

4.2.1.4   *Varianzanalysen bei ungleicher Zellenbesetzung*

An dieser Stelle soll nur kurz auf die Probleme bei der Berechnung von Varianzanalysen bei ungleicher Zellenbesetzung eingegangen werden. Weitere Informationen zu diesem Thema finden sich auch in Kapitel 4.2.5.2 (Berechnung mit SPSS). Eine ausführlichere Darstellung dieser Problematik findet sich z. B. bei Diehl und Arbinger (1992).

Ein weniger wichtiges Problem der Auswertung von Versuchsplänen mit ungleicher Zellenbesetzung besteht darin, dass der Rechenaufwand sich deutlich vergrößert, weil die Berechnungsformeln komplizierter sind. Dies trifft vor allem auf den Fall zu, dass die Zellenbesetzung unbalanciert und nichtorthogonal ist.

Das Hauptproblem bei der Auswertung von unbalancierten Versuchsplänen besteht darin, dass die einzelnen Effekte nicht mehr voneinander unabhängig sind. Bisher waren wir immer davon ausgegangen, dass sich die einzelnen SAQ_n zur SAQ_{Gesamt} addieren. Dies ist aber nur für den Fall gleicher Zellenbesetzung (= balancierter Versuchsplan) gegeben. Im Falle eines unbalancierten und nichtorthogonalen Planes sind Haupt- und Interaktionseffekte teilweise miteinander konfundiert, bei unbalancierten aber orthogonalen Plänen kann jeder Haupteffekt noch mit der Interaktion konfundiert sein (Diehl & Arbinger, 1992). Um diese Konfundierung „herauszurechnen", wurden verschiedene Verfahren entwickelt, die auf jeweils unterschiedlichen Annahmen beruhen und teilweise verschiedene Hypothesen prüfen. Welches jeweils die angemessenste Methode ist, hängt teilweise von der Fragestellung bzw. dem Datenmaterial ab (z. B. davon, ob die ungleichen Zellhäufigkeiten zufällig zustande gekommen sind oder systematische Häufigkeitsunterschiede in der Population reflektieren).

In den meisten Computerprogrammen zur Berechnung von Varianzanalysen können deshalb verschiedene „Methoden" zur Berechnung dieser SAQ_n ausgewählt werden (siehe Kapitel 4.2.5.2). Diese Methoden wirken sich nur dann unterschiedlich aus, wenn mehrfaktorielle Pläne mit ungleicher Zellenbesetzung vorliegen. Wichtig ist dabei zu beachten, dass die Bezeichnungen für die verschiedenen Methoden (z. B. Typ III, Methode 1 etc.) völlig willkürlich sind und sich zwischen verschiedenen Programmen und oft auch zwischen verschiedenen Versionen eines Programmes unterscheiden.

4.2.2   Interaktion

An verschiedenen Stellen dieses Buches haben wir schon auf das Konzept der Interaktion als kombinierte Wirkung von zwei (oder mehr) Faktoren auf die AV hingewiesen. Hier wollen wir jetzt näher auf diesen Begriff eingehen. Die Berechnung der Interaktion und ihre Signifikanzprüfung sind schon in den vorherigen Abschnitten behandelt worden.

Wir behandeln in diesem Kapitel nur die Interaktion zweier Faktoren (einfache Interaktion). Daneben gibt es (in einem Versuchsplan mit mehr als zwei UVn) auch „Interaktionen höherer Ordnung", z. B. zwischen drei Faktoren (= Interaktion zweiter Ordnung) usw.

4.2.2.1   Definition

Definition: Interaktion (Wechselwirkung)
Unter einer **Interaktion** oder **Wechselwirkung** verstehen wir die kombinierte Wirkung von zwei oder mehreren Faktoren (UVn) auf die AV, d. h. diejenige Wirkung, die über die Wirkung der einzelnen Haupteffekte hinausgeht.

Liegt in einer Untersuchung eine Interaktion vor, so bedeutet dies also, dass sich der Effekt eines Faktors auf den verschiedenen Stufen des anderen Faktors jeweils unterschiedlich auf die AV auswirkt. Um bei dem Wortlistenbeispiel zu bleiben: Eine Interaktion liegt z. B. dann vor, wenn sich die UV „Art der Wortliste" nur bei der akustischen Präsentation, nicht aber bei der optischen Präsentation auf die Behaltensleistung auswirkt.

4.2.2.2   Formen der Interaktion

Wir unterscheiden verschiedene Arten von Interaktionen: Nullinteraktion (keine Interaktion), ordinale Interaktion, disordinale Interaktion und semidisordinale Interaktion (hybride Interaktion). Je nach Art der vorliegenden Interaktion ergeben sich verschiedene Konsequenzen für die Interpretation der gefundenen Haupteffekte (HE).

Grundsätzlich ist noch einmal klarzustellen, dass das Vorliegen einer Interaktion unabhängig davon ist, ob ein oder mehrere Haupteffekte vorliegen. Das heisst eine Interaktion kann auftreten, wenn keiner der beiden Haupteffekte signifikant ist, wenn nur ein HE A vorliegt, wenn nur ein HE B vorliegt oder wenn beide vorliegen. Darüber hinaus kann dann auch jede Form der Interaktion mit jeder Konstellation an Haupteffekten auftreten.

Die Form einer Interaktion lässt sich aus dem Vergleich der Zellenmittelwerte ablesen. Anschaulicher ist aber meist eine grafische Darstellung in Form eines Säulendiagramms (vgl. Abbildung 2.2) oder eines Liniendiagramms (Abbildung 4.11). Ob allerdings tatsächlich eine Interaktion vorliegt (d. h. ob diese signifikant ist), lässt sich nur aus dem Ergebnis der Varianzanalyse entnehmen.

Abbildung 4.11 zeigt solche Liniendiagramme für den Fall, dass keine Interaktion vorliegt (Nullinteraktion), die Abbildungen 4.12 bis 4.14 zeigen die verschiedenen Arten von Interaktionen. Dazu wurden jeweils neue Daten konstruiert.

Die verschiedenen Arten von Interaktionen lassen sich folgendermaßen unterscheiden:

a)   **Nullinteraktion:** Hier liegt keine Interaktion vor, die Auswirkungen einer UV sind also auf allen Stufen der anderen UV gleich. Die beiden UVn wirken somit **unabhängig voneinander** auf die AV. Die Kenntnis der Wirkung beider UVn reicht aus, um den Mittelwert jeder Zelle vorhersagen zu können. Im Liniendiagramm zeigt sich eine fehlende Interaktion dadurch, dass alle Linien parallel verlaufen (siehe Abbildung 4.11, a-d).

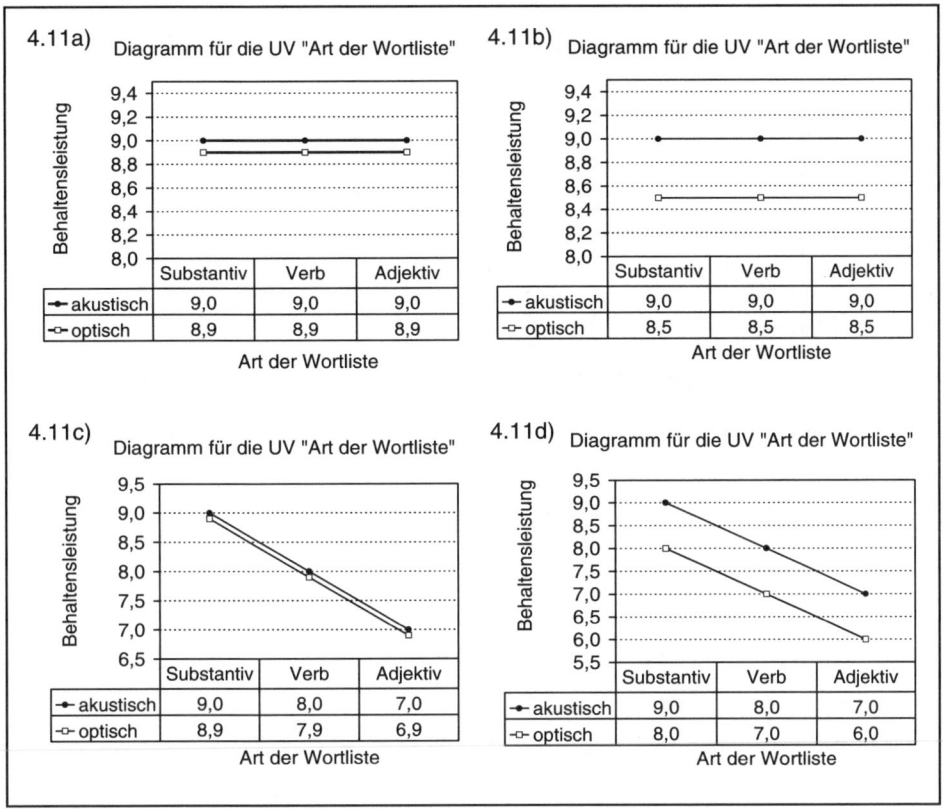

Abbildung 4.11: Liniendiagramme und zugehörige Zellmittelwerte für Haupteffekte ohne Interaktionen. a) kein signifikanter Haupteffekt, b) nur Haupteffekt A, c) nur Haupteffekt B, d) Haupteffekte A und B.

b) **Ordinale Interaktion:** Eine ordinale Interaktion liegt dann vor, wenn sich eine UV auf verschiedenen Stufen der anderen UV **verschieden stark** auf die AV auswirkt und umgekehrt. Im Liniendiagramm zeigt sich dies daran, dass die Linien nicht parallel sind, sich aber auch nicht kreuzen, und zwar unabhängig davon, welche UV auf der Abszisse aufgetragen und welche als separate Linie dargestellt wird (siehe Abbildung 4.12).

c) **Disordinale Interaktion:** Diese liegt dann vor, wenn sich die Rangfolge der Werte einer UV auf den verschiedenen Stufen der anderen UV **umkehrt.** Im Liniendiagramm ist eine disordinale Interaktion daran zu erkennen, dass sich die Linien kreuzen, und zwar unabhängig davon, welche UV auf der Abszisse aufgetragen und welche als separate Linie dargestellt wird (siehe Abbildung 4.13).

d) **Semidisordinale oder hybride Interaktion:** Diese Bezeichnung wird dann gewählt, wenn für die eine UV eine ordinale, für die andere eine disordinale Interaktion vorliegt. Im Liniendiagramm ist diese Form daran zu erkennen, dass sich in der einen Darstellungsart die Linien kreuzen, in der anderen dagegen nicht (siehe Abbildung 4.14).

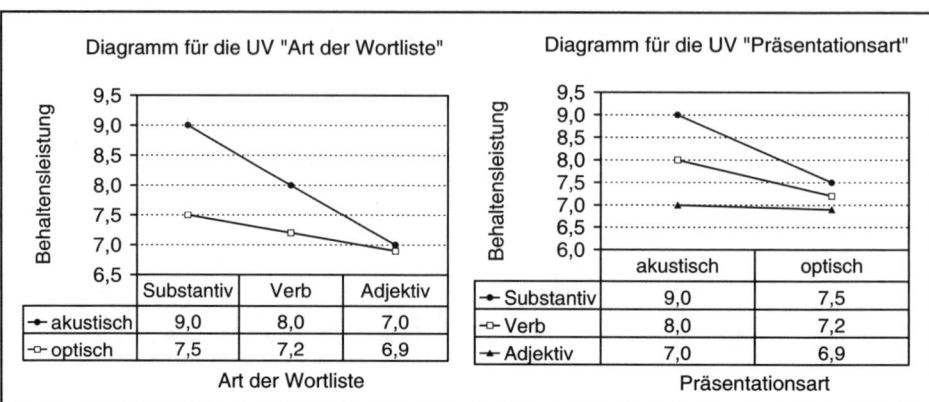

Abbildung 4.12: Liniendiagramme und zugehörige Zellmittelwerte für eine ordinale Interaktion.

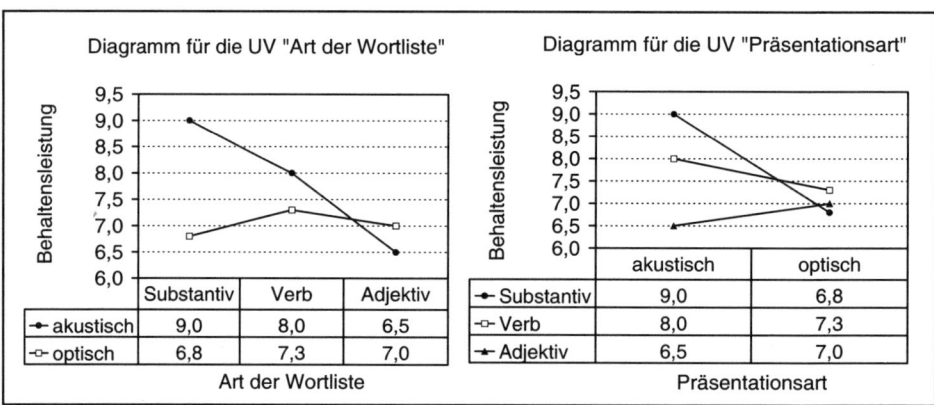

Abbildung 4.13: Liniendiagramme und zugehörige Zellmittelwerte für eine disordinale Interaktion.

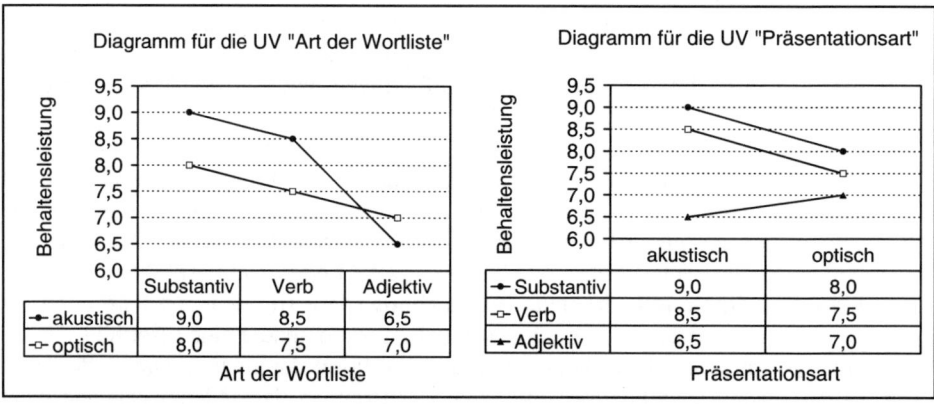

Abbildung 4.14: Liniendiagramme und Zellmittelwerte für eine semidisordinale Interaktion (disordinal für den Faktor „Präsentationsart" und ordinal für den Faktor „Art der Wortliste").

4.2.2.3   Interpretation von Haupteffekten und Interaktionen

Die Bedeutung der Unterscheidung der verschiedenen Interaktionsformen liegt darin, dass sich verschiedene Konsequenzen für die Interpretation signifikanter Haupteffekte (sofern vorhanden) ergeben:

Liegt eine **disordinale Interaktion** vor, können eventuell vorliegende Haupteffekte nicht sinnvoll interpretiert werden. In diesem Fall ist eine Interpretation auf der Ebene der einfachen Haupteffekte (siehe nächster Abschnitt) für beide Faktoren angebracht. Im Beispiel aus Abbildung 4.13 ist es also sinnlos, eine Aussage darüber machen zu wollen, ob die akustische oder die optische Präsentation zu besserer Leistung führt oder welche Wortart besser behalten werden kann.

Bei Vorliegen einer **ordinalen Interaktion** dagegen führt die Interpretation der Haupteffekte zu sinnvollen Aussagen. Die Daten des Beispiels aus Abbildung 4.12 könnte man folgendermaßen interpretieren (unter der Annahme, dass beide Haupteffekte signifikant sind): Die akustische Präsentation führt zu besserer Behaltensleistung als die optische (HE A) und Substantive werden besser behalten als Adjektive (HE B).

Liegt eine **semidisordinale Interaktion** vor, kann ein eventuell vorliegender Haupteffekt auf dem Faktor nicht interpretiert werden, bei dem sich die Rangfolgen umkehren. Für den anderen Faktor dagegen kann ein Haupteffekt durchaus interpretiert werden. Für das Beispiel aus Abbildung 4.14 kann man also durchaus sagen, dass Substantive besser behalten werden als Adjektive (falls der entsprechende Haupteffekt tatsächlich signifikant ist), denn die Rangfolge Substantive > Verben > Adjektive ist bei beiden Präsentationsarten gleich, d. h. die Linien für Substantive, Verben und Adjektive kreuzen sich nicht (rechter Teil der Abbildung 4.14). Man kann aber keine Aussage darüber machen, welche Präsentationsart zu besserer Leistung führt, da sich die Rangfolge akustisch > optisch für die Adjektive umkehrt, d. h. die Linien für die optische und akustische Präsentationsart kreuzen sich (linker Teil der Abbildung 4.14).

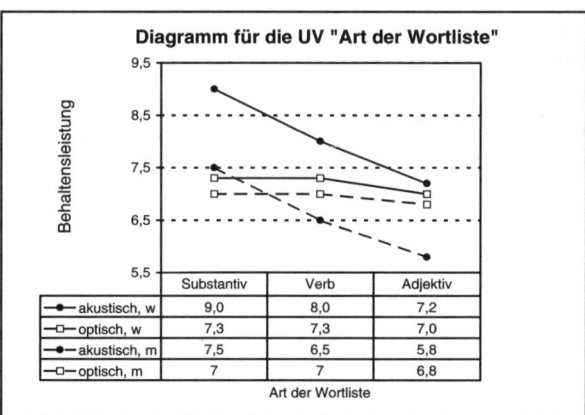

Abbildung 4.15: Liniendiagramme für eine Interaktion zwischen drei Faktoren (Art der Wortliste, Präsentationsart und Geschlecht). Die akustische Präsentation ist durch Quadrate, die optische durch Kreise symbolisiert. Die Frauen sind durch die durchgezogene, die Männer durch die gestrichelten Linien dargestellt.

Entspricht die zuvor aufgestellte Hypothese einem der Haupteffekte, kann man sagen, *dass bei Vorliegen einer disordinalen Interaktion der Geltungsbereich der Hypothese eingeschränkt wird (vgl. Kapitel 3.7).*

Abschließend soll noch kurz gezeigt werden, wie man eine **Interaktion zweiter Ordnung**, also eine Interaktion zwischen drei Faktoren, darstellen kann. Ansonsten wollen wir nicht weiter auf diesen Fall eingehen.

Für das Beispiel gehen wir wieder vom Wortlistenbeispiel aus, das wir dahin erweitern, dass als weiterer Faktor das Geschlecht der Vpn hinzukommt (siehe Abbildung 4.15). Oft gestaltet man die Grafik auch so, dass man für jede Ausprägung einer UV ein separates Diagramm zeichnet.

4.2.3   Einfache Haupteffekte (EHE)

Die Bedeutung der einfachen Haupteffekte (bei Bortz (1999) „bedingte Haupteffekte"; im Englischen „simple main effects" oder „simple effects") wurde schon in Kapitel 2.2.2 erläutert. Im letzten Abschnitt haben wir darauf hingewiesen, dass die einfachen Haupteffekte besonders bei Vorliegen einer disordinalen oder semidisordinalen Interaktion wichtig sind. Darüber hinaus können sich natürlich auch die statistischen Vorhersagen auf einfache Haupteffekte beziehen.

Zur Wiederholung: Von der Analyse eines **Haupteffektes (HE)** sprechen wir dann, wenn wir die Wirkung eines Faktors **über alle Stufen** des anderen Faktors betrachten (Vergleich der Spaltensummen oder Vergleich der Zeilensummen). Von der Analyse eines **einfachen Haupteffektes (EHE)** sprechen wir dann, wenn wir die Wirkung eines Faktors **auf einer Stufe** des anderen Faktors betrachten (Vergleich der Zellmittelwerte in einer Zeile oder in einer Spalte, siehe Tabelle 2.3). Einfache Haupteffekte gibt es also nur in Versuchsplänen mit mindestens zwei Faktoren. Bezogen auf die Liniendiagramme in Abbildung 4.11 bis 4.14 können wir sagen, dass jede Linie einen einfachen Haupteffekt darstellt.

Da wir die einfachen Haupteffekte für wichtig halten, ihre Berechnung aber nicht in allen Statistiklehrbüchern ausführlich dargestellt wird und sie auch in SPSS weder leicht zu erzeugen noch einfach zu interpretieren sind, soll die Berechnung für die Daten aus Tabelle 4.8 demonstriert werden. Bei Diehl und Arbinger (1992) findet sich eine ausführlichere Darstellung. Zur Berechnung mit SPSS siehe Kapitel 4.2.5.4.

Zur Berechnung der einfachen Haupteffekte benötigen wir die Mittelwerte der Zellen, die zu dem einfachen Haupteffekt gehören, das zugehörige Zeilen- oder Spaltenmittel sowie die SAQ_{Fehler} bzw. MQ_{Fehler}, die der Varianzanalysetafel zu entnehmen ist.

Daraus berechnen wir wieder die auf den jeweiligen Effekt entfallenden SAQn (vgl. Tabelle 4.8):

$SAQ_{B\ in\ A_1}$:   Quadrierte Abweichungen der Zellenmittel vom Zeilenmittel in der ersten Zeile (A_1), also
$$12\,(9{,}0833 - 8{,}0833)^2 + 12\,(8{,}6667 - 8{,}0833)^2 + 12\,(6{,}50 - 8{,}0833)^2 =$$
46,166.

$SAQ_{B \text{ in } A_2}$: Quadrierte Abweichungen der Zellenmittel vom Zeilenmittel in der zweiten Zeile (A_2), also
$$12 \ (9,00 - 9,0277)^2 + 12 \ (9,4167 - 9,0277)^2 + 12 \ (8,6667 - 9,0277)^2 = 3,389.$$

$SAQ_{A \text{ in } B_1}$: Quadrierte Abweichungen der Zellenmittel vom Spaltenmittel in der ersten Spalte (B_1), also
$$12 \ (9,0833 - 9,0417)^2 + 12 \ (9,00 - 9,0417)^2 = 0,042.$$

$SAQ_{A \text{ in } B_2}$: Quadrierte Abweichungen der Zellenmittel vom Spaltenmittel in der zweiten Spalte (B_2), also
$$12 \ (8,6667 - 9,0417)^2 + 12 \ (9,4167 - 9,0417)^2 = 3,375.$$

$SAQ_{A \text{ in } B_3}$: Quadrierte Abweichungen der Zellenmittel vom Spaltenmittel in der dritten Spalte (B_3), also
$$12 \ (6,50 - 7,5833)^2 + 12 \ (8,6667 - 7,5833)^2 = 28,168.$$

Die SAQn für die einfachen Haupteffekte haben $J-1$ bzw. $K-1$ Freiheitsgrade. Als Fehlervarianz für die Signifikanzprüfung wird die SAQ_{Fehler} aus der Varianzanalysetafel herangezogen, die entsprechend mit $J*K*(n-1)$ Freiheitsgraden versehen ist.

Die SAQn der einfachen Haupteffekte summieren sich pro Faktor zur SAQ des Faktors + SAQ der Interaktion auf (geringe Abweichungen im Beispiel ergeben sich aus Rundungsungenauigkeiten).

Tabelle 4.13 enthält die erweiterte Varianzanalysetafel mit den einfachen Haupteffekten. Wir wollen an dieser Stelle die inhaltliche Interpretation dieser Ergebnisse wiederholen: Der Haupteffekt (HE) A untersucht die Frage, ob sich die Behaltensleistung bei akustischer Präsentation von der Behaltensleistung bei optischer Präsentation unterscheidet. Der EHE A in B_1 untersucht, ob sich die Behaltensleistung von *Substantiven* bei akustischer Präsentation von der Behaltensleistung bei optischer Präsentation unterscheidet. Der HE B klärt die Frage, ob sich die Behaltensleistung von Substantiven, Verben und Adjektiven unterscheidet. Der EHE B in A_2 untersucht, ob sich die Behaltensleistung der drei Wortarten *bei optischer Präsentation* unterscheidet.

Bei der Berechnung der einfachen Haupteffekte wird im Prinzip nichts anderes gemacht, als für jede der K Spalten und J Zeilen eine **einfaktorielle Varianzanalyse** durchzuführen. Der einzige Unterschied besteht darin, dass immer die auf den gesamten Daten beruhende SAQ_{Fehler} bzw. MQ_{Fehler} zur Berechnung des F-Wertes herangezogen wird. Bei der einfaktoriellen Varianzanalyse wird die MQ_{Fehler} nur aus den Zellen berechnet, auf die sich der Vergleich bezieht. Für die einfachen Haupteffekte ist die Schätzung der Populationsvarianz aus den Daten deshalb genauer, da sie auf mehr Werten beruht (im Beispiel $K * J * n = 72$ statt $K * n = 36$ bzw. $J * n = 24$). *Der entsprechende F-Test hat deshalb für die EHE mehr Nennerfreiheitsgrade und deshalb eine höhere Teststärke (Power) als die entsprechende einfaktorielle Varianzanalyse.*

Ein Problem bei der Berechnung der einfachen Haupteffekte besteht allerdings darin, dass wir mehrere Tests durchführen, die jeweils eine α-Fehlerwahrscheinlichkeit von z. B. 5 % haben. Die Wahrscheinlichkeit, bei z. B. drei einfachen Haupteffekten insgesamt einen α-Fehler zu begehen, ist damit aber nicht 5 %, sondern 15 % (3 x 5 %, genauer eigentlich $1 - (1 - 0,05)^3$).

Zur **Lösung** dieses Problems gibt es zwei Wege:

1. Man führt nicht so viele Tests durch, sondern prüft hypothesengeleitet nur einige wenige einfache Haupteffekte, *oder*
2. man nimmt eine sogenannte α-**Adjustierung** vor. Dabei testet man jeden einzelnen einfachen Haupteffekt nicht bei α = 5 %, sondern bei 5/k %, wobei k die Anzahl an durchgeführten Tests ist (im Beispiel also für die einfachen Haupteffekte von A wäre ein α von 5/3 = 1,66 zu wählen).

Genauer kommen wir auf die Probleme der α-**Fehler-Kumulierung** und α-**Adjustierung** in Kapitel 4.3.3 zu sprechen.

Tabelle 4.13: Varianzanalysetafel des zweifaktoriellen Versuchsplans für das Wortlistenbeispiel (vgl. Tabelle 4.8 und 4.9) mit der Analyse der einfachen Haupteffekte

Quelle der Varianz	SAQ	FG	MQ	F-Wert	F-krit (α = 5 %)	Bewertung
Haupteffekt A	16,054	1	16,054	2,188	4,00	n. s.
EHE A in B_1	0,042	1	0,042	0,006		n. s.
EHE A in B_2	3,375	1	3,375	0,460		n. s.
EHE A in B_3	28,168	1	28,168	3,840		n. s.
Haupteffekt B	34,028	2	17,015	2,319	3,15	n. s.
EHE B in A_1	46,166	2	23,083	3,147		n. s.
EHE B in A_2	3,389	2	1,694	0,231		n. s.
Interaktion AxB	15,528	2	7,764	1,058	3,15	n. s.
Primär	65,612	5	13,122	1,789	2,37	n. s.
Sekundär, Fehler	484,170	66	7,336			
Gesamt	549,782	71				

4.2.4 Anwendungsvoraussetzungen der Varianzanalyse

Die Anwendbarkeit der Varianzanalyse als statistisches Auswerteverfahren ist an bestimmte Voraussetzungen gebunden. Nur wenn diese gegeben sind (bzw. wenn gewährleistet ist, dass eine Verletzung einer Voraussetzung keine gravierenden Konsequenzen hat, vgl. die folgenden Ausführungen) ist statistische Validität gegeben. Das bedeutet, dass nur dann die Durchführung des Signifikanztests den vorgegebenen Regeln folgt und insbesondere die Fehlerwahrscheinlichkeiten eingehalten werden. Wir diskutieren zunächst die allgemeineren Annahmen (Zufallsstichprobe und Unabhängigkeit der Messungen), die für alle inferenzstatistischen Verfahren relevant sind. Als nächstes gehen wir auf das Skalenniveau ein, das für eine bestimmte Gruppe von Verfahren (parametrische Auswerteverfahren) bedeutsam ist, um schließlich zu den eigentlichen Voraussetzungen der Varianzanalyse (Varianzhomogenität und Normalverteilung) zu kommen. Als letztes behandeln wir eine Voraussetzung, die nur für eine Untergruppe varianzanalytischer Auswertungen (Messwiederholungspläne) wichtig ist, nämlich die Zirkularität.

4.2.4.1   Zufallsstichprobe

Fast alle statistischen Testverfahren gehen von einer Zufallsstichprobe aus, die aus der Population gezogen wird (siehe Kapitel 3.5.1). Da in der Psychologie aber fast nie mit Zufallsstichproben gearbeitet wird, kann man sich fragen, welchen Wert die gefundenen Ergebnisse überhaupt haben. Die Ziehung einer Zufallsstichprobe ist unter zwei Aspekten relevant (Bredenkamp, 1972):

Erstens als Voraussetzung zur Konstruktion der Stichprobenkennwerteverteilung: Die Konstruktion der Stichprobenkennwerteverteilung, die dann die Grundlage für die Signifikanzentscheidung bildet, geht von einer Zufallsstichprobe aus. Ohne Kenntnis dieser Verteilung kann keine Entscheidung darüber getroffen werden, ob ein bestimmter Mittelwertsunterschied überzufällig ist oder nicht. Um das Prinzip des Signifikanztests auch auf eine nichtzufällig gezogene Stichprobe anwenden zu können, konstruiert man zu der gezogenen Stichprobe eine **hypothetische Grundgesamtheit**, aus der die untersuchte Stichprobe als Zufallsstichprobe angesehen wird. Für diese hypothetische Grundgesamtheit gilt dann die entsprechende Stichprobenkennwerteverteilung und ermöglicht so den statistischen Schluss, nämlich – im Falle eines signifikanten Ergebnisses – die Absicherung dieses Ergebnisses gegen eine Zufallserklärung. Damit ist gemeint, dass es unwahrscheinlich ist, dass der gefundene Gruppenunterschied rein zufällig, durch besonders extreme Gruppenzusammensetzung, entstanden ist.

Der zweite Aspekt, unter dem das Ziehen einer Zufallsstichprobe relevant ist, ist der der Verallgemeinerbarkeit von den Ergebnissen der Stichprobe auf die Population bzw. letztlich die Beurteilung der zugrunde liegenden EIH und TIH (vgl. Kapitel 3.7):

Im Rahmen einer deduktiven Sichtweise, in der aus der TIH letztlich statistische Hypothesen abgeleitet werden, die wiederum an einer Stichprobe überprüft werden, stellen diese Stichprobenergebnisse, unabhängig von ihrer Repräsentativität für irgendeine Population, bestätigende oder widersprechende Instanzen für die überprüfte TIH dar. Die Art der untersuchten Stichprobe (z. B. nur Psychologiestudentinnen) spezifiziert dann den untersuchten Geltungsbereich dieser Hypothese (siehe Kapitel 3.7).

Zusammenfassend vertreten wir mit Bredenkamp (1972, 1980) und Hager (1987) die Ansicht, dass auch angefallene Stichproben, wie sie in der psychologischen Forschung häufig verwendet werden, geeignet sind, psychologische Hypothesen zu prüfen, solange die Unabhängigkeit der Messwerte gewährleistet ist (siehe nächster Abschnitt). Wichtig ist die Art der untersuchten Stichprobe aber für die Interpretation der Ergebnisse im Hinblick auf die Populationsvalidität bzw. den untersuchten Anwendungsbereich der Hypothese.

Es sei aber auch nicht verschwiegen, dass die Frage der Notwendigkeit von Zufallsstichproben in der psychologischen Forschung kontrovers gesehen wird (z. B. Wottawa, 1990).

Im Übrigen zeigt gerade die psychologische Forschung, dass es offensichtlich möglich ist, auch mithilfe nichtzufälliger Stichproben zu neuen Erkenntnissen zu gelangen, da praktisch nie mit echten Zufallsstichproben gearbeitet wird.

4.2.4.2   Unabhängigkeit der Messungen

Die Voraussetzung der Unabhängigkeit der Messwerte bzw. die Unabhängigkeit der Fehlerkomponenten bedeutet, dass der Einfluss von Störvariablen für jede Messung unabhängig vom Einfluss der Störvariablen jeder anderen Messung ist (siehe Box 21). Diese Voraussetzung gilt sowohl innerhalb der Stichproben als auch zwischen den Stichproben. Diese Annahme liegt dem Datenmodell der Varianzanalyse zugrunde und wird nicht weiter überprüft. Sie muss durch Maßnahmen bei der Versuchsplanung und -durchführung gesichert werden (indem die Vpn **einzeln** aus der Population gezogen und dann randomisiert den Versuchsbedingungen zugewiesen werden). Diese Voraussetzung ist beispielsweise dann verletzt, wenn „natürliche Gruppen" wie Klassen oder Familien untersucht werden, und die Einheit für die Auswertung dennoch das einzelne Individuum darstellt (siehe Box 21, Beispiel 1). In diesem Fall wären z. B. die Fehlerkomponenten, die auf die Störvariable „vorherige Lernerfahrung" oder „sozialer Hintergrund" zurückgehen, nicht mehr zwischen allen Personen unabhängig voneinander. Gerade in quasiexperimentellen Plänen dürfte diese Voraussetzung deshalb häufig verletzt sein. Wenn zu erwarten ist, dass solche Gruppeneinflüsse die AV beeinflussen, sollte die Auswertung nicht auf der Ebene einzelner Personen, sondern auf der Ebene der Gruppen erfolgen (Stelzl, 1982). Verletzt ist diese Voraussetzung auch oft, wenn die Untersuchung in Gruppen durchgeführt wird, denn dann sind die Fehlereffekte aufgrund der Situationseinflüsse nicht mehr unabhängig (siehe Box 21, Beispiel 2) oder wenn an einer Person mehrere Messwerte erhoben werden (dafür gibt es dann adäquate Auswerteverfahren, z. B. die Varianzanalyse für Messwiederholung). Eine ausführliche Diskussion dieses Problems mit Beispielen findet sich bei Stelzl (1982, Kapitel 2).

Eine Verletzung dieser Voraussetzung hat besonders schwerwiegende Konsequenzen für den statistischen Test und kann den F-Test sowohl hinsichtlich α– als auch β-Fehler entscheidend beeinflussen (Bortz, 1999; Stelzl, 1982).

Box 21: Verletzung der Voraussetzung der Unabhängigkeit der Fehlerkomponenten: Zwei Beispiele

Beispiel 1:
Abhängigkeit der Messwerte durch Untersuchung „natürlicher Gruppen"

Es soll untersucht werden, ob die Motivation, Hausaufgaben zu erledigen, steigt, wenn die Kinder sich aussuchen können, an welchen Tagen sie welche Hausaufgaben erledigen.

Die Lehrer von sechs vierten Grundschulklassen legen vor Untersuchungsbeginn fest, welche Hausaufgaben in den nächsten vier Wochen zu bearbeiten sind. Drei der Lehrer sagen jeden Tag ihren Schülern, welche Aufgaben bis zum nächsten Tag zu bearbeiten sind (strukturierte Vorgabe). Die drei anderen Lehrer sagen ihren

Box 21 (Fortsetzung)

Schülern am Anfang des Monats, welche Aufgaben bis zum Monatsende fertig-zustellen sind (freie Vorgabe).
Als AV wird erfasst, wie viel Prozent der Hausaufgaben jeder Schüler bearbeitet hat.

Problem: Hier besteht das Problem darin, dass die Reaktion auf die Art der Hausaufgabenpräsentation wahrscheinlich stark davon abhängt, in welcher Form die Kinder bisher ihre Aufgaben bearbeitet haben, d. h. ob die Präsentationsart während der Untersuchung der gewohnten entspricht oder nicht. Man kann also davon ausgehen, dass die Reaktion auf die UV bis zu einem gewissen Ausmaß „klassenspezifisch" ist. Beispielsweise reagieren die Schüler der Klasse A relativ „neutral" auf die freie Vorgabe, weil diese Form bei ihnen schon lange üblich ist, während die Kinder der Klasse B sich überfordert fühlen, ihre Zeit alleine zu strukturieren, weil bisher die Lehrerin genau vorgegeben hat, welche Aufgaben wann zu erledigen sind. Genau diese „klassenspezifischen Reaktionen" stellen aber eine Verletzung der Unabhängigkeit der Messungen dar.

Allgemeiner formuliert kann man sagen, dass die Unabhängigkeit der Messungen dann gefährdet ist, wenn die Personen gruppenweise den Stufen der UV zugeord-net werden und wenn Merkmale der gemeinsamen Vorerfahrung sich auf die AV auswirken.

Beispiel 2:
Abhängigkeit der Messwerte durch gemeinsame Versuchsdurchführung

Es soll untersucht werden, ob eine verhaltenstherapeutische oder eine gesprächs-therapeutische **Gruppentherapie** wirksamer ist. Dazu werden 100 Patienten per Zufall in insgesamt 10 Gruppen aufgeteilt, von denen jeweils fünf überwiegend verhaltenstherapeutisch bzw. gesprächstherapeutisch arbeiten. Jede Gruppe wird von einem anderen Therapeuten geleitet. Nach zehn Wochen wird bei allen Teil-nehmern unter anderem die Zufriedenheit mit der Therapie als AV erhoben.
Problem: Es ist zu erwarten, dass deutliche Gruppeneffekte auftreten und so die Messungen innerhalb jeder Gruppe nicht unabhängig voneinander sind, d. h. in manchen Gruppen wird es (unabhängig von der Therapierichtung) viele zufrie-dene, in anderen viele unzufriedene Teilnehmer geben, und zwar **über das zufäl-lig zu erwartende Maß hinaus.** Dies könnte z. B. daran liegen, dass manche Gruppen „bessere" Therapeuten haben, in manchen ein angenehmeres Klima herrscht usw.

Ein **angemessenes Auswerteverfahren** bestünde deshalb darin, dass man pro Gruppe die Einschätzungen der Teilnehmer mittelt und dann für die beiden The-rapieverfahren die jeweils fünf Gruppenmittelwerte z. B. mit einem t-Test ver-gleicht.

4.2.4.3   Skalenniveau

Da die Varianzanalyse eine Aussage über Mittelwerte macht, folgt, dass sie nur auf Daten angewendet werden sollte, für die eine Aussage über Mittelwerte sinnvoll ist. Dies gilt für Messungen, die mindestens Intervallskalenniveau erreichen. Ganz allgemein lässt sich also sagen, dass die Varianzanalyse ein statistisches Verfahren ist, das bei den Daten mindestens Intervallskalenniveau voraussetzt. Z. B. Bredenkamp (1972) weist aber darauf hin, dass gerade in der Psychologie häufig Merkmale erfasst werden, deren Skalenqualität nicht bekannt ist; insbesondere besteht häufig Unsicherheit darüber, ob Werte auf einer Intervall- oder einer Ordinalskala liegen. Das Skalenniveau lässt sich aber nicht statistisch ermitteln, sondern nur inhaltlich begründen. Die sinnvolle Anwendung bestimmter statistischer Prozeduren lässt sich auch im „Rückschluss" aus der sinnvollen Interpretierbarkeit der Ergebnisse ableiten: Auch wenn sich darüber diskutieren lässt, ob Schulnoten auf einer Intervall- oder Rangskala liegen, so ergibt die Aussage, dass in Gruppe A die durchschnittliche Note besser ist als in Gruppe B einen inhaltlichen Sinn und rechtfertigt somit den Einsatz z. B. einer Varianzanalyse (wenn die übrigen Voraussetzungen gegeben sind). Die Frage des Skalenniveaus ist somit keine Frage der mathematisch-statistischen Voraussetzungen und damit der statistischen Validität des eingesetzten Verfahrens, sondern eine Frage der messtheoretischen Interpretierbarkeit der Ergebnisse (Bortz & Döring, 1995).

4.2.4.4   Normalverteilung und Varianzhomogenität

Die mathematischen Voraussetzungen der Varianzanalyse sind, dass die Stichproben normalverteilten und varianzhomogenen Populationen entstammen. Sind diese Voraussetzungen verletzt, kann es zu Fehlentscheidungen kommen, d. h. die Wahrscheinlichkeit für einen α- und/oder β-Fehler weicht deutlich von den spezifizierten Werten ab. Allerdings ist das Verfahren unter bestimmten Umständen **robust** gegenüber Verletzungen dieser Annahmen: Robustheit bedeutet in diesem Fall, dass auch bei Verletzung der Annahmen richtige Entscheidungen (unter Einhaltung der spezifizierten Fehlerwahrscheinlichkeiten) resultieren.

Betont werden soll an dieser Stelle, dass sich die **Normalverteilungsannahme** auf die Population und nicht auf die Stichprobe bezieht. Allerdings kann diese Annahme oftmals nur anhand der Stichprobe überprüft werden. Es gibt aber auch oft Fälle, in denen in einer Untersuchung eine Variable als AV erhoben wird, von der schon bekannt ist, dass sie sich in der Population normal verteilt (z. B. IQ-Werte und viele andere Ergebnisse psychologischer Tests, Körpergröße und Körpergewicht). In diesem Fall kann natürlich die Überprüfung der Normalverteilungsvoraussetzung anhand der Stichprobe entfallen. Die Normalverteilungsvoraussetzung ist weiterhin nur bei kleinen Stichproben relevant: Gemäß dem zentralen Grenzwertsatz verteilen sich mit zunehmendem Stichprobenumfang die Stichprobenmittelwerte auch nicht normalverteilter Populationen normal und für den statistischen Test ist die Normalverteilung der Stichprobenmittelwerte und nicht die Normalverteilung der einzelnen Werte erforderlich. Bortz (1999) gibt ein $n \geq 30$ als für praktische Zwecke ausreichend an.

Zur **Überprüfung der Normalverteilungsvoraussetzung** lässt sich Folgendes sagen: Die für diesen Zweck zur Verfügung stehenden Anpassungstests, z. B. der Chi-Quadrat-Anpassungstest oder der Kolmogoroff-Smirnov-Test mit Lillefors-Schranken (siehe z. B. Bortz & Lienert, 1998), sind für diesen Zweck nur bedingt geeignet, da bei kleinen Stichproben die Teststärke in vielen Fällen zu gering ist, um signifikante Abweichungen feststellen zu können und bei großen Stichproben die Verteilungsform keine große Rolle spielt. Deshalb erscheint es in vielen Fällen sinnvoller, die Verteilung grafisch darzustellen und dann anhand dieser Grafik sowie inhaltlicher Überlegungen eine Aussage über die wahrscheinliche Verteilungsform in der Populationen zu machen. Dabei sind natürlich die beiden Stichproben bzw. Populationen getrennt zu betrachten: Denn bei einem großen Mittelwertunterschied ergibt sich für die Gesamtstichprobe zwangsläufig eine zweigipflige Verteilung.

Mit **Varianzhomogenität** ist gemeint, dass die Varianzen in den einzelnen Versuchsbedingungen sich nicht systematisch unterscheiden, denn nur unter dieser Voraussetzung ist es gerechtfertigt, eine gemeinsame Fehlervarianz aus allen Bedingungen zu berechnen.

Es gibt verschiedene Verfahren zur Überprüfung der Varianzhomogenitätsvoraussetzung (z. B. Bartlett-Test, F_{max}-Test; siehe Bortz, 1999), die aber wiederum bestimmte Probleme mit sich bringen. Sie sind nämlich ihrerseits wieder an bestimmte Voraussetzungen geknüpft (z. B. die der Normalverteilung) und reagieren auf Verletzungen z. T. sensibler als die Varianzanalyse selbst (Bortz, 1999). Der Levene-Test ist ebenfalls ein Verfahren zur Überprüfung der Varianzhomogenitätsvoraussetzung, der nicht so empfindlich auf die Verletzung der Normalverteilungsannahme reagiert. Er kann z. B. auch mit SPSS berechnet werden. Der Ausgang aller Varianzhomogenitätstests wird wiederum wesentlich vom Stichprobenumfang beeinflusst, da normalerweise der β-Fehler bei diesen Tests nicht kontrolliert wird (gerade hier ist aber – wie in Kapitel 4.1 ausführlich erläutert – der β-Fehler besonders relevant, da ja die H0 die „Wunschhypothese" darstellt).

Diese Einwände sollen nicht davon abhalten, die Varianzhomogenität zu überprüfen, aber es soll davor gewarnt werden, das Ergebnis eines solchen Varianzhomogenitätstests allzu schematisch zu interpretieren.

Zu den Voraussetzungen der Normalverteilung und Varianzhomogenität lässt sich zusammenfassend Folgendes sagen:

- Bei gleichgroßen Stichproben (gleichen Zellhäufigkeiten) ist die Varianzanalyse gegenüber Verletzungen ihrer Voraussetzungen relativ robust (Bortz, 1999, S. 276).
- Bei ungleichgroßen Stichproben (ungleichen Zellhäufigkeiten) und heterogenen Varianzen ist ihre Gültigkeit vor allem bei kleinen Stichproben (n < 10) erheblich gefährdet; in diesem Fall sollte ein anderes Verfahren eingesetzt werden (z. B. der Brown-Forsythe oder der Welch-Test, siehe Diehl und Arbinger (1992) oder der Kruskal-Wallis-Test, ein nonparametrisches Verfahren, siehe z. B. Bortz & Lienert (1998)).

Wir haben in Kapitel 2.3.1.2 darauf hingewiesen, dass *bereits bei der Planung einer Untersuchung darauf geachtet werden soll, dass alle Stichprobenumfänge gleich groß sind, wenn eine Auswertung mittels Varianzanalyse vorgesehen ist.* Dies kann auf dem Hintergrund der gerade erläuterten Voraussetzungen der Varianzanalyse und der Konsequenzen einer Verletzung dieser Voraussetzungen nur nochmals betont werden.

4.2.4.5   Zirkularität (bei Varianzanalysen mit Messwiederholung)

Für die Varianzanalyse mit Messwiederholung gilt eine weitere Voraussetzung, nämlich die sogenannte „Zirkularität" oder „Sphärizität". Damit ist gemeint, dass die Varianzen der Differenzen der Messwerte einer Person zwischen allen Bedingungen gleich sein müssen. Ist diese Bedingung erfüllt, dann sind auch alle Korrelationen zwischen je zwei Bedingungen gleich. Dies wird auch „Homogenität der Varianz-Kovarianz-Matrix" genannt. Relevant ist diese Voraussetzung nur für den Fall, dass der messwiederholte Faktor mehr als zwei Stufen aufweist.

Eine Verletzung dieser Voraussetzung hat besonders schwerwiegende Konsequenzen (Bortz, 1999; Hager, 1987) und führt zu progressiven Entscheidungen, d. h. einem erhöhten α-Fehler Risiko. Um zu einer korrekten Entscheidung zu kommen, müssen daher die Freiheitsgrade des F-Tests korrigiert werden. Dazu wird ein Korrekturfaktor Epsilon (ε) aus der Varianz-Kovarianz-Matrix berechnet. Zur Berechnung gibt es zwei geringfügig unterschiedliche Formeln, die z. B. im Statistikprogramm SPSS Greenhouse-Geisser- und Huynh-Feldt-Korrektur genannt werden, und in Lehrbüchern mit $\hat{\varepsilon}$ und $\tilde{\varepsilon}$ bezeichnet werden (Bortz, 1999). Zudem kann man eine theoretische Untergrenze angeben, die ε nicht unterschreiten kann, nämlich $\frac{1}{K-1}$.

Wenn man die Varianzanalyse mit einem Computerprogramm berechnet, sollte man deshalb immer auf die korrigierten Freiheitsgrade achten und sich für eine der beiden Korrekturen entscheiden. Die Korrektur nach Greenhouse-Geisser stellt dabei die konservativere und damit „sicherere" Schätzung dar, die von manchen Autoren deshalb eher empfohlen wird (Diehl & Arbinger, 1992). Andere Autoren (Bortz, 1999; Hager, 1987) machen die Wahl von $\hat{\varepsilon}$ oder $\tilde{\varepsilon}$ von der in der Untersuchung angetroffenen Größe von $\hat{\varepsilon}$ abhängig.

4.2.5   Berechnung der Varianzanalyse in SPSS

Da in der heutigen Zeit aufwendige Berechnungen wie z. B. eine Varianzanalyse in der Regel nicht „per Hand", sondern mit dem Computer durchgeführt werden, wollen wir die Anwendung eines gängigen Statistikprogrammes hier demonstrieren. Wir arbeiten dabei mit dem Programm SPSS (Statistical Package für the Social Sciences) in der Programmversion 10.07 (deutsch). Andere Versionen von SPSS (ab Version 7) sind damit in den wesentlichen Punkten übereinstimmend.

An dieser Stelle kann natürlich keine Einführung in das Arbeiten mit SPSS gegeben werden, vielmehr wird davon ausgegangen, dass der Leser dieses Kapitels mit den Grundlagen dieses Computerprogrammes vertraut ist. Gute Einführungen zum

Arbeiten mit SPSS bieten z. B. die SPSS Originaldokumentationen (SPSS Inc., 1999a, 1999b; zum Teil auch in deutsch), die Bücher von Bühl und Zöfel (2000) und Janssen und Laatz (1999), wobei im Letztgenannten etwas ausführlicher auf die spezifischen Probleme der Varianzanalyse eingegangen wird.

Soweit möglich, stellen wir die Bedienung des Programmes über die Menüsteuerung dar. An einigen Stellen lässt es sich allerdings nicht vermeiden, Befehle über das Syntaxfenster einzugeben. Da wir nicht alle Schritte im Einzelnen darstellen können, wird jeweils auch der durch die Menüsteuerung erzeugte Syntaxcode mit angegeben. Anhand dieses Codes kann der Leser vergleichen, ob er die Berechnungen mit den gleichen Einstellungen und Optionen vorgenommen hat wie im Beispiel angegeben. Dieser Syntaxcode erscheint in SPSS dann, wenn man bei den Prozeduren statt OK das Feld Einfügen aktiviert. Man kann die über die Menüsteuerung erzeugten Syntaxbefehle auch im Ausgabefenster sehen, wenn man das „Buch" für die Anmerkungen öffnet.

Insgesamt gibt es in SPSS drei verschiedene „aktuelle" Prozeduren zur Berechnung von Varianzanalysen (VAn), nämlich ONEWAY zur Berechnung einfaktorieller VAn ohne Messwiederholung, UNIANOVA zur Berechnung mehrfaktorieller VAn ohne Messwiederholung und GLM zur Berechnung aller VA mit Messwiederholung und mit mehreren AVn (auf letzteres wird hier nicht weiter eingegangen). Daneben können noch die „alten" Prozeduren ANOVA und MANOVA über die Syntax verwendet werden (auch darauf wird hier nicht weiter eingegangen). Die erste Zeile der Syntax ist dabei immer der Aufruf der entsprechenden Prozedur.

Zur Demonstration von SPSS verwenden wir wieder das Wortlistenbeispiel, für das wir die Berechnungen auch schon von Hand durchgeführt haben.

4.2.5.1   Einfaktorielle Varianzanalyse

Eine einfaktorielle Varianzanalyse berechnen wir über die Befehlsfolge:

Analysieren →	Mittelwerte vergleichen →	Einfaktorielle ANOVA

Syntax einer einfaktoriellen Varianzanalyse:
```
ONEWAY
  leist BY mat
  /MISSING ANALYSIS .
```

Nach der Auswahl der relevanten AV (hier „leist") und UV (hier „mat", als Faktor) erhalten wir die Ausgabe der Tabelle 4.14, die im Wesentlichen mit den schon bekannten Tabellen aus Box 11 und Tabelle 4.7 übereinstimmt.

Das Eta^2 muss dabei allerdings von Hand berechnet werden. Unter dem Feld Optionen... kann noch eine Tabelle deskriptiver Maße angefordert werden sowie eine grafische Darstellung der Mittelwerte. Die Option der Überprüfung der „Homogenität der Varianzen" ist wichtig, um eine Voraussetzung der Varianzanalyse prüfen zu können (vgl. Kapitel 4.2.4 und nächsten Abschnitt).

Da die einfaktorielle Varianzanalyse nur einen Spezialfall der mehrfaktoriellen VA darstellt, kann zur Berechnung auch die im folgenden Abschnitt besprochene Prozedur UNIANOVA benutzt werden.

Tabelle 4.14: SPSS Output einer einfaktoriellen Varianzanalyse

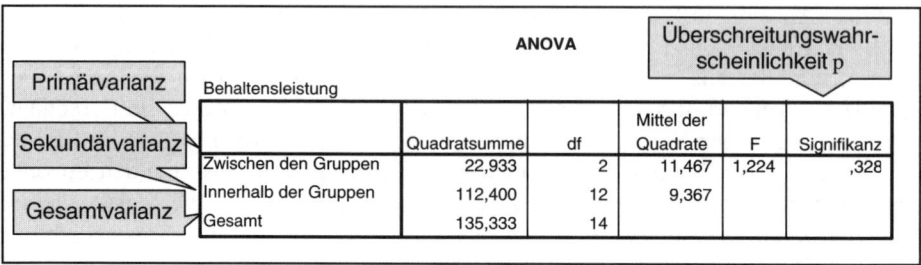

Behaltensleistung		Quadratsumme	df	Mittel der Quadrate	F	Signifikanz
	Zwischen den Gruppen	22,933	2	11,467	1,224	,328
	Innerhalb der Gruppen	112,400	12	9,367		
	Gesamt	135,333	14			

4.2.5.2   Mehrfaktorielle Varianzanalyse (ohne Messwiederholung)

Eine mehrfaktorielle Varianzanalyse berechnen wir über die Befehlsfolge:

Analysieren →	Allgemeines Lineares Modell →	Univariat...

Wiederum werden die AV (leistung) und die UVn (praes und material; als feste Faktoren) definiert. Es entsteht der in Tabelle 4.15 widergegebene Output, der im Wesentlichen mit unserer Varianzanalysetabelle 4.9 übereinstimmt:

Syntax der 2-faktoriellen Varianzanalyse:	Syntax der 2-faktoriellen Varianzanalyse mit Zusatzoptionen:

UNIANOVA
  leistung BY praes material
  /METHOD = SSTYPE(3)
  /INTERCEPT = INCLUDE
  /CRITERIA = ALPHA(.05)
  /DESIGN = praes material praes*material.
	UNIANOVA
	  leistung BY praes material
	  /METHOD = SSTYPE(3)
	  /INTERCEPT = INCLUDE
	  /PLOT = PROFILE(praes*material material*praes)
	  /PRINT = DESCRIPTIVE ETASQ OPOWER
	                HOMOGENEITY
	  /CRITERIA = ALPHA(.05)
	  /DESIGN = praes material praes*material.

Wir gehen davon aus, dass immer ein **„gesättigtes Modell"** bestimmt wird, d. h. dass alle möglichen Haupteffekte und Interaktionen berechnet werden (dies ist der Normalfall und die Voreinstellung). Andere Einstellungen kann man über die Schaltfläche [Modell...] vornehmen (z. B. nur die Haupteffekte, keine Interaktionen). Weiterhin ist wichtig, dass die Einstellung „konstanten Term in Modell einschließen" ebenfalls unter der Schaltfläche [Modell...] aktiviert bleibt, da sonst für unsere Zwecke unsinnige Berechnungen durchgeführt werden.

An dieser Stelle wollen wir noch kurz auf die verschiedenen **Arten der Quadratsummen** eingehen: In Kapitel 4.2.1.4 sind wir schon kurz auf die Probleme bei der Berechnung der Varianzanalyse mit unterschiedlicher Zellenbesetzung eingegangen.

Bei genauerem Hinsehen erfahren wir, dass die oben durchgeführte Varianzanalyse mit Quadratsummen vom Typ III berechnet wurde (dies ist in den meisten Fällen die sinnvollste Einstellung und die Voreinstellung in SPSS). Für das gewählte Beispiel ist der Typ der berechneten Quadratsumme bedeutungslos, da bei gleicher Zellenbesetzung alle Berechnungsarten zum selben Ergebnis führen. Eine ausführliche Darstellung der Bedeutung der verschiedenen Quadratsummenzerlegungen findet sich bei Werner (1997).

Tabelle 4.15: SPSS Output einer zweifaktoriellen Varianzanalyse

Tests der Zwischensubjekteffekte — Überschreitungswahrscheinlichkeit p

Abhängige Variable: Behaltensleistung

Quelle	Quadratsumme vom Typ III	df	Mittel der Quadrate	F	Signifikanz
Korrigiertes Modell	65,611 [a]	5	13,122	1,789	,127
Konstanter Term	5270,222	1	5270,222	718	,000
PRAES	16,056	1	16,056	2,189	,144
MATERIAL	34,028	2	17,014	2,319	,106
PRAES * MATERIAL	15,528	2	7,764	1,058	,353
Fehler	484,167	66	7,336		
Gesamt	5820,000	72			
Korrigierte Gesamtvariation	549,778	71			

a. R-Quadrat = ,119 (korrigiertes R-Quadrat = ,053)

Beschriftungen links der Tabelle:
- Primärvarianz
- irrelevante Größe, heißt manchmal auch „Intercept"
- Haupteffekte
- Interaktion
- Sekundärvarianz
- irrelevante Größe
- Gesamtvarianz
- = Eta^2

Im Fall ungleicher Stichprobenumfänge kann über die Schaltfläche Modell... auch eine andere Berechnung gewählt werden.

Folgende Berechnungsarten stehen zur Verfügung (vgl. SPSS 1999b; Janssen & Laatz, 1999):

Typ I: Hierarchisch: Jeder Term wird für die in der Liste vor ihm stehenden Effekte (Haupteffekte, Interaktionen, Kovariaten) korrigiert. Dadurch wirkt sich die Reihenfolge der Auswahl der Terme auf das Ergebnis aus!
Diese Art der Berechnung ist dann sinnvoll, wenn die ungleichen Zellhäufigkeiten inhaltlich begründet sind und man eine Reihenfolge der Kausalität spezifizieren kann. Inhaltlich begründet sind ungleiche Zellhäufigkeiten vor allem im Falle von organismischen Variablen, z. B. Geschlechterverteilung in einer bestimmten Berufsgruppe.

Typ II: Regressionsmodell: Die Haupteffekte werden um alle anderen Haupteffekte und Kovariaten korrigiert.

Typ III: Voreinstellung: Hier wird die Berechnung der Quadratsummen eines Effektes um alle Effekte bereinigt, die nicht in dem Effekt enthalten sind. *Dieses Modell hat den Vorteil, dass es weitgehend invariant gegenüber ungleichen Zellenbesetzungen ist und sollte deshalb verwendet werden, wenn die ungleichen Zellhäufigkeiten zufällig zustandegekommen sind und keine systematischen Unterschiede in der Verteilung der Merkmalsausprägungen reflektieren. Davon kann man z. B. bei experimentellen Variablen ausgehen, wenn ungleiche Zellhäufigkeiten durch Ausfälle von Vpn entstehen.* Diese Quadratsummenzerlegung kann allerdings nur gewählt werden, wenn keine leeren Zellen vorhanden sind.

Typ IV: Regressionsmodell: Ähnlich wie Typ II, aber auch für Designs mit leeren Zellen geeignet.

Über die Schaltfläche ⌈Optionen...⌋ können noch einige wichtige Zusatzinformationen erzeugt werden:

Anzeigen: Deskriptive Statistik: Hiermit erhält man Mittelwerte, Standardabweichung und Anzahl an Vpn für jede Zelle, sowie für Zeilen und Spalten und insgesamt. Es kann nicht genug betont werden, dass die deskriptive Statistik immer den Anfang der Datenanalyse bildet und vor den inferenzstatistischen Berechnungen durchgeführt werden sollte. Dazu gehört auch die Darstellung der Zellmittelwerte in Diagrammform, die am Ende dieses Unterkapitels beschrieben wird.

Anzeigen: Schätzer der Effektgröße: Hier erhält man in der Varianzanalysetabelle zusätzlich das **Effektgrößemaß Eta^2**, das wir schon aus unseren Varianzanalysetafeln kennen. Zu beachten ist hierbei, dass es sich dabei um ein partielles Eta^2 handelt, das sich nach der Formel $SAQ_{Effekt}/(SAQ_{Effekt}+SAQ_{Fehler})$ berechnet. Dieses partielle Eta^2 wird auch in älteren SPSS-Versionen berechnet, ist aber nicht so benannt! Es wird also das Verhältnis des jeweiligen Effektes zum Fehler betrachtet; die anderen Effekte bleiben dabei außer Acht. Deshalb können sich die Effektgrößen der verschiedenen Effekte auch zu Werten größer als Eins addieren.

Anzeigen: Beobachtete Schärfe: Mit „beobachteter Schärfe" ist die **Power oder Teststärke** des durchgeführten Signifikanztests gemeint. Sie gibt die Wahrscheinlichkeit an, mit der der F-Test signifikant würde (beim spezifizierten Signifikanzniveau), wenn in der Population tatsächlich ein Effekt der Größe vorhanden wäre, wie er in der Stichprobe gefunden wurde. Dieser Wert ist hilfreich besonders bei der Beurteilung eines nichtsignifikanten Ergebnisses: War die Power hinreichend groß (z. B. > .90), kann auf die Gültigkeit der H$_0$ geschlossen werden; war die Power zu klein (z. B. < .90), bleibt die Entscheidung für eine der beiden Hypothesen offen und die Untersuchung sollte mit einer größeren Anzahl an Vpn wiederholt werden.

Gleichzeitig wird bei Anforderung dieses Kennwertes noch der **„Nichtzentralitätsparameter"** ausgegeben, der ein anderes Maß der Effektgröße ist (wird z. B. bei Cohen (1988) mit f und bei Hager (1987) mit ϕ bezeichnet).

Anzeigen: Homogenitätstest: Diese Option überprüft mittels des Levene-Tests, ob eine der Voraussetzungen der Varianzanalyse, nämlich die Gleichheit der Fehlervarianzen (Varianzhomogenität), gegeben ist (siehe auch Kapitel 4.2.4.4).

Dabei bedeutet ein signifikantes Ergebnis („Signifikanz" < 0,05), dass die Varianzen in den einzelnen Gruppen nicht gleich sind, ein hoher Wert dagegen, dass die

Varianzen sich nicht stark unterscheiden. Man ist also in der Regel an einem nicht-signifikanten Ergebnis interessiert.

Ein Problem dieser Art der Voraussetzungsüberprüfung besteht allerdings darin, dass wir die Power dieses Signifikanztests nicht kennen, d. h. gerade bei kleinen Stichproben kann es sein, dass die Varianzheterogenität nicht nachgewiesen werden kann. Vielfach wird empfohlen, in diesem Fall ein niedriges Signifikanzniveau von α = 20 % zu wählen, um eine höhere Teststärke sicherzustellen.

Letztendlich lassen sich zur Bewertung des Ergebnisses des Levene-Tests keine verbindlichen Richtlinien aufstellen: Die Konsequenzen einer Verletzung der Varianzhomogenitätsannahme sind zusätzlich noch abhängig von den Populations-verteilungen, der Stichprobengröße und der Art der Zellenbesetzung (gleich oder un-gleich). Der Ausgang des Levene-Tests ist neben der Gleichheit der Varianzen auch noch abhängig vom Stichprobenumfang. Neben der Überschreitungswahrscheinlich-keit sollte man sich auf jeden Fall die Varianzen selbst (oder Standardabweichungen) in den einzelnen Zellen ansehen, um einen Eindruck von der Gleichheit oder Ungleichheit dieser Werte zu gewinnen.

Zusammenfassend lässt sich also Folgendes sagen (vgl. auch Kapitel 4.2.4.4):

Bei kleinen Stichproben (n < 10, siehe Bortz, 1999) sollte man von der Durchfüh-rung einer Varianzanalyse absehen, wenn der Levene-Test auf Varianzheterogenität deutet (mit niedrigem Signifikanzniveau, z. B. α = 20 %), und dies umso mehr, wenn die Zellen ungleich groß sind.

Bei großen Stichproben, besonders wenn alle Zellen den gleichen Umfang haben, ist der Ausgang des Varianzhomogenitätstests nicht so wichtig.

Über die Schaltfläche │ Diagramme │ können einfache Liniendiagramme erzeugt werden, die helfen, sich die Konstellation an aufgetretenen Effekten zu veranschauli-chen (siehe Abbildung 4.16). Für Berichte und Präsentationen lassen sich allerdings wesentlich ansprechendere Grafiken mit der Funktion │ Grafiken → Interaktiv → Linien │ gestalten.

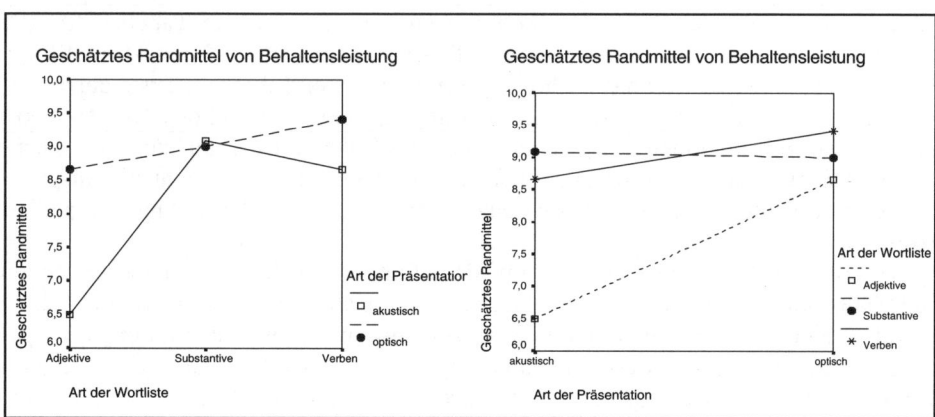

Abbildung 4.16: Mit SPSS erzeugte Interaktionsdiagramme für eine zweifaktorielle Varianzanalyse. Befehlsfolge: │Analysieren → Allgemeines Lineares Modell → Univariat → Diagramme │ .

4.2.5.3   *Varianzanalyse mit messwiederholten Faktoren*

Zur Berechnung einer **Varianzanalyse mit zwei messwiederholten Faktoren** (vgl. Tabelle 4.11) muss man zunächst sicherstellen, dass die Daten in der richtigen Struktur vorliegen. Für die Daten des Beispiels benötigen wir insgesamt sechs Variablen (entsprechend der sechs Zellen des Versuchsplans), wobei in einer Zeile dann alle Werte einer Vp eingetragen werden. Die Anzahl an Zeilen entspricht dann der Anzahl an Vpn (hier zwölf).

Die Befehlsfolge lautet:

Analysieren →	Allgemeines Lineares Modell →	Messwiederholungen...

```
Syntax für eine 2-faktorielle Varianzanalyse mit Messwiederholung
auf beiden Faktoren
GLM
  as os aa oa av ov
  /WSFACTOR = wortart 3 Polynomial präs 2 Polynomial
  /METHOD = SSTYPE(3)
  /CRITERIA = ALPHA(.05)
  /WSDESIGN = wortart präs wortart*präs.
```

Hier sind zunächst die Faktoren mit der Anzahl ihrer Stufen zu definieren (die Namen können willkürlich gewählt werden, im Beispiel etwa „wortart" mit drei Stufen und „präs" mit zwei Stufen). Im nächsten Fenster, das nach Definieren erscheint, muss genau auf die korrekte Zuordnung der Variablen zu den Stufenkombinationen geachtet werden (im Output nochmals kontrollieren)!

Als Ausgabe erscheinen zunächst die multivariaten Tests, auf die wir hier nicht weiter eingehen. Die Anwendung multivariater Verfahren zur Auswertung einer Varianzanalyse mit Messwiederholung stellt eine andere „Betrachtungsweise" dieses mathematischen Sachverhaltes dar, mit der wir uns hier nicht weiter beschäftigen.

Eine „Eigenart" von SPSS ist, dass es immer zwei getrennte Tabellen für alle Informationen anlegt, die Effekte innerhalb und zwischen den Vpn oder Blöcken betreffen. Für unsere Zwecke wichtig sind deshalb zwei Tabellen „Tests der Innersubjekteffekte" und „Tests der Zwischensubjekteffekte" (Tabelle 4.16). Die dort enthaltenen Informationen entsprechen denen aus Tabelle 4.11, nur dass die zusammenfassenden Werte für Primär-, Sekundär- und Gesamtvarianz nicht mit ausgegeben werden (diese müssen also bei Bedarf selbst aus den anderen Angaben addiert werden).

Zu erläutern bleibt noch, was es im SPSS-Output mit den verschiedenen Zeilen innerhalb der einzelnen Innersubjekteffekte auf sich hat: Wie in Kapitel 4.2.4.5 erwähnt, ist eine Voraussetzung der Varianzanalyse mit Messwiederholung die Spärizität oder Zirkularität. Diese Annahme hat etwas mit der Unabhängigkeit der einzelnen Messungen zu tun. Ist diese Annahme nicht erfüllt, werden zu viele Freiheitsgrade verrechnet: der α-Fehler ist höher als eigentlich angenommen. Um dies auszugleichen, kann man die Freiheitsgrade korrigieren, indem man sie mit einem Faktor „Epsilon" multipliziert. Zur Berechnung dieses Epsilons gibt es zwei Methoden: die nach Greenhouse-Geisser (konservativer) und die nach Huynh-Feldt. Außerdem gibt es eine theoretische Untergrenze, die Epsilon annehmen könnte, wenn die Annahmen maximal verletzt wären (siehe auch Kapitel 4.2.4.4). Für diese vier Varianten (Freiheitsgrade nicht korrigiert, Korrekturen nach Greenhouse-Geisser und Huynh-Feldt und maximale Korrektur) werden jeweils die Werte in SPSS ausgegeben. Für den Fall, dass die Voraussetzung nicht oder nur geringfügig verletzt ist, sind die ersten drei Werte jeweils gleich oder ähnlich. Wir empfehlen im allgemeinen die Ergebnisse für die Greenhouse-Geisser-Korrektur zu verwenden, da der α-Fehler damit sicherer kontrolliert wird (Maxwell & Delaney, 1990). Im Fall einer zweistufigen Variablen spielt die Sphärizität keine Rolle.

Die Erzeugung von Diagrammen und die verschiedenen Einstellungen im Feld Optionen wurden im vorherigen Abschnitt schon besprochen.

Tabelle 4.16: SPSS Output einer zweifaktoriellen Varianzanalyse mit Messwiederholung auf beiden Faktoren

Tests der Innersubjekteffekte

Maß: MASS_1

	Quelle		QS vom Typ III	df	Mittel der Quadrate	F	Signi-fikanz
Haupteffekt B	WORTART	Sphärizität angen.	34,028	2	17,014	4,821	,018
		Greenhouse-G.	34,028	1,915	17,772	4,821	,020
		Huynh-Feldt	34,028	2,000	17,014	4,821	,018
		Untergrenze	34,028	1,000	34,028	4,821	,050
Fehler HE B	Fehler (WORTART)	Sphärizität angen.	77,639	22	3,529		
		Greenhouse-G.	77,639	21,1	3,686		
		Huynh-Feldt	77,639	22,0	3,520		
		Untergrenze	77,639	11,0	7,058		
Haupteffekt A	PRÄS	Sphärizität angen.	16,056	1	16,056	3,989	,071
		Greenhouse-G.	16,056	1,000	16,056	3,989	,071
		Huynh-Feldt	16,056	1,000	16,056	3,989	,071
		Untergrenze	16,056	1,000	16,056	3,989	,071
Fehler HE A	Fehler (PRÄS)	Sphärizität angen.	44,278	11	4,025		
		Greenhouse-G.	44,278	11,0	4,025		
		Huynh-Feldt	44,278	11,0	4,025		
		Untergrenze	44,278	11,0	4,025		
Interaktion A x B	WORTART * PRÄS	Sphärizität angen.	15,528	2	7,764	1,777	,193
		Greenhouse-G.	15,528	1,509	10,287	1,777	,203
		Huynh-Feldt	15,528	1,698	9,145	1,777	,199
		Untergrenze	15,528	1,000	15,528	1,777	,210
Fehler A x B	Fehler (WORTART* PRÄS)	Sphärizität angen.	96,139	22	4,370		
		Greenhouse-G.	96,139	16,6	5,790		
		Huynh-Feldt	96,139	18,7	5,148		
		Untergrenze	96,139	11,0	8,740		

Tests der Zwischensubjekteffekte

Maß: MASS_1

Transformierte Variable: Mittel

	Quelle	Quadratsumme vom Typ III	df	Mittel der Quadrate	F	Signifikanz
Irrelevante Größe	Intercept	5270,222	1	5270,222	217,851	,000
Blockvarianz	Fehler	266,111	11	24,192		

Zur Berechnung einer zweifaktoriellen **Varianzanalyse mit einem messwiederholten Faktor** (vgl. Tabelle 4.12) wird entsprechend nur ein Innersubjektfaktor und ein Zwischensubjektfaktor spezifiziert. Die Daten müssen also so organisiert sein, dass wir drei Variablen für die Leistung bei Substantiven, Verben und Adjektiven haben und in einer weiteren Variablen die Präsentationsart kodiert ist.

Das Vorgehen ist analog dem für zwei Messwiederholungen, nur dass nur ein Faktor für die Messwiederholung und der andere als „Zwischensubjektfaktor" spezifiziert wird.

Die Ergebnisse (siehe Tabelle 4.17) entsprechen wiederum denen von Tabelle 4.12, nur dass die zusammenfassenden Werte für Primär-, Sekundär- und Gesamtvarianz wieder nicht mit ausgegeben werden (diese müssen also bei Bedarf selbst aus den anderen Angaben addiert werden).

```
Syntax für eine 2-faktorielle Varianzanalyse mit Messwiederholung
auf einem Faktor
GLM
   subst verb adjekt BY praes2
   /WSFACTOR = wortart 3 Polynomial
   /METHOD = SSTYPE(3)
   /CRITERIA = ALPHA(.05)
   /WSDESIGN = wortart
   /DESIGN = praes2 .
```

Tabelle 4.17: SPSS Output einer zweifaktoriellen Varianzanalyse mit Messwiederholung auf einem Faktor (hier Faktor B)

Tests der Innersubjekteffekte

Maß: MASS_1

	Quelle		QS vom Typ III	df	Mittel der Quadrate	F	Signifikanz
Haupteffekt B	WORTART	Sphärizität ang.	34,028	2	17,014	4,308	,020
		Greenhouse-G.	34,028	1,8	18,581	4,308	,023
		Huynh-Feldt	34,028	2,0	17,014	4,308	,020
		Untergrenze	34,028	1,0	34,028	4,308	,050
Interaktion A x B	WORTART * PRAES2	Sphärizität ang.	15,528	2	7,764	1,966	,152
		Greenhouse-G.	15,528	1,8	8,479	1,966	,156
		Huynh-Feldt	15,528	2,0	7,764	1,966	,152
		Untergrenze	15,528	1,0	15,528	1,966	,175
Fehler HE B und A x B	Fehler (WORTART)	Sphärizität ang.	173,778	44	3,949		
		Greenhouse-G.	173,778	40	4,313		
		Huynh-Feldt	173,778	44	3,949		
		Untergrenze	173,778	22	7,899		

Tests der Zwischensubjekteffekte

Maß: MASS_1
Transformierte Variable: Mittel

	Quelle	QS vom Typ III	df	Mittel der Quadrate	F	Signifikanz
Irrelevante Größe	Intercept	5270,2	1	5270,222	373,547	,000
Haupteffekt A	PRAES2	16,056	1	16,056	1,138	,298
Fehler HE A	Fehler	310,389	22	14,109		

4.2.5.4   Einfache Haupteffekte

Einfache Haupteffekte sind in SPSS nicht durch die Menüsteuerung zu berechnen, sondern es muss auf die Syntax zurückgegriffen werden.

Bei einer zweifaktoriellen Varianzanalyse ohne Messwiederholung erhält man die einfachen Haupteffekte durch folgende Syntax: Zur Erzeugung eines möglichst ähnlichen Codes, der nur noch wenig abgewandelt werden muss, kann man unter Optionen die beiden Haupteffekte in das Feld „Mittelwerte anzeigen für" kopieren und das Feld „Haupteffekte vergleichen" aktivieren. Außerdem kann man dann noch auswählen, ob für den Vergleich der einfachen Haupteffekte eine α-Adjustierung vorgenommen werden soll (siehe Kapitel 4.2.3 und 4.3.4). Auf jeden Fall muss dann folgender Code erzeugt werden, der einen umfangreichen Output erbringt, in dem sich dann auch die Angaben zu den einfachen Haupteffekten finden (Tabelle 4.18).

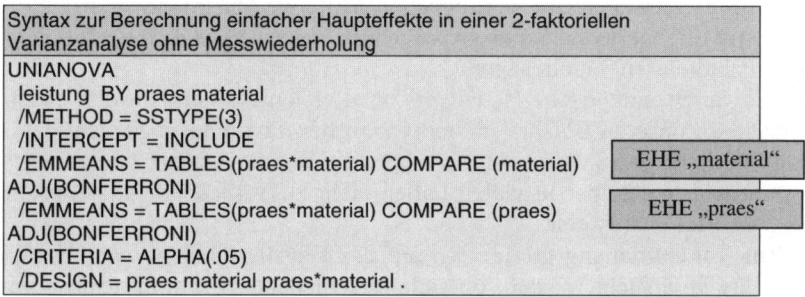

```
Syntax zur Berechnung einfacher Haupteffekte in einer 2-faktoriellen
Varianzanalyse ohne Messwiederholung
UNIANOVA
  leistung  BY praes material
  /METHOD = SSTYPE(3)
  /INTERCEPT = INCLUDE
  /EMMEANS = TABLES(praes*material) COMPARE (material)      EHE „material"
ADJ(BONFERRONI)
  /EMMEANS = TABLES(praes*material) COMPARE (praes)         EHE „praes"
ADJ(BONFERRONI)
  /CRITERIA = ALPHA(.05)
  /DESIGN = praes material praes*material .
```

Tabelle 4.18: SPSS Output der Berechnung einfacher Haupteffekte

Tests auf Univariate

Abhängige Variable: Behaltensleistung

	Art der Wortliste		QS	df	Mittel der Quadrate	F	Signi-fikanz
Einfache Haupteffekte (EHE) des Faktors „Präsentation" in den drei Stufen des Faktors „Wortliste" (vgl. Tab. 4.17)	Adjektive	Kontrast	28,167	1	28,167	3,840	,054
		Fehler	484,167	66	7,336		
	Substantive	Kontrast	,042	1	,042	,006	,940
		Fehler	484,167	66	7,336		
	Verben	Kontrast	3,375	1	3,375	,460	,500
		Fehler	484,167	66	7,336		

F prüft den Effekt von Art der Präsentation. Diese Test basiert auf den linear unabhängigen, paarweisen Vergleichen bei den geschätzten Randmitteln.

Tests auf Univariate

Abhängige Variable: Behaltensleistung

	Art der Präsentation		QS	df	Mittel der Quadrate	F	Signi-fikanz
Einfache Haupteffekte (EHE) des Faktors „Wortliste" in den beiden Stufen des Faktors „Präsentation" (vgl. Tab. 4.17)	akustisch	Kontrast	46,167	2	23,083	3,147	,050
		Fehler	484,167	66	7,336		
	optisch	Kontrast	3,389	2	1,694	,231	,794
		Fehler	484,167	66	7,336		

F prüft den Effekt von Art der Wortliste. Diese Test basiert auf den linear unabhängigen, paarweisen Vergleichen bei den geschätzten Randmitteln.

4.3   Geplante Einzelvergleiche

Neben der Varianzanalyse gibt es natürlich noch viele weitere Möglichkeiten, Daten einer experimentellen Untersuchung auszuwerten. *Dabei stellen die geplanten Vergleiche (auch a priori Vergleiche oder Kontraste) das Verfahren der Wahl dar, wenn es darum geht, vor der Untersuchung, also a priori, aufgestellte Hypothesen möglichst valide zu prüfen* (Hager, 1987). Die Tatsache, dass wir die Varianzanalyse zuerst ausführlich dargestellt haben, soll also nicht bedeuten, dass sie zur Auswertung hypothesentestender Untersuchungen besser geeignet ist als die in diesem Kapitel vorgestellten Einzelvergleiche; sie wird allerdings zu diesem Zweck wesentlich häufiger eingesetzt.

Wir haben schon darauf hingewiesen, dass die Varianzanalyse ein sehr globaler Test ist. Damit ist gemeint, dass dieses Verfahren zunächst nur Auskunft darüber gibt, ob es zwischen den verglichenen Mittelwerten irgendeinen Unterschied gibt. Welche Mittelwerte sich aber genau unterscheiden, lässt sich – im Fall von mehr als zwei Faktorstufen – nicht sagen.

Die varianzanalytische H_0 entspricht in vielen Fällen nicht der statistischen Vorhersage. In unseren Beispielen sind wir bisher davon ausgegangen, dass die statistische Vorhersage (SV) genau der H_1 einer Varianzanalyse oder eines t-Tests entspricht; dies trifft aber in vielen Fällen nicht zu, insbesondere, wenn eine UV mehr als zwei Stufen aufweist.

Zur Verdeutlichung greifen wir auf das Wortlistenbeispiel aus Kapitel 2 zurück: Es sollte untersucht werden, ob sich verschiedene Wortarten (Substantive, Verben, Adjektive) darin unterscheiden, wie gut sie gelernt werden können. Die zugrunde liegende Theorie besagt, dass konkrete Wörter besser behalten werden können als abstrakte. Wir nehmen nun an, dass Substantive konkreter sind als Verben und diese wiederum konkreter als Adjektive. Daraus könnten wir nun ableiten, dass die Behaltensleistung für Substantive besser ist als für Verben und diese wiederum besser als für Adjektive.

Als statistische Vorhersage könnten wir also formulieren:
SV: $\mu_S > \mu_V > \mu_A$

Die Testhypothesen der Varianzanalyse lauten aber:
H_0: $\mu_1 = \mu_2 = \mu_3$
H_1: $\mu_1 \neq \mu_2 \neq \mu_3$ (mit mindestens einer Ungleich-Relation)

Wir erkennen, dass wir die oben formulierte Hypothese (Substantive werden besser behalten als Verben und diese wiederum besser als Adjektive) nicht adäquat mittels eienr Varianzanalyse testen können. Wir benötigen ein Verfahren, das direkt Substantive mit Verben und diese wiederum mit Adjektiven vergleicht.

Bei Hager (1987, Kapitel 3.7.3.2) finden sich viele Beispiele, wie unterschiedliche statistische Vorhersagen in Testhypothesen umzusetzen sind, die mit Einzelvergleichen geprüft werden können.

Definition: Einzelvergleich oder Kontrast

Mit einem **Einzelvergleich oder Kontrast** (im Englischen comparision, contrast) werden zwei Gruppenmittelwerte miteinander verglichen. Im Fall der komplexeren Vergleiche kann jeder dieser Mittelwerte wiederum aus mehreren Gruppenmittelwerten gebildet werden. Die Begriffe Vergleich und Kontrast werden dabei von uns synonym gebraucht (ansonsten ist der Sprachgebrauch nicht einheitlich). Wir unterscheiden:

- **Paarvergleiche** und **komplexe Vergleiche**, nach der Anzahl involvierter Mittelwerte (zwei oder mehr),
- **geplante** oder **a priori** Vergleiche und **a posteriori, post hoc** oder **ungeplante** Vergleiche,
- **orthogonale** und **nicht orthogonale** Vergleiche sowie
- **Einzelvergleiche** und **multiple Vergleiche** (je nachdem, ob nur ein Vergleich durchgeführt oder mehrere Vergleiche durchgeführt und zusammengefasst werden).

Wir beschäftigen uns hauptsächlich mit den geplanten oder a priori Vergleichen und erwähnen die a posteriori Vergleiche nur am Rande. Dies hat zum einen den Grund, dass die a posteriori Vergleiche nicht zum gezielten Hypothesentesten geeignet sind. Zum anderen werden sie auch in den meisten Lehrbüchern der Statistik ausführlich dargestellt.

Wir werden in diesem Kapitel relativ viele Formeln zur Berechnung der Einzelvergleiche „per Hand" mit angeben: Dies hat den Grund, dass einige spezifischere Einzelvergleiche nur sehr mühsam mit SPSS zu berechnen sind (nur über die Syntax-Eingabe). Deshalb ist es in manchen Fällen einfacher, mit SPSS eine Varianzanalyse zu berechnen, der Varianzanalysetafel bestimmte Werte (z. B. die MQ_{Fehler}) zu entnehmen und dann in die angegebenen Formeln einzusetzen. Trotzdem gehen wir natürlich auch auf die Berechnung mit SPSS ein (Kapitel 4.3.7). Weiterführende Literatur zum Thema Einzelvergleiche findet sich z. B. bei Bortz (1999), Maxwell und Delaney (1990), Rosenthal und Rosnow (1985) oder Winer, Brown und Michels (1991).

4.3.1 Einfache (paarweise) Einzelvergleiche

Der einfachste und am häufigsten vorkommende Fall besteht darin, dass zwei Mittelwerte miteinander verglichen werden.

Einzelvergleiche können – mathematisch äquivalent – als t-Tests oder als F-Tests berechnet werden. Wir bevorzugen die Darstellung als t-Test, weil nur so gerichtete Hypothesen adäquat überprüft werden können und a priori Hypothesen in sehr vielen Fällen als gerichtete Hypothesen vorliegen. In den meisten Lehrbüchern werden die Einzelvergleiche als F-Tests dargestellt, weil sich so besser die Ähnlichkeit zur Varianzanalyse darstellen lässt. t-Test und F-Test lassen sich nach der Beziehung

$$F = t^2 \qquad \text{bzw.} \quad t = \sqrt{F}$$

ineinander überführen, wobei der F-Test einen Zählerfreiheitsgrad und ebensoviele Nennerfreiheitsgrade wie der t-Test hat.

Der Unterschied zwischen einem „normalen" t-Test und einem Einzelvergleich besteht darin, dass die Fehlervarianz nicht nur aus den Werten der verglichenen Gruppen, sondern aus den Werten aller untersuchten Gruppen berechnet wird (bei Vorliegen von Varianzhomogenität). Diese Schätzung der Populationsvarianz wird somit im Vergleich zum t-Test genauer (nicht unbedingt größer oder kleiner). Der Signifikanztest beruht dadurch auf mehr Freiheitsgraden und weist eine höhere Test-stärke auf. Deshalb haben a priori geplante Einzelvergleiche eine höhere Teststärke als der entsprechende t-Test (aber nur, wenn keine α-Adjustierung vorgenommen wird, siehe Kapitel 4.3.3)

Der Einzelvergleich wird dann als t-Test nach folgender Formel berechnet (vgl. Bortz, 1999, S. 253), je nachdem, ob die beiden Stichproben gleich oder ungleich groß sind:

Allgemeine Formel für einen Einzelvergleich

$$t = \frac{D}{\sqrt{\frac{1}{n} * 2 * MQ_{Fehler}}} \quad \text{oder} \quad t = \frac{D}{\sqrt{(\frac{1}{n_1} + \frac{1}{n_2}) * MQ_{Fehler}}}; \quad df = N - K \quad \text{bzw.} \quad K(n-1)$$

Dabei ist D die Differenz zwischen den beiden Gruppenmittelwerten, n die Anzahl der Vpn pro Zelle (im mehrfaktoriellen Fall pro Zeile oder Spalte; n wird wieder für alle Zellen als gleich angenommen), und K die Anzahl an Stufen, die der Faktor hat, zu dem die beiden verglichenen Mittelwerte gehören. Box 22 verdeutlicht die Berechnung an einem Beispiel.

Box 22: Berechnung eines einfachen Einzelvergleichs (einfaktorieller Versuchsplan)

Wir wollen die Behaltensleistung von Verben mit der von Adjektiven vergleichen (Wortlistenbeispiel, einfaktorieller Versuchsplan aus Tabelle 2.7; zugehörige Varianzanalysetafel in Tabelle 2.11), wobei wir erwarten, dass die Verben eine höhere Behaltensleistung aufweisen (gerichtete Hypothese $\rightarrow$ einseitiger Signifi-kanztest). Als Signifikanzniveau legen wir $\alpha = 5\,\%$ fest. Die benötigten Informationen aus Tabelle 2.7 und 2.11 sind:

Mittelwerte: Verben: 8,67   Adjektive: 6,50   Differenz (D): 2,17

n = 12   K = 3 $MQ_{Fehler} = 6{,}321$

$$t = \frac{2{,}17}{\sqrt{\frac{1}{12} * 2 * 6{,}321}} = 2{,}114; \quad df = 3(12 - 1) = 33$$

Box 22 (Fortsetzung)

In einer t-Tabelle (z. B. Bortz, 1999, Tabelle D) ermitteln wir als kritischen Wert für 30 df (33 sind nicht aufgelistet) und eine Fläche von 0,95 den Wert 1,697. Da dieser Wert kleiner ist als der empirisch ermittelte Wert von 2,114, ist das Ergebnis auf dem 5 %-Signifikanzniveau signifikant, d. h. wir können davon ausgehen, dass tatsächlich Verben besser behalten werden als Adjektive.

4.3.1.1 *Paarweise Einzelvergleiche in mehrfaktoriellen Versuchsplänen*

In mehrfaktoriellen Versuchsplänen kann man unterschiedliche Arten von Einzelvergleichen unterscheiden. Zur Illustration beziehen wir uns wieder auf das Wortlistenbeispiel mit der UV A: Art der Präsentation (akustisch vs. optisch) und der UV B: Art der Wortliste (Substantive, Verben, Adjektive; vgl. Tabelle 2.9). In Box 23 werden alle Berechnungen für dieses Beispiel durch geführt.

Die Berechnung erfolgt ebenfalls nach der oben angegebenen Formel. Zu beachten ist lediglich, dass sich n auf die Anzahl an Beobachtungen unter den verglichenen Bedingungen bezieht (bei Vergleichen auf der Ebene der Haupteffekte also n * J (= Stufen des anderen Faktors).

Die zum Test herangezogene MQ_{Fehler} ist in Versuchsplänen mit festen Effekten und ohne Messwiederholung immer die Gleiche. In Versuchsplänen mit Messwiederholung steht im Nenner immer die Fehlervarianz, die auch zu dem Effekt gehört, zu dem der Einzelvergleich gehört (siehe Ende dieses Unterkapitels und Tabelle 4.19).

Einzelvergleiche auf der Ebene der Haupteffekte: Hier werden im Prinzip die gleichen Daten analysiert wie bei der Berechnung der Haupteffekte, nur dass nicht alle Stufen eines Faktors, sondern nur zwei davon verglichen werden. Bezogen auf Faktor B fragen wir uns also z. B., ob sich die Behaltensleistung von Verben von der Behaltensleistung von Adjektiven unterscheidet, und zwar unabhängig von der Präsentationsart: **Vergleich von B_2 mit B_3**. Im Falle eines Faktors mit nur zwei Stufen ist der Einzelvergleich identisch mit dem Haupteffekt, außer dass der Einzelvergleich als einseitiger Test durchgeführt werden kann. Berechnet man den Einzelvergleich als zweiseitigen Test, resultiert exakt das gleiche Ergebnis (gleiche Überschreitungswahrscheinlichkeit) wie beim Test des Haupteffektes in der Varianzanalyse.

Einzelvergleiche auf der Ebene der einfachen Haupteffekte (bedingte Einzelvergleiche): Hier fragen wir uns, ob sich zwei Stufen eines Faktors voneinander unterscheiden, und zwar unter **einer bestimmten** Stufe des anderen Faktors. Wir wollen also beispielsweise wissen, ob sich die Behaltensleistung von Verben und Adjektiven unterscheidet, wenn diese akustisch präsentiert werden: **Vergleich von B_2 mit B_3 in A_1**.

Interaktionseinzelvergleiche: Hier werden zwei bedingte Einzelvergleiche miteinander verglichen. Man möchte also beispielsweise wissen, ob der Unterschied in der Behaltensleistung von Verben und Adjektiven bei akustischer Präsentation größer ist als bei optischer: **Vergleich von ($B_2 - B_3$ in A_1) mit ($B_2 - B_3$ in A_2)**. Eine solche Hypothese liegt sehr vielen mehrfaktoriellen Versuchsplänen zu Grunde.

Hier handelt es sich strenggenommen nicht um einen paarweisen Vergleich, da ja insgesamt vier Werte miteinander verglichen werden. Die Formel ist deshalb auch etwas abzuwandeln (siehe auch Box 23 und Kapitel 4.3.2).

Einzelvergleiche einzelner Zellen: Auch einzelne Zellen können miteinander verglichen werden (was in unserem Beispiel inhaltlich nicht besonders sinnvoll ist). Wir könnten uns z. B. dafür interessieren, ob die Behaltensleistung von Substantiven, die akustisch präsentiert werden (B_1 in A_1) besser ausfällt als von Adjektiven, die optisch präsentiert werden (B_3 in A_2).

Box 23: Berechnung einfacher Einzelvergleiche in einem zweifaktoriellen Versuchsplan

Die im Text erwähnten unterschiedlichen Arten von Einzelvergleichen in einem zweifaktoriellen Versuchsplan sollen anhand des bekannten Wortlistenbeispiels berechnet werden.

In einem realen Fall werden natürlich in der Regel nicht alle hier vorgestellten Arten von Einzelvergleichen als a priori Vergleiche geprüft. Außerdem können natürlich von jeder „Sorte" von Einzelvergleichen mehrere überprüft werden (z. B. mehrere Haupteffektsvergleiche). Der Einfachheit halber gehen wir für die Berechnung aller Vergleiche von einer gerichteten Fragestellung aus. Der kritische t-Wert, der aus einer Tabelle entnommen wird, ist deshalb jeweils immer der Gleiche.

Der Versuchsplan mit den zugehörigen Mittelwerten sah folgendermaßen aus:

UV A	UV B: Art der Wortliste			
Art der Prä-sentation	B_1 Substantive	B_2 Verben	B_3 Adjektive	HE A
A_1: akustisch	9,08	8,67	6,50	8,08
A_2: optisch	9,00	9,42	8,67	9,03
HE B	9,04	9,04	7,58	8,56

n pro Zelle = 12   N = 72
MQ_{Fehler} = 7,336   df = 66 (N – J*K)
kritischer t-Wert für α = 5 % (einseitig), df = 60 (aus einer t-Tabelle): **1,671**

Einzelvergleich auf der Ebene der Haupteffekte: **Vergleich von B_2 mit B_3**

D = 9,04 – 7,58 = 1,46   n = 24 (pro Spalte)

$$t = \frac{D}{\sqrt{\frac{1}{n} * 2 * MQ_{Fehler}}} = \frac{1,46}{\sqrt{\frac{1}{24} * 2 * 7,336}} = 1,867$$

Box 23 (Fortsetzung)

Dieser t-Wert von 1,867 ist also – bei einer gerichteten Hypothese und damit einseitigem Signifikanztest – auf dem 5 % Signifikanzniveau **signifikant**. Wir können also sagen, dass die Behaltensleitung von Verben signifikant besser ist als die von Adjektiven (unabhängig von der Präsentationsart).

Einzelvergleich auf der Ebene des einfachen Haupteffektes (bedingter Einzelvergleich): **Vergleich von B_2 mit B_3 in A_1**

$D = 8,67 - 6,50 = 2,17$ $n = 12$ (pro Zelle)

$$t = \frac{D}{\sqrt{\frac{1}{n} * 2 * MQ_{Fehler}}} = \frac{2,17}{\sqrt{\frac{1}{12} * 2 * 7,336}} = 1,962$$

Dieser t-Wert von 1,962 ist also – bei einer gerichteten Hypothese und damit einseitigem Signifikanztest – auf dem 5 % Signifikanzniveau **signifikant**. Wir können also sagen, dass bei akustischer Präsentation die Behaltensleitung von Verben signifikant besser ist als die von Adjektiven.

Interaktionseinzelvergleiche: **Vergleich von ($B_2 - B_3$ in A_1) mit ($B_2 - B_3$ in A_2)**

$D = D_1 - D_2 = (8,67 - 6,50) - (9,42 - 8,67) = 1,42$ $n = 12$ (pro Zelle)

$$t = \frac{D}{\sqrt{\frac{1}{n} * 4 * MQ_{Fehler}}} = \frac{1,42}{\sqrt{\frac{1}{12} * 4 * 7,336}} = 0,908$$

Dieser t-Wert von 0,908 ist also auf dem 5 % Signifikanzniveau **nichtsignifikant**. Wir können also nicht statistisch nachweisen, dass der Unterschied in der Behaltensleitung von Verben und Adjektiven bei akustischer Präsentation größer ist als bei optischer.
Achtung: Da es sich hier eigentlich nicht um einen paarweisen Vergleich handelt (es werden vier Mittelwerte miteinbezogen), steht im Nenner statt der Zahl zwei eine vier (siehe Kapitel 4.3.2: komplexe Einzelvergleiche).

Einzelvergleich zweier Zellen: **B_1 in A_1 mit B_3 in A_2**

$D = 9,08 - 8,67 = 0,41$ $n = 12$ (pro Zelle)

Box 23 (Fortsetzung)

$$t = \frac{D}{\sqrt{\frac{1}{n} * 2 * MQ_{Fehler}}} = \frac{0,41}{\sqrt{\frac{1}{12} * 2 * 7,336}} = 0,371$$

Dieser t-Wert von 0,370 ist ganz deutlich **nichtsignifikant**. Wir können also nicht statistisch nachweisen, dass Substantive bei akustischer Präsentation besser behalten werden als Adjektive bei optischer Präsentation.

4.3.1.2   Paarweise Einzelvergleiche in Versuchsplänen mit Messwiederholung

Bei Versuchsplänen mit Messwiederholung besteht der einzige Unterschied in der Vorgehensweise bei der Prüfung von Einzelvergleichen in dem Problem, die jeweils angemessene Fehlervarianz zu finden. In einem zweifaktoriellen Versuchsplan mit Messwiederholung auf beiden Faktoren gibt es drei verschiedene Fehlervarianzen (Fehler A, Fehler B, Fehler AxB; siehe Kapitel 4.2.1.3), bei einem zweifaktoriellen Versuchsplan mit Messwiederholung auf einem Faktor gibt es zwei verschiedene Fehlervarianzen (Blöcke = Fehler A und Fehler B). In der Literatur gibt es zum Teil widersprüchliche Angaben darüber, was im Einzelnen die „richtigen" Fehlervarianzen sind (vgl. z. B. Maxwell & Delaney, 1990; Rosenthal & Rosnow, 1985; Winer, Brown & Michels, 1991). Bei Plänen mit Messwiederholung gilt nämlich besonders, dass die Voraussetzungen für die Verwendung einer Fehlervarianz, die auf mehr Zellen als den gerade verglichenen beruht, häufig verletzt ist, nämlich die Varianzhomogenität und die Zirkularität (siehe Kapitel 4.2.4). Sind die Voraussetzungen nicht verletzt, wird jeder Einzelvergleich an der Fehlervarianz getestet, die zu dem Effekt gehört, zu dem auch der Einzelvergleich gehört. Gehört ein Einzelvergleich zu mehreren Effekten, werden die entsprechenden Fehlervarianzen „gepoolt", d. h. die entsprechenden SAQn werden addiert und durch die Summe der entsprechenden Freiheitsgrade geteilt, um zu der MQ$_{Fehler}$ des Vergleichs zu gelangen. Die Freiheitsgrade sind immer die, die zu der jeweiligen Fehlervarianz gehören. Tabelle 4.19 schlüsselt diese Zuordnung weiter auf. Bestehen Zweifel daran, dass die Voraussetzungen erfüllt sind, berechnet man die Einzelvergleiche statt dessen als „ganz normale" t-Tests (für abhängige Stichproben). Eventuell müssen dazu die Werte über die Stufen des anderen Faktors gemittelt werden. Nachteil dieser Variante ist aber, dass der statistische Test eine geringere Power hat (da er auf weniger Freiheitsgraden beruht).

4.3.2   Komplexe Einzelvergleiche

Im Fall der komplexen Vergleiche werden die Mittelwerte mehrerer Gruppen zusammengefasst und dann mit einem anderen Mittelwert verglichen. Ein häufiger Anwendungsfall für diese Art von Kontrast stellt der Vergleich mehrerer Treatmentgruppen mit einer Kontrollgruppe (KG) dar.

Tabelle 4.19: Zu einem Einzelvergleich gehörige Fehlervarianz in zweifaktoriellen Versuchsplänen mit Messwiederholung

Design	Art des Vergleichs	Prüfvarianz (MQ_{Fehler})
Messwiederholung auf beiden Faktoren	Einzelvergleich auf der Ebene eines Haupteffektes	Fehler A bzw. Fehler B
	Einzelvergleich auf der Ebene eines einfachen Haupteffektes (hier A)	$MQ_{Fehler} = \dfrac{SAQ_{FehlerA} + SAQ_{FehlerAxB}}{FG_{FehlerA} + FG_{FehlerAxB}}$
	Interaktionseinzelvergleich	Fehler AxB
	Einzelvergleich zweier Zellen	$MQ_{Fehler} = \dfrac{SAQ_{FehlerA} + SAQ_{FehlerAxB}}{FG_{FehlerA} + FG_{FehlerAxB}}$
Messwiederholung auf einem Faktor (B)	Einzelvergleich auf der Ebene des Haupteffekts A	Blöcke = Fehler A
	Einzelvergleich auf der Ebene des Haupteffekts B	Fehler B
	Einzelvergleich auf der Ebene des einfachen Haupteffektes A (z. B. A_1 vs. A_2 in B_1)	$MQ_{Fehler} = \dfrac{SAQ_{FehlerA} + SAQ_{FehlerB}}{FG_{FehlerA} + FG_{FehlerB}}$
	Einzelvergleich auf der Ebene des einfachen Haupteffektes B (z. B. B_1 vs. B_2 in A_1)	Fehler B
	Interaktionseinzelvergleich	Fehler B
	Einzelvergleich zweier Zellen	$MQ_{Fehler} = \dfrac{SAQ_{FehlerA} + SAQ_{FehlerB}}{FG_{FehlerA} + FG_{FehlerB}}$

Die überprüfte Hypothese lautet in diesem Fall: Unterscheiden sich die Behandlungsgruppen (zusammengenommen) von der Kontrollgruppe bzw. schneiden die Behandlungsgruppen insgesamt besser ab als die Kontrollgruppe (gerichtete Hypothese).

Zur Berechnung werden **Kontrastgewichte** (Kontrastkoeffizienten, c_i) eingeführt, die die **Kombination und Gewichtung der Mittelwerte** spezifizieren. Die Summe der Kontrastgewichte soll jeweils Null ergeben. Die Verwendung dieser Kontrastkoeffizienten erscheint auf den ersten Blick etwas kompliziert und ungewohnt, erweist sich aber bei näherem Hinsehen als recht einfach (und kann dann beliebig erweitert werden):

Im oben genannten Fall (drei Behandlungsgruppen, eine Kontrollgruppe) erhielte jede Behandlungsgruppe den Kontrastkoeffizienten 1/3, die KG den Koeffizienten -1. Das Maß D ergibt sich dann als Produktsumme der Koeffizienten mit den jeweiligen Gruppenmittelwerten:

$$D = \frac{\overline{y}_1 + \overline{y}_2 + \overline{y}_3}{3} - \frac{\overline{y}_{KG}}{1} = 1/3 * \overline{y}_1 + 1/3 * \overline{y}_2 + 1/3 * \overline{y}_3 + (-1) * \overline{y}_{KG} = \Sigma\, c_i * \overline{y}_i$$

An der ersten Schreibweise kann man besonders gut erkennen, dass nichts weiter gemacht wird, als die drei Mittelwerte der Behandlungsgruppen zu mitteln und die Differenz zum Mittelwert der Behandlungsgruppe zu bilden. Für dieses Beispiel kann man auch viele andere Kombinationen von Kontrastkoeffizienten wählen (z. B. −1, −1, −1, +3), aber es ist am praktischsten, die Gewichte so zu wählen, dass positive und negative Koeffizienten sich jeweils zu 1 bzw. −1 summieren. Mit der allgemeinen Regel:

$D = \Sigma\, c_i * \overline{y}_i\;;\; \Sigma\, c_i = 0$	D wird berechnet aus der Summe der einzelnen Mittelwerte multipliziert mit ihren Kontrastgewichten; die Summe der Kontrastgewichte ist Null.

lassen sich theoretisch beliebig viele Vergleiche konstruieren. Die Auswahl an tatsächlich durchgeführten Vergleichen sollte sich natürlich an der möglichst präzisen Umsetzung der zu testenden Hypothesen orientieren.
Diese „Differenz" D wird wiederum – wie im Fall der paarweisen Vergleiche – anhand der t-Verteilung auf Signifikanz geprüft.

$$t = \frac{D}{\sqrt{\dfrac{1}{n}(\Sigma c_i^2) * MQ_{Fehler}}} = \frac{D}{\sqrt{\Sigma \dfrac{c_i^2}{n_i} * MQ_{Fehler}}}\;;\;\; df = N - K = K(n-1)$$

Diese Formel ist auch geeignet, Kontraste in mehrfaktoriellen Designs zu berechnen. Als Fehlervarianz muss dabei immer die MQ_{Fehler} des Effektes eingesetzt werden, zu dem die beiden verglichenen Mittelwerte gehören. Die Freiheitsgrade sind immer die der entsprechenden MQ_{Fehler}. Im Nenner des Bruchs ist für n nicht das n pro Zelle, sondern die Anzahl der Messwerte des jeweiligen Mittelwertes, einzusetzen (also z. B. J*n oder K*n)!

4.3.3   Problem der α-Fehler-Kumulierung und α-Adjustierung

Das wesentliche Problem bei der Durchführung von Einzelvergleichen stellt die sogenannte α-Fehler-Kumulierung dar. Damit ist gemeint, dass bei Durchführung vieler einzelner Signifikanztests die Gefahr, mindestens einmal einen α-Fehler zu begehen, wächst.
   Bezogen auf das Beispiel des letzten Abschnitts (Vergleich dreier Therapiegruppen und einer Kontrollgruppe) könnten wir beispielsweise jede Gruppe gegen jede andere testen. Damit ergeben sich insgesamt sechs verschiedene Paarvergleiche (K * (K − 1) / 2). Arbeiten wir bei jedem einzelnen Vergleich mit einem Signifikanz-

niveau von 5 %, beträgt die Wahrscheinlichkeit, dass irgendeiner dieser sechs Vergleiche zufällig zu einem signifikanten Ergebnis führt, schon $1 - (1 - 0{,}05)^6 = 0{,}265$, also 27 % statt der beabsichtigten 5 %. Man sagt auch, die α-Fehlerwahrscheinlichkeit beträgt für den einzelnen Vergleich 5 %, für die „Familie an Vergleichen" in diesem Fall 27 %. Die allgemeine Formel für die Berechnung der α-Fehlerwahrscheinlichkeit für die Familie an Vergleichen (α_F) aus dem Signifikanzniveau des einzelnen Vergleichs (α_V) lautet:

$$\alpha_F = 1 - (1 - \alpha_V)^K$$

Eine für die meisten Zwecke gute Näherung ergibt sich durch die nachfolgende Formel. Das α-Fehler-Risiko für den einzelnen Vergleich wird mit der Anzahl an durchgeführten Vergleichen multipliziert, um zu dem Risiko für die Familie an Vergleichen zu kommen:

$$\alpha_F = K * \alpha_V$$

Was kann man nun tun, um dieses hohe α-Fehler-Risiko zu vermeiden?

Der einzige Weg besteht darin, das Signifikanzniveau für den einzelnen Vergleich so zu erhöhen, dass dann für die Familie an Vergleichen die gewünschte α-Fehlerwahrscheinlichkeit resultiert. Dieses Vorgehen nennt man α**-Adjustierung.** Wird eine α-Fehlerwahrscheinlichkeit von 5 % für die Familie an Vergleichen angestebt, errechnet sich das Signifikanzniveau für den einzelnen Vergleich zu

$$\alpha_V = 1 - (1 - \alpha_F)^{1/K} \quad \text{oder näherungsweise zu} \quad \alpha_V = \alpha_F / K .$$

Die letzte Formel wird auch **Bonferroni-Korrektur** oder Dunn-Bonferroni-Adjustierung genannt. Für diese Adjustierung wird also das angestrebte Signifikanzniveau (z. B. 5 %) durch die Anzahl an durchzuführenden Vergleichen (im Beispiel oben sechs) geteilt, um zu dem Signifikanzniveau des einzelnen Vergleichs zu gelangen (im Beispiel: 5 % / 6 = 0,0083). Diesen Wert müßte eine empirisch gefundene Überschreitungswahrscheinlichkeit unterschreiten, um nun als signifikant eingestuft zu werden. Diese Bonferroni-Korrektur ist immer dann angezeigt, wenn wenige geplante Vergleiche durchgeführt werden und eine Korrektur vorgenommen werden soll (siehe unten). Sollen alle möglichen Vergleiche durchgeführt werden (a posteriori-Tests), haben die eigens für diesen Zweck konstruierten Verfahren (post hoc Tests, z. B. der Tukey-Test) meist eine höhere Teststärke (Kirk, 1982). Aus diesen Überlegungen ergeben sich zwei Konsequenzen:

1. Die α-Adjustierung fällt umso stärker aus, je mehr Vergleiche durchgeführt werden. Da eine stärkere Adjustierung negative Konsequenzen hat (siehe nächster Punkt), sollte man sich also bemühen, nur die tatsächlich notwendige Anzahl an Vergleichen durchzuführen. Welche Vergleiche tatsächlich notwendig sind, hängt vom Einzelfall und von dem verfolgten Ziel ab. Besonders relevant ist in diesem Zusammenhang, ob die Vergleiche hypothesentestenden

Charakter haben (a priori Vergleiche) oder eher explorativen Charakter (post hoc Tests). Im ersten Fall genügen in der Regel sehr wenige Einzelvergleiche.

2. Eine α-Adjustierung vergrößert den β-Fehler bzw. verringert die Power einer Untersuchung. (Wir erinnern uns, vgl. Kapitel 4.1.7, dass α- und β-Fehler gegenläufig sind und im vorliegenden Fall wird α kleiner.)

Wann muss eine α-Adjustierung vorgenommen werden?

Diese Frage wird in der Literatur kontrovers diskutiert (vgl. Hager, 1987). Unstrittig ist, dass eine Adjustierung bei vielen, post hoc durchgeführten Vergleichen notwendig ist.

Manche Autoren (z. B. Bortz, 1999) meinen, dass eine Adjustierung dann nicht notwendig ist, wenn sehr wenige, theoretisch gut begründbare geplante Vergleiche durchgeführt werden.

Wir schließen uns der Meinung von Hager (1987) an, der meint, dass die Frage, ob eine α-Adjustierung vorgenommen werden muss oder nicht, von der logischen Verknüpfung zwischen den geprüften Vegleichen in Bezug auf die überprüfte Hypothese abhängt:

In Bezug auf unser Wortlistenbeispiel hatten wir zwei Testhypothesen ($\mu_S > \mu_V$ und $\mu_V > \mu_A$) formuliert. Wir müssen nun festlegen, wann wir die statistische Vorhersage als gestützt betrachten wollen: Wenn mindestens eine Testhypothese signifikant wird (schwaches Kriterium nach Hager, 1987), oder nur wenn beide Unterschiede signifikant sind (strenges Kriterium). Nur im ersten Fall (schwaches Kriterium, entspricht einer „oder-Verknüpfung") kann der α-Fehler kumulieren und es sollte eine Adjustierung vorgenommen werden. Im zweiten Fall (strenges Kriteruim, entspricht einer „und-Verknüpfung" der beiden Vergleiche) ergeben sich nur Konsequenzen für den β-Fehler (d. h. es wäre ein entsprechend größerer Stichprobenumfang einzuplanen!), eine α-Adjustierung wäre nicht notwendig. Keine Adjustierung ist weiterhin erforderlich, wenn Tests vollständig voneinander abhängig sind (d. h. redundante Information erfassen) oder wenn sich verschiedene Vergleiche auf unterschiedliche Hypothesen beziehen.

4.3.4   Einzelvergleiche a priori oder a posteriori

Wie schon gesagt beziehen wir uns hauptsächlich auf die geplanten oder a priori Einzelvergleiche. Zum besseren Verständnis wollen wir aber noch kurz auf die Unterschiede von a priori und a posteriori Vergleichen eingehen (Tabelle 4.20).

Aus der Gegenüberstellung wird deutlich, dass a posteriori Tests deutliche Nachteile vor allem in Bezug auf die Teststärke aufweisen. Sie sollten deshalb nicht berechnet werden, um a priori aufgestellte Hypothesen zu prüfen.

4.3.5   Orthogonale und nichtorthogonale Einzelvergleiche

Berechnet man sämtliche paarweisen (oder auch andere) Vergleiche, so enthalten diese zum Teil überlappende, also redundante Information.

Vergleicht man z. B. Gruppe 1 mit Gruppe 2 und Gruppe 2 mit Gruppe 3, dann ist das Ergebnis des Vergleichs Gruppe 1 mit Gruppe 3 davon nicht mehr unabhängig, es lässt sich teilweise aus dem Ergebnis der beiden anderen Vergleiche vorhersagen. Man sagt, der dritte Vergleich ist nicht orthogonal zu den beiden anderen.

Tabelle 4.20: Gegenüberstellung von a priori und a posteriori Vergleichen

A priori Vergleiche	A posteriori Vergleiche
Können auch ohne vorherige Varianzanalyse durchgeführt werden	Werden als Anschlussverfahren zu einer Varianzanalyse berechnet
Prüfen vor der Untersuchung aufgestellte Hypothesen	Dienen der Generierung von Hypothesen
Wenige Vergleiche werden durchgeführt	Viele Vergleiche werden durchgeführt, in der Regel alle möglichen Paarvergleiche
Vergleiche können als Einzelvergleich oder als multipler Vergleich (unter Zusammenfassung mehrerer Einzelvergleiche) durchgeführt werden	Werden in der Regel als multipler Vergleich durchgeführt
α-Fehler-Korrektur je nach Situation nötig; geringere Korrektur, damit weniger Verlust an Teststärke	α-Fehler-Korrektur auf jeden Fall nötig; starke Korrektur, damit großer Verlust an Teststärke (konservativerer Test)

Grundsätzlich gibt es $K * (K-1)/2$ mögliche Paarvergleiche (bei $K = 4$ also 6), aber nur $K-1$ zueinander orthogonale Vergleiche (bei $K = 4$ also 3). Für eine bestimmte Anzahl an Faktorstufen gibt es jeweils unterschiedliche Möglichkeiten für einen vollständigen Satz wechselseitig orthogonaler Vergleiche. So folgen z. B. die Helmert-Kontraste (oder die „umgekehrten Helmert-Kontraste") einer bestimmten Vorschrift zur Konstruktion eines vollständigen Satzes orthogonaler Einzelvergleiche.

Durch einen vollständigen Satz orthogonaler Vergleiche wird also die gesamte in den Daten enthaltene Information ausgeschöpft und keine redundante Information analysiert. Problem dabei ist aber, dass die durchgeführten Vergleiche in aller Regel nicht den inhaltlichen Hypothesen entsprechen. Einen vollständigen Satz wechselseitig orthogonaler Vergleiche zu konstruieren macht eigentlich nur dann Sinn, wenn man dieses Verfahren z. B. anstelle einer Varianzanalyse durchführt. Zum Zwecke einer gezielten Hypothesenprüfung ist die Frage nach der Orthogonalität der durchgeführten Vergleiche ziemlich irrelevant (Hager, 1987). Die Anzahl an für die Hypothesenprüfung notwendigen Vergleichen kann sowohl größer als auch kleiner sein als die der orthogonalen Vergleiche. Dabei ist natürlich anzustreben, die Anzahl der tatsächlich durchgeführten Vergleiche möglichst niedrig zu halten, um eine unnötige α-Fehler-Kumulierung zu vermeiden (siehe Kapitel 4.3.3).

4.3.6   Varianzanalyse vs. Einzelvergleich

Geplante Einzelvergleiche können sowohl im Anschluss an eine Varianzanalyse als auch ohne vorherige Varianzanalyse durchgeführt werden. Für die Berechnung ist es allerdings hilfreich, die Informationen aus der Varianzanalysetafel vorliegen zu haben. Davon sind wir auch in diesem Kapitel bei der Darstellung der Formeln ausgegangen. In SPSS sind Einzelvergleiche nur als Zusatzoption zur Varianzanalyse verfügbar.

Varianzanalyse und Einzelvergleiche prüfen verschiedene Testhypothesen. Nur mit den Einzelvergleichen lassen sich gerichtete Hypothesen testen. Auf der Ebene der Haupteffekte sind Einzelvergleiche nur dann sinnvoll, wenn ein Faktor mehr als zwei Stufen aufweist oder wenn eine gerichtete Hypothese überprüft werden soll.

Die wichtigsten Unterschiede von Varianzanalyse und Einzelvergleichen sind in Tabelle 4.21 zusammengestellt.

Tabelle 4.21: Gegenüberstellung von Varianzanalyse und Einzelvergleich

Varianzanalyse	Einzelvergleich
Unspezifisch, global	Spezifisch
Analysiert die gesamte Information	Nur einTeil der Information wird jeweils analysiert
Testet meist nicht genau die zugrunde liegenden Hypothesen	Vergleiche können gezielt ausgewählt werden, um die Hypothesen zu testen
Test nur zweiseitig	Einseitiger Test möglich, dadurch Gewinn an Teststärke
Keine α-Adjustierung erforderlich	α-Adjustierung u. U. erforderlich, dadurch Verlust an Teststärke

4.3.7   Berechnung von Einzelvergleichen in SPSS

Grundsätzlich werden Einzelvergleiche in SPSS nur im Anschluss bzw. als Zusatzoption zu einer Varianzanalyse berechnet. In SPSS heißen die Verfahren für a priori Einzelvergleiche „Kontraste", die für a posteriori Vergleiche „post hoc".

Im Fall der *einfaktoriellen Varianzanalyse*, die über | Mittelwerte vergleichen → Einfaktorielle ANOVA | berechnet wird, lassen sich sehr schön die Kontrastkoeffizienten „per Hand" eingeben und damit gezielt bestimmte Vergleiche durchführen.

Bei den *mehrfaktoriellen Varianzanalysen* lassen sich über die Menüsteuerung jeweils nur bestimmte Gruppen an Vergleichen durchführen, für die dann gegebenenfalls eine α-Adjustierung vorgenommen werden kann. Wenn andere als die vorgesehenen Vergleiche durchgeführt werden sollen, muss dies über die Syntax geschehen. Auch Einzelvergleiche auf der Ebene der Zellen (Interaktionseinzelvergleiche, bedingte Einzelvergleiche) lassen sich nur über die Syntax berechnen.

Bei der Darstellung der Beispiele beziehen wir uns wiederum auf die Daten des Wortlistenbeispiels, für die wir auch schon die Berechnung der Varianzanalyse („per Hand" und mit SPSS) demonstriert haben.

Achtung: Die Stufen der UV werden bei den verschiedenen Prozeduren meist über eine Zahl (erste Stufe, zweite Stufe etc.) angesprochen. Je nachdem, ob die Variable als numerisch oder als String definiert ist, richtet sich diese Reihenfolge nach dem

Zahlenwert bzw. nach dem Alphabet! Also unbedingt überprüfen, ob mit der ersten Stufe auch die bezeichnet ist, die man gemeint hat!

4.3.7.1   *Einzelvergleiche in einfaktoriellen Versuchsplänen*

Die folgenden Ausführungen gelten, wenn eine einfaktorielle Varianzanalyse mit der Befehlsfolge Mittelwerte vergleichen → Einfaktorielle ANOVA berechnet wird. Wählt man zur Berechnung Allgemeines lineares Modell → Univariat , gelten die Ausführungen des Kapitels 4.3.7.2. Da es egal ist, welche Prozedur man verwendet, kann man auch die Prozedur nehmen, für die die Möglichkeiten der Kontrastbildung am ehesten der Fragestellung entsprechen.

Für das Wortlistenbeispiel (vgl. Tabelle 2.7) wollen wir prüfen, ob sich die Behaltensleistung von Substantiven von der Behaltensleistung von Verben unterscheidet (Vergleich 1) und ob sich die Behaltensleistung von Verben von der Behaltensleistung von Adjektiven unterscheidet (Vergleich 2; vgl. auch Box 22). Die drei Wortarten sind in der Reihenfolge Substantive, Verben, Adjektive mit den Werten 1, 2, 3 kodiert.

Unter Mittelwerte vergleichen → Einfaktorielle ANOVA werden zunächst die UV und AV definiert. Dann wählen wir die Schaltfläche Kontraste... .

Wir geben für den ersten Vergleich die Werte 1, –1, 0 ein (nach jeder Zahl auf Hinzufügen klicken und die Zahlen ohne Komma eingeben!). Danach auf die Schaltfläche Weiter klicken (und zwar die in der Mitte des Fensters, nicht die rechts!). Für den zweiten Vergleich geben wir genauso die Koeffizienten 0, 1, –1 ein. Die Reihenfolge der Koeffizienten bezieht sich dabei auf die Rangfolge der zur Kodierung verwendeten Zahlen. In der untersten Zeile wird jeweils die Summe der Koeffizienten angezeigt, die ja – wie oben beschrieben – stets Null sein sollte. Wenn alle interessierenden Kontraste eingegeben sind (wir könnten als drittes noch die Substantive mit den Adjektiven vergleichen; welche Koeffizienten werden dazu benötigt?), betätigen wir die Schaltfläche Weiter oben rechts und starten mit OK die Berechnung. (Mit Optionen sollten wir uns zusätzlich noch die Homogenität der Varianzen und evtl. die deskriptiven Kennwerte ausgeben lassen.)

```
Syntax zur Berechnung von Einzelvergleichen im einfaktoriellen Fall:
ONEWAY
 leist BY mat
 /CONTRAST= 1 -1 0  /CONTRAST= 0 1 -1  /CONTRAST= 1 0 -1
 /STATISTICS DESCRIPTIVES HOMOGENEITY
 /MISSING ANALYSIS .
```

Als Output erhalten wir – neben der Varianzanalysetafel – die Liste der Kontrastkoeffizienten, in der wir nochmal überprüfen können, ob die Koeffizienten richtig spezifiziert wurden. Außerdem wird die Nummer des Kontrasts zur richtigen Zuordnung der Ergebnisse der folgenden Tabelle benötigt. Die eigentlich relevante Information, nämlich die Einzelvergleiche, findet sich unter „Kontrast-Tests".

Die Ergebnistabelle (siehe Tabelle 4.22) ist zunächst in zwei Bereiche unterteilt: Die Ergebnisse unter der Annahme, dass die Varianzen gleich sind (obere Hälfte) und die Ergebnisse unter der Annahme, dass die Varianzen nicht gleich sind (letztere

Variante wird auch als Welch-Test bezeichnet: Für jede Gruppe wird der Standard-fehler getrennt berechnet und die Freiheitsgrade werden adjustiert). Um beurteilen zu können, welche Information zu verwenden ist, sollte deshalb die Homogenität der Varianzen zuvor geprüft werden (über Optionen Homogenität der Varianzen , siehe auch Kapitel 4.2.4.4). Im vorliegenden Fall kann die Annahme der Homoge-nität beibehalten werden, was sich auch darin zeigt, dass sich die Ergebnisse für gleiche und ungleiche Varianzen (bei „Signifikanz") kaum unterscheiden.

Wichtig ist noch zu beachten, dass die Signifikanzprüfung über diesen Weg im-mer zweiseitig erfolgt und dass keine α-Adjustierung vorgenommen wird. Wenn die **Information für den einseitigen Test** benötigt wird, kann der ausgegebene Wert der Überschreitungswahrscheinlichkeit halbiert werden, sofern die Richtung des Unter-schieds mit der erwarteten Richtung übereinstimmt. Wurden die Kontrastkoeffizien-ten so gewählt, dass die Gruppe mit dem laut Hypothese höheren Wert einen positi-ven, die mit dem niedrigeren Wert einen negativen Koeffizienten erhält, muss der t-Wert immer positiv sein, damit die Richtung des empirischen Unterschieds mit dem hypothetischen übereinstimmt. Soll eine α-**Adjustierung** vorgenommen werden, so ist die ermittelte Überschreitungswahrscheinlichkeit mit der Anzahl an Tests zu multiplizieren (Bonferroni-Korrektur). Hager (1987) schlägt vor, Tests, die voll-ständig von anderen abhängig sind, dabei nicht mitzuzählen (im Beispiel ergibt sich der dritte Vergleich aus den beiden anderen; diesen hatten wir auch nur der Vollstän-digkeit halber mit konstruiert, er entspricht nicht den Testhypothesen). Wir können deshalb auch die in der Tabelle aufgelisteten Überschreitungswahrscheinlichkeiten als Ergebnisse von einseitigen, Bonferroni-korrigierten Tests interpretieren (die Werte werden erst halbiert und dann wieder verdoppelt).

Tabelle 4.22: SPSS-Output für Einzelvergleiche in einem einfaktoriellen Design (Daten aus Tabelle 2.7; vgl. auch Box 22)

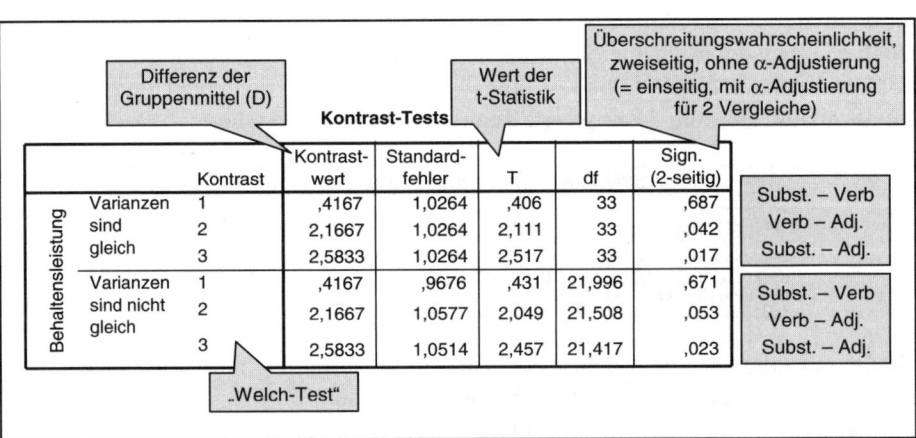

		Kontrast	Kontrast-wert	Standard-fehler	T	df	Sign. (2-seitig)	
Behaltensleistung	Varianzen sind gleich	1	,4167	1,0264	,406	33	,687	Subst. – Verb
		2	2,1667	1,0264	2,111	33	,042	Verb – Adj.
		3	2,5833	1,0264	2,517	33	,017	Subst. – Adj.
	Varianzen sind nicht gleich	1	,4167	,9676	,431	21,996	,671	Subst. – Verb
		2	2,1667	1,0577	2,049	21,508	,053	Verb – Adj.
		3	2,5833	1,0514	2,457	21,417	,023	Subst. – Adj.

Zu erwähnen bleibt noch, dass wir mehr oder weniger die gleiche Information erhalten, wenn wir statt der Schaltfläche Kontraste... über post hoc... gehen und dann LSD ankreuzen. Dieser „least squared difference" Test nimmt nämlich keine α-Adjustierung vor. Dabei werden automatisch alle möglichen Vergleiche durchgeführt, was in diesem

Fall zu sechs Zeilen führt (jeder Vergleich wird doppelt ausgeführt, weil z. B. Substantive mit Verben und Verben mit Substantiven verglichen werden). Über Bonferroni erhalten wir sogar die Werte nach α-Adjustierung, allerdings wird hier mit dem Faktor drei korrigiert (Anzahl der unterschiedlichen Vergleiche), wie dies – entgegen der Empfehlung von Hager (1987) – üblich ist.

4.3.7.2   Einzelvergleiche in mehrfaktoriellen Versuchsplänen

Im mehrfaktoriellen Fall (wenn keine Messwiederholung vorliegt), werden die Vergleiche über Allgemeines lineares Modell → Univariat... erzeugt. Wie in Kapitel 4.2.5.2 beschrieben, werden die UVn und die AV festgelegt. Wir beziehen uns wieder auf das Beispiel in Kapitel 4.2.5.2, dessen Daten in Tabelle 2.9 wiedergegeben sind.

   Wie im einfaktoriellen Fall stehen die Verfahren Kontraste und post hoc zur Verfügung, wobei ersteres für geplante Vergleiche, letzteres für die a posteriori Tests vorgesehen ist. Man kann aber in bestimmten Fällen auch die Verfahren, die SPSS unter post hoc zur Verfügung stellt, gut zur Berechnung geplanter Vergleiche benutzen. Außerdem kann man noch die Funktion Haupteffekte vergleichen unter Optionen dazu verwenden. Eine Übersicht über die Unterschiede in den verschiedenen Verfahren gibt Tabelle 4.25. Grundsätzlich lassen sich über die Menüsteuerung nur Kontraste auf der Ebene der Haupteffekte berechnen (also jeweils die Stufen eines Faktors miteinander vergleichen). Die anderen, in Kapitel 4.3.1 beschriebenen Arten von Einzelvergleichen (Vergleiche auf der Ebene der einfachen Haupteffekte, Interaktionseinzelvergleiche und Einzelvergleiche einzelner Zellen) lassen sich nur über die Syntax berechnen.

Geplante Vergleiche mit der Funktion Kontraste *(siehe Tabelle 4.23):*

Nachteil ist hier, dass immer nur bestimmte Kombinationen an Kontrasten berechnet werden. Deshalb sind die hier verfügbaren Tests auch nur in bestimmten Fällen dazu geeignet, die vorliegenden Hypothesen zu prüfen. Weder ist es möglich, nur einen einzelnen Vergleich zu berechnen, noch können z. B. alle paarweisen Vergleiche berechnet werden. Der Signifikanztest erfolgt immer zweiseitig. Auch eine α-Adjustierung ist nicht möglich. Im Beispiel macht die Berechnung von Kontrasten natürlich nur für die UV B: „Material" einen Sinn, weil nur sie mehr als zwei Stufen aufweist. Als unterschiedliche Sets von Kontrasten stehen die Folgenden zur Verfügung; davon sind nur die Sets „Einfach" und „Wiederholt" Paarvergleiche:
   Abweichung: Vergleicht für jede Stufe außer einer den Effekt mit dem Gesamteffekt. Als wegzulassende Stufe ist entweder die erste oder die letzte Stufe unter Referenzkategorie auszuwählen. Inhaltlich wird die Frage beantwortet, ob eine bestimmte Bedingung sich vom Durchschnitt aller Bedingungen unterscheidet.
   Einfach: Jede Kategorie (außer einer) wird mit einer Referenzkategorie verglichen. Diese ist unter Referenzkategorie auszuwählen, wobei diese Referenzkategorie nur die erste oder letzte Stufe sein kann (Daten evtl. umkodieren). *Diese Kontraste sind nützlich, um jede Behandlungsgruppe mit einer Kontrollgruppe zu verglei-*

chen. Dabei ist bei der Gruppenkodierung darauf zu achten, dass der Kontrollgruppe entweder die kleinste oder die größte Zahl zugeordnet wird.

Differenz: Für jede Stufe (außer der ersten) wird der Effekt mit dem mittleren Effekt der vorherigen Stufen verglichen. Diese Kontraste werden auch als umgekehrte Helmert-Kontraste bezeichnet. Zu dieser Art der Kontraste lässt sich schwer ein passendes inhaltliches Beispiel finden. Eine Anwendung ergibt sich, wenn man *den mittleren Effekt verschiedener Behandlungsgruppen mit dem Effekt einer KG vergleichen* möchte. Die KG muss dazu als letzte Stufe der UV kodiert sein. Für diese Information benötigt man dann allerdings nur den letzten der ausgegebenen Vergleiche.

Helmert: Für jede Stufe (außer der letzten) wird der Effekt mit dem mittleren Effekt der nachfolgenden Stufen verglichen. Zu dieser Art der Kontraste lässt sich schwer ein passendes inhaltliches Beispiel finden. Eine Anwendung ergibt sich, wenn man *den mittleren Effekt verschiedener Behandlungsgruppen mit dem Effekt einer KG vergleichen* möchte. Die KG muss dazu als erste Stufe der UV kodiert sein. Für diese Information benötigt man dann allerdings nur den ersten der ausgegebenen Vergleiche.

Wiederholt: Ein Vergleich aller benachbarten Stufen. *Diese Kontraste sind nützlich, wenn die Stufen der UV in einer Rangreihe angeordnet sind* und man annimmt, dass sich diese Anordnung auch auf die AV auswirkt. Dieser Vergleich testet genau die Testhypothesen unseres Wortlistenbeispiels, da hier die Leistung für Substantive gegen die der Verben und die der Verben gegen die der Adjektive getestet wird.

Polynomial: Der erste Vergleich testet den linearen Trend in den Daten, der zweite den quadratischen usw. (Analyse von Trends werden in diesem Buch nicht behandelt.)

Geplante Vergleiche mit der Funktion post hoc :

Auch wenn diese Funktion eigentlich für a posteriori-Tests vorgesehen ist, lässt sie sich auch für geplante Vergleiche sinnvoll nutzen. Es werden jeweils *alle* möglichen Paarvergleiche berechnet; aber es ist ja möglich, sich nur eine Auswahl davon anzusehen. Vorteil gegenüber der Berechnung über Kontraste ist auch, dass eine α-Adjustierung vorgenommen werden kann (über die Einstellung Bonferroni).

Diese bezieht sich dann allerdings auf alle berechneten Vergleiche und nicht nur auf die, für die man sich interessiert. Es findet also in der Regel eine zu starke Korrektur statt. Soll keine α-Adjusterung vorgenommen werden, ist LSD zu wählen. Im Allgemeinen ist es deshalb sinnvoll, die Berechnungen ohne α-Adjustierung vorzunehmen (also über LSD) und dann selbst für die Anzahl an Vergleichen, die betrachtet werden, zu korrigieren.

Die vielen anderen Verfahren, die zur Berechnung der post hoc-Tests zur Verfügung stehen, sind a posteriori-Tests im klassischen Sinne und immer dann sinnvoll, wenn tatsächlich alle möglichen Paarvergleiche ausgewertet werden. Sie unterscheiden sich in der Art der α-Adjustierung und damit auch in der Power. Diehl und Arbinger (1992, S. 221) empfehlen den **Tukey-Test** als besten Kompromiss von α- und β-Fehler Kontrolle für den Fall, dass die Varianzen gleich sind.

Tabelle 4.23: SPSS-Output für Einzelvergleiche in einem mehrfaktoriellen Design (Berechnung über die Option Kontraste: „Wiederholt"; vgl. auch Box 23)

Benutzerdefinierte Hypothesentests

Kontrastergebnisse (K-Matrix)

Art der Wortliste wiederholter Kontrast			Abhängige Variable Behaltensleistung	
Stufe 1 gegen Stufe 2	Kontrastschätzer		,000	**Differenz der Gruppenmittel (D): Substant. – Verben**
	Hypothesenwert		0	
	Diff. (Schätzung - Hyp.)		,000	**Überschreitungswahrscheinlichkeit Vergleich 1 (zweiseitig)**
	Standardfehler		,782	
	Signifikanz		1,000	
	95% Konfidenzintervall für die Differenz	Untergrenze	-1,561	
		Obergrenze	1,561	
Stufe 2 gegen Stufe 3	Kontrastschätzer		1,458	**Differenz der Gruppenmittel (D): Verben – Adjektive**
	Hypothesenwert		0	
	Diff. (Schätzung - Hyp.)		1,458	
	Standardfehler		,782	**Überschreitungswahrscheinlichkeit Vergleich 2 (zweiseitig)**
	Signifikanz		,067	
	95% Konfidenzintervall für die Differenz	Untergrenze	-,103	
		Obergrenze	3,019	

Testergebnisse

Abhängige Variable: Behaltensleistung

Quelle	Quadratsumme	df	Mittel der Quadrate	F	Signifikanz
Kontrast	34,028	2	17,014	2,319	,106
Fehler	484,167	66	7,336		

Die Information für beide Vergleiche zusammengenommen entspricht der Varianzanalysetafel (Faktor B)

Erläuterung: Unter **„Kontrastergebnisse"** finden wir die Ergebnisse der beiden Einzelvergleiche. Die wesentliche Information ist einmal die Differenz zwischen den beiden Gruppenmitteln (D) sowie die Überschreitungswahrscheinlichkeit p („Signifikanz"). Der erste Vergleich ist klar nichtsignifikant (p = 1,000), was nicht weiter verwundert, da die beiden Mittelwerte identisch sind. Für den zweiten Vergleich wird eine Überschreitungswahrscheinlichkeit von p = 0,067 ausgegeben. Hierbei handelt es sich allerdings um die Überschreitungswahrscheinlichkeit für den zweiseitigen Hypothesentest. Testen wir eine gerichtete Hypothese, können wir diesen Wert also halbieren (p = 0,067 / 2 = 0,034), womit er kleiner wäre als das α von 5 %. Das Ergebnis ist also bei α = 5 % signifikant (bei einseitigem Test).

Unter **„Testergebnisse"** finden wir die Information für beide Kontraste zusammengenommen. Da es sich hier um einen vollständigen Satz zueinander orthogonaler Vergleiche handelt, entspricht die Summe beider Kontraste dem Haupteffekt für diesen Faktor (vgl. Tabelle 4.15, Faktor „material").

Es muss nochmal betont werden, dass bei den über die Funktion Kontraste durchgeführten Vergleichen keine α-Adjustierung vorgenommen wird und diese deshalb gegebenenfalls selbst berechnet werden muss! Außerdem ist der Signifikanztest zweiseitig!

In Tabelle 4.24 sind die Ergebnisse dieser Vergleiche dargestellt. Nur zu Demonstrationszwecken wurden drei unterschiedliche Verfahren (LSD, Bonferroni und Tukey) ausgewählt. Ansonsten ist es natürlich sinnvoll, sich vor der Berechnung zu überlegen, ob und welche Art der α-Adjustierung angemessen ist. Neben der Information zu der mittleren Differenz je zweier Mittelwerte finden wir die Information über den verwendeten Standardfehler (der für alle Vergleiche gleich ist, da diese Verfahren Varianzhomogenität voraussetzen). Das 95 % Konfidenzintervall bezieht sich auf die Mittelwertsdifferenz: Liegt der Wert Null innerhalb dieses Intervalls, ist der Vergleich auf dem 5 % Niveau nichtsignifikant.

Tabelle 4.24: Mit SPSS berechnete post hoc Tests, die auch zur Beurteilung geplanter Vergleiche verwendet werden können. Nur zu Demonstrationszwecken wurden drei Verfahren der α-Adjustierung verwendet

Post-Hoc-Tests

Art der Wortliste

			Mittlere Differenz (I-J)	Standardfehler	Signifikanz	95% Konfidenzintervall	
	(I) Art der Wortliste	(J) Art der Wortliste				Untergrenze	Obergrenze
Tukey-HSD	Substantiv	Verb	,0000	,7819	1,000	-1,8747	1,8747
		Adjektiv	1,4583	,7819	,157	-,4164	3,3330
	Verb	Substantiv	,0000	,7819	1,000	-1,8747	1,8747
		Adjektiv	1,4583	,7819	,157	-,4164	3,3330
	Adjektiv	Substantiv	-1,4583	,7819	,157	-3,3330	,4164
		Verb	-1,4583	,7819	,157	-3,3330	,4164
LSD	Substantiv	Verb	,0000	,7819	1,000	-1,5611	1,5611
		Adjektiv	1,4583	,7819	,067	-,1027	3,0194
	Verb	Substantiv	,0000	,7819	1,000	-1,5611	1,5611
		Adjektiv	1,4583	,7819	,067	-,1027	3,0194
	Adjektiv	Substantiv	-1,4583	,7819	,067	-3,0194	,1027
		Verb	-1,4583	,7819	,067	-3,0194	,1027
Bonferroni	Substantiv	Verb	,0000	,7819	1,000	-1,9207	1,9207
		Adjektiv	1,4583	,7819	,200	-,4624	3,3790
	Verb	Substantiv	,0000	,7819	1,000	-1,9207	1,9207
		Adjektiv	1,4583	,7819	,200	-,4624	3,3790
	Adjektiv	Substantiv	-1,4583	,7819	,200	-3,3790	,4624
		Verb	-1,4583	,7819	,200	-3,3790	,4624

Berechnung mittels dreier verschiedener Verfahren (nur zu Demonstrationszwecken)

Überschreitungswahrscheinlichkeit p

Konfidenzintervall für die Differenz zwischen den Gruppenmitteln

Mehrfachvergleiche

Abhängige Variable: Behaltensleistung

Basiert auf beobachteten Mittelwerten.

Geplante Vergleiche über Optionen , Haupteffekte vergleichen :

Eine weitere – und in vielen Fällen die sinnvollste – Möglichkeit, Einzelvergleiche zu berechnen, ist in SPSS ziemlich versteckt. Klickt man auf das Feld Optionen , markiert dann den zu untersuchenden Effekt in der Liste oben links, (im Beispiel die

UV „Material") und klickt auf den kleinen Pfeil neben der Liste, wird der Effekt in eine neue Liste („Mittelwerte anzeigen für") kopiert. Aktiviert man dann noch das Kästchen unter [Haupteffekte vergleichen], erhält man ebenfalls alle paarweisen Vergleiche für jeden ausgewählten Faktor. Eine α-Adjustierung kann ebenfalls noch ausgewählt werden („Anpassung des Konfidenzintervalls"). Die Ergebnistabelle entspricht der der post hoc-Tests.

Die „**geschätzten Randmittel**" bedeuten Folgendes: Sie unterscheiden sich nur im Falle ungleicher Zellbesetzung von den Informationen über Zeilen- oder Spaltenmittel, die man mit „Deskriptive Statistik" erhält.

In diesem Fall werden diese Mittelwerte für die ungleichen Zellenbesetzungen angepasst (ungewichtete Zeilen- und Spaltenmittel; siehe auch Kapitel 4.2.1.4).

Im Falle ungleicher Stichprobengrößen kommt man mit den Verfahren „Kontraste" und „Mittelwerte vergleichen" zu anderen Ergebnissen als mit den „post hoc"-Tests, da die ersten beiden eine „Hochrechnung" für die ungleichen Zellbesetzungen vornehmen (ungewichtete Zeilen- und Spaltenmittel, in SPSS **geschätzte Randmittel** genannt). Diese Anpassung ist immer dann sinnvoll, wenn die ungleichen Zellbesetzungen zufällig entstanden sind und keine systematischen Effekte in der Population widerspiegeln (siehe Kapitel 4.2.1.4). Grundsätzlich lassen sich geplante Vergleiche auch leicht „per Hand" berechnen, wenn man mit SPSS eine Varianzanalyse berechnet und dieser dann die Fehlervarianz entnimmt (vgl. Kapitel 4.3.1 und 4.3.2)

Tabelle 4.25: Übersicht über die Verfahren zur Berechnung geplanter Vergleiche in SPSS für mehrfaktorielle Versuchspläne (Berechnung über Menüsteuerung)

Prozedur / Eigenschaft	Kontraste	post hoc	Haupteffekte vergleichen
Welche Vergleiche werden berechnet	Bestimmte Sets an orthogonalen Vergleichen, z. B. jede Gruppe gegen Kontrollgruppe; alle benachbarten Gruppen	Alle paarweisen Vergleiche	Alle paarweisen Vergleiche
α-Adjustierung	Keine	Verschiedene zur Auswahl, u. a. Bonferroni	Auswahl zwischen keine (LSD), Bonferroni und Sidak
Einseitig/zweiseitig	Nur zweiseitig	Nur zweiseitig	Nur zweiseitig
Behandlung ungleicher Stichprobenumfänge	Gesamtmittel werden aus den ungewichteten Zeilen- und Spaltenmitteln berechnet	Gesamtmittel werden aus den gewichteten Zeilen- und Spaltenmitteln berechnet	Gesamtmittel werden aus den ungewichteten Zeilen- und Spaltenmitteln berechnet

4.3.7.3   Berechnung über Syntax

Alle Einzelvergleiche, die sich nicht durch die vorher beschriebenen Methoden realisieren lassen, also vor allem solche, die durch Kombination verschiedener Stufen gebildet werden oder sich auf einzelne Zellen beziehen, können nur über die Syntax berechnet werden.

Dazu gibt man mittels des Befehls LMATRIX die entsprechenden Kontrastkoeffizienten ein, und zwar jeweils für alle Effekte, d. h. alle Haupteffekte und die Interaktion(en). Sind für einen Effekt alle Koeffizienten Null, kann man die Angabe auch weglassen.

Für weitere Einzelvergleiche kann der Befehlt LMATRIX wiederholt werden. Um mehrere Vergleiche zu einem multiplen Vergleich zusammenzufassen, werden die Vergleiche innerhalb eines LMATRIX-Befehls durch Semikolon voneinander getrennt. Weitere Informationen zu der Syntax dieses Befehls finden sich im SPSS-Handbuch „Advanced Models" (SPSS Inc, 1999a) sowie – sofern installiert – in der SPSS Hilfe unter „Syntax Guide" $\rightarrow$ Advanced Models und dann unter UNIANOVA und LMATRIX Subcommand.

Auf jeden Fall empfiehlt es sich dringend, sich die generierten Koeffizienten durch den Befehl /PRINT=Test (LMATRIX) ausgeben zu lassen und zu kontrollieren, ob alles richtig umgesetzt wurde.

Beispiele: Wir gehen wieder von unserem 2 x 3-faktoriellen Versuchsplan aus Tabelle 2.9 aus. Faktor A (Präsentation: akustisch/optisch) mit zwei Stufen, Faktor B (Material: Substantive/Verben/Adjektive) mit drei Stufen.

Vergleich auf der Ebene der Haupteffekte: Zunächst wollen wir vergleichen, ob Substantive und Verben zusammengenommen zu einer besseren Behaltensleistung führen als Adjektive. (Diesen Vergleich könnten wir auch über „Kontraste: Differenz" generieren.)

Wir benötigen zunächst die Kontrastkoeffizienten für die Haupteffekte (= Zeilen und Spalten) sowie die Interaktion (= Zellen). Dabei addieren sich die Werte der Zellen einer Zeile bzw. Spalte immer zum Koeffizienten für diesen Haupteffekt (siehe Tabelle 4.26).

Im Beispiel würden wir damit beginnen, die Koeffizienten für den Haupteffekt Material zu suchen. Da sich positive und negative Koeffizienten jeweils zu 1/–1 addieren sollen, vergeben wir 0,5 für B1, 0,5 für B2 und –1 für B3. Innerhalb einer Spalte werden die Koeffizienten jeweils „gleichmäßig" aufgeteilt, so dass für die Zellen von B1 und B2 jeweils 0,25 und für die von B3 –0,5 resultieren. Als letztes berechnen wir die Koeffizienten für Faktor A als Summe der jeweiligen Zeile (in diesem Fall alle Null). Zur Kontrolle sehen wir, dass die Zeilen- und Spaltenwerte sich jeweils zu Null addieren.

Nachdem wir die korrekten Koeffizienten ermittelt haben, können wir den Befehl LMATRIX nun wie folgt schreiben (die komplette Syntax für alle Vergleiche gleichzeitig wird weiter unten angegeben):

| /LMATRIX = „Substantive+Verben gegen Adjektive"
   material 1/2 1/2 -1
   praes * material 1/4 1/4 -1/2
                      1/4 1/4 -1/2 | hier kann eine beliebige Bezeichnung angegeben werden!
Die Angabe für den Faktor „praes" kann entfallen, da alle Koeffizienten Null sind. |

Tabelle 4.26: Kontrastkoeffizienten für den Vergleich von Substantiven + Verben gegen Adjektive $(B_1+B_2)/2 - B_3$ (Vergleich auf der Ebene des Haupteffekts B)

Faktor A: Präsentation	Faktor B: Material			Koeffizienten für Präsentation
	B_1: Substantive	B_2: Verben	B_3: Adjektive	
A_1: akustisch	0,25	0,25	−0,5	0
A_2: optisch	0,25	0,25	−0,5	0
Koeffizienten für Material	0,5	0,5	−1	

Vergleich auf der Ebene der Interaktion: Wir wollen als nächstes vergleichen, ob der Unterschied in der Behaltensleistung von Substantiven und Adjektiven bei der akustischen Präsentation größer ist als bei der optischen (Interaktionshypothese).

Diese Hypothese lässt sich formal folgendermaßen darstellen:

$(A_1B_1 - A_1B_3) > (A_2B_1 - A_2B_3)$ bzw. $(A_1B_1 - A_1B_3) - (A_2B_1 - A_2B_3) > 0$

Durch Auflösen der Klammern und Explizieren der Kontrastkoeffizienten erhalten wir: $(+1)*A_1B_1 + (-1)*A_1B_3 + (-1)*A_2B_1 + (+1)*A_2B_3 > 0$

Diese Koeffizienten tragen wir wiederum in eine Tabelle ein (Tabelle 4.27), wobei wir diesmal bei den sechs inneren Zellen beginnen und die Werte für Spalten und Zeilen (alle Null) ergänzen.

Entsprechend lautet nun die Syntax des LMATRIX-Befehls:

/LMATRIX = „Interaktion"
     praes * material   1 0 -1
                         -1 0 1
	beliebige Bezeichnung
	 Die Angaben für die Haupteffekte können
	 entfallen, da alle Koeffizienten Null sind.

Tabelle 4.27: Kontrastkoeffizienten für einen Interaktionseinzelvergleich $(A_1B_1 - A_1B_3$ gegen $A_2B_1 - A_2B_3)$

Faktor A: Präsentation	Faktor B: Material			Koeffizienten für Präsentation
	B_1: Substantive	B_2: Verben	B_3: Adjektive	
A_1: akustisch	1	0	−1	0
A_2: optisch	−1	0	1	0
Koeffizienten für Material	0	0	0	

Vergleich auf der Ebene einzelner Zellen: Hier können beliebige zwei (oder mehr) Zellen miteinander verglichen werden. Auch die Vergleiche auf der Ebene der einfachen Haupteffekte lassen sich nach demselben Muster generieren (hierbei liegen dann die verglichenen Zellen in einer Zeile oder Spalte).

In unserem Beispiel gibt es keine besonders sinnvolle, a priori aufzustellende Hypothese auf der Ebene der einzelnen Zellen. Zu Demonstrationszwecken wollen wir vergleichen, ob Substantive, die akustisch präsentiert werden (A_1B_1), besser behalten werden als Adjektive, die optisch präsentiert werden (A_2B_3). Zur Prüfung dieser Hypothese tragen wir also nun diese beiden Koeffizienten in die Matrix ein und ergänzen wieder die Zeilen- und Spaltenwerte (Tabelle 4.28).

Tabelle 4.28: Kontrastkoeffizienten für einen Zelleinzelvergleich (A_1B_1 gegen A_2B_3)

Faktor A: Präsentation	Faktor B: Material			Koeffizienten für Präsentation
	B_1: Substantive	B_2: Verben	B_3: Adjektive	
A_1: akustisch	1	0	0	1
A_2: optisch	0	0	–1	–1
Koeffizienten für Material	1	0	–1	

Entsprechend lautet nun die Syntax des LMATRIX-Befehls:

```
/LMATRIX = „Zelle A1B1 gegen A2B3"          beliebige Bezeichnung
           material 1 0 -1                  die Koeffizienten aller Effekte müssen
           praes 1 -1                       angegeben werden.
           praes * material    1 0 -1
                              -1 0 1
```

Insgesamt können in SPSS Einzelvergleiche immer nur als „Zusatz" zu einer Varianzanalyse berechnet werden. Der gerade dargestellte Befehl „LMATRIX" ist deshalb immer ein Unterbefehl zu UNIANOVA oder GLM.

Eine vollständige Syntax zur Berechnung aller drei oben vorgestellten Einzelvergleiche ist auf der nächsten Seite aufgelistet:
Diese Syntax erzeugt einen umfangreichen Output, der mit den schon bekannten Varianzanalysetafeln beginnt. Die folgenden vier Tafeln mit Kontrastkoeffizienten kann man ignorieren und sich den „Benutzerdefinierten Hypothesentests" zuwenden, die – entsprechend den drei LMATRIX-Befehlen – von 1 bis 3 nummeriert sind.
Es erscheint zunächst immer die Matrix der Kontrastkoeffizienten, die genauestens geprüft werden sollte und für das Beispiel mit den Tabellen 4.26 bis 4.28 übereinstimmen muss.

Das eigentliche Ergebnis jedes Vergleiches findet sich unter „Kontrastergebnisse (K-Matrix)": Der Output sieht genauso aus wie der für die mit der Option „Kontraste" berechneten Vergleiche (siehe Tabelle 4.23). Unter „Testergebnisse" wird die Information nochmal zusammengefasst; informativ ist diese Tafel vor allem, wenn mehrere Vergleiche zu einem multiplen Vergleich zusammengefasst werden. Dies geschieht dadurch, dass man mehrere Vergleiche innerhalb eines LMATRIX-Befehls durch Semikolon voneinander trennt (was in unserem Beispiel nicht vorkommt).

Syntax zur Berechnung dreier verschiedener Einzelvergleiche	Erläuterung
UNIANOVA	
leistung BY praes material	AV und die beiden UVn
/LMATRIX = „Substantive+Verben gegen Adjektive"	Erster Einzelvergleich
material 1/2 1/2 –1	
praes * material 1/4 1/4 -1/2	
1/4 1/4 -1/2	
/LMATRIX = „Interaktion"	Zweiter Einzelvergleich
praes * material 1 0 –1	
-1 0 1	
/LMATRIX = „Zelle A1B1 gegen A2B3"	Dritter Einzelvergleich
material 1 0 –1	
praes 1 –1	
praes * material 1 0 0	
0 0 -1	
/PRINT = TEST(LMATRIX)	Print-Befehl zur Kontrolle der Koeffizienten
/DESIGN = praes material praes*material .	Spezifikation des Designs: alle Haupteffekte und die Interaktion

4.3.7.4   *Einzelvergleiche bei Messwiederholung*

Die Funktionen „Kontraste" und „Mittelwerte vergleichen" lassen sich auch für messwiederholte Faktoren einsetzen. Die „post hoc-Vergleiche" können nur für die Zwischen-Subjekt-Faktoren (nichtmesswiederholte Faktoren) berechnet werden. Die beiden erstgenannten Verfahren erlauben wiederum nur Vergleiche auf der Ebene der Haupteffekte.

4.3.8   Voraussetzungen der Einzelvergleiche

Die Einzelvergleiche sind an die gleichen Voraussetzungen gebunden wie die entsprechende Varianzanalyse (siehe Kapitel 4.2.4). Besonders beachten sollte man dabei die Voraussetzung der Varianzhomogenität: Liegt diese nicht vor, fehlt quasi die „Grundlage" für die Logik der Einzelvergleiche: nämlich die Fehlervarianzschätzung beruhend auf allen Daten (statt nur der untersuchten Messwerte). In diesem Fall sollte man einen „konventionellen" t-Test berechnen bzw., wenn sich auch die Varianzen der beiden verglichenen Gruppen unterscheiden, den Welch-Test, der keine Homogenität der beiden Varianzen zugrunde legt.

5   Varianten des Experiments

Bei der bisherigen Darstellung der experimentellen (und quasiexperimentellen) Hypothesenprüfung lag der Schwerpunkt der Ausführungen auf der validen und präzisen Versuchsplanung, -durchführung und -auswertung. In diesem Kontext sind wir immer wieder auch auf Varianten des klassischen Laborexperiments zu sprechen gekommen (vgl. z. B. Kapitel 1.3.4), ohne eine umfassende und vergleichende Übersicht zu geben. Diese Lücke soll im folgenden Kapitel geschlossen werden. Dazu erörtern wir zunächst eine auf Hager (1987, S. 73) zurückgehende Systematik, um darauf aufbauend die einzelnen Varianten – jeweils anhand eines Beispiels – zu besprechen.

5.1   Systematik

Diese Systematik fußt auf den beiden Merkmalen eines Experiments (vgl. Kapitel 1.3.2), nämlich

a) der Variation der UV durch den Vl und der damit verbundenen Beobachtung der AV zum Zweck der Erfassung des Effekts der UV und
b) der Kontrolle der Störvariablen, um eine hohe interne Validität und damit eine eindeutige Kausalinterpretation zu erreichen.

Entsprechend wird zunächst danach gefragt, ob in einer Untersuchung zwischen einer UV und einer AV unterschieden wird (vgl. Abbildung 5.1). Hierbei handelt es sich um das wesentlichste Kriterium zur Unterscheidung zwischen experimenteller und nichtexperimenteller Forschung (vgl. Kapitel 1.3.3). Besteht das Ziel einer Untersuchung in der Beschreibung eines Sachverhalts oder mehrerer Sachverhalte, so ist diese Unterscheidung nicht notwendig. Möchte man dagegen menschliches Erleben und Verhalten erklären, so wird man diese Unterscheidung treffen.

Zur weiteren Spezifizierung der experimentellen Varianten wird die Frage danach gestellt, ob in der Untersuchung die UV der AV im Sinne einer Ursache-Wirkung-Relation vorausgeht. Bei der **Ex-post-facto-Studie** ist dieser Sachverhalt nicht gegeben, weshalb diese Sonderform der experimentellen Forschung in Abbildung 5.1 in räumlicher Nähe zur nichtexperimentellen Forschung angesiedelt ist.

Im dritten Schritt fragt Hager danach, ob eine randomisierte Zuweisung der Pbn zu den experimentellen Bedingungen vorgenommen wird. Hierbei handelt es sich im breiteren Verständnis um die Frage nach der Kontrolle der Störvariablen, im engeren Sinn aber um die Kontrolle der Vpn-Merkmale, die – wie in Kapitel 3.3.2.2 beschrieben – bei hinreichend großer Stichprobe nur durch Randomisierung gewährleistet werden kann. Bei gegebener Randomisierung spricht Hager einer Untersuchung experimentellen Charakter zu, bei fehlender Randomisierung liegt ein Quasiexperiment vor. Natürlich wird dabei vorausgesetzt, dass sowohl im Experiment als auch im Quasiexperiment die anderen Störvariablen (Situationsmerkmale, Versuchsleitermerkmale) ebenfalls kontrolliert werden. Fehlt diese bestmögliche Kontrolle, so leidet in beiden Fällen die interne Validität.

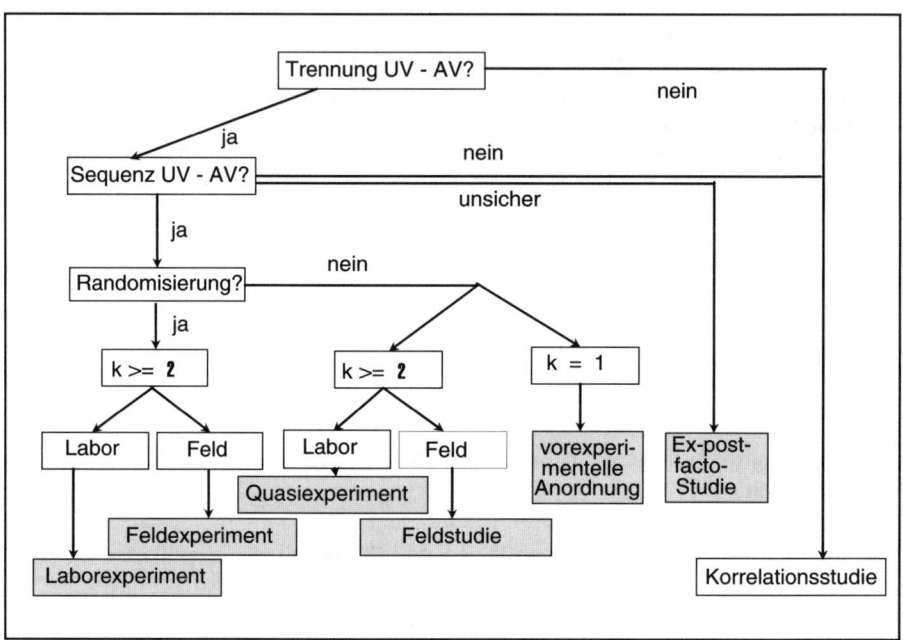

Abbildung 5.1: Das Experiment in der Psychologie und seine Varianten (leicht modifiziert nach Hager, 1987, S. 73). Die Korrelationsstudie als nichtexperimentelles Verfahren ist zur Abgrenzung mit aufgenommen, stellt also keine Variante des Experiments dar.

Der vierte Differenzierungsschritt bezieht sich auf die Umgebung, in welcher die Untersuchung durchgeführt wird. Findet sie im Labor statt, so nennt man ein **Experiment** auch **Laborexperiment**, wird sie dagegen in der natürlichen Umgebung durchgeführt, so verwendet man die Bezeichnung **Feldexperiment**. Im quasiexperimentellen Fall bleibt es im Labor beim Begriff **Quasiexperiment**, in der Alltagsumgebung werden **Feldstudien** durchgeführt.

Um einen Sonderfall handelt es sich bei der **vorexperimentellen Anordnung**, gelegentlich auch als Voruntersuchung, Vorversuch oder Vorstudie bezeichnet. Aus Abbildung 5.1 ist zu entnehmen, dass in diesem Fall das erste Merkmal des Experiments, die systematische Variation, fehlt. Die UV hat, entgegen der Definition, nur eine Stufe (k = 1). Der Begriff Vorexperiment, der manchmal zu lesen ist, führt deshalb in die Irre.

5.2   Laborexperiment

Hauptkennzeichen des klassischen Experiments ist – neben der Variation einer UV durch den Vl – die randomisierte Zuweisung der Vpn zu den Versuchsbedingungen im Rahmen der bestmöglichen Kontrolle der Störvariablen. Wie in Kapitel 2.3.2 beschrieben, ist der einfaktorielle Plan VPL1R experimentell, da die randomisierte Zuweisung der Vpn zu den Versuchsbedingungen realisiert ist. Gleiches gilt für den entsprechenden mehrfaktoriellen Plan VPL2RR.

Greifen wir zur Illustration die Untersuchung zur massierten und verteilten Übung auf (vgl. Box 12). Um feststellen zu können, mit welcher Lernmethode die bessere Prüfungsleistung zu erzielen ist, lernt Gruppe 1 an fünf aufeinander folgenden Tagen jeweils acht Stunden (Stufe 1: massiert; 5 x 8 Stunden), Gruppe 2 lernt zehn Tage jeweils für vier Stunden mit je einem Tag Pause dazwischen (Stufe 2: verteilt; 10 x 4 Stunden). Zwei siebte Klassen einer Realschule stellen sich für die Untersuchung zur Verfügung. Die insgesamt 60 Schüler werden per Zufall einer der beiden Bedingungen zugeteilt, zur Universität eingeladen und einzeln im Labor untersucht. Der Vl portioniert vorab den Lernstoff in Blöcke, so dass nach jeweils vier Stunden der nächste Block zu bearbeiten ist und am Ende der Prüfungsvorbereitung der Stoff von allen Pbn einmal durchgearbeitet und einmal wiederholt wurde. Danach findet im Einzeltest eine Abschlussprüfung zur Erhebung der AV (Punktzahl, ermittelt aus der Anzahl korrekter Antworten) statt. Es wird sorgfältig darauf geachtet, dass die Schüler sowohl beim Lernen als auch bei der Abschlussprüfung unter streng vergleichbaren Bedingungen arbeiten, von den unterschiedlichen experimentellen Bedingungen einmal abgesehen.

Es wird ein Leistungsvorteil der Schüler mit verteilter Übung erwartet:

$H_0: \mu_1 \geq \mu_2$ und
$H_1: \mu_1 < \mu_2$.

Die signifikanten und bedeutsamen Leistungsvorteile ($p = 0{,}023$; $Eta^2 = 0{,}35$) zugunsten der Schüler, die nach der Methode der verteilten Übung lernten, weisen die H_1 statistisch nach (bei einem α-Niveau von 5 %). Sie sind aus Abbildung 5.2 zu entnehmen. Eine Effektgröße von mindestens 30 % Varianzaufklärung wird vorab für die Beurteilung der EIH festgesetzt.

Interne Validität vorausgesetzt (auch die Situations- und Versuchsleitermerkmale sind kontrolliert), sind die Ergebnisse

a)   kausal interpretierbar, d. h. die verteilte Übung ist für die höhere Punktzahl verantwortlich.

b)   Die EIH kann als bewährt gelten, da nicht nur die H_1 statistisch nachgewiesen wurde ($p = 0{,}023$), sondern auch die vorab festgelegte Effektgröße von 30 % Varianzaufklärung erreicht und übertroffen wurde ($Eta^2 = 0{,}35$).

c)   Der durch die Untersuchung festgelegte Geltungsbereich der TIH bezieht sich vorläufig auf Realschüler der siebten Klassen, die unter streng kontrollierten Laborbedingungen und unter Anleitung des Vl lernten und geprüft wurden sowie auf den spezifischen Lernstoff und die Prüfungsart. Dabei erfolgt die

Festlegung des Geltungsbereichs nach den Aspekten der externen Validität (Variablen-, Situations- und Populationsvalidität; vgl. Kapitel 3.9).

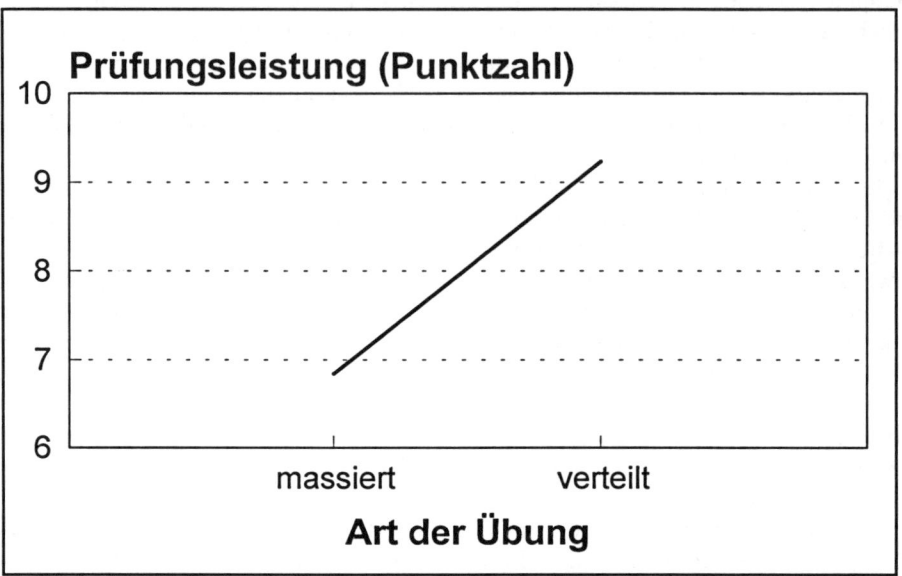

Abbildung 5.2: Leistungsvorteil in der Prüfung für die Schüler, die sich nach der Methode der verteilten Übung vorbereitet haben.

5.3 Feldexperiment

Wenn wir bei diesem Beispiel bleiben, ist der Unterschied zwischen Labor- und Feldexperiment unmittelbar deutlich zu machen. Die Untersuchung wird in der oben beschriebenen Weise – mit einem Unterschied – durchgeführt. Dieser Unterschied besteht darin, dass die Schüler nicht im Labor der Universität, sondern zu Hause und damit in ihrer natürlichen Umgebung lernen. Um dennoch mögliche Störvariablen zu kontrollieren, arbeitet der Vl zuvor genaue Anweisungen über die Portionierung des Stoffes, Pausenbildungen, Wiederholungen usw. aus und gibt diese den Schülern mit nach Hause. Diese schriftlichen Anweisungen entsprechen den mündlichen Anweisungen, die er den Schülern im Labor gibt.

Wir nehmen einmal an, dass die Ergebnisse jenen aus dem Laborexperiment exakt entsprechen. Dennoch gibt es Unterschiede bei der Interpretation der EIH und der TIH:

a) Aufgrund der erschwerten Kontrolle der **Situationsmerkmale** (gegebenenfalls auch der Versuchsleitermerkmale) muss die Kausalinterpretation mit Zurückhaltung betrachtet werden. So könnte es sein, dass die Schüler in der Gruppe mit massierter Übung dieses achtstündige Lernen nicht durchhalten und vorzeitig abbrechen, so dass sie insgesamt weniger üben als die Schüler mit verteilter Übung. Diese geringere Übungsdauer könnte nun ihrerseits ursächlich für die schlechtere Prüfungsleistung sein.

b) Die EIH kann prinzipiell ebenfalls als bewährt gelten, da das Ergebnis des Signifikanztests den vorhergesagten Unterschied als überzufällig ausweist und die vorab festgelegte Effektgröße erreicht bzw. sogar übertroffen wurde.

c) Der Geltungsbereich der TIH bezieht sich vorläufig auf Realschüler der siebten Klassen sowie auf den spezifischen Lernstoff und die Prüfungsart (Aspekte der externen Validität).

An einem Forschungsbeispiel zur **Psychologie des Helfens** (Hornstein, Fisch & Holmes, 1968) soll das Feldexperiment weiter illustriert werden. Die Autoren beschäftigen sich mit der Frage, unter welchen Bedingungen Menschen helfendes Verhalten zeigen. Sie orientieren sich dabei am Paradigma des Modell- bzw. Nachahmungslernens (Bandura, 1963). Demnach wird helfendes Verhalten dann gezeigt, wenn zuvor eine Modellperson mit helfendem Verhalten beobachtet wurde. Allerdings müssen Modellperson und Situation bestimmte Merkmale aufweisen, damit – nach den Vermutungen der Autoren – die Beobachter ebenfalls helfen.

Diese Hypothesen lauten:

- Eine einzelne Person zeigt sich dann als hilfsbereit, wenn eine ihr ähnliche Modellperson bei deren eigenem hilfsbereitem Verhalten Positives erlebt. Dagegen wird sie keine Hilfsbereitschaft zeigen, wenn die Modellperson hierbei ihrerseits negative Erfahrungen gesammelt hat (EHE A bei B_1).
- Erlebt eine einzelne Person zwischen sich und der Modellperson keine Ähnlichkeit, dann haben die Erfahrungen auf Seiten der Modellperson – seien sie nun positiv oder negativ – keinen Einfluss auf ihre Hilfsbereitschaft (EHE A bei B_2).

Die **Art der Erfahrung**, die das Modell macht, ist somit die UV A. Diese Erfahrung kann positiv (Stufe A_1), neutral (A_2) oder negativ (A_3) ausfallen. Im positiven Fall wird die Modellperson für ihre Hilfsbereitschaft belohnt, im negativen Fall hat sie dagegen sogar Unannehmlichkeiten.

Die UV B ist die **Ähnlichkeit** zwischen Modellperson und Beobachter (Vp). Diese Ähnlichkeit kann vorhanden sein (Stufe B_1) oder nicht vorhanden sein (B_2). Aus Abbildung 5.3 kann der Versuchsplan entnommen werden (VPL2RR).

Diese UVn sind in folgendes Szenario eingebettet (Operationalisierung der UVn): In den Seitenstraßen von Manhattan wurde eine große Anzahl adressierter und frankierter Briefumschläge „verloren", in denen sich jeweils eine **Brieftasche** und ein **Begleitschreiben** befanden. Diese Briefumschläge werden von zufällig vorbeikommenden Passanten (Vpn) gefunden, teilweise geöffnet und gelesen. Die Brieftasche enthielt mehrere Papiere (Kennkarte, Briefmarken, Mitgliedskarten usw., immer auf den Namen Herr Michael Klein) sowie etwas Bargeld. Der **Wortlaut des Begleitschreibens** lässt erkennen, dass Person X (Modell) diese Brieftasche gefunden und mit einem Schreiben an den Verlierer zurückgesandt hat. Person X hat aber offensichtlich ihrerseits dieses Schreiben wieder verloren und der zweite Finder (Vp) hält es nun in der Hand. Das Begleitschreiben offenbart also für die Vp den Kontext und realisiert gleichzeitig die beiden experimentellen Variationsquellen.

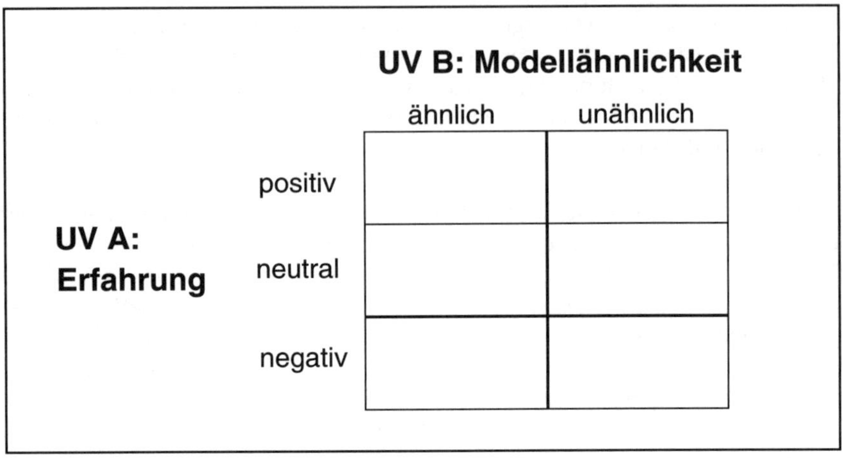

Abbildung 5.3: Versuchsplan des Feldexperiments zur Psychologie des Helfens (modifiziert nach Hornstein, Fish & Holmes, 1968).

Die UV A (Erfahrung) wird dadurch operationalisiert, wie der erste Finder (Modell) das Weiterleiten des verlorenen Briefs erlebt:

A_1:   Positive Erfahrung: Er drückt im Begleitschreiben die Freude darüber aus, dass er einem anderen helfen kann.

A_2:   Neutrale Erfahrung: Er macht im Begleitschreiben keinerlei wertende Angaben.

A_3:   Negative Erfahrung: Er macht im Begleitschreiben missmutig auf unangenehme Umstände aufmerksam, die mit der Rücksendung der Brieftasche verbunden waren.

Die UV B (Ähnlichkeit) zwischen Modell (erster Finder) und Vp (zweiter Finder) wird durch die Sprache des Begleitschreibens operationalisiert:

B_1:   Ähnlich: Abfassung des Begleitschreibens in korrektem Englisch (normale Umgangsschriftsprache; soll inländischen Finder suggerieren).

B_2:   Unähnlich: Abfassung des Begleitschreibens in gebrochenem Englisch (soll ausländischen Finder suggerieren).

Die AV (Ausmaß des helfenden Verhaltens) wird über die Anzahl weitergeleiteter Briefe pro experimenteller Bedingung erfasst.

Beide Hypothesen bewähren sich: Die erste wird über die H_1 statistisch nachgewiesen (signifikanter EHE von A bei B_1), die zweite über die Beibehaltung der H_0 (fehlender EHE von A bei B_2). Abbildung 5.4 enthält die Ergebnisse.

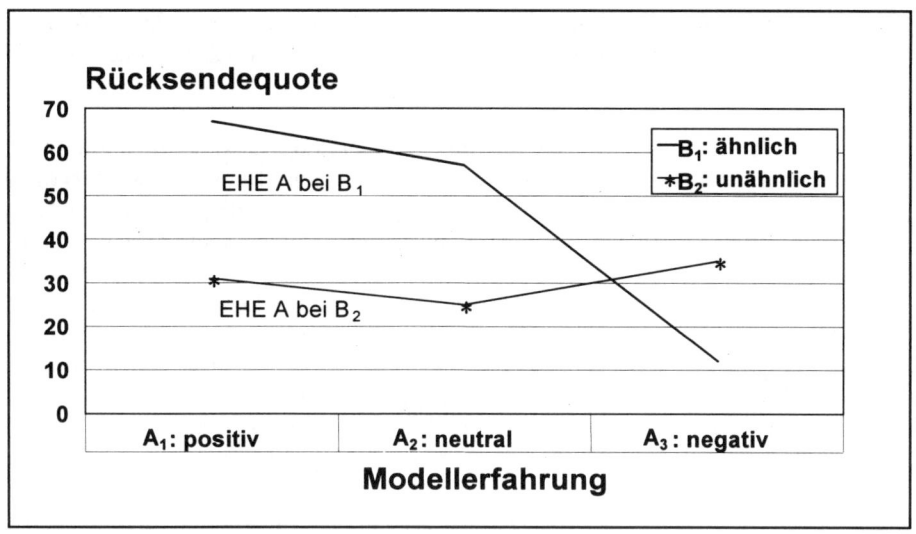

Abbildung 5.4: Ergebnisse der Untersuchung zur Psychologie des Helfens (modifiziert nach Hornstein, Fish & Holmes, 1968).

Es zeigen sich an diesen Beispielen die in der Regel **geringere interne Validität** von Feld- gegenüber Laborexperimenten sowie umgekehrt der **größere Geltungsbereich** von Feld- gegenüber Laborexperimenten. Die Zielpopulation und/oder die Zielsituation bestimmen vorab, welche experimentelle Variante zu wählen ist. In Anschlussuntersuchungen können mithilfe der direkten bzw. systematischen Replikation die jeweiligen Einschränkungen bestätigt bzw. aufgehoben werden.

5.4   Quasiexperiment

Das Randomisieren als Voraussetzung für das Labor- und Feldexperiment ist – wie bereits erwähnt – nicht immer möglich. Einschränkungen ergeben sich in erster Linie aus folgenden Gründen:

a) Nicht jede interessierende UV erlaubt eine Zufallszuteilung. Das gilt z. B. für Merkmale wie Alter und Geschlecht (organismische Variable; vgl. Kapitel 1.5.2).

b) Eine Zufallszuteilung ist in manchen Fällen aus ethischen Gründen nicht vertretbar. Das gilt z. B. bei der Testung eines neuen vielversprechenden Medikaments, das nach moralischen Kriterien nicht willkürlich Patienten vorenthalten werden kann.

c) Eine Zufallszuteilung ist in manchen angewandten Fragestellungen nicht sinnvoll. Das gilt z. B. für den Vergleich von Mitarbeitern verschiedener Filialen eines Unternehmens, wenn ein Betriebsleiter sich dafür interessiert, ob sich variable Arbeitszeiten auf die Arbeitszufriedenheit auswirken.

d) Eine Zufallszuteilung wird durch Messwiederholung verhindert. Wenn die damit verbundenen Sequenzeffekte nicht kontrolliert werden können liegt ein quasiexperimenteller Faktor vor.

Experimente, für die diese Einschränkungen gelten (keine Randomisierung), bezeichnen wir als **quasiexperimentelle Untersuchungen**. Beim **Quasiexperiment** findet die Untersuchung (unter möglichst kontrollierten Bedingungen) im Labor statt, bei der in Kapitel 5.5 zu besprechenden **Feldstudie** dagegen unter Alltagsbedingungen.

Wie in Kapitel 2.3.2 beschrieben, sind die einfaktoriellen Pläne VPL1Q und VPL1Q(W) quasiexperimentell, da die randomisierte Zuweisung der Vpn zu den Versuchsbedingungen nicht realisiert ist. Gleiches gilt für die entsprechenden mehrfaktoriellen Pläne (z. B. VPL2QQ oder VPL2Q(W)Q bzw. VPL2Q(W)Q(W)).

Zur Illustration verwenden wir weiterhin das Beispiel zur massierten vs. verteilten Übung. Im Vergleich zum entsprechenden Laborexperiment werden die Schüler der beiden siebten Klassen einer Realschule nicht per Zufall den experimentellen Bedingungen zugeteilt, sondern die eine Klasse arbeitet mit massierter und die andere Klasse mit verteilter Übung. Es handelt sich also um eine **gezielte** und nicht um eine randomisierte Zuteilung. Ansonsten gibt es im Vergleich zum Laborexperiment keine Veränderungen.

Auch in diesem Fall gehen wir von den gleichen vorab festgelegten Entscheidungs- und Beurteilungskriterien ($\alpha = 5\ \%$ und Effektgröße mindestens 30 % Varianzaufklärung) sowie den identischen Ergebnissen aus.

Die Ergebnisinterpretation und damit die Hypothesenbeurteilung unterscheidet sich von der des entsprechenden Laborexperiments nur hinsichtlich der Kausalität: Da die **Probandenmerkmale** aufgrund der fehlenden Randomisierung nicht hinreichend kontrolliert werden können, besitzt die Kausalinterpretation nur vorläufigen Charakter. Der Leistungsvorteil der Gruppe mit verteilter Übung könnte auch dadurch zustande gekommen sein, dass die Schüler dieser Gruppe von vornherein schon eine bessere Behaltensleistung aufwiesen. Erbringen direkte Replikationsstudien die gleichen (vergleichbare) Ergebnisse, kann der vorläufige Charakter der Kausalinterpretation aufgehoben werden.

5.5　　　Feldstudie

Vom Quasiexperiment unterscheidet sich die Feldstudie dadurch, dass sie in der **natürlichen Umgebung** durchgeführt wird. Die Schüler lernen also zu Hause und nicht im Labor. Der Unterschied zum Feldexperiment dagegen besteht alleine in der **fehlenden Randomisierung**. Beim Vergleich von Feldstudie und Laborexperiment treffen beide Unterschiede zu.

Die Hypothesenentscheidung und -bewertung ergibt bei den uns bereits vertrauten Kriterien und Ergebnissen folgendes Bild:

a) Aufgrund der erschwerten Kontrolle der **Situationsmerkmale** (gegebenenfalls auch der Versuchsleitermerkmale) **sowie** der **Versuchspersonenmerkmale** muss die Kausalinterpretation mit Zurückhaltung betrachtet werden. So könnte es sein, dass die Schüler in der Gruppe mit massierter Übung dieses achtstündige Lernen nicht durchhalten und vorzeitig abbrechen, so dass sie insgesamt weniger üben als die Schüler mit verteilter Übung. Diese geringere Übungsdauer könnte nun ihrerseits ursächlich für die schlechtere Prüfungsleistung sein. Ebenso könnte der Leistungsvorteil der Gruppe mit verteilter Übung auch dadurch zustande gekommen sein, dass diese Schüler von vornherein schon eine bessere Behaltensleistung (höhere Konzentrationsfähigkeit usw.) aufwiesen.

b) Die EIH kann prinzipiell als bewährt gelten, da das Ergebnis des Signifikanztests den vorhergesagten Unterschied als überzufällig ausweist und die vorab festgelegte Effektgröße erreicht bzw. sogar übertroffen wurde.

c) Der Geltungsbereich der TIH bezieht sich vorläufig auf Realschüler der siebten Klassen sowie auf den spezifischen Lernstoff und die Prüfungsart.

Bei der Feldstudie schränken also zwei Klassen von Störeffekten die interne Validität und damit die eindeutige Kausalinterpretation ein. Tabelle 5.1 erleichtert den diesbezüglichen Vergleich zwischen den bisher besprochenen experimentellen Varianten.

Tabelle 5.1: Grundsätzlich mögliche sowie studienspezifische Einschränkungen der internen Validität beim Experiment und seinen Varianten

Experimentelle Variante	Situationsmerkmale	Versuchspersonenmerkmale	studienspezifische Einschränkungen
Laborexperiment			x[c]
Feldexperiment	x[a]		x[c]
Quasiexperiment		x[b]	x[c]
Feldstudie	x[a]	x[b]	x[c]

[a]: das x in dieser Spalte bedeutet grundsätzlich eingeschränkte interne Validität beim Feldexperiment und bei der Feldstudie aufgrund der erschwerten Kontrolle von Situationsmerkmalen;

[b]: das x in dieser Spalte bedeutet eine grundsätzlich eingeschränkte interne Validität beim Quasiexperiment und bei der Feldstudie aufgrund der erschwerten Kontrolle von Versuchspersonenmerkmalen (fehlende Randomisierung);

[c]: natürlich können bei allen Varianten (weitere) Einschränkungen vorliegen, wenn Fehler bei der Kontrolle der Störvariablen gemacht werden (studienspezifische Einschränkungen, z. B. bei der Kontrolle der Versuchsleitermerkmale und/oder der Sequenzeffekte).

Zu diesen **grundsätzlich** gegebenen Einschränkungen der internen Validität können bei allen Varianten natürlich weitere **studienspezifische** Verstöße hinzutreten, wenn z. B. die Versuchsleitermerkmale nicht die erforderliche Kontrolle erfahren oder es versäumt wird, Sequenzeffekte auszubalancieren.

Diese Summation von möglichen Verstößen gegen die interne Validität verdeutlicht, dass es sich bei diesem Gütekriterium – wie auch bei der Präzision – um ein kontinuierliches Merkmal handelt. Interne Validität ist nicht als „gegeben" oder „nicht gegeben" anzusehen, sondern die **Wahrscheinlichkeit** dafür, dass interne Validität vorliegt, steigt mit der Anzahl kontrollierter möglicher Störvariablen.

Abschließend soll am fiktiven Beispiel der Unterrichtsbeteiligung bei gleich- und gemischtgeschlechtlichen Schulen die Feldstudie weiter illustriert werden. Man ist daran interessiert, ob die Beteiligung der Schüler am Unterricht unter anderem davon abhängt, ob die Klassen gleich- (Stufe 1) oder gemischtgeschlechtlich (Stufe 2) zusammengesetzt sind. Dazu wählt man eine sechste Klasse (mit 30 Schülern, 14 Mädchen und 16 Jungen) eines gemischtgeschlechtlichen Gymnasiums aus und vergleicht sie mit einer sechsten Klasse (30 Mädchen) eines gleichgeschlechtlichen Gymnasiums. Beobachtet wird jeweils die Anzahl der Wortmeldungen der Mädchen im Deutschunterricht. Es wird postuliert, dass die Unterrichtsbeteiligung der Mädchen bei gemischtgeschlechtlichen Klassen (Stufe 2) höher ist als bei gleichgeschlechtlichen Klassen (Stufe 1). Die entsprechenden THn lauten:

H_0: $\mu_1 \geq \mu_2$ und
H_1: $\mu_1 < \mu_2$.

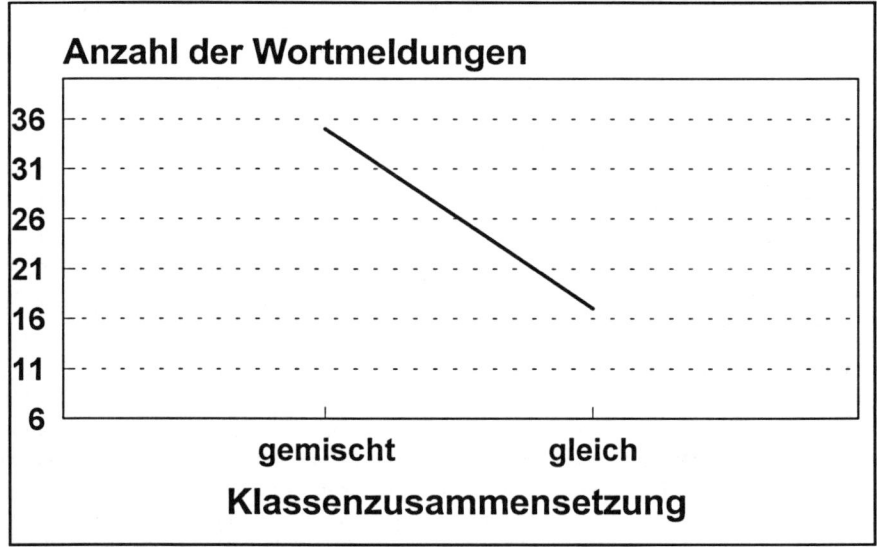

Abbildung 5.5: Unterrichtsbeteiligung in einer gemischt- und gleichgeschlechtlichen Klasse.

Zur Entscheidung der THn und Bewertung der EIH und TIH werden erneut die Kriterien „$\alpha \leq 5\ \%$" und „die Effektgröße erreicht mindestens 30 % Varianzaufklärung" herangezogen. Die statistische Prüfung der H_0 mittels t-Test für unabhängige Stichproben ermittelt ein $p = 0,045$ und ein $Eta^2 = 0,27$. Abbildung 5.5 stellt die Ergebnisse der Untersuchung graphisch dar.

Sie zeigt eine höhere Unterrichtsbeteiligung der gemischtgeschlechtlichen Klasse (35 Wortmeldungen gegenüber 17 Wortmeldungen in 30 Minuten). Zusammen mit der Überschreitungswahrscheinlichkeit von $p = 0,045$ gilt damit die H_1 als statistisch nachgewiesen.

Die Beurteilung der EIH bzw. TIH ermöglicht folgende Aussagen:

a) Aufgrund der erschwerten Kontrolle der **Situationsmerkmale** (gegebenenfalls auch der Versuchsleitermerkmale) **sowie** der **Versuchspersonenmerkmale** muss die Kausalinterpretation mit Zurückhaltung (vorläufiger Charakter) betrachtet werden, denn es ergeben sich viele Möglichkeiten zu alternativen Ergebnisinterpretationen:
   - die Schüler der gemischten Klasse sind im Durchschnitt extravertierter;
   - der Lehrer der gemischten Klasse fordert direkt oder indirekt stärker zur Mitarbeit auf;
   - die Klassenräume unterscheiden sich (Größe, Helligkeit usw.).
   Streng genommen ist nur eine **Zusammenhangsaussage** möglich. (Es gibt einen Zusammenhang zwischen der geschlechtsspezifischen Zusammensetzung der Klasse und der Unterrichtsbeteiligung!)
b) Die EIH kann prinzipiell als **bedingt** bewährt gelten, da das Ergebnis des Signifikanztests den vorhergesagten Unterschied als überzufällig ausweist, aber die vorab festgelegte Effektgröße **nicht erreicht** wurde.
c) Der Geltungsbereich der TIH bezieht sich vorläufig auf Gymnasiasten der sechsten Klassen im Deutschunterricht.

Der Vollständigkeit und Klarheit wegen müssen noch einige ergänzende Bemerkungen angefügt werden:

a) Der Begriff der Feldstudie wird nicht einheitlich im hier dargestellten Sinne (Hager, 1987) verwendet. Es gibt Autoren, die die **Feldstudie** mit der (qualitativen) **Feldforschung** aus dem Bereich der qualitativen Methoden in Verbindung bringen. Wir bleiben bei der Auffassung von Hager, da – neben anderen Unterschieden – in der Feldforschung das Ziel in der Beschreibung des Untersuchungsgegenstands liegt, während die Feldstudie mit ihren experimentellen Elementen durchaus auf Erklärungen – wenn auch mit den genannten Einschränkungen – ausgerichtet ist.
b) Solange Quasiexperimente und Feldstudien aufgrund einer gezielten Versuchspersonenzuteilung (z. B. organismische UV) zustande kommen, ergeben sich hinsichtlich der statistischen Hypothesenprüfung keine Konsequenzen. Erst wenn die systematische (gezielte) Zuteilung durch Messwiederholung entsteht, muss darauf geachtet werden, dass Signifikanztests verwendet werden, die die Abhängigkeit zwischen den Messungen berücksichtigen (vgl. Kapitel 2.4.1.3, 4.2.5.3).

c) Von Feldexperimenten bzw. Feldstudien spricht man nicht schon dann, wenn sie außerhalb des universitären Labors durchgeführt werden. Führt man eine Untersuchung in einer Schule (einem Betrieb usw.) durch und ruft die Vpn zum Zweck der Durchführung beispielsweise in einen gesonderten Raum, der möglichst gut kontrolliert wird, so handelt es sich selbstverständlich um ein Laborexperiment, wobei das Labor in diesem Fall an der Schule eingerichtet ist. Dagegen werden im Beispiel der Unterrichtsbeteiligung die Schüler tatsächlich in ihrer alltäglichen Umgebung beobachtet, also mit ihren Mitschülern, ihrem Lehrer und in ihrem Klassenzimmer.

5.6 Ex-post-facto-Studie, vorexperimentelle Anordnung und nichtexperimentelle Forschung

Mit der **Ex-post-facto-Studie** und der vorexperimentellen Anordnung entfernen wir uns vom Laborexperiment noch weiter als mit dem Quasiexperiment und der Feldstudie. Die Ex-post-facto-Studie versucht mittels eines bereits vorliegenden Datensatzes eine Hypothese mit kausalem Charakter zu prüfen, indem im Nachhinein UV und AV unterschieden werden. **Vorexperimentelle Anordnungen** haben – im Gegensatz zu allen bisher besprochenen experimentellen Varianten – nicht mehr die Hypothesenprüfung zum Ziel. Vielmehr dient die sog. **Voruntersuchung** der Verbesserung der Präzision eines noch durchzuführenden Experiments und das sog. **Erkundungsexperiment** (Erkundungsstudie) der Erstellung von Hypothesen. Zu den nichtexperimentellen Forschungsmethoden im Bereich der quantitativen Methoden zählen schließlich in erster Linie die Korrelationsstudien, die als Ziel die Beschreibung von Sachverhalten und von Zusammenhängen zwischen Sachverhalten haben. Es werden hier somit – weil der Unterschied zwischen UV und AV entfällt – keine Kausal-, sondern Zusammenhangshypothesen untersucht.

Gemeinsam ist also den experimentellen und nichtexperimentellen Methoden der Anspruch, Hypothesen zu testen. Es muss gleichzeitig nochmals darauf hingewiesen werden, dass diese Form der nichtexperimentellen Forschung nicht mit der qualitativen Forschung verwechselt werden darf.

5.6.1 Ex-post-facto-Studie

Ein Mediziner verfolgt die Hypothese, dass das Rauchen Lungenkrebs erzeugt (Kausalhypothese: Wenn eine Person raucht, dann steigt das Risiko, an Lungenkrebs zu erkranken und zu sterben). Er verfügt über den Zugang zu Daten einiger Großkliniken und teilt die Todesfälle infolge von Lungenkrebs der letzten 10 Jahre in zwei Gruppen ein, nämlich in jene Personen, die geraucht haben und diejenigen, die nicht rauchten. Dabei stellt er fest, dass von den insgesamt 5000 Todesfällen 3700 zu den Rauchern und 1300 zu den Nichtrauchern zählten (Annahme: Gleichverteilung von Rauchern und Nichtrauchern in der Bevölkerung).

Nachträglich (ex-post-facto) wird hier also die Bestimmung der UV (mit ihren Stufen) und der AV vorgenommen. Deshalb ist die Kausalinterpretation, dass

Rauchen zu einem erhöhten Krebsrisiko mit Todesfolge führt, nicht zulässig, denn es ist nur teilweise möglich, Störvariablen nachträglich zu kontrollieren. So könnte es beispielsweise sein, dass ein großer Teil der Raucher in der Stadt und der Nichtraucher auf dem Land lebte (Variablenkonfundierung). Damit würde eine alternative Interpretation möglich: Das Leben auf dem Land ist der Gesundheit zuträglicher als das Leben in der Stadt und demnach sterben in der Stadt mehr Personen an Lungenkrebs als auf dem Land.

Damit haben Ergebnisse aus Ex-post-facto-Studien beschreibenden Charakter. Dabei wird der Zusammenhang zwischen zwei Variablen festgestellt: Rauchen und Lungenkrebs mit Todesfolge treten gehäuft gemeinsam auf. Eine vorsichtige (vorläufige) Kausalinterpretation ist nur möglich, wenn sich die beiden Gruppen in anderen als wesentlich erachteten Variablen nicht unterscheiden (z. B. Geschlecht, Beruf, Wohnort, Familienstand, Alkoholgenuss usw.). Eine uneingeschränkte Kausalinterpretation der Ergebnisse einer solchen Untersuchung ist nicht möglich, da die notwendige randomisierte Zuweisung der Probanden zu den Gruppen nicht realisierbar und auch die zeitliche Abfolge von UV und AV nicht gewährleistet ist.

Ein Forschungsbeispiel zum Zusammenhang von Schulerfolg und späterem wirtschaftlichen Erfolg (Christiansen, 1935) soll den Sachverhalt weiter verdeutlichen. 2000 Schulabgänger wurden post hoc in zwei Gruppen aufgeteilt: Schüler mit Abschlussexamen und Schüler ohne Abschlusszeugnis. Nun befragte man nach Jahren die noch erreichbaren Probanden nach ihrem wirtschaftlichen Erfolg im Berufsleben und fand keinen Unterschied zwischen den Gruppen. Hier könnte man zunächst nur die Interpretation geben, dass Schulerfolg und wirtschaftlicher Erfolg nicht gehäuft gemeinsam auftreten. Nachdem aber nachträglich nachgewiesen werden konnte (weil die entsprechenden Daten in den Unterlagen festgehalten waren), dass sich die beiden Gruppen hinsichtlich weiterer relevanter Variablen (Alter, Geschlecht, Beruf des Vaters, sozialer Status der Nachbarschaft, Nationalität der Eltern) nicht unterschieden, kann man die **vorläufige Kausalinterpretation** vertreten, dass Schulerfolg den späteren beruflichen Erfolg nicht bedingt.

5.6.2 Vorexperimentelle Anordnungen

Beginnen wir mit der Vorbereitung eines Experiments in Form einer **Voruntersuchung**. Hier werden wenige Pbn in **ausgewählten experimentellen Bedingungen** mit dem Ziel untersucht, Informationen zur Verbesserung der Verständlichkeit der Instruktionen, der Tauglichkeit apparativer Anordnungen und der Brauchbarkeit der Operationalisierungen von UVn und AVn zu erhalten. Hierzu zählen beispielsweise Decken- und Bodeneffekte. All diese Maßnahmen dienen somit der Erhöhung der Primär- und/oder der Verminderung der Sekundärvarianz und damit der Präzision des Experiments. Voruntersuchungen haben folglich eine große Bedeutung für die experimentelle Hypothesenprüfung. Eine wirkliche experimentelle Variante liegt damit allerdings nicht vor, da in Voruntersuchungen häufig auf die Variation der UV verzichtet wird.

Das **Erkundungsexperiment** (Erkundungsstudie, Pilotstudie) ist dadurch gekennzeichnet, dass zwar eine echte experimentelle Versuchsplananlage vorliegt, aber die Hypothesen entweder nicht existieren oder nicht präzise formuliert sind. Das Ziel einer solchen Untersuchung besteht in der Ermittlung vorläufiger Erkenntnisse zu einem bisher wenig beforschten Bereich. Diese Erkenntnisse bilden den Ausgangspunkt zur Formulierung präziser Hypothesen, die ihrerseits in einem sich anschließenden hypothesentestenden Experiment überprüft werden können. Der Erkenntnisgewinn besteht somit in empirisch abgeleiteten bzw. begründeten Hypothesen und nicht in überprüften Aussagen.

5.6.3   Nichtexperimentelle Forschung

Der wesentliche Unterschied zwischen der **experimentellen** und der **nichtexperimentellen Forschung** ist der, dass der Experimentator beim Experiment aktiv und gezielt in das Geschehen eingreift (Variation der UV), bei einer der nichtexperimentellen Forschungsmethoden dagegen nicht (vgl. Kapitel 1.3.3 und Box 4). Außerdem gibt es keine strenge Kontrolle von Störvariablen, da die interne Validität **kein** Gütekriterium darstellt, denn das Ziel ist die Überprüfung einer Zusammenhangshypothese und nicht die Überprüfung einer Kausalhypothese.

Nichtexperimentelle Forschung liegt nach Hager (vgl. Abbildung 5.1) demnach immer dann vor, wenn nicht zwischen UV und AV unterschieden wird. Jede Form der Analyse des Zusammenhangs zwischen zwei oder mehr Variablen erfüllt diesen Fall. Diese häufigste Form quantitativer Untersuchungen reicht von einer einfachen Korrelation zwischen zwei Variablen über die multivariaten Verfahren der Faktoren- und Diskriminanzanalyse bis hin zur Clusteranalyse. Auch die metrischen und nicht-metrischen multidimensionalen Skalierungsverfahren zählen dazu (vgl. z. B. Backhaus, Erichson, Plinke & Weiber, 1994, Kapitel 8).

Burton (1972) untersucht beispielsweise die Ähnlichkeit verschiedener Berufsbilder, indem er sie paarweise vergleichen lässt und mit Hilfe der multidimensionalen Skalierung auswertet. Er erhält drei Ähnlichkeitsdimensionen, die er mit

a)   berufliche Unabhängigkeit,
b)   berufliches Prestige und
c)   berufliche Fertigkeiten bezeichnet.

Die Ergebnisse sind in den beiden Diagrammen der Abbildung 5.6 dargestellt.

Sie **beschreiben** die Ähnlichkeit zwischen den verschiedenen Berufsbildern, sie erklären aber den beschriebenen Sachverhalt nicht. Dennoch ist die nichtexperimentelle Methode für eine Vielzahl von Fragestellungen die geeignete Methode.

Zusammenfassend kann festgestellt werden, dass nicht nur das Experiment, sondern auch die weiteren dargestellten Untersuchungsmethoden sinnvoll eingesetzt werden können und zum Erkenntnisgewinn beitragen. Allerdings sind dabei jeweils sorgfältig die Passung zwischen Hypothese und gewählter Methode zu prüfen und die Kriterien der internen Validität und der experimentellen Präzision zu beachten. Außerdem ist bei der Ergebnisinterpretation darauf zu achten, dass die Aussagen adäquat auf der Dimension Beschreibung – Erklärung angeordnet sind. Schließlich ist der Geltungsbereich der Hypothese genau zu definieren.

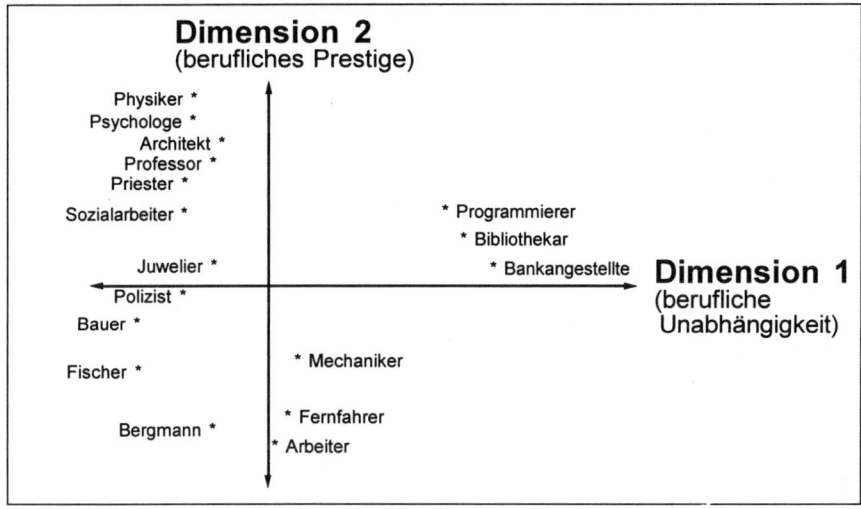

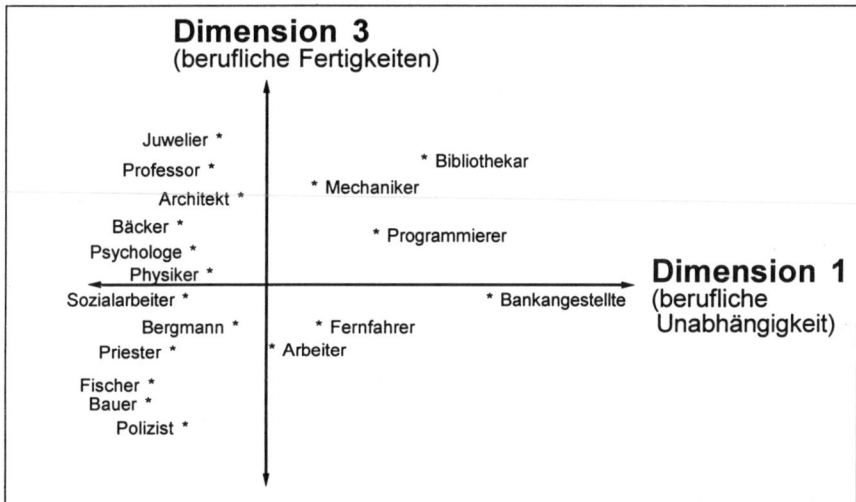

Abbildung 5.6: Die Ähnlichkeit unterschiedlicher Berufe, erhoben über die Paarvergleichsmethode und analysiert mittels multidimensionaler Skalierung im dreidimensionalen Raum (modifiziert nach Burton, 1972).

Abschließend stimmen wir folgender Auffassung von Huber zu: „Obwohl das Experiment für die Erforschung von Ursache-Wirkungs-Beziehungen die effektivste Methode ist, hat die nicht-experimentelle Forschung große Bedeutung in der Psychologie. Dies deswegen, weil der Forscher bei vielen Fragestellungen gar nicht in der Lage ist, *aktiv* im Sinne des Experimentes Variablen zu verändern. Experimentelle und nicht-experimentelle Forschung sind also nicht unbedingt Rivalen, sondern Partner, die für unterschiedliche Aufgabenbereiche geeignet sind und sich so gegenseitig ergänzen." (1987, S. 63f.).

6   Zur Ethik psychologischer Untersuchungen

Die Überprüfung experimenteller Hypothesen in der Psychologie ist in der Regel an die Bereitschaft von Vpn gebunden, an den Untersuchungen teilzunehmen. Damit stellt sich die prinzipielle Frage, wie mit diesen Personen umzugehen ist. Dürfen sie psychischen und/oder physischen Belastungen oder Gefährdungen ausgesetzt werden? Dürfen sie getäuscht werden? Dürfen sie zur Teilnahme gedrängt werden? Dürfen sie in ihrer Privatsphäre gestört werden? Nach der Darstellung einer Untersuchung von Milgram aus dem Jahr 1963 (vgl. Kapitel 6.1), die diesbezüglich heftige ethische Debatten auslöste, und nach der Darstellung von ethischen Richtlinien (Kapitel 6.2), die von verschiedenen psychologischen Berufsverbänden entwickelt wurden, wenden wir uns in den weiteren Kapiteln (6.3 – 6.5) der Diskussion dieser ethischen Fragen zu. Ziel ist nicht die Erstellung oder Vermittlung eines Regelkanons, sondern die Sensibilisierung des Lesers für die zur Diskussion stehende Problematik, u. a. die Schärfung des Bewusstseins des Vl, dass er mit der Durchführung seiner empirischen Untersuchung auch Verantwortung für das Wohlergehen seiner Pbn übernimmt.

6.1   Die Milgram-Studie (1963)

Ziel der Studie von Stanley Milgram war die Antwort auf die Frage, wie weit das Ausmaß an Gehorsam der Vpn gegenüber problematischen Anweisungen des Vl reichen würde. Dazu machte er seine Pbn glauben, dass sie als „Lehrer" an einem Lernexperiment teilnehmen würden, in welchem der Einfluss von Strafe auf das Behalten untersucht wird. Sie boten ihrem „Schüler" Wortlisten dar und überprüften dessen Behaltensleistung. Jeder Fehler musste mit einem Elektroschock bestraft werden, dessen Stärke mit jedem neuen Fehler jeweils um 15 Volt zunahm. Der „Lehrer" konnte die Reaktionen (Antworten, Unmutsäußerungen, Schmerzensschreie, Bitten, mit den Elektroschocks aufzuhören) des „Schülers", der sich in einem Nachbarraum befand, über einen Lautsprecher hören. Äußerungen der „Lehrer", nicht mehr weitermachen zu wollen, wurden mit folgenden Anweisungen des Vl beantwortet:

1. Bitte fahren Sie fort.
2. Das Experiment erfordert es, dass Sie weitermachen.
3. Es ist absolut erforderlich, dass Sie weitermachen.
4. Sie haben keine Wahl, Sie müssen weitermachen.

Trotz der offensichtlichen Qualen der „Schüler" verabreichten weit mehr als 50 %
der „Lehrer" die Elektroschocks bis zur **vollen Stärke**, mit dem erkennbaren Bewusstsein, ihren „Schülern" dabei schwere (schwerste) Schädigungen zuzufügen.
Weitere Einzelheiten sind Box 24 zu entnehmen.

Box 24: Die Milgram-Studie (Milgram, 1963)

Milgram wollte wissen, wie viel verbaler Druck von einem mit wissenschaftlicher Autorität versehenen Vl ausgeübt werden muss, damit Vpn dazu bereit sind
(gehorchen), andere (unschuldige) Menschen mit Elektroschocks zu bestrafen,
die zu deren Tod hätten führen können.

An der Untersuchung nehmen 40 Männer im Alter zwischen 20 und 50 Jahren
mit verschiedenen Berufen freiwillig teil. Sie werden instruiert, dass es sich um
ein Lernexperiment handelt, bei dem die Wirkung von Bestrafung auf das Lernen
überprüft werden soll. An einer Untersuchung nehmen immer zwei Vpn teil. Eine
Vp übernimmt die Rolle des „Lehrers", die andere die des „Schülers" (Pseudo-
Vp).
Der Vl führt den Lehrer und den Schüler in einen Raum mit einem Stuhl, auf dem
der Schüler Platz nehmen muss und festgeschnallt wird. Da die evtl. Bestrafung
mit Stromschlägen erfolgt, werden auch Elektroden angelegt. Auch der Lehrer
erhält bei dieser Gelegenheit probeweise einen Stromschlag von 15 Volt.
Der Vl und der Lehrer begeben sich danach gemeinsam in einen anderen Raum.
Der Lehrer kann über eine Gegensprechanlage mit dem Schüler im Nebenraum
kommunizieren. Die Aufgabe des Schülers besteht darin, eine Liste mit Wortpaaren zu lernen (z. B. Mädchen – zart), die ihm der Lehrer vorliest. Nach einem
Lerndurchgang fragt der Lehrer den Schüler ab, indem er den ersten Begriff des
Wortpaares laut nennt (z. B. Mädchen), und der Schüler den zugehörigen zweiten
Begriff erinnern und laut wiedergeben muss (z. B. schön). Macht er einen Fehler,
wird er mit einem Stromschlag bestraft. Dieser Vorgang hat folgenden Ablauf:

1. Der Lehrer sagt „Das ist falsch! Ich bestrafe Sie mit 15 Volt."
2. Strafe (Stromschlag von 15 Volt).
3. Der Lehrer sagt: „Richtig wäre gewesen: Mädchen – zart!"

Danach wird das nächste Wortpaar abgefragt usw.

Zur Ausführung der Strafe legt der Lehrer einen Hebel an einem eigens für die
Untersuchung konstruierten Gerät um. Allerdings steigert sich der Elektroschock
von Fehler zu Fehler immer um 15 Volt. Das bedeutet, dass der Lehrer dem
Schüler beim zweiten Fehler durch Umlegen des zweiten Hebels einen Schock
von 30 Volt versetzt („Ich bestrafe Sie mit 30 Volt.") usw. Die insgesamt 30
Schalter reichen somit von 15 bis 450 Volt und sind auch entsprechend
beschriftet. Einige Schalter tragen zusätzliche verbale Erläuterungen wie „leich-
ter Schock", „starker Schock", „extrem intensiver Schock", „Gefahr: ernsthafter

---

Box 24 (Fortsetzung)

Schock!". Die beiden letzten Schalter sind mit drei Kreuzen markiert. Der Lehrer erfährt, dass die Stromschläge schmerzhaft, aber ohne bleibende Schäden seien. Über die Sprechanlage hört der Lehrer nicht nur die Antworten des Schülers, sondern auch dessen Reaktionen auf die Schocks. Sie reichen von einem anfänglichen Murren (bis 100 Volt) über ein lautstarkes Klagen und Protestieren bis zu einem jämmerlichen Wimmern und Flehen bei Schocks zwischen 100 und 400 Volt. Bei noch höheren Stromschlägen reagiert der Schüler nicht mehr, weder auf die Frage noch auf die Strafe.

Dass diese Reaktionen auf die Bestrafungen von einem Tonband kommen, welches der angebliche Schüler bedient, weiß der Lehrer natürlich nicht. Als Gehilfe (Helfer, Mitwisser) des Vl gibt er im Verhältnis von 3:1 falsche bzw. richtige Antworten, erhält aber die Stromschläge nicht.

Natürlich versuchen die meisten Lehrer, früher oder später die Untersuchung abzubrechen. Der Vl antwortet – je nach Hartnäckigkeit – mit folgenden Standardformeln:

1. Bitte fahren Sie fort.
2. Das Experiment erfordert es, dass Sie weitermachen.
3. Es ist absolut erforderlich, dass Sie weitermachen.
4. Sie haben keine Wahl, Sie müssen weitermachen.

Setzt der Lehrer nach der vierten Antwort seinen Protest fort, wird die Untersuchung abgebrochen und die zuletzt verabreichte Stromstärke als Maß für seinen „Gehorsam" notiert.

Kein Lehrer bemerkte die Täuschung. Alle waren von der Echtheit der Situation überzeugt. Sie zeigten für eine Laborstudie äußerst ungewöhnliche, intensive Stressreaktionen wie Kopfschütteln, Zittern, Stöhnen, Schwitzen, Stottern usw. Deshalb sind die Ergebnisse absolut überraschend: Kein Lehrer brach die Untersuchung vor 300 Volt ab. Fünf Lehrer weigerten sich, die nächsthöhere Strafe zu geben. Weitere neun Lehrer brachen die Untersuchung bis 375 Volt ab. Die restlichen Lehrer (26 von 40 Vpn) bestraften bis zur vollen Stromstärke.

Obwohl die „Schüler" in Wirklichkeit **Helfer des Vl** waren und keine Schocks erhielten, sondern nur ein Tonband bedienten, auf welches die flehentlichen Hilferufe und qualvollen Schmerzensschreie aufgespielt waren, löste die Studie doch eine heftige Kontroverse darüber aus, ob solche Experimente aus ethischer Sicht zulässig sind oder nicht. Die Gegner hoben u. a. die starke psychische Belastung hervor, der die Vpn (Lehrer) ausgesetzt waren (sie zeigten Verhaltensweisen wie Zittern und Stottern), und argumentierten mit möglichen bleibenden Schädigungen (**wertrationale Begründungsperspektive**). Die Befürworter verwiesen u. a. auf den gar nicht hoch genug anzusiedelnden Erkenntnisgewinn, wonach akademische Autorität, mit nur geringen Druckmitteln ausgestattet, ausreicht, um Menschen zu ernsthaft verletzendem Verhalten (mit möglicherweise tödlichem Ausgang) zu veranlassen (**zweckrationale Begründungsperspektive**). Die Diskussion dauert auch heute noch an und führte zur Entwicklung von Richtlinien zur Vermeidung oder Minderung der Wirkung ethisch problematischer Studien. Im nachfolgenden Kapitel sollen Auszüge davon vorgestellt werden.

6.2   Ethische Richtlinien

Die American Psychological Association (APA) hat 1973 ethische Prinzipien für die Forschungstätigkeit mit menschlichen Teilnehmern veröffentlicht, die – im Anschluss an Lewin (1986, S. 23) – kurz zusammengefasst genannt werden sollen.

1.   Wäge Kosten und Nutzen gegeneinander ab!
2.   Übernimm persönliche Verantwortung!
3.   Informiere den Teilnehmer und schließe mit ihm eine Übereinkunft!
4.   Sei offen und ehrlich!
5.   Arbeite mit freiwilligen Vpn zusammen!
6.   Nutze Vpn nicht aus!
7.   Schütze die Teilnehmer vor Schaden!
8.   Kläre adäquat auf!
9.   Schließe negative Folgen für die Teilnehmer aus!
10. Bewahre Vertraulichkeit!

Ohne die Punkte im Einzelnen hier bereits erläutern zu wollen, zeigt doch schon ein erster Blick, dass einige Richtlinien auf dem Hintergrund der Diskussion um die Milgram-Studie aufgenommen wurden. So beschäftigen sich die Punkte 3, 4 und 8 damit, die Teilnehmer vorab zu informieren und wenn möglich nicht zu täuschen. Im Gegensatz dazu ist in der Milgram-Studie ein elaboriertes Täuschungsszenario etabliert. In den Punkten 7 und 9 verweist die APA auf den Schutz der Vpn. Viele Wissenschaftler glauben, dass dieser Schutz in der Milgram-Studie nicht gegeben war. Auf den wissenschaftlichen Erkenntnisgewinn (Nutzen) im Vergleich zu den Kosten (Verletzung der Punkte 3, 4, 7, 8 und 9) verweist Punkt 1, der von den Befürwortern der Milgram-Studie betont wird.

     Deutsche Berufsverbände (Deutsche Gesellschaft für Psychologie – DGPSs – und Berufsverband Deutscher Psychologinnen und Psychologen – BDP) publizieren ebenfalls ethische Richtlinien, die in der Fassung von 1999 auch die hier vor allem interessierenden **Grundsätze der Forschung am Menschen** enthalten. Im folgenden Abschnitt wird dieser Ausschnitt zitiert.

(1)   „Psychologische Forschung ist auf die Teilnahme von Menschen als Versuchspersonen angewiesen. Psychologen als Wissenschaftler sind sich der Besonderheit der Rollenbeziehung zwischen Versuchsleiter und Versuchsperson und der daraus resultierenden Verantwortung bewusst. Sie stellen sicher, dass durch die Forschung Würde und Integrität der teilnehmenden Personen nicht beeinträchtigt

werden. Sie treffen alle geeigneten Maßnahmen, Sicherheit und Wohl der Versuchspersonen zu gewährleisten, und versuchen, Risiken auszuschließen.

(2) Die Verantwortung ist besonders hoch zu bemessen, wenn es sich bei den Versuchspersonen um Abhängige oder um Personen handelt, die nicht in der Lage sind, eigenverantwortlich zu handeln, oder wenn die Forschungssituation geeignet ist, eigenverantwortliches Handeln der Versuchspersonen zu reduzieren.

(3) Die Teilnahme an psychologischen Versuchen erfolgt freiwillig. Die Versuchspersonen sind über alle Ziele, Einzelheiten, Belastungen und Risiken auf verständliche Weise zu informieren, die für ihre Teilnahmeentscheidung mutmaßlich von Bedeutung sind. Über verdeckte Beobachtung sind sie zu informieren. In den Ausnahmefällen, in denen eine vollständige Information vor der Versuchsdurchführung mit dieser nicht vereinbar ist, muss in besonderem Maße sichergestellt sein, dass den Versuchspersonen durch ihre Teilnahme kein Schaden entstehen kann. In diesem Fall sind die Versuchspersonen in allgemeiner Form über die mangelnde Aufklärung zu informieren. Nach Abschluss der Untersuchung sind die Probanden aufzuklären. Gleiches gilt analog für die verdeckte Beobachtung. Im Falle nicht einwilligungsfähiger Personen ist die Einwilligung der gesetzlichen Vertreter einzuholen.

(4) Handelt es sich bei den Versuchspersonen um Studierende oder um von den projektverantwortlichen Psychologen abhängige Personen, so sind diese verpflichtet sicherzustellen, dass diesen Teilnehmern aus einer Rücknahme ihrer Zustimmung zur Teilnahme vor bzw. während der Untersuchung keine schädlichen Konsequenzen erwachsen.

(5) Psychologen setzen ihre Versuchspersonen keinen psychisch oder physisch schädigenden Einflüssen oder Gefährdungen aus. Versuche sind unverzüglich abzubrechen, wenn Versuchspersonen unerwartete Belastungsreaktionen zeigen. Treten unerwünschte Konsequenzen der Versuchsteilnahme auf, so hat der Psychologe diese zu beseitigen bzw. für ihre Beseitigung zu sorgen.

(6) Psychologen sind auch verantwortlich für eine ethisch einwandfreie Ausführung der unter ihrer Supervision oder Kontrolle durch andere Personen ausgeführten Forschungsarbeiten am Menschen. Anderen an der Forschung beteiligten Personen dürfen nur solche Aufgaben übertragen werden, für die sie angemessen trainiert und vorbereitet wurden.

(7) Psychologische Versuche sind nur in jeweils dazu geeigneten Einrichtungen oder Institutionen durchzuführen" (DGPSs und BDP, 1999, S. 10).

Auch hier erkennen wir an verschiedenen Stellen die Probleme der Milgram-Studie wieder. Vor allem die Grundsätze 3 und 5 greifen die Problematik eingehend auf. In den folgenden Kapiteln erläutern wir in systematischer Weise die einzelnen Aspekte. Dabei orientieren wir uns am zeitlichen Ablauf der Planung und Durchführung einer Untersuchung.

6.3   Ethische Erwägungen bei der Planung einer Untersuchung

Bereits bei der Planung einer empirischen Untersuchung sollten ethische Überlegungen einbezogen werden, damit es vermieden wird, Untersuchungen verwerfen zu müssen, die sich bereits in einem fortgeschrittenen Planungs- bzw. Durchführungsstadium befinden. Daher ist es unabdingbar, sich von Beginn der Planung einer empirischen Untersuchung an zu überlegen, welche ethischen Grundsätze berücksichtigt werden müssen. In den folgenden Abschnitten (6.3.1 bis 6.3.3) besprechen wir somit zunächst drei grundlegende Forderungen für den Umgang mit menschlichen Untersuchungsteilnehmern, nämlich 1) die Wahrung der Würde, der Privatsphäre und der psychischen wie physischen Unversehrtheit, 2) die Herstellung von Transparenz und 3) die Vermeidung von Täuschungen.

Diese Forderungen können mit dem wissenschaftlichen Erkenntnisinteresse kollidieren. Wie man relevante Informationen erhält, die diese Konflikte lösen helfen, wird im Anschluss daran diskutiert (Kapitel 6.3.4 bis 6.3.7).

6.3.1   Wahrung der Würde, der Privatsphäre, der psychischen und physischen Unversehrtheit

An erster Stelle der Forderungen steht die **physische wie psychische Unversehrtheit und Integrität der Teilnehmer** (vgl. die Punkte (1) und (3) der Grundsätze von DGPs und BDP). Spätestens bei der Operationalisierung der UVn und der AVn ist erkennbar, ob beispielsweise im Interview Fragen zum Intimleben gestellt werden müssen (z. B. im Zusammenhang mit dem Untersuchungsgegenstand: Wie häufig haben gesunde Paare unterschiedlicher Altersgruppen Geschlechtsverkehr?), ob verbales oder bildliches Material präsentiert werden muss, welches Pbn als anstößig, provozierend oder demütigend empfinden könnten (z. B. Präsentation von Bildern von der öffentlichen Folterung oder Hinrichtung eines Gewaltverbrechers im Zusammenhang mit der Fragestellung: Hat die Folterung oder Todesstrafe Abschreckungspotential?), oder ob die Möglichkeit besteht, dass die Pbn Belastungen erfahren, deren Verarbeitung ihnen Schwierigkeiten macht (z. B. bei der Induktion von Misserfolg durch willkürliche negative Leistungsrückmeldung bei unlösbaren Problemstellungen: 85 % der bisherigen Teilnehmer haben die Aufgabe besser gelöst als Sie!).

In solchen Fällen ist zu analysieren, ob die Gefährdung der persönlichen Integrität thematisch und/oder methodisch bedingt ist (im Beispiel der Misserfolgsinduktion liegt neben der zugemuteten Belastung auch noch eine Täuschung vor, die alleine schon möglichst vermieden werden sollte), für wie schwerwiegend die Gefährdung eingeschätzt wird und wie sie vermieden werden kann.

6.3.2   Transparenz

Die zweite Grundforderung bezieht sich darauf, dass den Teilnehmern die Untersuchung transparent zu machen ist. Sind es – wie im voranstehenden Abschnitt besprochen – sensible Themen, die die Würde und Integrität einer Person bedrohen können, so stellt das **Herstellen von Transparenz** eine adäquate Maßnahme dar. Das bedeutet, dass die Teilnehmer vollständig über den Gegenstand der Untersuchung und das Untersuchungsmaterial informiert werden und von daher besser entscheiden können, ob sie (weiter) teilnehmen wollen (vgl. Punkt (3) der Grundsätze von DGPs und BDP). In Kapitel 6.4.2 kommen wir auf diese Maßnahme, die mit versuchsplanerischen Überlegungen (z. B. zur Validität der Untersuchung) kollidieren kann, zurück.

6.3.3   Täuschung

Die dritte Grundforderung besteht darin, dass **Täuschungen zu vermeiden** sind (vgl. Punkt (3) der Grundsätze von DGPs und BDP). Eine „gelungene" Täuschung liegt beispielsweise in der Milgram-Studie vor. Kein Pb kam auf die Idee, dass die Situation nur gestellt sei und der „Schüler" in Wirklichkeit ein Helfer des Vl ist. Wie wirklichkeitsnah und belastend die Situation erlebt wurde, zeigen die unwillkürlichen Reaktionen vieler „Lehrer", die zitterten, stotterten, schwitzten und weitere schwere Belastungshinweise offenbarten. An diesem Beispiel zeigt sich besonders markant der Konflikt, in welchem ein Wissenschaftler in Bezug auf die Täuschung (und analog auch zur Transparenz) steht. **Einerseits** ist es ethisch schwer vertretbar, eine Person, auf deren Mitarbeit man angewiesen ist, auch noch zu täuschen und in diesem Zusammenhang einer psychischen Belastung auszusetzen, die dieser Person möglicherweise lange Zeit schwere Probleme bereitet (Wer erkennt schon gerne, dass er – ohne großen Druck – das Leben eines Menschen aufs Spiel gesetzt hat?). **Andererseits** kann man diese Erkenntnis (Viele, möglicherweise sogar die meisten Menschen setzen das Leben anderer Menschen ohne großen Druck aufs Spiel!) nur dann gewinnen, wenn die Untersuchungssituation als „echt" erlebt wird. Herstellen von Transparenz führt aus experimentalpsychologischer Sicht in einigen Fällen dazu, dass die Untersuchung ihre Variablenvalidität verliert, der Wissenschaftler also keine Aussage darüber machen kann, welches Verhalten er eigentlich untersucht hat (vgl. die Kapitel 3.3.1.1 und 3.3.1.2). Hätte Milgram seine Pbn vorher darüber informiert, dass dem „Schüler" eigentlich überhaupt nichts passiert, wären die Ergebnisse – egal wie sie ausgesehen hätten – sinn- und wertlos gewesen.

Wie kann man diesen Konflikt entscheiden? Grundsätzlich ist zu bemerken, dass es dafür heute keine verbindlichen Regeln gibt und vermutlich zukünftig auch keine geben wird, sondern dass jeder Wissenschaftler diese **Entscheidungen persönlich treffen und verantworten** muss. Er kann dazu sowohl extreme als auch vermittelnde Positionen einnehmen. Besteht ein Wissenschaftler z. B. in jedem Fall auf volle Transparenz für die Teilnehmer der Untersuchung, dann stellt das eine Extremposition dar. Verbunden damit ist allerdings auch die Konsequenz, dass eine Vielzahl (möglicherweise die Mehrzahl) empirischer Untersuchungen nicht mehr sinnvoll (valide) durchgeführt werden könnten. Die gegenteilige Extremposition liegt vor, wenn ein Erkenntnisprimat Entscheidungsrelevanz erlangt. In diesem Fall spielten ethische Erwägungen keine oder nur eine untergeordnete Rolle. Die vermittelnde Position besteht darin, zwischen ethischen Grundsätzen und wissenschaftlichem Erkenntnisinteresse abzuwägen. Man spricht deshalb auch von der Position der **Güter- oder Kosten-Nutzen-Abwägung**. In dieser Position benötigt man zur Entscheidungsfindung möglichst viele Informationen. Wie man sich solche Informationen beschaffen kann, wird in den nachfolgenden Kapiteln besprochen.

6.3.4   Voruntersuchung

In den Kapiteln 3.3.3.4 und 5.6.2 haben wir Voruntersuchungen in ihrer Funktion als Optimierungsinstrumente für die nachfolgenden Hauptuntersuchungen bereits kennen gelernt. Parallel dazu können sie auch zur Sammlung von Informationen genutzt werden, die die oben genannten Entscheidungen bezüglich ethischer Fragen mitbedingen.

Zunächst kann man die Vpn im Anschluss an die Voruntersuchung befragen, ob es zu Belastungen gekommen ist. Das verhindert solche Überraschungen, wie sie auch Milgram erlebt hat, der die Ergebnisse seiner Studie nicht vorausgesehen hatte. Außerdem kann man danach fragen, für wie gravierend und nachhaltig die Beeinträchtigungen gehalten werden, ob evtl. eingeplante Täuschungen als erträglich oder inakzeptabel erlebt werden usw. Natürlich sind die solchermaßen erhobenen Informationen umso aussagekräftiger, je mehr Pbn an der Voruntersuchung teilnehmen. Außerdem sollte grundsätzlich beachtet werden, dass die in der Voruntersuchung eingesetzten Vpn jenen Pbn möglichst ähnlich sind, die an der Hauptuntersuchung teilnehmen sollen, da ansonsten die Gefahr besteht, dass die erhobenen Informationen irrelevant und vielleicht sogar irreführend sind.

6.3.5   Gespräche mit anderen Wissenschaftlern

Natürlich können subjektive Äußerungen von Pbn, die sich in einem sozialen Hierarchieverhältnis zum Vl erleben, nicht die einzige Informationsquelle zur Analyse der ethischen Probleme eines geplanten Experiments darstellen. Sehr hilfreich sind häufig auch Gespräche mit Wissenschaftlern, die an verwandten Themen arbeiten und Erfahrung mit empirischen Untersuchungen in der Psychologie besitzen. Diese können zu anderen Einschätzungen hinsichtlich der Gefahr der Verletzung der Würde und Integrität der Pbn kommen als man selber, und die Problematik von Täuschungen im konkreten Fall auch anders beurteilen. Auf der Basis solcher Erfahrungen und der eigenen Einschätzungen, möglicherweise ergänzt durch spezielle Voruntersuchungen, könnten solche Diskussionen zu rechtzeitigen Korrekturen führen, die gegebenenfalls auch die Entwicklung alternativer Untersuchungen mit sich bringen könnten.

6.3.6   Planung alternativer Untersuchungen

Damit ist bereits die nächste Möglichkeit genannt, Informationen zu generieren, die die Entscheidungsfindung erleichtern können, also die Planung von Untersuchungsalternativen. Wird eine geplante Untersuchung aus ethischer Perspektive skeptisch betrachtet und gibt es eine Möglichkeit, die gleiche Hypothese mit einer Untersuchung zu prüfen, die als ethisch unbedenklich eingestuft wird, so ist Letztere natürlich vorzuziehen. Wie bereits erwähnt reicht es dafür nicht aus, z. B. einfach die evtl. vorliegende Täuschung durch das Herstellen von Transparenz zu vermeiden, sondern es muss sehr wohl darauf geachtet werden, dass die alternative Untersuchung zumindest das Validitätsniveau der zuerst geplanten Untersuchung erreicht (und vielleicht sogar noch übertrifft).

6.3.7 Güterabwägung

Auf dieser Informationsbasis – Voruntersuchung, Gespräche mit anderen Wissenschaftlern und Planung alternativer Untersuchungen – muss der Forscher zu einer Entscheidung kommen, ob er eine Untersuchung zur Überprüfung seiner Hypothese durchführen möchte und – wenn ja – welche Untersuchung. Er hat dazu die Kosten (mögliche Verletzungen der Würde, der Privatsphäre und der Integrität der Teilnehmer) abzuschätzen und mit dem Nutzen (eine geprüfte Aussage zu einer wissenschaftlichen Frage von erheblicher Tragweite machen zu können) in Beziehung zu setzen. Die Entscheidung muss er letztlich selbst treffen und verantworten. Sie bleibt zwangsläufig immer subjektiv und relativ. Die einzig richtige Entscheidung gibt es in kritischen Fällen nicht.

In den Kapiteln 7.2.2 und 7.3.1 wird gezeigt, welche Hypothesenprüfungen von besonderer theoretischer Bedeutung sind. Wenn man sich z. B. aus der rationalistischen wissenschaftstheoretischen Position einen besonders strengen und/oder originellen Theorietest verspricht oder aus der strukturalistischen wissenschaftstheoretischen Position eine erhebliche Ausweitung des Geltungsbereiches erwartet, dann steigt der potentielle Nutzen der Untersuchung deutlich an und die Güterabwägung – in diesem Fall die Nutzenabwägung – beinhaltet ein wichtiges Argument.

6.4 Ethische Erwägungen bei der Durchführung der Untersuchung

Da es bei strittigen Fällen nicht **die** richtige Planungsentscheidung gibt und auch nicht immer – selbst bei größter Sorgfalt in der Vorbereitung – alle Konsequenzen vorhergesehen werden können, muss auch darauf geachtet werden, dass bei der Anwerbung der Pbn, der Durchführung der Untersuchung und der Aufklärung nach der Untersuchung die Interessen der Teilnehmer immer sorgfältig im Auge behalten werden.

6.4.1 Anwerbung der Vpn

Bei der Anwerbung der Untersuchungsteilnehmer ist grundsätzlich darauf zu achten, dass die Teilnahme am Versuch **freiwillig** ist (vgl. Punkt (3) der Grundsätze von DGPs und BDP). Jeder wie auch immer geartete Druck oder Zwang ist zu vermeiden. Außerdem muss bei der Anwerbung soweit wie möglich über den **Inhalt und den Ablauf der Untersuchung informiert** werden. In jenen Fällen, in denen die volle Transparenz nicht hergestellt werden kann oder getäuscht werden muss, sind die Pbn nach Abschluss des Versuchs aufzuklären und vollständig zu informieren. Einen Sonderfall bildet die Teilnahme von Studierenden der Psychologie an empirischen Untersuchungen, da diese – festgelegt durch die jeweiligen Prüfungsordnungen – meist eine bestimmte Anzahl an Vpn-Stunden nachweisen können müssen, um an der Diplom-Vorprüfung teilnehmen zu dürfen. Damit ist der Status der Freiwilligkeit der Teilnahme nicht mehr uneingeschränkt gegeben, auch wenn immer noch die Möglichkeit der Auswahl zwischen verschiedenen Untersuchungen vorhanden ist. Andererseits ist diese Einschränkung dadurch zu rechtfertigen, dass die Erfahrungen, die die Studierenden beim Ableisten ihrer Vpn-Stunden sammeln, gerade dazu dienen sollen, die ethische Problematik aus der Sicht der Vpn in ihrer Breite und Vielfalt kennen zu lernen und später – in eigenen Untersuchungen – besser berücksichtigen zu können.

6.4.2   Teilnahme an der Untersuchung

Natürlich ist insbesondere während der Untersuchung ständig das Augenmerk darauf zu lenken, dass Würde und Integrität der Versuchspersonen nicht verletzt werden. Zu diesem Zweck empfiehlt es sich, mit den Versuchspersonen nach der Begrüßung einen „**Vertrag zu schließen**", der zum einen beinhaltet, **dass sie den Versuch abbrechen können**, wenn sie sich psychisch und/oder physisch zu stark belastet fühlen. Auch in solchen Fällen müssen evtl. versprochene Teilnahmebelohnungen (Teilnahmebescheinigungen, Entgelte usw.) eingehalten werden (vgl. die Punkte (4) und (5) der Grundsätze von DGPs und BDP). Andererseits verpflichtet sich die Versuchsperson in dieser Absprache, **ernsthaft und gewissenhaft gemäß den Anweisungen an der Untersuchung mitzuarbeiten**. Das bedeutet, dass die Pbn nicht etwa einfach aus Langeweile abbrechen oder oberflächlich agieren, sondern die eingegangenen Verpflichtungen auch seriös erfüllen sollen.

Dieser Vertrag sollte auch einen Hinweis auf die **Anonymität der Ergebnisse** enthalten. Der Vl muss sicherstellen, dass kein Missbrauch mit den Daten der Vpn geschehen kann. Zu diesem Zweck vereinbart er mit den Pbn beispielsweise ein Kodewort, das für den wirklichen Namen eingesetzt wird und während der Untersuchung und der Auswertung Verwendung findet. Box 25 enthält ein Beispiel für einen Vertrag zwischen Vl und Vp.

6.4.3   Abschlussgespräch

Im Anschluss an die Untersuchung sind die Teilnehmer in einem Abschlussgespräch – falls noch nicht geschehen – *vollständig zu informieren und im Täuschungsfall aufzuklären*. Bei diesem Gespräch ist auch zu prüfen, *ob es zu Belastungen gekommen ist, die einer weiteren Behandlung bedürfen, und wie diese ggf. aussehen kann* (vgl. die Punkte (3) und (5) der Grundsätze von DGPs und BDP). Für die Pbn ist es in der Regel sehr hilfreich, wenn ihnen bei diesem Abschlussgespräch ausreichend Gelegenheit gegeben wird, Fragen zu allen Aspekten der Untersuchung zu stellen.

Selbstverständlich sind alle **Versprechungen einzulösen**, die beim Anwerben gegeben wurden. Dazu zählen z. B. das Ausstellen von Vpn-Scheinen, das Auszahlen von Entgelt und/oder das Vereinbaren von Terminen, wenn eine Rückmeldung der individuellen Ergebnisse abgesprochen wurde.

6.5   Exemplarische Diskussion

Zur weiteren Illustration sollen abschließend noch einige Untersuchungsbeispiele bzw. konkrete Vorgehensweisen zu Vereinbarungen zwischen Vl und Vpn besprochen werden.

Zunächst soll die Milgram-Studie noch einmal aufgegriffen werden. Im Vergleich zu den hier beschriebenen Erwägungen und Maßnahmen fallen zwei deutliche Abweichungen auf. Milgram wurde von den Ergebnissen überrascht. Das deutet darauf hin, dass eingehende Voruntersuchungen nicht oder nicht im notwendigen Umfang stattgefunden haben. Auch Gespräche mit erfahrenen Kollegen hätten ihm helfen können, die Ergebnisse – und damit die außerordentliche Belastung seiner Pbn – vorherzusehen. Die zweite problematische Konstellation bringt die Untersuchungsteilnahme mit sich. Wenn die Pbn eine sehr starke psychische Belastung erleben und deshalb abbrechen möchten, dann werden sie vom Vl verbal daran „gehindert". Seine Aufforderungen (Bitte fahren Sie fort! Das Experiment erfordert es, dass Sie weitermachen! Es ist absolut erforderlich, dass Sie weitermachen! Sie haben keine Wahl, Sie müssen weitermachen!) bewirken, dass die Vpn trotz großer Skrupel mit der Bestrafungsprozedur fortfahren. Dieses Vorgehen steht natürlich in krassem Widerspruch zur geforderten Möglichkeit, die Untersuchung ohne negative Konsequenzen abbrechen zu können und ist deshalb ethisch eigentlich nicht vertretbar. Andererseits beantwortet exakt dieses Vorgehen die Frage danach, wie viel verbaler Druck von Seiten einer Autorität vonnöten ist, um bei der überwiegenden Mehrzahl der Teilnehmer unmenschliches Verhalten zu provozieren. Das Ergebnis der Studie besagt, dass ein relativ milder verbaler Druck auf die Vpn dazu ausgereicht hat. Die heftige ethische Diskussion zu dieser Untersuchung betrifft somit die Abwägung zwischen dem Schutz der Integrität der Pbn einerseits und den gewonnenen wissenschaftlichen Erkenntnissen andererseits.

Milgram hat seine Teilnehmer im Nachhinein aufgeklärt und versichert, dass niemand bleibenden Schaden genommen hat. Die Mehrzahl sei sogar dankbar gewesen, diese erschreckende Erfahrung gemacht haben zu dürfen. Dennoch ist und bleibt dieser Versuch ein Beispiel dafür, dass man als Vl (Experimentator) seine eigene Entscheidung zu treffen und zu verantworten hat. Milgram hat das Risiko der nachhaltigen Verletzung der Integrität seiner Pbn in Kauf genommen, um zu einem zweifellos bedeutsamen wissenschaftlichem Erkenntnisgewinn zu kommen. Andere Wissenschaftler hätten eher auf diesen Gewinn verzichtet, um das Risiko nicht eingehen zu müssen.

Die Studie wurde häufig repliziert. Die Wiederholung mit weiblichen Vpn z. B. kam zu vergleichbaren Ergebnissen. Hier stellt sich erneut – und verschärft – die Frage nach der ethischen Vertretbarkeit. Erstens kannte man zwischenzeitlich das gesamte Ausmaß der Belastung genau und zweitens ist der Erkenntniszuwachs nicht mehr zu vergleichen mit dem der ersten Untersuchung. Aber auch für die Gegenposition gab es neue Argumente, so etwa die Erfahrung, dass das Risiko einer dauerhaften psychischen Beeinträchtigung nicht so hoch anzusiedeln ist wie ursprünglich vermutet.

Bei der Milgram-Studie handelt es sich im Vergleich zur überwiegenden Mehrzahl aller psychologischen Untersuchungen um einen Extremfall in Hinblick auf das Ausmaß der Täuschung und der psychischen Belastung. Die meisten Versuche kommen ohne oder mit nur geringfügiger Täuschung und Belastung aus. Aber auch die Placebo-Forschung macht klar, dass die Entwicklung von Medikamenten, die für Menschen sehr wichtig (bis hin zu lebensrettend) sein können, häufig mit einer Täuschung verbunden ist. Ein Placebo ist ein Medikament ohne Wirkstoffe, das der Kontrollgruppe verabreicht wird, ohne dass die Pbn von dem fehlenden Wirkstoff wissen. Der Effekt besteht darin, dass allein die Einnahme eines vermeintlichen Wirkstoffs zu positiven Veränderungen führen kann. Erst wenn die Wirkung eines echten Medikaments die eines Placebos bedeutsam übersteigt, handelt es sich um einen rein medikamentösen Effekt. Informiert man die Vpn allerdings darüber, dass es sich bei dem von ihnen eingenommenen Medikament um ein Placebo handelt, bleibt der psychische Effekt aus. Folglich kann dann auch nicht mehr der rein medikamentöse Effekt abgeschätzt werden. Somit stellt sich auch in diesen Fällen – wenngleich weniger spektakulär – die Frage der Güterabwägung: Verzichtet man auf diese Form der Medikamentenentwicklung, weil man der Meinung ist, Versuchsteilnehmer dürfen nicht getäuscht werden, oder nimmt man die relativ geringe (und im Nachhinein von den Pbn gut zu verarbeitende) Täuschung in Kauf, um zu einer verbesserten medikamentösen Versorgung der Bevölkerung beizutragen?

In jüngerer Zeit versucht man die Täuschung in der Placebo-Forschung beispielsweise dadurch zu vermeiden, dass die Vp weiß, dass es Medikamente mit und ohne Wirkstoff gibt, ihr aber nicht mitgeteilt wird, zu welcher Gruppe sie selbst zählt. Im Zusammenhang mit der Freiwilligkeit der Teilnahme geht man dann davon aus, dass die Täuschung keinen bedeutenden Stellenwert besitzt. Diese Kostenreduktion bewirkt aber auch eine Nutzenreduktion, denn die reliable und valide Abschätzung des Wirkstoffeffekts leidet unter dem Wissen um die beiden Alternativen.

Um spezielle Formen der Täuschung handelt es sich bei der verdeckten Beobachtung in der deskriptiven Feldforschung, beim Einsatz von Gehilfen des Diskussionsleiters bei der Gruppendiskussion oder auch beim Einsatz von Gehilfen des Vl in der sozialpsychologischen Forschung. In diesen und verwandten Fällen werden die Teilnehmer der Untersuchung nicht darüber informiert, dass sich unter den anderen Vpn unerkannt auch Helfer der Forscher befinden (vgl. Punkt (3) der Grundsätze von DGPS und BDP), die die Untersuchungssituation beobachten und/oder gezielt beeinflussen. Grundsätzlich ist mit dieser Form der Täuschung ebenso zu verfahren wie bisher besprochen. Allerdings ist z. B. bei der verdeckten Beobachtung dem Schutz der Würde und Privatsphäre der beobachteten Personen besondere Aufmerksamkeit zu widmen, denn prinzipiell ist hier auch **der Fall der unfreiwilligen Teilnahme** gegeben.

Nachdem an besonders informativen Einzelfällen bzw. Beispielen die zentralen Aspekte des ethisch vertretbaren Umgangs mit Vpn erörtert wurden, wollen wir uns jetzt ein **Beispiel für einen Vertrag** zwischen Vl und Vp ansehen (vgl. Box 25).

Box 25: Vertrag zwischen Versuchsleiter und Versuchsteilnehmer

Sie haben sich freiwillig dafür entschieden, an dieser Untersuchung teilzunehmen. Wir danken Ihnen für diese Bereitschaft und versichern, dass Ihnen in diesem Zusammenhang keine übermäßigen seelischen und körperlichen Belastungen zugemutet werden. *Ihr jetziges und zukünftiges Wohlergehen haben Vorrang vor reinem wissenschaftlichem Erkenntnisinteresse.*

Manchmal ist es aus methodischen Gründen leider nicht möglich, die Teilnehmer vollständig über die Ziele und die Art der Durchführung der Untersuchung vorab zu informieren. *Sofort nach Abschluss des Versuchs erhalten Sie aber alle gewünschten Informationen.*

Sollten entgegen unseren Erwartungen für Sie während des Versuchs Belastungen auftreten, *die Sie als zu schwerwiegend erachten, so haben Sie die Möglichkeit, die Untersuchung abzubrechen.* Es werden für Sie daraus keine nachteiligen Folgen entstehen.

Diesen Rechten stehen auch nachvollziehbare Pflichten gegenüber. Die Planung und Durchführung einer Untersuchung sind mit erheblichen zeitlichen und finanziellen Aufwendungen verknüpft. Außerdem ist das Ergebnis einer Untersuchung häufig auch von erheblicher Bedeutung für das Wohlergehen der Gesellschaft und einzelner Menschen. *Es ist deshalb wichtig, dass Sie versuchen, die Aufgabenstellungen der Untersuchung, so wie sie Ihnen durch die Anweisungen vermittelt werden, so gut wie möglich zu erfüllen.* Eine uninteressierte und oberflächliche Mitarbeit gefährden die Erreichung der Untersuchungsziele erheblich und bedeutet damit gleichzeitig eine mögliche Verschwendung von zeitlichen und finanziellen Mitteln.

Wir wollen abschließend darauf hinweisen, *dass Ihre Untersuchungsergebnisse streng vertraulich behandelt werden.* Zu diesem Zweck vereinbaren wir mit Ihnen ein Kodewort, das die Zuordnung der Daten zu Ihrer Person verhindert. Damit Sie Kenntnis von Ihren Ergebnissen erhalten können, müssen Sie sich allerdings diesen Kode merken. Das Erinnern können wir Ihnen erleichtern, wenn sie beispielsweise folgende Herstellungsregel befolgen:

Name des Vaters: **Fr**anz **Ka**iser; Geburtsjahr der Mutter: 19**34**; Kodewort: FR34KA.
Selbstverständlich können Sie auch ein anders zusammengesetztes Kodewort wählen.
Das von Ihnen gewählte Kodewort lautet: ....

Vielen Dank für Ihre ehrliche und bereitwillige Mitarbeit!

Es muss betont werden, dass es sich bei diesem Vertrag zwischen Versuchsteilnehmer und Versuchsleiter um einen Vorschlag handelt, der natürlich – je nach Lage der
ethischen Problematik und inhaltlicher Thematik – modifiziert werden kann. Die
wesentlichen (kursiv gedruckten) Bestandteile sollten jedoch immer enthalten sein.
Der Vorteil eines solchen Vertrags besteht im Wesentlichen darin, dass evtl. Täuschungen oder Intransparenzen nicht verschwiegen werden und gleichzeitig auf
deren spätere Auflösung verwiesen wird. Außerdem problematisiert er das unenga-
gierte Agieren von Versuchspersonen, welches die Präzision eines Experiments erheblich einschränken kann und dessen Vermeidung bzw. Reduktion deshalb von
grundsätzlicher Bedeutung ist.

Ein spezifisches Problem psychologischer Forschung besteht darin, dass sehr häufig studentische Stichproben verwendet werden. Man spricht daher gelegentlich von
einer Psychologie, deren Ergebnisse auf deren Studenten beschränkt ist. Im Zusammenhang mit der Diskussion zum Geltungs- oder Anwendungsbereich einer Hypothese (vgl. Kapitel 3.7 und 3.9) hatten wir uns mit dieser Problematik bereits differenziert auseinandergesetzt.

Bezogen auf die ethische Problematik erfordert dieses Thema eine frühzeitige und
umfassende Information aller Studierenden der Psychologie. Sie müssen darauf hingewiesen werden, dass sie zunächst einmal unterschiedliche – vielleicht auch be-
lastende – Versuchssituationen erlebt haben müssen, damit sie später – dann in der
Rolle als Vl – die mögliche Belastung ihrer Pbn besser abschätzen können. Außerdem ist es sinnvoll, die Studierenden darüber zu informieren, dass gelegentlich mit
Täuschungen zu rechnen ist, die aber frühestmöglich aufgeklärt werden. In diesem
Zusammenhang erscheint ein Vorschlag von Campbell (1963) sehr sinnvoll, der
darauf abzielt, die jeweils neuen Studienjahrgänge mit dieser Problematik möglichst
frühzeitig vertraut zu machen. In Box 26 ist dieser Vorschlag abgedruckt.

Box 26: Informationen für die Erstsemester

„Geben Sie allen Teilnehmern des Versuchsteilnehmerpools zu Beginn des Se-
mesters bekannt:
Sie werden an ungefähr der Hälfte der Experimente in diesem Semester teilnehmen. Um der Validität des Experiments willen wird es nötig sein, daß der Experimentator Ihnen seine genauen Untersuchungsabsichten ganz oder teilweise ver-
birgt oder sogar andere als die eigentlichen nennt. Bis zu dem Zeitpunkt, wenn
alle Daten gesammelt worden sind, werden wir Sie nicht darüber informieren
können, was für Experimente das waren und welches Ziel sie wirklich verfolgten.
Wir garantieren Ihnen, daß Sie in keine mögliche Gefahr geraten und daß Ihre
Privatsphäre nicht angetastet werden wird. Ihre Antworten werden vollkommen
anonym behandelt" (Campbell, 1963, S. 370, zitiert nach Sarris, 1992, S. 316).

Auch bei diesem Beispiel gilt, dass es sich um einen **Vorschlag** handelt, der bezüglich der jeweiligen Studiensituation **angepasst** werden kann. In jedem Fall ist es
empfehlenswert, die Studierenden rechtzeitig auf die erörterte Problematik hinreichend vorzubereiten.

Abschließend zu diesen ethischen Überlegungen muss ergänzend bemerkt werden, dass die Wissenschaft Psychologie auf ihre Vpn angewiesen ist. *Auch aus dieser Sicht ist es unabdingbar, offen und ehrlich mit ihnen umzugehen, um sie – auf längere Sicht – der Wissenschaft als wesentliche Bestandteile der notwendigen Konfrontation ihrer Hypothesen mit der Empirie zu erhalten.*

Außerdem sollte klar geworden sein, dass sich die ethischen Erwägungen nicht alleine auf das Experiment und seine Varianten beziehen, sondern für jede Form der empirischen Hypothesenprüfung und -generierung gelten. Auch für die beratende und therapeutische Tätigkeit ist die Auseinandersetzung mit ethischen Prinzipien unabdingbar.

Eine umfassende und differenzierte Auseinandersetzung mit dem Thema leistet Schuler (1980) in seinem Buch „Ethische Probleme psychologischer Forschung". Ebenso wie jeder Studierende der Psychologie das Buch von Milgram gelesen oder den zugehörigen Film gesehen haben sollte, erscheint die Lektüre von Schulers Werk unabdingbar. Jüngere Diskussionsbeiträge stammen z. B. von Kimmel (1996) und Rustemeyer (1997).

7 Theorie: Begriff, Überprüfung, Veränderung und Bewertung

Alle bisherigen Ausführungen erfahren ihren eigentlichen Sinn erst im Zusammenhang mit der Erstellung, Überprüfung und Veränderung einer wissenschaftlichen Theorie. Wie an verschiedenen Stellen bereits ausgeführt, ist das Prüfen wissenschaftlicher Hypothesen niemals Selbstzweck, sondern dient – in einem erweiterten Verständnis – implizit immer auch der Theoriebildung, der Theorieüberprüfung und somit letztlich auch der Theorieveränderung (vgl. z. B. die Kapitel 1.1 und 1.4.6).

Zu diesem Thema sind viele Texte verfasst worden. So beschäftigt sich beispielsweise auch das sehr lesenswerte Werk von Westermann (2000, Wissenschaftstheorie und Experimentalmethodik), welches jüngst erschienen ist, ausführlich mit der Thematik und ihrer historischen Entwicklung. Wir beschränken uns an dieser Stelle deshalb auf jene wissenschaftstheoretischen Aspekte, die zur Förderung des angestrebten breiteren Verständnisses im Kontext des experimentellen Hypothesenprüfens notwendig sind.

Dazu zählen Begriffsklärungen zum Theoriebegriff selbst (Kapitel 7.1), Überlegungen zur Prüfung von Theorien (Kapitel 7.2) und schließlich Konsequenzen für die Bewertung und Veränderung von Theorien (Kapitel 7.3).

7.1 Theoriebegriff

7.1.1 Definition

Eine Theorie ist ein geordnetes System von Aussagen! Differenzierter im Sinne der Aussagenkonzeption (statement view) formuliert, bezeichnet eine wissenschaftliche Theorie „ein deduktives System von gesetzesartigen Aussagen, die sich auf einen bestimmten Gegenstandsbereich beziehen" (Gadenne, 1994, S. 302). Dabei unterscheidet man diese Aussagen in die gesetzten **Grundannahmen** (Axiome, Postulate) und die daraus logisch ableitbaren **Theoreme**.

Stärker am experimentalpsychologischen Begriffsinventar orientieren sich Bortz und Döring (1995), wenn sie feststellen:

Definition: Theorie

„Wenn eine abhängige Variable nur multikausal erklärbar ist, besteht die Aufgabe der Forschung darin, den **relativen Erklärungswert** mehrerer unabhängiger Variablen zu bestimmen. Die relativen Bedeutungen der unabhängigen Variablen für die abhängige Variable sowie die Beziehungen der unabhängigen Variablen untereinander konstituieren ein erklärendes Netzwerk für die Variabilität einer abhängigen Variablen oder kurz: eine Theorie" (1995, S. 14).

In Sozialwissenschaften wie der Psychologie hat es sich eingebürgert, von einer Theorie erst dann zu sprechen, wenn sich Aussagen der Theorie und einige Folgerungen daraus, also Postulate und Theoreme, bereits bewährt haben. Deswegen werden „Axiome ... in den Erfahrungswissenschaften nach dem Gesichtspunkt gewählt, daß möglichst wenige Grundannahmen zusammen einen möglichst hohen Informationsgehalt haben, d. h. dass möglichst viel aus ihnen abgeleitet werden kann, darunter viele bestätigte Hypothesen des betreffenden Forschungsgebietes" (Gadenne, 1994, S. 302). Dazu wollen wir auch noch einmal Bortz und Döring (1995) zu Wort kommen lassen:

Definition: Theorie

„Theorien haben die Funktion, Sachverhalte zu beschreiben, zu erklären und vorherzusagen. Im Kern bestehen sozialwissenschaftliche Theorien aus einer Vernetzung von gut bewährten Hypothesen bzw. anerkannten empirischen Gesetzmäßigkeiten" (1995, S. 15).

An einem (nicht ganz ernst zu nehmenden) Beispiel (vgl. Box 27) sollen die besprochenen Merkmale einer Theorie verdeutlicht werden. Angenommen wir wollen das **kurzfristige Behalten** erklären. Dabei würden wir unter kurzfristigem Behalten das freie Wiedergeben (Reproduktion) einer zuvor mit Behaltensintention aufgenommenen Information nach einer Pause von maximal fünfzehn Sekunden verstehen. In einem ersten Schritt wäre zu analysieren, welche Variablen auf das kurzfristige Behalten Einfluss nehmen. In Abbildung 7.1a ist eine Variablenliste aufgeführt, die die multikausale Bedingtheit des uns interessierenden Konstrukts aufzeigt.

Box 27: Beispiel einer Theorie zum kurzfristigen Behalten und Erinnern

Die zentrale Variable ist das kurzfristige Behalten (kBL: kurzfristige Behaltensleistung), welches man beispielsweise misst, wenn man eine Reihe von Zahlen (etwa eine neunstellige Telefonnummer) direkt im Anschluss an deren Präsentation wiedergeben muss. Menschen unterscheiden sich in der Fähigkeit, solche Zahlenreihen zu behalten, beträchtlich. Im Durchschnitt werden zwischen 5 und 9 Zahlen korrekt erinnert. Woher kommt diese Variabilität, oder anders gefragt, von welchen Einflussgrößen ist die kBL abhängig?

Box 27 (Fortsetzung)

Diese Frage wird durch die Variablenliste in Abbildung 7.1a beantwortet. Es handelt sich demnach um das Alter (ALT), den Umfang und die Strukturiertheit des Faktenwissens (Langzeitgedächtnis LG), den Umfang und die Strukturiertheit des Strategiewissens (STRA), die Vorstellungsfähigkeit (Imagination IMA), die Konzentrationsfähigkeit (KON) und den Umfang und die Flexibilität der mittelfristigen Speichermedien (Kurzzeitspeicher und Arbeitsgedächtnis KG). Die Art der Einflussnahme auf die abhängige Variable kBL (positiv oder negativ) ist in dieser Theorieentwicklungsstufe ebenso wenig beantwortet wie die Frage nach den Relationen zwischen den UVn.

Der letztgenannte Aspekt wird in Abbildung 7.1b weiter geklärt. Nach dieser Vorstellung beeinflusst das Alter die kBL **nicht direkt**, sondern sein Einfluss wird durch die anderen fünf Variablen **vermittelt**. Das bedeutet zum Beispiel, dass mit dem Alter sich die Imaginationsfähigkeit verändert und diese ihrerseits die kBL mitbestimmt.

Den höchsten Grad an Differenziertheit erreicht die Theorie gemäß Abbildung 7.1c. Hier werden auch die vermittelnden Variablen miteinander in Beziehung gesetzt. Außerdem erhalten die Relationen (Pfeile) Richtung (positiver oder negativer Einfluss) und Gewicht (großer oder geringer Einfluss). Beispielsweise bedingt das Alter das Langzeitgedächtnis positiv (+); mit zunehmendem Alter steigt sein Umfang und seine Strukturiertheit. Außerdem gibt es einen starken (positiven) Einfluss (fetter Pfeil) des LG auf den Umfang und die Flexibilität des KG, welches seinerseits die kBL stark positiv bestimmt. In dieser Teilstruktur hat das Alter also einen stark positiven Einfluss auf die kBL. Andererseits sinkt mit zunehmendem Alter der Umfang und die Flexibilität des KG, so dass in dieser Konstellation ein negativer Einfluss auf die kBL resultiert. Die Theorie konzipiert somit die kBL als multikausal bedingt. Sie erklärt die kBL mittels vernetzter und gewichteter UVn.

Obwohl es sich hier nur um eine Beispielstheorie handelt, treffen einige Vorhersagen, die aus ihr ableitbar sind, tatsächlich zu. So hat es sich gezeigt, dass je höher das metakognitive Wissen (strategische Wissen) ausgeprägt ist, desto höher die kBL ausfällt. Von einer Theorie spricht man im Bereich der Sozialwissenschaften aber erst dann, wenn die daraus ableitbaren Hypothesen bereits zu einem großen Teil empirisch bestätigt sind.

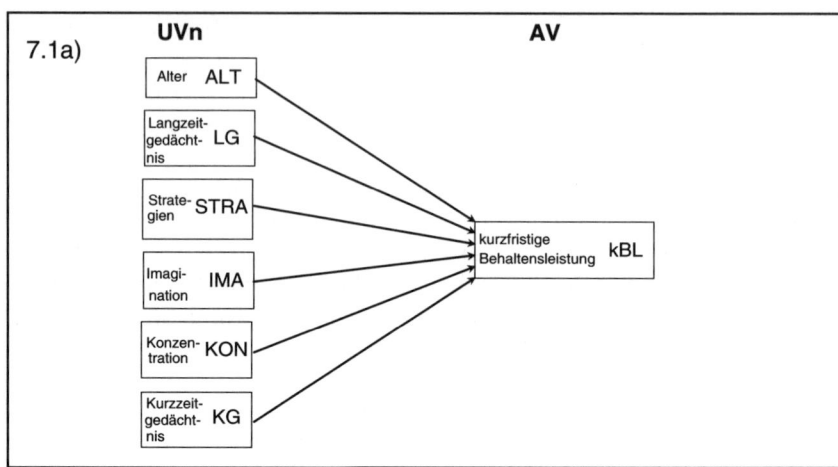

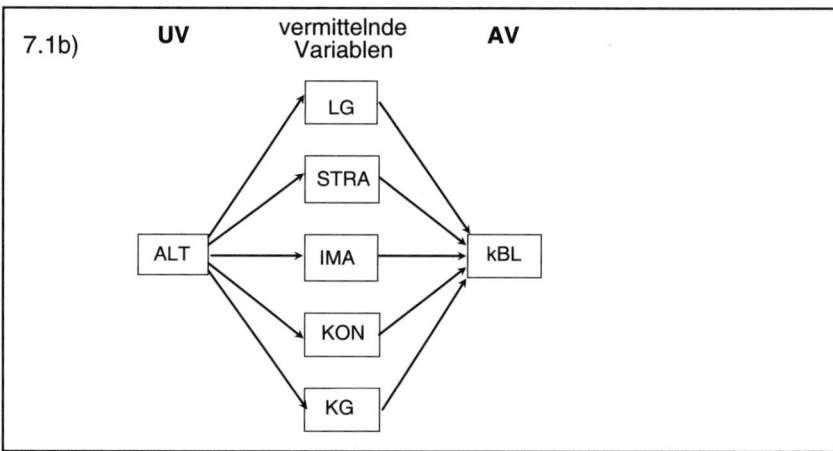

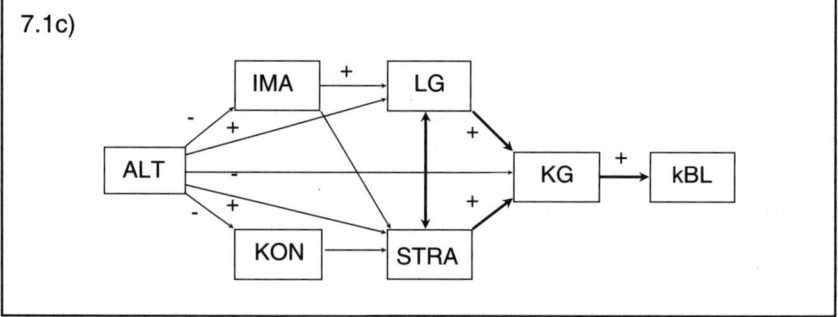

Abbildung 7.1: Verschiedene Stadien der Theorieentwicklung. Teilabbildung a) veranschaulicht die multikausale Bedingtheit der AV (kurzfristige Behaltensleistung), in b) werden bereits die UV und die vermittelnden Variablen unterschieden und in c) tritt die Vernetztheit der UV und der vermittelnden Variablen hinzu. Außerdem erhalten die Relationen Richtung (+/-) und Gewicht (mager/fett).

Im zweiten Schritt werden die UVn hierarchisiert. Das Alter bildet die Spitze der Hierarchie und die restlichen Variablen treten vermittelnd zwischen das Alter und die Behaltensleistung (vgl. Abbildung 7.1b). So bedeutet die erste Beziehung ALT $\longrightarrow$ LG, dass das Alter das Langzeitgedächtnis bedingt. Die Variable Langzeitgedächtnis (LG) wird dabei als der Umfang und die Strukturiertheit des vorhandenen Faktenwissens definiert. Formuliert man die Beziehung als Kausalaussage, so lautet sie: Je älter eine Person, desto umfangreicher, differenzierter und strukturierter ist ihr Faktenwissen. Die sich anschließende Relation von LG $\longrightarrow$ kBL bedeutet entsprechend, dass der Umfang und die Strukturiertheit des Faktenwissens des LG die kurzfristige Behaltensleistung (kBL) bedingt. Im Sinne der Vorverarbeitungshypothese wird die Information gemäß der Erfahrungen im LG komprimiert und benötigt im KG folglich weniger Kapazität. Die in Abbildung 7.1b angegebenen weiteren Beziehungen sind analog dazu zu verstehen.

Die Vernetzung, Ausrichtung und Gewichtung der Aussagen als Merkmale einer entwickelten Theorie werden im dritten Schritt eingeführt (vgl. Abbildung 7.1c). Zwischen Alter und kurzfristiger Behaltensleistung treten bis zu drei Variablen:
ALT (-) $\longrightarrow$ IMA (+) $\longrightarrow$ LG (+) $\longrightarrow$ KG (+) $\longrightarrow$ kBL.
Die Einzelaussagen sind in der bekannten Weise zu interpretieren, werden aber gewichtet und mit Vorzeichen versehen. Die Gewichtung (magerer vs. fetter Pfeil) bedeutet, dass die Aussage „Mit zunehmendem Alter sinkt die Vorstellungsfähigkeit" für die Erklärung (und Vorhersage) der kurzfristigen Behaltensleistung weniger Bedeutung hat als die Aussage „Mit zunehmendem Umfang und Strukturiertheit des Faktenwissens des LG steigt (indirekt; Vorverarbeitungskonzept) die Kapazität des Kurzzeitgedächtnisses (KG)". Das Vorzeichen präzisiert die Kausalaussage insofern, als die Art der Wirkung der UV auf die AV (positiv vs. negativ) angegeben wird: „Mit zunehmendem Alter **sinkt** die Vorstellungsfähigkeit" (negativ), aber „Mit zunehmender Vorstellungsfähigkeit **steigt** der Umfang und die Strukturiertheit des Faktenwissens im LG" (positiv).
Wären die in dem visualisierten Modell (vgl. Abbildung 7.1c) dargestellten Aussagen empirisch gut bewährt (und zum größeren Teil ist dieses der Fall), so könnte man von einer **Theorie des kurzfristigen Behaltens** sprechen.

Wird aus einer vorhandenen **Theorie** eine Folgerung abgeleitet, so handelt es sich dabei um eine **Hypothese**. Im Zusammenhang mit dem Beispiel könnte eine solche Hypothese lauten: „Sinnfreies Lernmaterial wird schlechter behalten als sinnvolles Lernmaterial." Der Hintergrund für diese Ableitung besteht darin, dass bei sinnfreiem Lernmaterial das Erstellen einer bildhaften Vorstellung (IMA) erschwert und die Auswahl möglicher Lern- und Abrufstrategien (STRA) eingeengt wird. *Der Theoriebegriff ist somit dem Hypothesenbegriff übergeordnet.* Schwieriger ist die Unterscheidung beim induktiven Vorgehen. Leitet man also eine Hypothese aus gesammelten Erfahrungen ab, so könnte man – je nach Komplexitätsgrad der Vermutung – evtl. auch schon von einer Theorie sprechen. Wie man zu Theorien kommt, ist eine sehr kontrovers diskutierte Frage. Sicherlich sind Voraussetzungen dafür ein ausführliches Literaturstudium, Gespräche mit Fachkollegen, systematische Beobachtungen und Reflexionen zum fraglichen Themenbereich. Nachdem diese Frage im Zusammenhang mit der Thematik des vorliegenden Buches keinen zentralen Aspekt einnimmt, wollen wir sie hier nicht weiter vertiefen. Einzelheiten dazu finden sich z. B. bei Wottawa (1988, S. 32ff.).

7.1.2   Wahrheitswert einer Theorie

Die Wahrheit einer Theorie kann man in einer Erfahrungswissenschaft prinzipiell nicht beweisen (fehlende Verifizierbarkeit, vgl. kritischer Rationalismus nach Popper, 1972). Selbst wenn alle bisherigen Überprüfungen für die Theorie sprechen, so kann eine **zukünftige** Überprüfung zu Ergebnissen führen, die mit der Theorie nicht zu vereinbaren sind. Außerdem ist es in der Regel schon unmöglich, alle **augenblicklichen** Mitglieder einer Population zu beobachten, um die uneingeschränkte Gültigkeit einer Theorie nachweisen zu können. Der Versuch der Verifikation beinhaltet somit einen sogenannten induktiven Schluss, der von einer begrenzten Anzahl an Beobachtungen (Stichprobe) auf die Gesamtpopulation und damit auch auf die Allgemeingültigkeit einer Theorie schließt. Dieser Schluss ist aus logischer Sicht unzulässig.

Es ist aber auch sehr schwierig – wenn nicht unmöglich –, von einer Theorie zu behaupten, dass sie falsch sei (Falsifikation), da sie nie allein für sich überprüft wird, sondern – wie wir wissen – immer im Kontext der Operationalisierung von UV und AV und der Kontrolle von Störvariablen. Lakatos (1974) beschreibt diesen Sachverhalt, wenn er von einer „Kerntheorie" und „Hilfstheorien" spricht. Die Hilfstheorien beziehen sich auf die Operationalisierungen und die dabei verwendeten Methoden (Interviews, Beobachtungen, Messungen usw.). Sie bilden einen „Schutzgürtel", der verhindert, dass die Kerntheorie leichtfertig falsifiziert wird, obwohl sie eigentlich gültig ist.

Die in der Literatur vorfindbare begriffliche Unterscheidung von einem Korrespondenz- und einem Basissatzproblem macht den gleichen Sachverhalt noch deutlicher.

Definition: Korrespondenzproblem, Basissatzproblem

„Das *Korrespondenzproblem* bezieht sich auf die Frage, inwieweit die in einer Untersuchung realisierten Stimuluseigenschaften mit den von der Hypothese vorgegebenen Bedingungen (Wenn-Teil) übereinstimmen. Das *Basissatzproblem* bezieht sich auf die Frage, inwieweit Beobachtungsprotokolle und Beschreibungen tatsächlich mit den „Fakten" übereinstimmen" (Bortz & Döring, 1995, S. 20).

Ersichtlich bezieht sich das Korrespondenzproblem auf die Problematik der Operationalisierung der UV(n), also des Wenn-Teils einer Hypothese, und das Basissatzproblem entsprechend auf die Operationalisierung der AV, also des Dann-Teils einer Hypothese, wobei im letzteren Fall auch immer noch zu beachten ist, dass empirische Erhebungen prinzipiell messfehlerbehaftet sind.

Man spricht aus diesen Gründen davon, dass sich eine Theorie auf dem Hintergrund empirischer Überprüfungen mehr oder weniger gut bewähren kann und nimmt damit Abstand von einem sogenannten „naiven Empirismus", wonach eine Theorie wahr (verifiziert) oder falsch (falsifiziert) sein kann. Im Detail wird diese Frage von Groeben und Westmeyer (1981) diskutiert.

Die strukturalistische wissenschaftstheoretische Position, auf die im Verlauf der Kapitel 7.2 und 7.3 immer wieder zurückgegriffen wird (und die auch dem von uns vertretenen Primat der internen Validität zugrunde liegt; vgl. Kapitel 3.9), löst sich gänzlich von dem Versuch, eine Theorie zu verifizieren oder zu falsifizieren bzw. den Grad ihrer Bewährung zu bestimmen; vielmehr beschränkt sie sich darauf, den Geltungsbereich einer Theorie empirisch zu explorieren (Sneed, 1976; Stegmüller, 1980; Westermann, 1987).

7.2   Theorieprüfung

Die Überprüfung einer Theorie erfolgt in einer empirischen Wissenschaft wie der Psychologie dadurch, dass aus ihr Hypothesen abgeleitet werden, die ihrerseits in der ausführlich beschriebenen Weise (Kapitel 1 bis 6) geprüft werden.

7.2.1   Ableitung von Hypothesen aus einer Theorie

Eine solche theoretisch-inhaltliche oder empirisch-inhaltliche Hypothese (A) aus unserem Beispiel zum kurzfristigen Behalten könnte lauten: „Wenn abstraktes Material präsentiert wird, dann wird dieses kurzfristig schlechter behalten als konkretes Material!" Die Begründung bezieht sich darauf, dass von abstraktem Material (z. B. vom abstrakten Begriff „Freude") weniger leicht Vorstellungsbilder (IMA) erzeugt werden können als von konkretem Material (z. B. vom konkreten Begriff „Auto") und daher die kurzfristige Behaltensleistung beeinträchtigt wird.

Ein weiteres Beispiel (B) wäre die Hypothese: „Leicht kategorisierbares Material wird besser behalten als schwer kategorisierbares Material!" Die theoriebezogene Begründung greift auf das Fakten- und Strategiewissen zurück, welches die Möglichkeiten zur Klassifizierung zum Zweck des besseren kurzfristigen Behaltens beinhaltet.

Möchte man das Alter mit in die Theorieprüfung einbeziehen, so könnte man die Hypothese B differenzieren und postulieren, dass dieser Leistungsvorteil in erster Linie für Erwachsene gilt. Die Begründung dafür wäre im zunehmenden Aufbau und in der fortschreitenden Strukturierung des Fakten- und Strategiewissens mit dem Alter zu sehen. Allerdings besagt die Theorie auch, dass die Flexibilität des KG mit zunehmendem Alter nachlässt, so dass die Hypothesen für drei frei gewählte Altersgruppen (8 Jahre, 20 Jahre und 60 Jahre) lauten:

Hypothese B_1: „Im Vergleich zu schwer kategorisierbarem Material besteht für Achtjährige ein kurzfristiger Behaltensleistungsvorteil bei leicht kategorisierbarem Material, wobei ein kleiner Effekt erwartet wird (Eta^2 kleiner 15 %)!"
Hypothese B_2: „Im Vergleich zu schwer kategorisierbarem Material besteht für Zwanzigjährige ein kurzfristiger Behaltensleistungsvorteil bei leicht kategorisierbarem Material, wobei ein mittlerer Effekt erwartet wird (Eta^2 kleiner 30 % und größer 20 %)!"

Hypothese B_3: „Im Vergleich zu schwer kategorisierbarem Material besteht für Sechzigjährige ein kurzfristiger Behaltensleistungsvorteil bei leicht kategorisierbarem Material, wobei ein kleiner Effekt erwartet wird (Eta^2 kleiner 15 %)!"

Abschließend betrachten wir noch eine dritte Hypothese (C): „Die kurzfristige Behaltensfähigkeit sinkt bei einem Geräuschpegel von 75 dB im Vergleich zu 60 dB!" Hier wird auf die Konzentrationsfähigkeit als Bestandteil der Theorie Bezug genommen. Lärm beeinträchtigt die Konzentrationsfähigkeit und damit auch die kurzfristige Behaltensleistung.

Man kann somit erkennen, dass die abgeleiteten Hypothesen verschiedene Entwicklungsstufen der Theorie repräsentieren. Allein die drei Differenzierungen zur Hypothese B (B_1 bis B_3) erfassen die komplexeste Variante (vgl. Abbildung 7.1c) und gehen über die Annahmen der beiden Vorgängertheorien (vgl. Abbildung 7.1a und 7.1b) hinaus. Das bedeutet, dass die Adäquatheit einer aus einer Theorie abgeleiteten Hypothese mit darüber entscheidet, ob und in welchem Ausmaß eine Hypothesenprüfung zur Theorieüberprüfung beiträgt.

Die experimentelle Überprüfung der Hypothese C liefert Prüfinformation in erster Linie für die Theorievariante 7.1a. Dagegen sind in ihr die Theoriedifferenzierungen gemäß Abbildung 7.1b und vor allem 7.1c nicht berücksichtigt. Entsprechend gering ist die Aussagekraft der Ergebnisse dieser Hypothesenprüfung für die elaborierte Theorie.

Anders verhält es sich bei der Überprüfung der Hypothesen B_1 bis B_3. Nehmen wir einmal an, wir hätten mittels eines zweifaktoriellen Untersuchungsplans (UV A „Alter" mit den Stufen: 8-Jährige (A_1), 20-Jährige (A_2) und 60-Jährige (A_3); UV B „Kategorisierbarkeit" mit den Stufen: leicht (B_1) und schwer (B_2), vgl. Box 14, Beispiel 3) die Hypothesen überprüft. Tabelle 7.1 fasst die Ergebnisse zusammen.

Tabelle 7.1: Darstellung des Plans und der Ergebnisse eines Experiments zur Überprüfung der Theorie zum kurzfristigen Behalten, mit der Anzahl korrekt reproduzierter Items als Maß für die kBL

		UV B (Kategorisierbarkeit)	
		B_1 (leicht)	B_2 (schwer)
UV A (Alter)	A_1 (8-Jährige)	8,5	7,2
	A_2 (20-Jährige)	11,0	8,0
	A_3 (60-Jährige)	9,1	7,5

Daraus geht hervor, dass das leicht klassifizierbare Material von allen Altersklassen besser behalten wurde als das schwer klassifizierbare Material. Bestätigen sich nun auch die aus der Theorie ableitbaren unterschiedlichen Effektstärken für die verschiedenen Altersgruppen? Die drei einfachen Haupteffekte von B (in A_1, A_2 und A_3) sind signifikant und auch die Effektstärken (Eta$^2_{\text{8-Jährige}}$ = 12 %, Eta$^2_{\text{20-Jährige}}$ = 27 % und Eta$^2_{\text{60-Jährige}}$ = 10 %) entsprechen den Erwartungen.

7.2.2 Konsequenzen für die Theorie

Was bedeuten diese Ergebnisse für die zu prüfende Theorie? Zur Vereinfachung nehmen wir zunächst an, dass die verschiedenen Validitätsaspekte nicht eingeschränkt sind, also eine valide und präzise Hypothesenprüfung vorliegt. Auf diesem Hintergrund ist die Aussage gerechtfertigt, dass der Geltungsbereich der Theorie auf den in der Untersuchung konstruierten Anwendungsfall erweitert werden kann. Somit gilt sie vorläufig auch für die drei untersuchten Altersgruppen im Zusammenhang mit dem verwendeten verbalen Material und der freien Reproduktionsleistung als Operationalisierung der AV.

Systematische Replikationen (andere Altersgruppen, anderes Material, andere AVn) tragen dazu bei, den Geltungsbereich der Theorie weiter zu prüfen. Dabei sind auch negative Prüfergebnisse durchaus von Interesse. Wenn es sich beispielsweise zeigt, dass die Theorie für das Wiedererkennen nicht gilt, so kann man ihren Geltungsbereich – hier durch Einschränkung – weiter spezifizieren. Außerdem kann das Ergebnis dazu beitragen, die Theorie so zu verändern, dass sie auch diesem Befund gerecht wird (mehr dazu in Kapitel 7.3).

Das Ergebnis einer Hypothesenprüfung spezifiziert auf theoretisch-inhaltlicher Ebene ihren Anwendungsbereich (vgl. Kapitel 3.9). Für die zugrunde liegende Theorie wird dieser neue Anwendungsbereich übernommen (bzw. ausgeschlossen) und ihr Geltungsbereich damit erweitert bzw. eingeschränkt. Dieses Vorgehen macht jedoch nur dann Sinn, wenn die experimentelle Hypothesenprüfung selbst präzise und vor allem intern valide ist. Denn invalide Ergebnisse führen zu falschen Erweiterungen oder Einschränkungen des Geltungsbereichs von Theorien. Auf diesem Hintergrund sind verstärkt direkte Replikationen zu fordern (vgl. Kapitel 3.9), die helfen können, diese negativen Konsequenzen für die Theorieprüfung zu verhindern.

7.2.3 Ziele der Theorieprüfung

Führt man sich die Konsequenzen aus dem bisher zur Theorieprüfung Gesagten vor Augen, so ist man wieder bei der strukturalistischen wissenschaftstheoretischen Position angelangt, die zunächst als „Nicht-Aussagen-Konzeption" und später als „strukturalistische Theorienkonzeption" oder kurz als „Strukturalismus" bezeichnet wurde (Carnap, 1986; Sneed, 1976; Stegmüller, 1980; Westermann, 1987). Westermann fasst diese Konsequenzen zusammen: „Popper hat gezeigt, dass das Ziel der wissenschaftlichen Forschung nicht darin bestehen kann, zu sicheren, wahren Aussagen über die Realität zu gelangen. Nach seiner Auffassung soll Forschung darauf gerichtet sein, die Falschheit von Theorien aufzuzeigen und sie durch Verbesserung an die Realität heranzuführen. Aus strukturalistischer Sicht zeigt sich, dass Theorien auch nicht falsifizierbar, sondern weitgehend immun gegenüber Erfahrungen sind. Von den Ergebnissen empirischer Untersuchungen direkt beeinflusst werden nur die Aussagen darüber, auf welche Fälle die Theorie erfolgreich anwendbar ist und auf welche nicht: Neue erfolgreiche Anwendungen können hinzukommen, zweifelhafte oder vermutete Anwendungen müssen eventuell aus der Menge der intendierten Anwendungen entfernt werden" (2000, S. 265f.).

Das Ziel einer experimentellen Hypothesenprüfung besteht aus dieser Sicht, der wir uns weitgehend anschließen, nicht darin, Theorien zu verifizieren oder zu falsifizieren und auf diesem Weg Erkenntnisse zu gewinnen. Der Weg zu Erkenntnissen besteht vielmehr darin, durch empirische Forschung eine Liste erfolgreicher und nichterfolgreicher Anwendungen zu erstellen und damit den Geltungsbereich einer Theorie zu explorieren. Dass aus diesem empirischen Erkenntnisgewinn auch theoretischer Erkenntnisfortschritt folgen kann, wird in Kapitel 7.3.1 noch näher zu demonstrieren sein.

7.2.4   Strenge der Theorieprüfung

Bei der Entscheidung darüber, ob eine Hypothese sich bei ihrer Überprüfung bewährt hat oder nicht, gibt es zwei Arten von korrekten und falschen Entscheidungen, die in Tabelle 7.2 dargestellt sind.

Tabelle 7.2: Die möglichen Fehlentscheidungen bei der Überprüfung einer Hypothese und die zugehörigen Wahrscheinlichkeiten e und f

| | | Hypothesenentscheidung | |
		bewährt	nicht bewährt
Realität	**trifft zu**		fälschliche Ablehnung **f**
	trifft nicht zu	fälschliche Annahme **e**	

Die **korrekten** Entscheidungen beziehen sich auf jene beiden Fälle, in denen sich (1) eine Hypothese bewährt und sie in Wirklichkeit auch zutrifft bzw. sich (2) eine Hypothese nicht bewährt und in Wirklichkeit auch nicht zutrifft. Die **falschen** Entscheidungen beziehen sich auf jene beiden Fälle, in denen sich (1) eine Hypothese bewährt und sie in Wirklichkeit nicht zutrifft (fälschliche Annahme) bzw. sich (2) eine Hypothese nicht bewährt und in Wirklichkeit aber zutrifft (fälschliche Ablehnung). Die Wahrscheinlichkeit für die fälschliche Annahme bezeichnet Westermann (1987, S. 38) mit „e" (e-Validität) und die für eine fälschliche Ablehnung mit „f" (f-Validität).

Verfolgt man nun – im Sinne des kritischen Rationalismus nach Popper – das Ziel, eine Theorie zu falsifizieren, dann ist eine strenge Hypothesen- und Theorieprüfung zu fordern, um nicht der Fehlentscheidung der fälschlichen Annahme zu unterliegen. Das bedeutet, dass e möglichst klein gehalten werden muss bzw. die e-Validität möglichst hoch ist. Alle Maßnahmen zur Sicherung der internen Validität, der statistischen Validität und der Ableitungsvalidität, die wir vor allem in Kapitel 3 kennen gelernt haben, dienen einer möglichst strengen Hypothesenprüfung. Zur strengen Prüfung gehört auch ein strenges Beurteilungskriterium (vgl. Hager, 1987, S.76f.), welches besagt, dass bei mehr als zwei Faktorstufen (mehr als eine Vorhersage möglich; $A_1 > A_2$ und $A_1 > A_3$ und $A_2 > A_3$) alle Vorhersagen eintreten müssen, um die geprüfte Hypothese annehmen zu können. Man kann somit die Strenge der Prüfung auch dadurch erhöhen, dass man ein strenges Beurteilungskriterium anlegt und die Anzahl der Stufen der UV über das Minimum (mindestens zwei Stufen) hinaus erhöht.

Im Rahmen der strukturalistischen Konzeption hat auch das Ziel, fälschliche Zurückweisungen zu vermeiden, also f möglichst klein zu halten, durchaus eine gleichgewichtige Bedeutung. Man spricht dann von einer fairen (oder wohlwollenden) Hypothesenprüfung, weil der Hypothese eine faire Bewährungschance eingeräumt wird. Entsprechend wird man hier auch ein schwaches Beurteilungskriterium anlegen, welches besagt, dass bei mehr als einer möglichen Vorhersage (aufgrund von mehr als zwei Faktorstufen) mindestens eine Vorhersage eintreten muss, um die geprüfte Hypothese annehmen zu können ($A_1 > A_2$ oder $A_1 > A_3$ oder $A_2 > A_3$). Folglich kann man die Fairness der Prüfung dadurch erhöhen, dass man ein schwaches Beurteilungskriterium anlegt und die Anzahl der Faktorstufen über das Minimum hinaus erhöht. Sowohl erfolgreiche als auch nichterfolgreiche Anwendungen, begünstigt durch faire bzw. strenge Prüfungen, führen gleichermaßen zu Erkenntnisfortschritt (vgl. Kapitel 7.3.1), da nicht die Verifikation oder Falsifikation einer Theorie angestrebt wird, sondern die Ausweitung bzw. Eingrenzung ihres Geltungsbereichs.

7.3   Theorieveränderung und -bewertung

Aus der strukturalistischen wissenschaftstheoretischen Position und ihrer Betonung der Exploration des Geltungsbereichs einer Theorie folgt nicht zwingend, dass Theorien nicht auch verändert, verbessert bzw. angepasst werden können. Im folgenden Kapitel 7.3.1 werden dazu Überlegungen angestellt. Im abschließenden Kapitel 7.3.2 werden einige Kriterien vorgestellt, die die vergleichende Bewertung von Theorien ermöglichen.

7.3.1   Theorieveränderung

Greifen wir noch einmal zurück auf die Beispielstheorie zum kurzfristigen Behalten und ihre nichterfolgreiche Anwendung im Fall des Wiedererkennens (anstelle der freien Reproduktion, Kapitel 7.2.2). Die Änderung der Operationalisierung der kBL von der aktiven Erinnerungsform des „freien Reproduzierens" auf die eher passive Erinnerungsform des „Wiedererkennens" bewirkt in einem fiktiven Prüfexperiment, dass die Theorie für diesen Fall keine korrekten Vorhersagen macht. Somit ist ihr Geltungsbereich – intern valide und präzise Prüfexperimente immer vorausgesetzt – einzuschränken. Man muss es dabei aber natürlich nicht bewenden lassen, sondern kann versuchen, die Theorie so zu verändern, dass der nichterfolgreiche Anwendungsfall integriert wird. Eine entsprechende Theoriedifferenzierung wurde schon angedeutet: Die bisherige Theoriekonzeption spezifiziert die aktive Form des kurzfristigen Behaltens, bei der gezielt nach den erforderlichen Informationen gesucht wird. Der Erinnerungsvorgang besteht hierbei in einer bewussten Rekonstruktion der

Lernsituation und einem aktiven Informationsabruf. Für diesen kognitiven Vorgang hat sich das KG als Prädiktor bewährt. Wird dagegen das zu erinnernde Material gezeigt (zusammen mit Distraktoren), dann besteht die kognitive Leistung „nur noch" in der Beurteilung der Informationen hinsichtlich der Dimension „war in der Lernsituation vorhanden" bzw. „war nicht vorhanden". Diese Beurteilungsleistung hängt von dem Ausmaß der Voraktivation der gesuchten Informationen durch die Lernsituation ab, weniger (nicht) aber vom Umfang und der Flexibilität des Kurzzeit-speichers und Arbeitsgedächtnisses (KG). Ebenso erscheint es plausibel, dass – im gleichen Argumentationsgefüge – die Vorstellungsfähigkeit und das Strategiewissen keine bedeutsame Rolle spielen. Daraus resultiert eine Theorievariante, wie sie in Abbildung 7.2 illustriert ist.

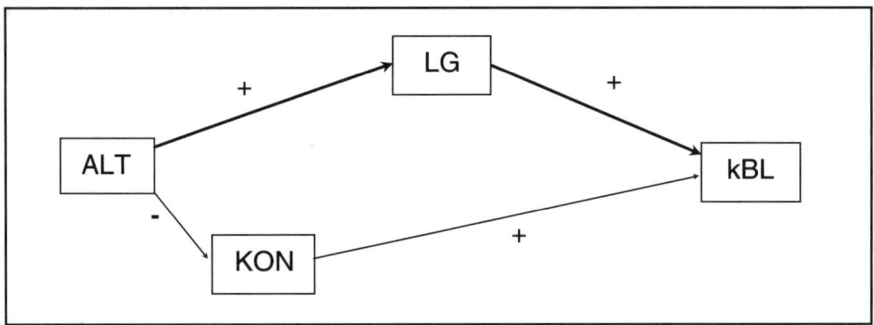

Abbildung 7.2: Variante der Theorie zum kurzfristigen Behalten, die sich auf die passive Form des „Wiedererkennens" bezieht.

Um den Bezug zur Ausgangstheorie besser erkennen zu können, bleiben Bezeich-nung und Platzierung der Theorieelemente in der Abbildung 7.2 erhalten. Der theore-tische Erkenntnisgewinn könnte darin bestehen, dass in der passiven Wiederer-kennensform vornehmlich automatisierte Verarbeitungsvorgänge zum Tragen kom-men, die alleine noch durch das LG (stark positiv) und die Konzentrationsfähigkeit (schwach positiv) moderiert werden. Die Alterseinflüsse bleiben unverändert.

In Tabelle 7.3 sind die Ergebnisse einer (fiktiven) Untersuchung dargestellt, in welcher geprüft wird, ob die Ausgangstheorie (Abbildung 7.1c) auch Gültigkeit für die passive kurzfristige Behaltensleistung hat, ob man also den Geltungsbereich auf diesen Anwendungsfall erweitern kann. Sie ist deshalb absolut vergleichbar mit der in Tabelle 7.1 beschriebenen (ebenfalls fiktiven) Untersuchung, lediglich ändert sich die Operationalisierung der kBL von der Anzahl korrekt **reproduzierter** Items zur Anzahl korrekt **wiedererkannter** Items. Auch die bekannten Hypothesen bleiben notwendigerweise unverändert (B_1 bis B_3). Die Ergebnisse bestätigen die Hypothe-sen nicht: In keiner Altersgruppe gibt es einen kurzfristigen Erinnerungsvorteil für die leicht klassifizierbare Wortliste. Außerdem fällt auf, dass die absolute Anzahl korrekt wiedererkannter Wörter deutlich höher liegt als die absolute Anzahl korrekt reproduzierter Wörter. Das Ergebnis dieser Theorieprüfung besteht – wie bereits erwähnt – darin, dass hier ein nichterfolgreicher Anwendungsfall vorliegt, der nicht in den Geltungsbereich der Theorie integriert werden kann: Die Theorie gilt nicht für das kurzfristige Behalten durch Wiedererkennen.

Tabelle 7.3: Darstellung des Plans und der Ergebnisse eines Experiments zur Überprüfung der Theorie zum kurzfristigen Behalten, mit der Anzahl korrekt wiedererkannter Items als Maß für die kBL

		UV B (Kategorisierbarkeit)	
		B_1 (leicht)	B_2 (schwer)
UV A (Alter)	A_1 (8-Jährige)	10,5	11,2
	A_2 (20-Jährige)	14,0	13,5
	A_3 (60-Jährige)	12,6	12,8

Allerdings ist das Ergebnismuster gut mit der Variante zum passiven kurzfristigen Behalten (Abbildung 7.2) vereinbar. Dieses überrascht wenig, denn diese Variante ist auf dem Hintergrund des Scheiterns der Ausgangsvariante durch diese Ergebnisse konstruiert. Die höchste Erinnerungsleistung verzeichnen die 20-Jährigen: Bei ihnen ist der Umfang und die Strukturiertheit des LG hoch ausgebildet und die Konzentrationsfähigkeit voll erhalten. Bei den 60-Jährigen bestehen hier Defizite, die sich aber durch das geringe Gewicht der Relationen nicht stark auswirken. Die niedrigsten Leistungen zeigen die 8-Jährigen. Defizite bestehen hier im Sinne der Theorie im Umfang und der Strukturiertheit des LG, die sich durch das hohe Gewicht der Relationen auch deutlich auf die kBL auswirken.

Nun darf man aber auf keinen Fall davon sprechen, dass hiermit ein erster erfolgreicher Anwendungsfall der Theorievariante vorliegt. Vielmehr hat der nichterfolgreiche Anwendungsfall der Ausgangstheorie zu einem möglichen theoretischen Fortschritt geführt, der sich aber erst noch durch die Exploration des Geltungsbereichs der Theorievariante erweisen muss. Ein erster Schritt könnte in der Replikation der Untersuchung mit neuen Vpn bestehen.

Welcher Erkenntnisfortschritt im Sinne des Strukturalismus wurde mit der nichterfolgreichen Anwendung erzielt? Zunächst hat die **empirische Erkenntnis** zu einer Einschränkung des Geltungsbereichs der Ausgangstheorie geführt. Zum zweiten ergibt sich daraus ein möglicher **theoretischer Fortschritt**, der sich in der Theorievariante manifestiert. Auch das weitere Vorgehen in diesem exemplarischen Forschungsbereich sollte nicht darin bestehen, Theorien verifizieren oder falsifizieren zu wollen, sondern die beiden beschriebenen Formen des Erkenntnisfortschritts anzustreben.

7.3.2   Theoriebewertung

Welche Kriterien kann man heranziehen, um eine Theorie beurteilen bzw. bewerten zu können? Aus der Vielzahl der in der Literatur genannten Aspekte greifen wir die wesentlichsten heraus und beleuchten sie knapp.

Hohe Übereinstimmung besteht darin, dass eine Theorie **logisch konsistent**, d. h. in sich widerspruchsfrei sein muss. „Eine Menge von Aussagen ist logisch inkonsistent, wenn aus ihr sowohl eine Aussage A als auch deren Negation Non-A logisch ableitbar ist; ist dies nicht der Fall, gilt die Aussagenmenge als logisch konsistent" (Gadenne, 1994, S. 392). Logische Konsistenz ist zwar noch keine Garantie dafür, dass sich eine Theorie bewährt; umgekehrt jedoch führt logische Inkonsistenz notwendigerweise zu einer falschen Theorie. Es empfiehlt sich deshalb, vor jeder empirischen Überprüfung einer Theorie deren logische Konsistenz zu prüfen.

Ein weiteres Bewertungskriterium ist der **Gehalt** einer Theorie; einige Autoren sprechen vom empirischen Gehalt, andere vom Informationsgehalt. „Der empirische Gehalt ist umso größer, je mehr potentielle Falsifikatoren die Theorie hat, das heißt je größer die Menge der möglichen Beobachtungsaussagen ist, die der Theorie widersprechen" (Westermann, 2000, S. 207). Sind Theorien, wie in unserem Beispielsfall, aus „wenn ... , dann ..."-Aussagen aufgebaut, so kann ihr Gehalt dadurch erhöht werden, dass der Wenn-Teil möglichst allgemein und der Dann-Teil möglichst spezifisch formuliert wird. Die Aussage „Wenn Menschen frustriert werden, dann reagieren sie aggressiv!" hat daher einen höheren empirischen Gehalt als die Aussage „Wenn Männer frustriert werden, dann reagieren sie aggressiv!" Allerdings kann es nicht das alleinige Ziel sein, Theorien mit möglichst hohem Gehalt zu entwickeln, da damit gleichzeitig die Wahrscheinlichkeit nichterfolgreicher Anwendungen steigt.

Ergänzend muss zu diesem Kriterium angemerkt werden, dass auch die **Prüfbarkeit** einer Theorie umso größer ist, je größer ihr empirischer Gehalt ist. Das bedeutet, dass die Art der Formulierung einer Theorie ihren empirischen Gehalt und damit die **Strenge ihrer konzeptionellen Prüfbarkeit** beeinflusst. Davon zu unterscheiden ist die **Strenge der empirischen Untersuchung**, mit der die Theorie geprüft wird. In Kapitel 7.2.4 hatten wir uns mit dieser Thematik beschäftigt.

Ein weiteres Kriterium stellt die **Einfachheit** einer Theorie dar. Es muss das Ziel der Theorienbildung sein, möglichst viele Befunde durch möglichst wenige Annahmen zu erklären. Von zwei Theorien zum gleichen Gegenstand und mit gleichem Geltungsbereich ist jene mit der geringeren Anzahl an Annahmen vorzuziehen. Allerdings gilt auch hier – wie bei den meisten anderen Kriterien auch – der Hinweis, dass man nicht gleichzeitig alle Kriterien optimieren kann. Hat eine der beiden genannten Theorien einen größeren Geltungsbereich und eine höhere Anzahl an Annahmen, so kann das Einfachheitskriterium nicht ohne Berücksichtigung des Geltungsbereichs angewendet werden.

Damit sind wir bei einem zentralen Kriterium, dem **Geltungsbereich**, angelangt. Aus strukturalistischer Sicht ist von zwei ansonsten vergleichbaren Theorien zum selben Gegenstandsbereich jene mit dem größeren Geltungsbereich vorzuziehen, wobei der Geltungsbereich mit jeder empirischen Theorieprüfung – wie bereits besprochen – erweitert oder eingeschränkt wird. Die empirische Prüfung der Theorie betont die Bedeutung der internen Validität und räumt der strengen bzw. fairen Prüfung gleiches Gewicht ein.

Nachdem die strukturalistische Position im Laufe des Kapitels immer wieder zitiert und als bedeutsam erachtet wurde, soll an dieser Stelle eine zusammenfassende, auf die Belange der vorliegenden Thematik spezifizierte Beschreibung gegeben werden.

Definition: Strukturalismus

Der **Strukturalismus** ist eine wissenschaftstheoretische Position. Als strukturalistisch werden Denkansätze bezeichnet, nach denen „es bei der Erforschung eines Gebietes auf die Untersuchung seiner abstrakten Struktur ankommt, d. h. auf die Klärung der Beziehungen zwischen seinen einzelnen Teilen" (Regenbogen & Meyer, 1998, S. 635-636, zitiert nach Westermann, 2000, S. 223). Dazu verwendet man die Methode der mengentheoretischen Axiomatisierung.

Ein erstes Ziel ist die **Rekonstruktion** bestehender wissenschaftlicher Theorien auf der Grundlage dieser Axiomatisierung. Die Rekonstruktion beinhaltet somit eine systematische und verbesserte Neuformulierung (exemplarisch verdeutlicht Westermann (1987, S. 26ff. und 2000, S. 225ff.) die Rekonstruktion der Dissonanztheorie nach Festinger aus dem Jahr 1978).

Das zweite Ziel besteht im Erzielen wissenschaftlichen Erkenntnisfortschritts dadurch, dass der **Geltungsbereich** von Theorien geprüft wird. Zu diesem Zweck werden aus den Theorien Vorhersagen abgeleitet und empirisch getestet. Diese Hypothesen können sich bewähren oder nicht und führen damit zur Erweiterung oder Begrenzung des Geltungsbereichs der zugrunde liegenden Theorie (**empirischer Erkenntnisgewinn**). Die Theorie selber wird dagegen weder verifiziert noch falsifiziert, sie ist „immun" gegenüber Erfahrung (non-statement view). In dem Fall, dass sich eine Hypothese nicht bewährt, besteht die Chance zu einem **theoretischen Erkenntnisgewinn** dann, wenn die Theorie (oder Teile davon) verändert (angepasst bzw. differenziert) wird.

Infolge dieser Sichtweise rücken die interne Validität und die Präzision bei der experimentellen Hypothesenprüfung in den Mittelpunkt der Betrachtung, während die externe Validität als Gütekriterium an Gewicht verliert.

Verwendet man dagegen das **Bestätigungs- oder Bewährungskonzept** (z. B. kritischer Rationalismus), so kann man mit Gadenne zu folgender Aussage kommen: „Es ist rational, die am besten bestätigte (bewährte) Theorie vorzuziehen. ... Am besten bestätigt ist die am strengsten geprüfte und nicht falsifizierte Theorie. Das Ausmaß der Bestätigung hängt weniger von der Zahl der bestandenen Tests als von deren Strenge und Verschiedenheit ab" (1994, S. 418f.; vgl. auch Kapitel 7.2.4). In diesem Zusammenhang liegt eine strenge empirische Prüfung dann vor, „wenn sie so angelegt ist, dass ein Scheitern der zu prüfenden Theorie zu erwarten ist, falls diese tatsächlich falsch ist" (Westermann, 2000, S. 208).

Zusammenfassend kann man also feststellen, dass eine Theorie umso positiver bewertet wird, je konsistenter, sparsamer, gehaltvoller und bewährter sie ist. Diese relativ eindeutige Aussage täuscht darüber hinweg, dass beim Vergleich von Theorien die Verhältnisse weniger eindeutig sind, da man sich bisher auf eine Hierarchie innerhalb dieser Bewertungskriterien nicht einigen konnte und daher der Theorievergleich auf einzelne Kriterien beschränkt bleiben muss.

Zu den weiteren Kriterien zur Bewertung einer Theorie gehören deren **Erklärungswert, Prognosewert** und **heuristischer Wert**. Enthält eine Theorie Kausalrelationen, dann ist ihr Erklärungswert höher als wenn sie „nur" durch Zusammenhangsrelationen gebildet ist. Ihr Prognosewert ist hoch, wenn aus ihr abgeleitete, längerfristige Vorhersagen zutreffen. Ihr heuristischer Wert ist hoch, wenn sie der Ausgangspunkt für neue Untersuchungen ist und sich befruchtend auf das Denken und Arbeiten in einem bestimmten Themenbereich auswirkt. Weitere Ausführungen dazu finden sich bei Wottawa (1988, S. 40f.).

Anhang A: Erforderlicher Stichprobenumfang pro Gruppe beim t-Test für unabhängige Stichproben

Die Tabelle gibt direkt den erforderlichen Stichprobenumfang pro Gruppe an, wenn $n_1 = n_2$ und $s_1 = s_2$. Verwendung für andere Varianten siehe Erläuterungen auf folgender Seite (nach Cohen, 1988)

α-Fehler	β-Fehler	Größe des Effekts: $d = \dfrac{\overline{y}_1 - \overline{y}_2}{s}$							
		0.2	0.3	0.4	0.5	0.6	0.7	0.8	1.0
		klein			mittel			groß	
	β = 5 %	790	352	198	128	89	66	51	33
α 2-seitig = 0.5 %	β = 10 %	652	290	164	105	74	55	42	27
α 1-seitig = 1 %	β = 20 %	503	224	127	82	57	42	33	22
	β = 50 %	272	122	69	45	31	24	18	12
	β = 5 %	892	398	224	144	101	74	57	37
α 2-seitig = 1 %	β = 10 %	746	332	188	120	84	62	48	31
α 1-seitig = 0.5 %	β = 20 %	586	259	148	95	67	49	49	25
	β = 50 %	333	149	85	55	39	29	22	15
	β = 5 %	651	290	163	105	73	54	42	27
α 2-seitig = 5 %	β = 10 %	526	234	132	85	59	44	34	22
α 1-seitig = 2.5 %	β = 20 %	393	175	99	64	45	33	26	17
	β = 50 %	193	86	49	32	22	17	13	9
	β = 5 %	542	241	136	87	61	45	35	22
α 2-seitig = 10 %	β = 10 %	429	191	108	69	48	36	27	18
α 1-seitig = 5 %	β = 20 %	310	138	78	50	35	26	20	13
	β = 50 %	136	61	35	22	16	12	9	6
	β = 5 %	428	191	107	69	48	35	27	18
α 2-seitig = 20 %	β = 10 %	329	146	82	53	37	27	21	14
α 1-seitig = 10 %	β = 20 %	226	100	57	36	26	19	14	10
	β = 50 %	82	37	21	14	10	7	5	4

Verwendung der Tabelle für andere Varianten des t-Tests:

1. Verwendung der Tabelle *bei ungleichgroßen Stichproben:* $n_1 \neq n_2$ bei homogenen Varianzen ($s_1^2 = s_2^2$):

   Das in der Tabelle aufgelistete n' ist das Harmonische Mittel der beiden einzelnen Stichprobenumfänge (Cohen, 1988, S. 59):

   $$n' = \frac{2n_1 * n_2}{n_1 + n_2} \quad \text{bzw.} \quad n_1 = \frac{n_2 * n'}{2n_2 - n'}$$

2. Verwendung der Tabelle bei ungleich großen Varianzen: hier ergeben sich keine Besonderheiten, solange die Stichprobenumfänge gleich sind.

3. Wenn die Stichprobenumfänge und die Varianzen nicht gleich sind, sind die Voraussetzungen des t-Tests nicht gegeben und es sollte ein anderer statistischer Test verwendet werden.

4. Beim Ein-Stichproben t-Test, wenn also der Mittelwert einer Gruppe mit einem bekannten Populationsparameter verglichen werden soll, wird die Effektstärke mit $\sqrt{2}$ (= 1.4) multipliziert und dieser Wert bzw. ein in der Nähe liegender in der Tabelle aufgesucht. Es ist also ein kleineres n nötig, um den gleichen Effekt aufzudecken.

5. Beim t-Test für abhängige Stichproben, d. h. bei Messwiederholung oder Parallelisierung der Vpn, muss zunächst eine Annahme über die Korrelation der Messwerte in den beiden Gruppen gemacht werden. Die spezifizierte Effektgröße wird dann mit dem Faktor $1/\sqrt{1-r}$ multipliziert, um zu der in der Tabelle abzulesenden Effektgröße d' zu gelangen (Cohen, 1988, S. 63). Das heißt, es werden insgesamt weniger Vpn pro Gruppe benötigt, und dies umso mehr, je höher die Korrelation der beiden Messwertreihen ausfällt.

Anhang B: Erforderlicher Stichprobenumfang beim varianzanalytischen F-Test (nach Cohen, 1988)

Anhang B1: Erforderlicher Stichprobenumfang pro Zelle für Effekte mit einem Zählerfreiheitsgrad: Haupteffekt eines zweistufigen Faktors sowie Interaktionen zwischen beliebig vielen zweistufigen Faktoren

In mehrfaktoriellen Designs (feste Effekte) muss der in der Tabelle aufgefundene Wert n' nach der Formel:

$$n = \frac{2(n'-1)}{\text{Anzahl Zellen}} + 1$$

korrigiert werden, wobei mit „Anzahl Zellen" die Anzahl der Zellen im Versuchsplan gemeint ist (siehe Cohen, 1988, S. 396).

α-Fehler	β-Fehler	Größe des Effekts:				$f = \frac{s_z}{s_i}$				
		0.10	0.15	0.20	0.25	0.30	0.35	0.40	0.50	0.80
		klein				mittel		groß		
	$\beta = 5\%$	892	398	224	144	101	74	57	37	16
$\alpha = 1\%$	$\beta = 10\%$	746	332	188	120	84	62	48	31	13
	$\beta = 20\%$	586	259	148	95	67	49	38	25	11
	$\beta = 50\%$	333	149	85	55	39	29	22	15	7
	$\beta = 5\%$	651	290	163	105	73	54	42	27	11
$\alpha = 5\%$	$\beta = 10\%$	526	234	132	85	59	44	34	22	9
	$\beta = 20\%$	393	175	99	64	45	33	26	17	7
	$\beta = 50\%$	193	86	49	32	22	17	13	9	4
	$\beta = 5\%$	542	241	136	87	61	45	35	22	9
$\alpha = 10\%$	$\beta = 10\%$	429	191	108	69	48	36	27	18	8
	$\beta = 20\%$	310	138	78	50	35	26	20	13	6
	$\beta = 50\%$	136	61	35	22	16	12	9	6	3

Anhang B2:   Erforderlicher Stichprobenumfang pro Zelle für Effekte mit zwei Zählerfreiheitsgraden: Haupteffekt eines dreistufigen Faktors sowie Interaktionen zwischen einem dreistufigen und beliebig vielen zweistufigen Faktoren

In mehrfaktoriellen Designs (feste Effekte) muss der in der Tabelle aufgefundene Wert n' nach der Formel:

$$n = \frac{3(n'-1)}{\text{Anzahl Zellen}} + 1$$

korrigiert werden, wobei mit „Anzahl Zellen" die Anzahl der Zellen im Versuchsplan gemeint ist (siehe Cohen, 1988, S. 396).

α-Fehler	β-Fehler	Größe des Effekts: $f = \dfrac{s_z}{s_i}$								
		0.10	0.15	0.20	0.25	0.30	0.35	0.40	0.50	0.80
		klein				mittel		groß		
	$\beta = 5\,\%$	690	308	174	112	78	58	45	29	12
$\alpha = 1\,\%$	$\beta = 10\,\%$	582	260	147	95	66	49	38	25	11
	$\beta = 20\,\%$	464	207	117	76	53	39	30	20	9
	$\beta = 50\,\%$	275	123	70	45	32	24	19	13	6
	$\beta = 5\,\%$	515	230	130	83	58	43	33	22	9
$\alpha = 5\,\%$	$\beta = 10\,\%$	421	188	106	68	48	35	27	18	8
	$\beta = 20\,\%$	322	144	81	52	36	27	21	14	6
	$\beta = 50\,\%$	166	74	42	27	19	15	11	8	4
	$\beta = 5\,\%$	435	194	109	70	49	36	28	18	8
$\alpha = 10\,\%$	$\beta = 10\,\%$	349	156	88	57	40	29	23	15	6
	$\beta = 20\,\%$	258	115	65	41	29	22	17	11	5
	$\beta = 50\,\%$	119	53	30	20	14	11	8	6	3

Anhang B3: **Erforderlicher Stichprobenumfang pro Zelle für Effekte mit drei Zählerfreiheitsgraden: Haupteffekt eines vierstufigen Faktors sowie Interaktionen zwischen einem vierstufigen und beliebig vielen zweistufigen Faktoren**

In mehrfaktoriellen Designs (feste Effekte) muss der in der Tabelle aufgefundene Wert n' nach der Formel:

$$n = \frac{4(n'-1)}{\text{Anzahl Zellen}} + 1$$

korrigiert werden, wobei mit „Anzahl Zellen" die Anzahl der Zellen im Versuchsplan gemeint ist (siehe Cohen, 1988, S. 396).

α-Fehler	β-Fehler	Größe des Effekts: $f = \dfrac{s_z}{s_i}$								
		0.10	0.15	0.20	0.25	0.30	0.35	0.40	0.50	0.80
		klein				mittel		groß		
	$\beta = 5\%$	568	253	143	92	64	48	37	24	10
$\alpha = 1\%$	$\beta = 10\%$	483	215	122	78	55	41	31	21	9
	$\beta = 20\%$	388	175	98	63	44	33	25	17	8
	$\beta = 50\%$	234	105	59	38	27	20	16	11	5
	$\beta = 5\%$	430	192	108	70	49	36	28	18	8
$\alpha = 5\%$	$\beta = 10\%$	354	158	89	58	40	30	23	15	7
	$\beta = 20\%$	274	123	69	45	31	23	18	12	5
	$\beta = 50\%$	145	65	37	24	16	13	10	7	3
	$\beta = 5\%$	365	163	92	59	41	30	24	15	7
$\alpha = 10\%$	$\beta = 10\%$	296	132	74	48	34	25	19	13	5
	$\beta = 20\%$	221	99	56	36	25	19	15	10	4
	$\beta = 50\%$	105	47	27	18	12	9	7	5	3

Anhang B4: **Erforderlicher Stichprobenumfang pro Zelle für Effekte mit vier Zählerfreiheitsgraden: Haupteffekt eines fünfstufigen Faktors sowie Interaktionen zwischen zwei dreistufigen (und beliebig vielen zweistufigen) Faktoren**

In mehrfaktoriellen Designs (feste Effekte) muss der in der Tabelle aufgefundene Wert n' nach der Formel:

$$n = \frac{5(n'-1)}{\text{Anzahl Zellen}} + 1$$

korrigiert werden, wobei mit „Anzahl Zellen" die Anzahl der Zellen im Versuchsplan gemeint ist (siehe Cohen, 1988, S. 396).

α-Fehler	β-Fehler	Größe des Effekts: $f = \dfrac{s_z}{s_i}$								
		0.10	0.15	0.20	0.25	0.30	0.35	0.40	0.50	0.80
		klein				mittel		groß		
	β = 5 %	488	218	123	79	55	41	32	21	9
α = 1 %	β = 10 %	416	186	105	68	47	35	27	18	8
	β = 20 %	336	150	85	55	38	29	22	15	7
	β = 50 %	206	92	52	34	24	18	14	10	5
	β = 5 %	372	166	94	60	42	31	24	16	7
α = 5 %	β = 10 %	309	138	78	50	35	26	20	13	6
	β = 20 %	240	107	61	39	27	20	16	10	5
	β = 50 %	129	58	33	21	15	11	9	6	3
	β = 5 %	317	141	80	51	36	27	21	13	6
α = 10 %	β = 10 %	258	115	65	42	29	22	17	11	5
	β = 20 %	193	87	49	32	22	17	13	9	4
	β = 50 %	95	43	24	16	11	9	7	5	3

Literatur

Backhaus, K., Erichson, B., Plinke, W. & Weiber, R. (1994). *Multivariate Analyse-methoden. Eine anwendungsorientierte Einführung* (7. Aufl.). Berlin: Springer.

Bandura, A. (1963). The role of imitation in personality development. *Journal of Nursery Education, 18*, 207-215.

Bentler, P. M. (1989). *EQS. Structural Equations Program Manual.* Los Angeles: BMDP Statistical Software.

Bierhoff, H. W. & Rudinger, G. (1996). Quasi-experimentelle Untersuchungsmetho-den. In E. Erdfelder, R. Mausfeld, T. Meiser & G. Rudinger (Hrsg.), *Handbuch Quantitative Methoden* (S. 47-58). Weinheim: Psychologie Verlags Union.

Bortz, J. (1999). *Statistik für Sozialwissenschaftler* (5. Aufl.). Berlin: Springer.

Bortz, J. & Döring, N. (1995). *Forschungsmethoden und Evaluation für Sozial-wissenschaftler* (2. Auflage). Berlin: Springer.

Bortz, J. & Lienert, G. A. (1998). *Kurzgefaßte Statistik für die klinische Forschung.* Berlin: Springer.

Bortz, J., Lienert, G. A. & Boehnke, K. (1990). *Verteilungsfreie Methoden in der Biostatistik.* Berlin: Springer.

Bredenkamp, J. (1969). Experiment und Feldexperiment. In C. F. Graumann (Hrsg.), *Handbuch der Psychologie, Band 7: Sozialpsychologie, 1. Halbband: Theorien und Methoden* (S. 332-374). Göttingen: Hogrefe.

Bredenkamp, J. (1972). *Der Signifikanztest in der psychologischen Forschung.* Frankfurt a. M.: Akademische Verlagsgesellschaft.

Bredenkamp, J. (1980). *Theorie und Planung psychologischer Experimente.* Darm-stadt: Steinkopf.

Buchner, A., Faul, F., & Erdfelder, E. (1997). G·Power: A priori, post-hoc, and com-promise power analyses for the Macintosh (Version 2.1.2) [Computer-programm]. Universität Trier.

Bühl, A. & Zöfel, P. (2000). *SPSS Version 10. Eine Einführung in die moderne Datenanalyse.* München: Addison-Wesley.

Burton, M. (1972). Semantic dimension of occupation names. In A. K. Romney, R. N. Shepard & S. P. Nerlove (Eds.), *Multidimensional scaling. Volume 2.* New York: Seminar Press.

Campbell, D. T. (1969). Reforms as experiments. *American Psychologist, 24*, 409-429.

Campbell, D. T. & Stanley, J. C. (1963). Experimental and quasi-experimental for research on teaching. In N. L. Gage (Ed.), *Handbook of research on teaching.* Chicago: Rand McNally. (Deutsche Bearbeitung: Schwarz, E. (1970). Experi-mentelle und quasi-experimentelle Anordnungen in der Unterrichtsforschung. In K. Ingenkamp & E. Parey (Hrsg.), *Handbuch der Unterrichtsforschung Teil 1* (S. 99-193). Weinheim: Beltz.)

Carnap, R. (1986). *Einführung in die Philosophie der Naturwissenschaften.* Frank-furt: Ullstein.

Cohen, J. (1988). *Statistical Power Analysis for the Behavioral Sciences* (2. Aufl. Hillsdale: Erlbaum.

Cohen, J. (1994). The earth is round (p < .05). *American Psychologist, 49*, 997-1003.

Cook, T. D. & Campbell, D. T. (1979). *Quasi-Experimentation: Design and analysis issues for field settings*. Chicago: Rand McNally.

Czienskowski, U. (1996). *Wissenschaftliche Experimente: Planung, Auswertung, Interpretation*. Weinheim: Psychologie Verlags Union.

DGP & BDP. (1999). *Ethische Richtlinien der Deutschen Gesellschaft für Psychologie e. V. und des Berufsverbands Deutscher Psychologinnen und Psychologen e. V.* Bonn: Berufsverband Deutscher Psychologinnen und Psychologen e. V.

Diehl, J. M. & Arbinger, R. (1992). *Einführung in die Inferenzstatistik*. Eschborn: Klotz.

Eberhard, K. (1987). *Einführung in die Erkenntnis- und Wissenschaftstheorie*. Stuttgart: Kohlhammer.

Festinger, L. (1978). *Theorie der kognitiven Dissonanz*. Bern: Huber. (Original: (1957). *A theory of cognitive dissonance*. Evanston, ILL: Row, Peterson.)

Fisch, R. & Ugarte, W. (1977). Richtlinien für die Abfassung einer wissenschaftlichen Arbeit auf dem Gebiet der Psychologie. *Psychologische Rundschau, 28*, 153-174.

Fisher, R. A. (1959). *Statistical methods and scientific inference*. London: Oliver & Boyd.

Fritz, A. & Hussy, W. (2000). *Zoo-Spiel. Ein Test zur Planungsfähigkeit bei Grundschulkindern*. Göttingen: Beltz.

Gadenne, V. (1994). Theorien. In T. Herrmann & W. H. Tack (Hrsg.), *Methodologische Grundlagen der Psychologie, Enzyklopädie der Psychologie, Serie Forschungsmethoden der Psychologie, Band 1* (S. 295-342). Göttingen: Hogrefe.

Groeben, N. & Westmeyer, H. (1981). *Kriterien psychologischer Forschung* (2. Aufl.). München: Juventa.

Hager, W. (1984). Aspekte eines deduktiven Forschungsansatzes in der empirischen Pädagogik: Fragen der Hypothesenvalidität, der Untersuchungsplanung und der Hypothesenbeurteilung. *Zeitschrift für Empirische Pädagogik und Pädagogische Psychologie, 8*, 55-75.

Hager, W. (1987). Grundlagen einer Versuchsplanung zur Prüfung empirischer Hypothesen in der Psychologie. In G. Lüer (Hrsg.), *Allgemeine Experimentelle Psychologie* (S. 43-264). Stuttgart: Fischer.

Hager, W. & Spies, K. (1991). *Versuchsdurchführung und Versuchsbericht: Ein Leitfaden*. Göttingen: Hogrefe.

Henning, H. J. & Muthig, K. (1979). *Grundlagen konstruktiver Versuchsplanung. Ein Lehrbuch für Psychologen*. München: Kösel.

Holzkamp, K. (1964). *Theorie und Experiment in der Psychologie*. Berlin: de Gruyter.

Hornstein, H. A., Fisch, E. & Holmes, M. (1968). The influence of a model's feeling about his behavior and his relevance as a comparison on other observer's helping behavior. *Journal of Personality and Social Psychology, 10*, 222-226.

Huber, O. (1987). *Das psychologische Experiment: Eine Einführung*. Bern: Huber.

Hussy, W. (1998). *Denken und Problemlösen* (2. Aufl.). Stuttgart: Kohlhammer.

Hussy, W. & Möller, H. (1994). Hypothesen. In T. Herrmann & W. H. Tack (Hrsg.), *Enzyklopädie der Psychologie. Methodologie und Methoden. Serie 1: Forschungsmethoden der Psychologie. Band 1: Methodologische Grundlagen der Psychologie* (S. 475-507). Göttingen: Hogrefe.

Janssen, J. & Laatz, W. (1999). *Statistische Datenanalyse mit SPSS für Windows.* Berlin: Springer.

Jones, E. E. & Nisbett, R. E. (1971). *The actor and the observer: Divergent perceptions of the causes of behavior.* Morristown: General Learning Press.

Jöreskog, K. G. & Sörbom, D. (1993). *LISREL 8 and PRELIS Documentation.* Chicago: Scientific Software International.

Kebeck, G. (1994). *Wahrnehmung. Theorien, Methoden und Forschungsergebnisse der Wahrnehmungspsychologie.* Weinheim: Juventa.

Kimmel, A. J. (1996). *Ethical issues in behavioral research.* Cambridge, MA: Blackwell.

Kirk, R. E. (1982). *Experimental design: Procedures for the behavioral sciences* (2nd ed.). Pacific Grove: Brooks/Cole.

Lakatos, I. (1974). Die Geschichte der Wissenschaft und ihre rationalen Rekonstruktionen. In I. Lakatos & A. Musgrave (Hrsg.), *Kritik und Erkenntnisfortschritt* (S. 271-311). Braunschweig: Vieweg.

Lamnek, S. (1993a). *Qualitative Sozialforschung. Band 1: Methodologie.* Weinheim: Psychologie Verlags Union.

Lamnek, S. (1993b). *Qualitative Sozialforschung. Band 2: Methoden und Techniken.* Weinheim: Psychologie Verlags Union.

Lana, R. E. & Lubin, A. (1963). The effect of correlation on the repeated measures design. *Educational and Psychological Measurement, 23,* 729-739.

Lepper, M. R., Greene, D. & Nisbett, R. E. (1973). Undermining children´s intrinsic interest with extrinsic reward: a test of the "overjustification" hypothesis. *Journal of Personality and Social Psychology, 28,* 129-137.

Lewin, M. (1986). *Psychologische Forschung im Umriß.* Berlin: Springer.

Lienert, G. A. & von Eye, A. (1994). *Erziehungswissenschaftliche Statistik.* Weinheim: Beltz.

Maxwell, S. E. & Delaney, H. D. (1990). *Designing experiments and analyzing data. A model comparision perspective.* Belmont: Wadsworth.

Mayring, P. (1999). *Einführung in die qualitative Sozialforschung* (4. Aufl.). Weinheim: Psychologie Verlags Union.

Michotte, A. (1966). Die Kausalitätswahrnehmung. In W. Metzger (Hrsg.), *Handbuch der Psychologie: Band 1, 1. Halbband. Wahrnehmung und Bewußtsein.* Göttingen: Hogrefe.

Milgram, S. (1963). Behavioral study of obedience. *Journal of Abnormal and Social Psychology, 67,* 371-378.

Nolting, H.-P. & Paulus, P. (1990). *Psychologie lernen. Eine Einführung und Anleitung* (3. Aufl.). München: Psychologie Verlags Union.

Ostmann, A. & Wutke, J. (1994). Statistische Entscheidung. In T. Hermann & W. H. Tack (Hrsg.), Methodologische Grundlagen der Psychologie. Enzyklopädie der Psychologie, Themenbereich B, Serie 1, Band 1 (S. 694-737). Göttingen: Hogrefe.

Petermann, F. (Hrsg.). (1989). *Einzelfallanalyse* (2. Aufl.). München: Oldenbourg.

Popper, K. (1972). *Conjectures an refutations. The growth of scientific knowledge* (4. Auflage). London: Routledge and Kegan Paul.

Popper, K. (1994). *Logik der Forschung* (10. Aufl.). Tübingen: Mohr.

Regenbogen, A. & Meyer, U. (Hrsg.). (1988). *Wörterbuch der philosophischen Begriffe*. Hamburg: Meiner.

Rosenthal, R. (1976). *Experimenter effects in behavioral research*. New York: Irvington.

Rosenthal, R. & Rosnow, R. L. (1985). *Contrast analysis: Focused comparisons in the analysis of variance*. Cambridge: University press.

Rustemeyer, R. (1997). Die Erkenntnisrelation als Sozialrelation: Zur Spannung zwischen methodologischen und ethischen Zielperspektiven. In N. Groeben (Hrsg.), *Zur Programmatik einer sozialwissenschaftlichen Psychologie: Band I Metatheoretische Perspektiven, 1. Halbband Gegenstandsverständnis, Menschenbilder, Methodologie und Ethik* (S. 241-336). Münster: Aschendorff.

Sarris, V. (1990). *Methodologische Grundlagen der Experimentalpsychologie 1: Erkenntnisgewinnung und Methodik*. München: Reinhardt.

Sarris, V. (1992). *Methodologische Grundlagen der Experimentalpsychologie 2: Versuchsplanung und Stadien*. München: Reinhardt.

Schuler, H. (1980). *Ethische Probleme psychologischer Forschung*. Göttingen: Hogrefe.

Sneed, J. D. (1976). Philosophical problems in the empirical science of science: a formal approach. *Erkenntnis 10*, 115-146.

SPSS Inc. (1999a). *SPSS Advanced Models 9.0*. Chicago: SPSS Inc.

SPSS Inc. (1999b). *SPSS Base 9.0. Benutzerhandbuch*. München: SPSS Inc.

Stegmüller, W. (1980). *Neue Wege der Wissenschaftsphilosophie*. Berlin: Springer.

Stelzl, I. (1982). *Fehler und Fallen der Statistik*. Bern: Huber.

Weinert, F. E. (1997). Vorwort zur ersten Auflage. In Deutsche Gesellschaft für Psychologie (Hrsg.), *Richtlinien zur Manuskriptgestaltung* (2. Aufl.). Göttingen: Hogrefe.

Werner, J. (1997). *Lineare Statistik. Das Allgemeine Lineare Modell*. Weinheim: Psychologie Verlags Union.

Westermann, R. (1987). Wissenschaftstheoretische Grundlagen der experimentellen Psychologie. In G. Lüer (Hrsg.), *Allgemeine Experimentelle Psychologie* (S. 5-42). Stuttgart: Fischer.

Westermann, R. (2000). *Wissenschaftstheorie und Experimentalmethodik*. Göttingen: Hogrefe.

Winer, B. J., Brown, D. R. & Michels, K. M. (1991). *Statistical principlesin experimental design* (3. Aufl.). Boston: Mc Graw Hill.

Wottawa, H. (1988). *Psychologische Methodenlehre. Eine orientierende Einführung*. Weinheim: Juventa.

Wottawa, H. (1990). Einige Überlegungen zu (Fehl-)Entwicklungen der psychologischen Methodenlehre. *Psychologische Rundschau, 41*, 84-107.

Glossar

$\bar{y}$	Mittelwert
μ	Populationsmittel
AV(n)	Abhängige Variable(n)
c_i	Kontrastkoeffizient
d	Standardisierte Mittelwertsdifferenz (Stichprobe)
D	Differenz zwischen zwei Gruppenmittelwerten
e	e-Validität
e	Fehler
EG(n)	Experimentalgruppe(n)
EHE	Einfacher Haupteffekt
EIH(n)	Empirisch-inhaltliche Hypothese(n)
F	Empirisch gefundener F-Wert
f	f-Validität
f^2	Standardisierte Varianz der Mittelwerte
FG(e)	Freiheitsgrad(e)
H_0	Nullhypothese
H_1	Alternativhypothese
HE	Haupteffekt
HF(n)	Hypothesenrelevante(r) Faktor(en)
J	Anzahl der Faktorstufen
K	Anzahl der Faktorstufen
KF(n)	Kontrollfaktor(en)
KG(n)	Kontrollgruppe(n)
KV(n)	Kovariate(n)
MQ(n)	Mittlere Quadratsumme(n)
MQS	Mittlere Quadratsumme
n	Stichprobenumfang (Gruppe[n])
N	Gesamtstichprobenumfang ($n_1 + n_2 + ...$)
p	p-Wert (Überschreitungswahrscheinlichkeit)
Pb(n)	Proband(en)
QS	Quadratsumme
r	Korrelationskoeffizient
r^2	Quadrierter Korrelationskoeffizient
RZ	Reaktionszeit
s	Standardabweichung
s^2	Varianz
SAQ(n)	Summe(n) der Abweichungsquadrate
SV(n)	Statistische Vorhersage(n)
t	Empirisch gefundener t-Wert

TH(n)	Testhypothese(n)
TIH(n)	Theoretisch-inhaltliche Hypothese(n)
UV(n)	Unabhängige Variable(n)
VA(n)	Varianzanalyse(n)
Vl	Versuchsleiter
Vp(n)	Versuchsperson(en)
VPL	Versuchsplan
VPL-A	Versuchsplan-Anlage
WH(n)	Wissenschaftliche Hypothese(n)
z	Standardwert

Sachverzeichnis

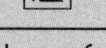